suhrkamp taschenbuch
wissenschaft 101

Der Titel *Notwendige Beziehungen* gibt »genau die Intentionen wieder, die ich mit ihm verbinde, nämlich die kürzeste unverhüllte Formel zu liefern für das, was ihm folgt. In der Tat birgt er in seiner Schale das Programm der strukturalen Anthropologie. ... In jedem einzelnen der Kapitel hatte ich die Gelegenheit, Belege dafür zu erbringen, daß es zu den vorrangigen Absichten der strukturalen Anthropologie gehört, zwischen den Begriffen, welche die Phänomene der Gesellschaft beschreiben, Beziehungen zu entdecken, die nicht anekdotische Zufälle sind, die vielmehr eine Systematik aufweisen, hinter der sich eine einsichtige Kohärenz abzeichnet. Und eben das ist das Neue an dieser Art anthropologischer Forschung: den Phänomenen der verschiedenen Bereiche wie Ökologie, Ökonomie, Politik, Recht, Philosophie, Religion, Kunst, Küche usw., die der fachlich beschränkte Partikularismus am liebsten wie solitäre Blöcke behandelt sähe, einen Zusammenhang und eine wechselseitige Interdependenz zuzutrauen, die sie zu dem funktionsfähigen Netz einer Gesellschaft flechten, das mit einer durchgängigen Logik geknüpft ist. Und wer ›Logik sagt, sagt zugleich Herstellung notwendiger Beziehungen‹, heißt es an einer Stelle der *Pensée sauvage*. Die strukturale Anthropologie ist also eine Wissenschaft, die von der Hypothese eines logischen Arrangements der sozialen Phänomene ausgeht.«

Im Herbst 1991 hat Michael Oppitz im Suhrkamp Verlag veröffentlicht: *Onkels Tochter, keine sonst. Heiratsbündnis und Denkweise in einer Lokalkultur des Himalaya.* Mit zahlreichen Abbildungen sowie Tuschzeichnungen von Robert Powell.

Michael Oppitz

# Notwendige Beziehungen

## Abriß der strukturalen Anthropologie

Suhrkamp

Die Deutsche Bibliothek – CIP-Einheitsaufnahme
*Oppitz, Michael:*
Notwendige Beziehungen : Abriß der strukturalen Anthropologie /
Michael Oppitz. –
2., mit einem neuen Vorw. vers. Ausg. –
Frankfurt am Main : Suhrkamp, 1993
(Suhrkamp-Taschenbuch Wissenschaft ; 101)
ISBN 3-518-27701-4
NE: GT

suhrkamp taschenbuch wissenschaft 101
Erste Auflage 1975

Satz: Wagner GmbH, Nördlingen
Druck: Nomos Verlagsgesellschaft, Baden-Baden
Printed in Germany
Umschlag nach Entwürfen von
Willy Fleckhaus und Rolf Staudt

1 2 3 4 5 6 – 98 97 96 95 94 93

# Inhalt

*meiner Mutter*
*und dem Helden des Feuer-Mythos*
*gewidmet*

# Vorwort zur zweiten Auflage

Was tun mit einem Buch, das fast 20 Jahre alt ist? Es einfach unverändert wieder auflegen? Bei einem Stück fiktionaler Literatur, wenn es etwas taugt, fällt die Entscheidung nicht schwer. Aber bei einem Buch des Wissens, das auf einen Stoff baut, der sich bekanntlich selbst ständig wandelt? Am besten, man läßt es gleich auf dem Regal stehen, wo es damals, kaum war es geschrieben, zum langsamen Eindämmern ins Überholte abgestellt worden war. Gemacht und vergessen – auf ein neues. Oder: es neu fassen; umschreiben; streichen und erweitern; die alten Schwächen ausmerzen; es an den Wissensstand der Gegenwart heranschreiben? Mir widerstrebt jedwelche Art von Aufarbeitung oder face lifting alter Texte. Die Intention, unter der das vorliegende Buch entstanden ist, sperrt sich gegen Nachkarten und Kosmetik gleichermaßen.
Wäre es meine vorrangige Absicht gewesen, mit den *Notwendigen Beziehungen* die Entstehungs- und Wirkungsgeschichte einer in der Sozialanthropologie damals alles beherrschenden Denkrichtung mit kühlem Blick zu dokumentieren (was der Untertitel immerhin anzunehmen erlaubte), so könnte das Buch mit einigen Verschiebungen der Akzente, des Tons und der Perspektive heute vielleicht in ein Stück Wissensgeschichte umgewandelt werden. Doch war meine damalige Absicht viel begrenzter. Ich wollte in der schriftlichen Auseinandersetzung mit einer Sehweise, die mir anziehender schien als andere, eine Position für mich selber finden, einen Ausgangspunkt für meine eigene, künftige Ethnologie. Dabei wurde ich zum Lehrling und Partisanen statt zu irgendeinem außenstehenden Chronisten. Das soll nun nicht nachträglich weggetüncht werden, und so bleibt das Buch, wie es war.
Die relative Verbreitung der *Notwendigen Beziehungen* und die darin bezogene Stellung brachte es mit sich, daß ich fortan von einigen Leuten der Zunft als *Strukturalist* abgestempelt wurde. Dem kann ich nur entgegenhalten, daß es mir nie in den Sinn gekommen war, etwas so Amorphes wie *den* Strukturalismus, und sei es auch nur einen solchen der Ethnologie, dingfest zu machen. Der Begriff taucht auf den 400 Seiten meines Abrisses kaum ein dutzendmal auf. Mir ging es um die kritische Einübung

in eine methodologische Praxis und einen neuen Zugriff auf ethnologisches Material – die Aufschriften mochten andere kleben. Deshalb habe ich es auch stets abgelehnt, mich zum Stichwort Strukturalismus in irgendeiner Weise lexikalisch oder enzyklopädisch zu äußern.

Da ich gerade bei den Etiketten bin: schon vor den Zeiten des *Post-* und *Neo*strukturalismus mehrmals totgeschrien, hat »der Strukturalismus« jüngst nochmals eine kleine Auferstehung feiern dürfen. So lagen im Herbst 1991 in einem Schaufenster der Buchhandlung Compagnie in der Rue des Ecoles, einem Gradmesser der Trends in Paris, gleich mehrere Neuerscheinungen zur Geschichte des besagten Ismus aus, garniert mit einigen vergilbten historischen Zeugen aus der Epoche der Wegbereitung und der hohen Zeit der 60er Jahre – Werke von de Saussure, Trubetzkoi, Jakobson, Greimas, Kristeva, Todorov, Serres, Lévi-Strauss und Lacan. Diese Auferstehung wirkte freilich eher wie die Zeremonie einer Denkmalsenthüllung. Weniger historisierend und nachrufhaft schauten dagegen im gleichen Herbst die Auslagen der Buchhandlung Juillard auf dem Boulevard Saint Germain auf die Passanten. Dort hatte man, anläßlich der neuesten und wieder einmal letzten Publikation von Claude Lévi-Strauss, ein ganzes Schaufenster mit Mythologiques dekoriert: den berühmten vier Bänden der großen und den drei Bänden, erst jetzt vom Meister zur Trilogie erklärt, der kleinen Mythologiques – *La voie des masques, La potière jalouse* und, eben, der neue Band, *Histoire de lynx.* Wenn nicht »der Strukturalismus«, so werden neben den in diesen Büchern nacherzählten Mythen vielleicht auch die Art und Weise, wie diese behandelt und aufeinander bezogen worden sind, noch eine Weile überleben.

In der vor 17 Jahren erschienenen Erstausgabe der *Notwendigen Beziehungen* habe ich eine Einzelheit unterschlagen, die mit zu ihrer Entstehung gehört. Als der Plan für das Buch feststand, wollte ich mich vergewissern, ob die Sache nicht vielleicht auch als Dissertation passieren könnte. Die Gelegenheit dazu bot sich an einem heißen Sommernachmittag des Jahres 1968 im Hotel Geronimo in Tuscon, Arizona. Dort war zur gleichen Zeit, auf Zwischenstation zu einem Reservat der Navahos, René König abgestiegen. Er, den ich mir als einzigen unter den Professoren, die ich kannte, als eine Art Doktorvater für meine Arbeit vorzustellen vermochte, hörte sich meinen Plan in der Hotelhalle geduldig an und sagte schließlich: »Gut, aber kommen Sie erst wieder, wenn Sie fertig sind.« Das entsprach meinem eigenen Gusto und fast auf den Tag fünf Jahre später, im Sommer 1973, stand ich im Türrahmen seines Kölner Büros: »Aha, Sie bringen mir Ihre Doktorarbeit. Kommen Sie in drei, nein bei dem Umfang, in vier Wochen wieder.« Wie vereinbart widerfuhr mir pünktlich einen Monat später Königs Kritik: »Meine Einwände sind gravierend. Auf S. 218 habe ich einen Kommafehler entdeckt und in der Bibliographie vermisse ich meinen Namen. Sollten Sie es nicht wissen: auch ich habe über Marcel Mauss geschrieben, ja ich kannte dieses Genie sogar sehr gut. In meiner langen Laufbahn habe ich drei begnadete Arbeiten betreut. Die beiden anderen, ganz am Anfang in Zürich, stammten von Lucien Goldmann und Jakob Taubes. Leihen Sie sich einen dunklen Anzug für die Preisverleihung.«

Beinah wäre die Schrift noch an der Universität abgeblitzt worden, wegen des Mottos zu Kapitel III, das ich nicht bereit war zu entfernen. Doch König vermochte sich gegen den von den Talarenträgern geäußerten Obszönitätsverdacht souverän durchzusetzen, indem er das gewählte Motto nicht nur als eine »Stimme des Volkes«, sondern als »notwendig« verteidigte. Leider wird mein alter Freund diesen Nachtrag zur Entstehungsgeschichte meines Buches nun nicht mehr nachlesen können. Seit dem vergangenen März ruht er auf dem Melaten-Friedhof in Köln.

Der Titel *Notwendige Beziehungen* hat manche Käufer fehlgeleitet. Sie erwarteten wohl psychischen Beistand in einer von Beziehungsexperimenten verunsicherten oder der Beliebigkeit ausgelieferten Zeit. Ich hoffe, diese Fehlgeleiteten haben inzwischen mit ihren dritten Lebensgefährten den Seelenfrieden gefunden – ohne mein Buch.

Auch bei den Rezensenten stieß die Arbeit nicht nur auf Wohlwollen. Die heftigste Kritik kam aus den Niederlanden von einem Autor, der sich bei uns im letztvergangenen Jahr mit einer kleinen Publikation ein wenig spät als Fachmann ausgewiesen hat.[1] Seine Verärgerung stammte von meinem frivolen Vorschlag (s. S. 75–81), den Marquis de Sade zu einem Vorläufer der modernen Verwandtschaftstheorie zu erklären, durch den Umstand, daß dieser die Ehe wie ein Kommunikationssystem behandelt

1 A. de Ruijter: *Claude Lévi-Strauss*, Campus Verlag 1991.

habe. Eine solche Behauptung sei Unsinn[2], habe doch der alte Libertin das Inzestverbot, Ausgangspunkt für jeden geregelten und die soziale Kommunikation fördernden Frauentausch, ganz entschieden mit Füßen getreten. Jeder seiner vier Lüstlinge aus den *120 Tagen von Sodom* (s. S. 76), die sich zu einem Allianzbündnis zusammengetan hätten, habe doch seine eigene Tochter gleich mehrmals vergeben, darunter an sich selbst, und dies führe wohl eher zu einer Verwirrung statt zu einem Gleichgewicht in den Heiratsbeziehungen. Recht hat er wohl.

An einer Stelle hielt der gute Holländer in seinem Eifer inne und gab der Vermutung Ausdruck, daß das Ganze vielleicht als eine Posse gedacht sei. Dieser Verdacht scheint auch Sir Raymond Firth in seiner ansonsten sympathisierenden Kritik im *Times Literary Supplement* durch den Sinn gegangen zu sein, als er meinen Passus über de Sade als ein Jonglierstück (*some juggling*) kennzeichnete.[3]

Ich möchte die über so viele Jahre im unklaren Gelassenen nun nicht weiter anspannen. Darum erkläre ich: Meine de Sade-Einlage war allerdings ein Scherz, besser gesagt, eine formale Spielerei, um damit die reine, von den Umständen abgelöste Formalanalyse ad absurdum zu führen. Hinter dem Ulk verbarg sich indessen ein Standpunkt, den ich noch immer vertrete: de Sade *war* ein Theoretiker der Allianzbeziehungen, und diejenigen, die er in den *120 Tagen* in skurriler Form aufskizzierte, entsprechen im Modell der gleichzeitigen Verschränkung von eingeschränktem und verallgemeinertem Tausch. Und die Deduktion, durch die ich zu diesem Schluß kam, bleibt bis auf weiteres logisch unangefochten. Ihn deswegen ernsthaft zum Vater der ethnologischen Verwandtschaftsforschung erklären zu wollen, wäre Humbug.

Das längere de Sade-Zitat auf den ersten Seiten des III. Kapitels teilt im übrigen mit den anderen literarischen Zitaten, die jeweils einen Themenblock einleiteten, eine gemeinsame Absicht. Weit davon entfernt, als schöngeistige Ornamente herzuhalten, sollten die gewählten Motti darauf hinweisen, daß die sozialwissenschaftlichen Themen, die nach ihnen abgehandelt werden, bereits vorher von Künstlern, im vorliegenden Fall von Künstlern des Worts, mit den ihnen eigenen Mitteln angedacht worden waren. Sie sollten an

2 *Bijdragen tot de taal-, land en Volkenkunde*, 132, 1976: 375–377.
3 Raymond Firth: Well Connected, *TLS*, Nov. 10: 1978, No. 1318.

die mögliche Verwandtschaft zwischen Kunst und Wissenschaft erinnern, die sich dann einstellt, wenn beide an gleichen Phänomenen zu ähnlichen, nur anders ausgedrückten Einsichten gelangen.

Gern hätte ich mich eines in diesem Buch und in späteren Publikationen[4] erneut verwendeten Ausdrucks entäußert: des Begriffs »Frauentausch«. Manchen Leserinnen war er und ist er ein Dorn im Auge, aus Gründen, die offenliegen. Wer möchte sich schon, so beiläufig wie grundlegend, als Tauschware verwortet sehen? Nun wäre es einfach, sich gegen den Druck dieses Einspruchs zu stemmen, mit dem Hinweis darauf, daß der Begriff »Frauentausch« sich in der ethnologischen Literatur fest eingebürgert habe. Gerade die etablierten und zur zweiten Natur gewordenen Fachtermini müssen immer wieder beklopft und, sollten sie hohl klingen, durch andere ersetzt oder neu gefaßt werden. So kann niemand bestreiten, daß etwa die seit den Anfängen eingebürgerte Terminologie zur Erfassung von Verwandtschaftsgraden eine männliche Perspektive aufweist. Wenn die Fachleute ohne Zögern von der *matrilateralen Kreuzkusinenheirat* sprechen, so ist damit stillschweigend ein männlicher Standpunkt eingenommen; die gleiche Sache wäre aus weiblicher Sicht als *patrilaterale Kreuzvetternheirat* zu kennzeichnen.

Auf der anderen Seite wäre es nicht minder billig, sich dem obigen Einspruch zu beugen und den Makel des männlichen Sprachchauvinismus mit Tilgebalken zu überkleben. Damit ist nämlich das Problem leider nicht aus der Welt. In den Gesellschaften, besonders den virilokalen, die Heiraten mit dem Zweck einer Bündnispolitik verbinden, und hier wiederum einer, die über Generationen hin als stabil gewünscht wird, ist es die Regel, daß Frauen und nicht Männer als ein Gut betrachtet werden, das von einer sozialen Gruppe in eine andere übergeht. Für diese abgetretenen Frauen erhält die betreffende Gruppe, auf direktem oder indirektem Wege, ihrerseits Werte, wiederum Frauen, Dienstleistungen oder materielle Güter. Genau das, nicht mehr und nicht weniger, bezeichnet in meiner Verwendung der Ausdruck »Frauentausch«. Solange in den Gesellschaften, auf die sich das bevorzugte Interesse der Ethnologie richtet, eine solche Vorstellung und nicht die

4 Insbesondere den Büchern *Frau für Fron*, Frankfurt 1987, und *Onkels Tochter, keine sonst*, Frankfurt 1991.

eines wie auch immer emanzipierten Westens vorherrscht, solange mag die Verwendung des Ausdrucks »Frauentausch« als Anzeiger dafür gelten, wieweit das universale Ziel einer neutralen Egalität der Geschlechter noch entfernt ist. Erst dann wird man auch ihn im Museum der Begriffe abstellen können.

Da ich, wie weiter oben erklärt, auf die Wirkungsgeschichte des Strukturalismus nie ein besonderes Gewicht gelegt habe, wurde im bibliographischen Anhang zur vorliegenden zweiten Auflage darauf verzichtet, die allgemeine Diskussion über 1973 hinaus zu verfolgen. Vervollständigt wurden dagegen die Angaben zu den Schriften des Hauptdarstellers, den Büchern, Aufsätzen und Interviews von Lévi-Strauss, in diesen drei Rubriken.

Paris, Oktober 1992

# I
# Die Synthese von Theorie und Praxis in der Ethnologie

*Im Zentrum der strukturalen Anthropologie: die Vermittlung zwischen den Begriffen Natur und Kultur*
*Ararafeder und Parkettfußboden übersetzen diesen Bogen in ein sinnliches Sigel (Photographie von Lothar Baumgarten, 1971)*

»Structure without life is dead. But Life without structure is unseen.«
John Cage, *Lecture on Nothing*

Von den Gedanken anderer auf eigene Gedanken kommen: Wenn das eine legitime Methode ist, dann hat, was folgt, seine Berechtigung. Denn die hier vorgelegte Arbeit ist zuallererst exegetisch. Sie wälzt Wissen, das schon vorher existierte, trägt Ideen vor, die andere hatten. Sie zeichnet nach. Gewiß versucht sie auch, nützlich zu sein, indem sie Längen kürzt, Verknotungen auflöst, Sackgassen meidet. Sie faßt zusammen. Doch im Grunde ist dieses Buch, wie ich es verstehe, chinesisch: Entsprechend den Prinzipien klassischer Malschulen mußte in China ein jeder, der ein Meister des Pinsels werden wollte, sein Talent im Kopieren ausbilden. Erst der perfekte Kopist hatte ein Anrecht darauf, an seine eigene Kreativität zu denken. Eine solche Übung birgt zwei Gefahren, die der Hörigkeit und die des Betrugs. Entweder wird man zum Krüppel, den die Last seiner Überväter buckelt, oder man bleibt auf immer ein Dieb, der sich mit fremden Federn tarnt. In beiden Fällen kommt man nicht zu sich. Und doch weist die chinesische Übung, wie ich glaube, einen der wenigen gangbaren Wege zur Identität, zum objektivierten Ich der Arbeit. Wer den Weg bis zu Ende geht, wird erfahren, wer er ist und wo er steht und in welche Richtung er seine eigenen Schritte lenken wird. Man sieht, jede Arbeit hat auch eine biographische Seite. Von ihr sprechen heißt, auf die Frage eingehen, wie man gerade auf den gewählten Gegenstand gestoßen ist, heißt daher, den Punkt Null der betreffenden Arbeit selbst behandeln.

Für mich ergab sich das vorliegende Thema als Resultat eines Mangels. Im Jahre 1965 hatte ich als Ethnograph an einer wissenschaftlichen Expedition in den Himalaja teilgenommen, unbesorgt über mein Unwissen in theoretischen, methodologischen, epistemologischen Überlegungen. Ich hatte geglaubt, daß aufmerksam sein, sich unvoreingenommen der fremden Kultur aussetzen, eine hinreichende Ausrüstung sei, um genügend brauchbares Material für eine fachgerechte Studie zu sammeln. Ich empfand meine Unbeschlagenheit sogar als Vorteil: kein verstellter Blick – dachte ich; von Schulen, Lehrmeinungen, Axiomen frei sein, konnte doch nur bedeuten, der Wahrheit der Fakten direkt entgegenzublicken. Ich wußte damals nicht, daß die sogenannte Unbefangenheit selbst Bestandteil einer Ideologie ist, gefährlicher bisweilen, als wenn man auf einem einmal gewählten Standpunkt hartnäckig besteht. Die willkürliche Mobilität ist nicht die Alternative zur dogmatischen Starre.

Ich war damals noch ganz dem hochgespielten Gegensatz ausgeliefert zwischen Feldforscher und Schreibtischgelehrten, also den Inkarnationen von Praxis und Theorie. Den einen führte ich gegen den anderen an. Und erst an Ort und Stelle, in einem bambusbedachten Haus der Rai am Oberlauf des Hongu Khola im Osten Nepals, als es ein rein ethnographisches Problem zu lösen galt, wurde mir allmählich klar, wie wichtig die Theorie für die Praxis ist. Ganz auf die Feldforschung verkürzt, wurde ich fast physisch der Notwendigkeit gewahr, mich mit den Grundlagen eben dieser Tätigkeit auseinanderzusetzen, das bedeutete: mit der Epistemologie. Und fast wie durch einen gelenkten Zufall gelangte ein Band von Lévi-Strauss in meine Hände, den ich, noch immer bei den Bergstämmen Nepals weilend, als einen Realisator dessen zu schätzen lernte, was ich suchte: Feldforscher und Schreibtischgelehrten in einer Person zu vereinen, den Gegensatz von Praxis und Theorie aufzuheben, indem man sie als Pole eines dialektischen Prozesses begreift. Heute scheint es mir, daß nur die Synthese von theoretischer und praktischer Anstrengung gute Ethnologie erzeugt.

Der einfachste Weg, die fatale Bedingtheit der sogenannten Unbefangenen zu erfassen, ist der, alte Reiseautoren zu lesen, die besten eingeschlossen. Ein anderer, den ersten ergänzend, besteht darin, die Geschichte der anthropologischen Theorienbildung selbst zu verfolgen. Je mehr man dabei dazu neigt, über die allzu offenkundigen Verstiegenheiten selbst wichtiger und kaum 50 Jahre zurückliegender Autoren den Kopf zu schütteln, desto anfälliger scheint man selbst zu sein für die Scheuklappen, welche die eigene Zeit bereithält. Ohne Ausnahme lehrt indes die Beschäftigung mit den Ethnologien der Vergangenheit, daß der Wunsch nach dem puren Reich der Fakten illusionär ist. Ich will nicht abstreiten, daß die Fakten objektiven Charakter haben mögen und daß man definitiv entscheiden könnte, welcher von zwei Ethnographen etwa mit seinen Skizzen einer Population eher gerecht wurde und welcher sich von ihr weiter entfernte, aber das ist nur die eine Seite. Neben den Fakten steht stets der Betrachter, der von ihnen spricht. Da aber die Fakten durch den Akt der Artikulation immer nur vermittelte sind, gehört der Standort des Vermittlers zu ihnen, wie der

Aussichtspunkt zur Landschaft. Von daher gesehen, fallen Theoretiker und Praktiker, Ethnologen und Ethnographen, alle in einen Topf. Keiner von ihnen kann dem Wechselspiel zwischen Gegenstand und Betrachter auf einem derart zeitlosen Sockel begegnen, daß das Komplement von beiden einen endgültigen Charakter annähme. Ihr Schicksal unterscheidet sich aber in dem Grad an Naivität, mit dem sie sich über diese Grundbedingung hinwegzusetzen bemühen. Um hart zu sein: Der Naive hat eine kürzere Lebenserwartung.

Der Standort des Vermittlers hat historische, ideologische, persönliche Bedingungen. Sie in den Widerspiegelungen der Fakten aufzuspüren und ihre oft erschreckende Veränderlichkeit vorzuzeigen, wird nicht nur zu einem Dienst an den Fakten, sondern auch zu dem am Betrachter. Man wird selbstbewußter, mit anderen Worten: bescheidener. Die konsequente Forderung einer solchen Bescheidung wäre die, daß jede Epoche ihre eigene Anthropologie schriebe, ohne einen anderen Anspruch damit zu verknüpfen, als sich selbst zu reflektieren.

Die anthropologische Theorie dieser Zeit und – wie es aussieht – noch etlicher Zeit vor uns, ist der Strukturalismus. Eine Theorie ist genau das wert, was man mit ihr anzufangen weiß: wie sie sich selbst in den Fakten, die sie wälzt, zurückwirft. Wenn ich daher im folgenden von den oft sehr konkreten Leistungen der strukturalen Anthropologie rede, so ist dies gleichbedeutend mit einer Abhandlung über ihren theoretischen Standort. Ungeachtet des oben angedeuteten Dilemmas von Optik und Objekt läßt meine Arbeit keinen Zweifel an der Überzeugung, daß eine Landschaft, bedingt durch den Aussichtspunkt, unterschiedlich adäquat betrachtet werden kann. Der Strukturalismus hat einen Blickpunkt gewählt, von dem aus man mehr und besser sehen kann als früher.

# II
# Der Strukturbegriff: Streitpunkt der Theorienbildung

»Je näher man ein Wort anschaut, desto ferner blickt es zurück.«
Karl Kraus

## *Einige allgemeine Definitionen des Strukturbegriffs*

Jeder führt es im Munde. Und jeder, der es im Munde führt, denkt sich wohl auch etwas dabei. Befragt, was dies denn genau sei, bleibt meistens eine Antwort aus. Da müsse man zu weit ausholen; das sei gar nicht so einfach; das lasse sich nicht auf einen kleinsten gemeinsamen Nenner bringen. Die so reden, haben mit ihren Ausflüchten, selbst wenn sie der Unkenntnis entspringen, sogar recht. Kaum ein Substantiv im wissenschaftlichen wie im alltäglichen Sprachgebrauch wird mit soviel Intention und zugleich mit soviel Vagheit ausgesprochen wie das Wort Struktur. Mit Vagheit aber läßt sich schlecht beginnen. Es liegt daher nahe, daß ich zuerst über den Ausdruck Struktur selbst verhandele. Die einfache Aufzählung der synonymischen Verwendungsweisen des Strukturbegriffs, denen ich bei meinen Vorarbeiten zu diesem Kapitel allein auf dem Gebiet der Sozialwissenschaften – im engeren Sinn der Soziologie und Ethnologie – begegnet bin, mag hinreichen, um den Leser gleich von vornherein auf das erste und negative Ergebnis vorzubereiten: eine Definition des Strukturbegriffs, die alle einzelnen Definitionen einbezieht, wird es nicht geben.

Das Wort Struktur steht als Synonym für System, Transformationssystem, Transformationssyntax (Pouillon), Beziehung, Beziehungssystem, System notwendiger Beziehungen, Organisation, Komplex, Muster, Typ, Gesamtheit, Totalität, Abhängigkeit der Teile vom Ganzen, nicht auf die Summe ihrer Teile reduzierbare Totalität (Piaget), autonome Entität mit internen Abhängigkeiten (Hjelmslev), Netz, Kohärenz, interne Kohärenz, Konstruktion, logische Konstruktion, Gefüge, Aufbau, Modell, logico-mathematisches Modell (Parain-Vial), Modell einer formalen Theorie (Badiou), Kompositionsgesetz, Form, Formprinzip, Morphologie (Spencer), Norm, prekäres Gleichgewicht spezifischer Hierarchien (Gurvitch), Beziehungszahl (Russell), interne stabile Beziehung (Sève), Gerüst, Plan, vermittelnde Matrix zwischen rein formalen Konzepten und einem Inhalt (Parain-Vial), Code, Anordnung von Faktoren, Arrangement, Vermittlung (Pouillon), Bau (Nadel, die übrigen bei mehreren Autoren).

Macht zusammen 41 Synonyme. Zöge man andere Wissensbereiche, in denen der Ausdruck Struktur ebenfalls verwendet wird, mit hinzu, so würde sich die Zahl der Synonyme noch beträchtlich vergrößern. Dieser Sachverhalt zieht eine Reihe von Fragen nach sich. Ist der Ausdruck Struktur in der Tat nichts weiter als ein Füllwort mit bedeutungsschwerer Leere, überall dort einsetzbar, wo ein einfacheres und prägnanteres Synonym es vertreten könnte? Ist Struktur tatsächlich nur das Modewort, von dem Kroeber vor über 25 Jahren behauptete, daß es nicht mehr biete, als einen angenehmen Kitzel? Steht, wenn dies zutrifft, nicht auch die ganze wissenschaftliche Strömung, die nach dem Wort ihren Namen erhielt, steht dann nicht der Strukturalismus selbst auf unfestem Boden? – Oder gibt es Wörter, Ausdrücke, Begriffe, die sich einer endgültigen und universalen Definition entziehen, ohne daß sie in allen Umgebungen, in denen sie auftauchen, unnütz wären? Ist die Inflation, die den Ausdruck Struktur bedroht, unumgänglich und allgemein, oder ist es gar keine?

Um uns diesen Fragen zu nähern, wollen wir uns die wichtigsten Definitionen des Strukturbegriffs ansehen und herausfinden, worin sie sich ähneln und worin sie sich unterscheiden. Dabei scheint es mir wenig ratsam, nach beliebtem Muster lange bei Adam und Eva – in diesem Fall bei Morgan und Spencer – zu verweilen. Denn was diese beiden Autoren des vorigen Jahrhunderts uns lehren, ist lediglich dies: schon vor 100 Jahren gab es Verfasser, die das Wort Struktur im Munde führten, ohne die Sache zu meinen, die man heute darunter versteht, so wie es solche gab, die die Sache meinten, ohne das Wort zu verwenden[1]. Zu den ersteren zählt Spencer, der mit seinen Analogien zwischen physischen Organismen und Gesellschaft fast naturgemäß darauf kam, das Wort Struktur zu gebrauchen; denn in der Biologie war es längst etabliert. Doch bedeutete für ihn das Wort nicht mehr, als ein der Abwechslung dienendes Ersatzwort für Organisation, Komplex, Aufbau[2]. Zu den anderen ist vorweg Morgan zu rechnen, der nicht von Verwandtschaftsstrukturen, sondern von -systemen sprach[3]. Ein Morgan vergleichbarer Fall in der Linguistik war nebenbei bemerkt F. de Saussure, der vom System der Sprache redete.

Beschränken wir uns also auf neuere Autoren. Eine kurze Abhandlung des Strukturbegriffs bietet R. Bastide in seiner Einleitung zu *Sens et usages du terme structure dans les sciences humaines et sociales*, Den Haag 1962. Nach guter Philologenmanier gibt er zuerst eine etymologische Erklärung des Wortes Struktur. Es ist eine Ableitung des lateinischen Verbums struere = konstruieren, bauen. Das Wort hat also ursprünglich einen dem Bereich der Architektur zugehörigen Sinn. Wenn die etymologische Bestimmung eines Ausdrucks auch für seine derzeitige Bedeutung nicht notwendigerweise von Belang ist, so können wir hier doch festhalten, daß bereits in der Ausgangsbedeutung des Wortes der Aspekt des Machens, des Herstellens, des Künstlichen, also der Aspekt enthalten ist, den Lévi-Strauss und seine Gefolgsleute betonen. Doch davon später.

Eine kurze und einfache Definition des Strukturbegriffs finden wir bei Flament. Für ihn ist eine Struktur »eine Gesamtheit von Elementen, zwischen denen Beziehungen bestehen, und zwar solcherart, daß jede Modifikation eines Elements oder einer Beziehung eine Modifikation der anderen Elemente oder Beziehungen nach sich zieht.[4]« Diese Definition beruft sich auf zwei Eigenheiten: auf den Begriff der Totalität (Gesamtheit) und auf den der Interdependenz der sie konstituierenden Elemente. Die Beziehungen der Elemente zueinander sind notwendige. Beide Eigenheiten kehren in ähnlicher oder modifizierter sprachlicher Verkleidung bei verschiedenen Autoren wieder.

Für Sève nimmt die Totalität – bei ihm das Ganze – die Form einer logischen Vorherrschaft über die Elemente (Teile) an, von denen keines außerhalb der Gesamtheit gedacht werden kann. Jedes Element einer Gesamtheit ist zwangsweise an die übrigen Elemente gekettet. Daraus resultiert eines der drei Prinzipien der strukturalen Analyse, wie Sève sie aufgestellt hat: 1. die strukturale Analyse ist nur legitim, wenn sie erschöpfend ist, d. h. wenn sie der Totalität des Systems und der Gesamtheit seiner Manifestationen gerecht werden kann. Die beiden anderen Prinzipien lauten: 2. jede Struktur muß durch Oppositionsgegensätze bestimmt sein, insbesondere durch binäre Oppositionen, in denen die Beziehung der Elemente untereinander komplementär ist; 3. methodisch herrscht absolute Priorität des synchronischen Gesichtspunkts. Der Strukturbegriff ist für Sève Ausdruck »interner stabiler Beziehungen, die für ein Objekt charakteristisch sind und nach dem Prinzip der logischen Priorität des Ganzen über die Teile gedacht werden, der Art, daß 1. kein Element der Struktur außerhalb der totalen Konfiguration gedacht werden kann und daß 2. die totale Konfiguration imstande ist, als solche unverändert fortzudauern, trotz der Modifikationen, die durch ihre Elemente hervorgerufen wurden, ja die sogar imstande ist, ihre Elemente selbst zu erzeugen; der Begriff der Invarianz der Struktur findet sich im Zentrum der hier diskutierten Probleme.[5]«

Was bei Sève neu hinzutritt, ist der Begriff der Invarianz, der Dauerhaftigkeit und Stabilität von Struktur. Ähnlich spricht sich G. Kröber aus: Struktur ist das relativ Beständige eines Systems; sie ist geronnene Dynamik, ein Querschnitt durch die Entwicklung des Systems zu einem bestimmten Zeitpunkt tx[6], wobei ein kritischer Unterton im Ausdruck »geronnene« Dynamik unüberhörbar mitschwingt. In der Tat stoßen wir hier auf einen neuralgischen Punkt in der Debatte um den Strukturalismus. Mittels des Begriffs der Invarianz nämlich verweisen Gegner des Strukturalismus auf dessen angebliche Geschichtsfeindlichkeit, auf seine Ablehnung jeglicher diachronischer Betrachtung, was sie als einen Verrat am Erbe Marxens deuten. In der Tat läßt sich die Geschichtsauffassung von Marx nicht mit dem Begriff der Invarianz zusammenbringen. Es mag an dieser Stelle genügen, an eine Passage aus dem *Elend der Philosophie* zu erinnern, wo Geschichte nicht nur die Veränderung von Produktionsweise und gesellschaftlichen Verhältnissen bedeutet, sondern im Gefolge dieser Veränderungen auch Veränderung aller Phänomene des Überbaus, wo Strukturen sich manifestieren. Marx: »Herr Proudhon, der Ökonom, hat ganz gut begriffen, daß die Menschen Tuch, Leinwand, Seidenstoffe, unter bestimmten Produktionsverhältnissen anfertigen. Was er nicht begriffen hat, ist, daß diese bestimmten socialen Verhältnisse ebensogut Produkte der Menschen sind, wie Tuch, Leinen, etc. Die socialen Verhältnisse sind eng verknüpft mit den Produktivkräften. Mit der Erwerbung neuer Produktivkräfte verändern die Menschen ihre Produktionsweise und mit der Veränderung der Produktionsweise, der Art, ihren Lebensunterhalt zu gewinnen, verändern sie alle ihre gesellschaftlichen Verhältnisse, . . . Aber dieselben Menschen, welche die socialen Verhältnisse gemäß ihrer materiellen Produktionsweise gestalten, gestalten auch die Prinzipien, die Ideen, die Kategorien, gemäß ihren gesellschaftlichen Verhältnissen. Somit sind diese Ideen, diese Kategorien, ebensowenig ewig, als die Verhältnisse, die sie ausdrücken. Sie sind historische, vergängliche, vorübergehende Produkte.[7]«

Es muß aber in diesem Zusammenhang auf zwei Dinge hingewiesen werden, ohne deren Berücksichtigung jede Attacke auf den Strukturalismus, gleich welcher Provenienz, nur den Schatten einer blassen Verketzerung hinterläßt. Einmal: Man kann sich der Geschichte nur da zuwenden, wo es Geschichte gibt, und damit meine ich ganz einfach: wo eine mündliche oder schriftliche Geschichtsüberlieferung vorhanden ist. Im Bereich der Ethnologie trifft dies oftmals nicht zu, sei es, daß eine Population keine historischen Zeugnisse besitzt, sei es, daß die Ethnographie es versäumt hat, solche zu sammeln. Über das geschichtliche Werden einer Population jedoch zu spekulieren oder darüber zu mutmaßen, aus welchen Widersprüchen der ökonomischen Basis diese oder jene Überbausituation entstanden ist, ist ohne historische Dokumente müßig und bar jeder wissenschaftlichen Signifikanz. Denn schon, wenn ein reiches historisches Material vorliegt, ist dieses Unternehmen ein kompliziertes Verfahren des Filterns, da die Geschichtsschreibung selbst Ideologie ist, also den Überbauphänomenen angehört und so den gleichen Vorbehalten zu unterwerfen ist, die Marx für alle ideologischen Formen empfiehlt.

Zum anderen hat der Strukturalismus die Veränderbarkeit von Strukturen niemals angezweifelt. Im Gegenteil liefert er selbst mit dem Begriff der Transformation ein Konzept, das den Begriff der Invarianz in gewissem Maße wieder aufhebt. Man wird dagegen vielleicht einwenden, daß solche Transformationen weniger im zeitlichen als im räumlichen Sinne aufgefaßt werden, von einer Gesellschaft zu ihren Nachbargesellschaften etwa, wie einzelne Arbeiten von Lévi-Strauss nahelegen[8]. Aber solche Transformationen erweisen sich im allgemeinen, hat man ihre räumliche oder zeitliche Umwandlung einmal festgestellt, als logische. Dann jedoch spielt es keine Rolle mehr, in welcher Dimension sie sich manifestieren, in einer spatialen oder einer temporalen. Zudem ist die Vorsicht von Lévi-Strauss gegenüber zeitlichen, also geschichtlichen Umwandlungen nicht prinzipieller Natur, sondern sie ist zurückführbar auf jene oben angedeuteten dokumentarischen Löcher im Fundus der ethnographischen Literatur. So scheint mir der Angriff auf den Strukturalismus, nämlich er sei geschichtsfeindlich, letzten Endes nichts anderes zu sein, als erwarte man von einem Auto, daß es fliege. Im übrigen ist für Piaget die Genese nie mehr als der Übergang von einer Struktur zur nächsten, wie für ihn umgekehrt Struktur niemals etwas anderes bedeutet, als ein System von Transformationen[9]. »In erster Annäherung ist eine Struktur ein System von Transformationen, das als System (im Gegensatz zu Eigenschaften von Elementen) Gesetzmäßigkeiten enthält, und das sich erhält oder bereichert gerade durch das Spiel seiner Transformationen, ohne daß diese außer ihre Grenzen gerieten oder daß es bei außerhalb gelegenen Elementen Anleihe machte. Mit einem Wort, eine Struktur umfaßt also die drei Charakteristika der Totalität, der Transformationen und der Selbstregelung.[10]« Die von Piaget eingeführte Eigenschaft der Selbstregelung des Systems, so neu sie scheinen mag, ist in der Festlegung des Transformationsspieles schon enthalten. Denn letzteres bleibt stets innerhalb der Grenzen, die die Elemente einer Totalität ihm setzen. Die Selbstregelung tendiert dahin, die Geschlossenheit der Totalität zu gewährleisten. Für Fagès ist die Selbstregelung das interne Funktionieren der Regeln innerhalb des Systems[11]. So ergibt sich die Selbstregelung von selbst aus dem, was wir bereits wissen: einmal aus der Interdependenz der Elemente einer Gesamtheit, zum anderen daraus, daß die Beziehungen der Elemente intern sind, d. h. sich innerhalb der sie konstituierenden Gesamtheit abspielen, deren Überordnung anerkannt wird.

Es führt nicht vom Thema ab, wenn wir an dieser Stelle einen kurzen Blick auf ein Gebiet werfen, das heute ohne Zögern als Schrittmacher für die Enwicklung in der neueren Sozialanthropologie anerkannt wird: die strukturale Linguistik. In seiner Minimaldefinition der strukturalistischen Lehre hat einer ihrer Wortführer, E. Benveniste, gerade die Priorität, die Überordnung der Gesamtheit über die Elemente hervorgehoben, bezogen auf das System Sprache. Er sagt: »Das Grundprinzip ist, daß die Sprache ein System bildet, dessen Teile alle durch einen Zusammenhang der Solidarität und der Abhängigkeit vereint sind. Dieses System organisiert Einheiten, die artikulierten Zeichen, die sich gegenseitig voneinander abheben und begrenzen. Die strukturalistische Lehre lehrt die Vorherrschaft des Systems über die Elemente, zielt darauf, die Struktur des Systems durch die Beziehungen der Elemente herauszulösen, sowohl in der gesprochenen Kette, wie in den formellen Paradigmen und zeigt den organischen Charakter der Veränderungen, denen die Sprache unterworfen ist.[12]« Nach Lévi-Strauss, der wie kein zweiter immer wieder die strukturale Linguistik als Vorbild und Anregerin für die theoretische Anthropologie gelobt hat[13], waren es vor allem zwei Einsichten, welche die strukturale

Linguistik aus der Taufe heben halfen: 1. die Einsicht, daß die Sprache aus unsteten Elementen, den Phonemen, besteht und 2. die Einsicht, daß es in der Sprache Systeme gibt, d. h. Gesamtheiten, die von einem inneren Gesetz der Kohärenz gelenkt werden, so daß irgendwo auftretende Änderungen notwendig andere nach sich ziehen, die somit berechenbar werden[14]. Diese Einsichten gehen vor allem auf Trubetzkoj und Jakobson zurück, die auch als erste den Strukturbegriff in die Sprachwissenschaft einführten. Sie hatten, zusammen mit Karcevsky auf dem ersten Internationalen Kongreß der Linguisten, 1928 im Haag abgehalten, als erste von einer strukturalen Phonologie gesprochen. In den anonymen Thesen des Prager Zirkels, dem Manifest von Prag, das den strukturalen Vergleich in der Phonologie dem genetischen Vergleich entgegensetzte, formulierten sie ein Jahr später: »Der wahrnehmbare Inhalt solcher phonologischer Elemente ist weniger wesentlich, als ihre reziproken Beziehungen innerhalb des Systems (strukturales Prinzip des phonologischen Systems) . . . Man muß das phonologische System dadurch charakterisieren, daß man unbedingt die Beziehungen, die zwischen den sogenannten Phonemen existieren, spezifiziert, d. h. das Strukturschema der Sprache zeichnet, die unter Betracht steht.[15]«

1939 wurde in Kopenhagen eine linguistische Zeitschrift gegründet, die *Acta Linguistica,* die sich im Untertitel *Revue Internationale de linguistique structurale* nannte. So hatte sich der Strukturalismus auf dem Gebiet der Linguistik innerhalb eines Jahrzehnts fest etabliert. Der zweite Direktor der Zeitschrift, Hjelmslev, schrieb 1944: »Unter strukturaler Linguistik versteht man eine Gesamtheit von Forschungen, die sich auf eine Hypothese stützen, nach der es wissenschaftlich legitim ist, die Sprache als eine im wesentlichen autonome Entität mit internen Abhängigkeiten zu beschreiben, mit einem Wort, als eine Struktur . . . Die Analyse dieser Entität erlaubt, ständig Teile abzulösen, die sich gegenseitig bedingen und von denen jeder von gewissen anderen abhängt, ohne die sie weder verständlich noch definierbar wäre.[16]« Der revolutionäre Charakter, den Lévi-Strauss der strukturalen Linguistik zusprach, äußerte sich nach seiner Ansicht vor allem darin, daß sie als erste Sozialwissenschaft dahin gelangt sei, zwischen Ausdrücken notwendige Beziehungen zu formulieren. Die Übernahme phonologischer Regeln in die Anthropologie basierte auf seiner Überzeugung, daß die anthropologischen Phänomene, zumindest die der

Verwandtschaft, in einer anderen Realitätsebene vom selben Typ seien wie die linguistischen.[17] »Begibt man sich auf einen theoretischen Standpunkt, so erscheint die Sprache auch als Bedingung der Kultur, in dem Maße, wie letztere eine der Sprache ähnliche Architektur besitzt. Die eine wie die andere baut sich mittels Oppositionen und Korrelationen auf, anders gesagt, mittels logischer Beziehungen. So sehr, daß man die Sprache als ein Fundament betrachten kann, das dazu bestimmt ist, die Strukturen aufzunehmen, die gelegentlich komplexer, aber vom gleichen Typ sind, wie die ihren, Strukturen, die der Kultur unter ihren verschiedenen Aspekten entsprechen.[18]« Wenn diese These stimmt, daß sowohl die Sprache wie die übrigen Äußerungen der Kultur sich auf Gegensatzpaaren logischer Natur aufbauen, dann liegt es selbstverständlich nahe, von der strukturalen Linguistik zur strukturalen Anthropologie überzugehen. Schließlich ist die Sprache selbst auch nur eines unter den kulturellen Phänomenen. Sprache und Kultur bedingen und beeinflussen sich wechselseitig. Das ist seit langem bekannt. Neu hingegen ist die Feststellung von Lévi-Strauss, daß auch ihre Konstruktionselemente einander ähneln. Nach ihm sind Sprache und alle anderen kulturellen Äußerungen Modalitäten einer grundlegenden Aktivität: der des menschlichen Geistes, der den eigenen, stets gleichen Gesetzen folgt.

Nach eigener Aussage eines ihrer Hauptvertreter stand freilich die Linguistik schon in den 30er Jahren nicht ganz allein in ihrem Bestreben, den die Phänomene isolierenden Atomismus der einzelnen Wissenschaften zu überwinden. Trubetzkoj: »Die gegenwärtige Phonologie ist vor allem durch ihren Strukturalismus gekennzeichnet und ihren systematischen Universalismus . . . Die Epoche, in der wir leben, ist durch die Tendenz aller wissenschaftlichen Disziplinen gekennzeichnet, den Atomismus durch den Strukturalismus zu ersetzen und den Individualismus durch den Universalismus (im philosophischen Sinn dieser Begriffe, wohlgemerkt). Diese Tendenz läßt sich in der Physik, der Chemie, der Biologie, der Psychologie, der Wirtschaftswissenschaft, usw. beobachten. Die gegenwärtige Phonologie ist also nicht isoliert. Sie nimmt teil an einer weiterreichenden wissenschaftlichen Bewegung.[19]« Diese Sätze klingen, als wären sie noch heute ihrer Zeit voraus, schaut man auf die gekrümmten Buckel, mit denen der Strukturalismus in Soziologie, Ethnologie, Philosophie, usw. mancherorts empfangen wurde. Als eine wissenschaftliche Bewegung, die sich gegen den Atomismus wendet, sah in jüngster Zeit auch J. Pouillon den Strukturalismus: »Im Gegensatz zum Atomismus, der die Begriffe isoliert, deren Gesamtheit einfach ihr Nebeneinander ist, besteht der Strukturalismus darin, die Beziehungen zu suchen, die den Begriffen, die sie vereinen, einen Stellenwert in einer organisierten Gesamtheit geben . . . Der Strukturalismus impliziert also zwei Ideen: die der Totalität und die der Interdependenz.[20]« Für die wissenschaftliche Vorgehensweise ergeben sich daraus Konsequenzen: Die Methode muß sowohl analytisch wie totalisierend sein. Sie muß die Elemente sezieren, ohne dabei den Blick auf die anderen Elemente aufzugeben.

Vergleichen wir nun die Pouillonsche Definition mit einer anderen, die sich in einem philosophischen Lexikon von 1926 findet: »Im Gegensatz zu einer simplen Kombination von Elementen bedeutet Struktur eine Gesamtheit, die aus verwandten Phänomenen gebildet ist, in der Art, daß jedes von den übrigen abhängt und nur das sein kann, was es ist, in und durch seine Beziehung zu ihnen.[21]« Beide Definitionen scheinen einander sehr zu ähneln. Denn beide verwerfen das zufällige oder beliebige Nebeneinander von Elementen einer Gesamtheit; statt dessen betonen beide die notwendige Interdependenz der Elemente innerhalb der Totalität. Und doch ist der Unterschied zwischen den beiden Definitionen, schaut man genauer hin, beträchtlich. Wo nämlich Lalande von einer Gesamtheit von Phänomenen redet, spricht Pouillon von einer Gesamtheit von Begriffen. Das bedeutet: Für Pouillon offenbart sich die Struktur erst auf einer formalisierten Ebene. Diesen grundlegenden Unterschied werden wir weiter unten (s. Naturalismusstreit) eingehender verfolgen. Gleich Pouillon faßt auch Parain-Vial die Elemente als Begriffe auf, wenn er die Verwendungsweise des Strukturbegriffs bei Lévi-Strauss wie folgt charakterisiert: 1. Der Begriff bezeichne ein Strukturmodell, d. h. ein logisches oder mathematisches System, das genau bestimmte Begriffe vereint; 2. bezeichne er die logischen oder mathematischen Strukturen, die dem menschlichen Geist innewohnen und die es dem Gelehrten erlauben, seine Modelle zu konstruieren; 3. bezeichne der Begriff eine vermittelnde Matrix zwischen rein formalen Konzepten und einem Inhalt, der im unbewußten Wollen der menschlichen Gesellschaften zu klassifizieren, zum Ausdruck kommt; 4. bezeichne er schließlich eine reale Totalität, die einen Sinn hat[22].

Bezüglich des Abstraktheitsgrades von Struktur nimmt eine mittlere Position J. Piaget ein. Für ihn scheint die Struktur selbst aus den Fakten hervorzugehen, zugleich aber müsse sie mathematisch ausdrückbar sein. »In zweiter Annäherung, es kann sich dabei aber um eine spätere Phase ebenso handeln wie um eine, die unmittelbar der Entdeckung der Struktur folgt, muß diese Anlaß bieten können zu einer Formalisierung.[23]« Die Formulierung einer Struktur durchläuft so gesehen zwei Arbeitsphasen, die arbeitsteilig durchgeführt werden mögen. Einmal gilt es, die Struktur in einem Set von Fakten, das wie ein Vexierbild vor dem Betrachter steht, zu ›entdecken‹; danach geht es darum, diese Entdeckung zu formalisieren. Die Formalisierung muß sich in logisch-mathematische Gleichungen übersetzen lassen oder durch den Mittler eines kybernetischen Modells. Der Akt der Formalisierung ist Aufgabe des Theoretikers. Die Struktur bleibt unabhängig von seiner Tätigkeit.

Am weitesten in Richtung einer abstrakten Formalisierung geht die Definition des Strukturbegriffs bei A. Badiou: »Eine Struktur ist Modell einer formalen Theorie, wenn alle Axiome dieser Theorie für diese Struktur Gültigkeit haben.« Und: »Eine Struktur ist Modell für ein formales System, wenn alle Axiome dieses Systems für die Struktur Gültigkeit haben.[24]«

Mit dieser radikalen Definition haben wir einen Endpunkt im Spannungsfeld der Definitionen erreicht. Bevor wir uns nun der häufigsten Verbindung zuwenden, die der Ausdruck Struktur in den Sozialwissenschaften eingeht – ich meine die Wortverbindung *Sozialstruktur* –, wollen wir kurz die Charakteristika, die in den verschiedenen Definitionen auftauchen, lexikalisch zusammentragen. Eine solche Kollekte soll einzig und allein dazu dienen, die verstreuten Eigenschaften des Begriffs einmal beieinander zu sehen, nicht aber dem illusionären Wunsch, aus der Addition der Eigenschaften eine synthetische Definition des Strukturbegriffs zu konstruieren, die den Anspruch erheben könnte, umfassend zu sein. Denn eine Synthese ist aufgrund der Verschiedenartigkeit der Kontexte, in denen die einzelnen Eigenschaften gelten, nicht möglich.

Am häufigsten waren wir zwei Eigenschaften des Strukturbegriffs begegnet, die miteinander verflochten sind: 1. der Totalität (Piaget, Kröber, Sève, Benveniste) und 2. der Interdependenz der Elemente (Bastide, Lalande, Flament, Pouillon, Benveniste). Als Totalität ist eine in sich geschlossene, aus einer bestimmten Anzahl von Elementen bestehende Gesamtheit zu verstehen. Da die Elemente dieser Totalität als solidarisch oder als abhängig voneinander aufgefaßt werden, kann man die Beziehungen der Elemente zueinander als notwendige kennzeichnen. (Lévi-Strauss). Die Elemente können 3. Transformationen ausgesetzt werden, sie können sich verändern (Lévi-Strauss, Piaget, Sebag). Doch laufen die Umwandlungen innerhalb bestimmter Gesetzmäßigkeiten ab, eben weil die Elemente interdependent sind. Verändert sich ein Element der Gesamtheit, so verändern sich entsprechend alle übrigen: Zieht man an einer Falte einer ausgelegten Decke, so verrücken alle übrigen. Was vorherrscht, ist stets das Bild des Ganzen, die Priorität der Totalität über die Teile. Dem *Wie* der Umwandlung der Elemente ist durch die Größenordnung der Gesamtheit ebenso der Rahmen gesetzt, wie durch die spezielle Beziehung der Elemente zueinander. Die Struktur regelt sich selbst: 4. Autoréglage (Piaget); sei es nun, daß die Beziehungen der Elemente untereinander stabil bleiben, sei es, daß sie sich, die Regeln der Gesamtheit befolgend, umwandeln. Eine Struktur erweckt leicht den Eindruck von Unwandelbarkeit, 5. Invarianz, da sie sich aus sich selbst steuert. Dieser Eindruck (Sève, Kröber) mag verstärkt werden durch den Umstand, daß strukturale Analysen häufiger den Systemcharakter eines Gegenstands betonen als ihr zeitlich bestimmtes Werden. Manche Autoren schließlich heben hervor, daß eine Struktur nur mittels Modellen, d. h. durch den Akt einer 6. Formalisierung (Badiou, Bastide, Leach, Lévi-Strauss, Piaget, Sebag) erkennbar sei, ja das Modell, die Formalisierung selbst sei.

### *Der Begriff Sozialstruktur*

Es liegt auf der Hand, daß der Strukturbegriff in den Sozialwissenschaften am häufigsten in einer Kombination anzutreffen ist: als Sozialstruktur. So verkleidet lebt er bei vielen das träge Dasein eines kaum nach seiner Berechtigung befragten Fetischs. Wieder war es Kroeber, der als erster auf die häufige Unschärfe dieses Ausdrucks hingewiesen hat: »Struktur hat manchmal eine umgangssprachliche Bedeutung, so, wenn wir von der Struktur eines Kanus sprechen. Manchmal betont der Ausdruck Form; manchmal Organisation; wie im Ausdruck ›Sozialstruktur‹, der dabei ist, den Ausdruck ›soziale Organisation‹ zu verdrängen, ohne daß er weder an Inhalt noch an Betonung etwas hinzuzufügen scheint.[25]«

T. Parsons beispielsweise verwendet die Ausdrücke social structure und social system wie Synonyme. Gelegentlich spricht er auch vom strukturalen Muster des sozialen Systems. Und ein System differenzierter Rollen nennt er die soziale Rollenstruktur[26]. Auf das Rollenspiel im sozialen Verhalten zielt auch die Bgriffsbestimmung von Sozialstruktur bei Merton und bei Murdock. Für Merton fallen Sozialstruktur und soziale Normen zusammen. In seinen Augen ist eine Sozialstruktur nichts weiter, als eine gesellschaftliche Zwangsjacke, die, mehr oder minder eng anliegend, jedem Mitglied einer Gesellschaft übergezogen wird. Eine der allgemeinsten Funktionen der Sozialstruktur ist es, eine Basis für Vorhersehbarkeit und Regelmäßigkeit sozialen Verhaltens zu schaffen, d. h. Handlungen und Reaktionen der Menschen zu normieren. Von social structure hebt Merton die cultural structure ab. Letztere ist seiner Meinung nach das allgemeine normative Muster einer Kultur, innerhalb dessen sich die wiederum durch Muster bestimmten Beziehungen des Individuums zu anderen (social structure) abspielen.

Bei Murdock, der keine explizite Definition des Strukturbegriffs anbietet, ist Sozialstruktur ein Typ sozialer Organisation, der sich aus einer Anzahl von Variablen zusammensetzt. Die Variablen sind je nach Struktur auf eine ganz spezifische Weise kombiniert. Aus statistischen Kombinationen der Variablen ergeben sich nach ihm die Strukturtypen[27].

An gesellschaftliche Klassen scheinen zwei französische Soziologen zu denken, wenn sie von Sozialstruktur reden, Gurvitch und Bourdieu. Hören wir beide. Gurvitch: »Jede Sozialstruktur ist ein prekäres Gleichgewicht, das ununterbrochen durch erneuten Aufwand wiederhergestellt werden muß, ein Gleichgewicht von Hierarchien innerhalb eines totalen sozialen Phänomens makrosoziologischen Charakters, von dem sie nur einen Sektor oder einen Aspekt repräsentiert: ein Gleichgewicht zwischen spezifischen Hierarchien deutlicher Abstufung, Formen von Variabilität, sozialen Reglementierungen, Temporalitäten, Färbungen des Geistigen, Arten der Arbeitsteilung und der Akkumulation und – gegebenenfalls – funktioneller Gruppierungen, Klassen und ihrer Organisationen; dieses Gleichgewicht multipler Hierarchien ist insbesondere mit Modellen, Zeichen, Symbolen, geregelten und gewohnheitsmäßigen sozialen Rollen, Werten und Ideen ausgestattet und verfestigt, kurz mit den kulturellen Werken, die diesen Strukturen eigen sind und, wenn diese global sind, mit einer ganzen Zivilisation, die sie übergreift und an der sie gleichzeitig als kreative Kräfte wie als Nutznießer teilhaben.[28]« Der entscheidende Punkt an Gurvitchs überaus gewundener Definition ist, daß für ihn eine Strukturierung erst auf einer makrosoziologischen Ebene zutage treten kann, auf ethnischem oder nationalen Niveau, also gerade dort, wo es am schwierigsten sein dürfte, ihrer habhaft zu werden. Für Lévi-Strauss dagegen, der diese Ambition als absurd verwirft, gilt es nicht, *die* Struktur einer Gesellschaft zu entdecken, sondern Strukturen (s. u. S. 68 f.).

Deutlicher als Gurvitch und entschiedener in seiner Position fühlt Bourdieu sich an gesellschaftliche Klassen erinnert, wenn er dem Wort Sozialstruktur begegnet. »Hält man sich zunächst einmal an eine möglichst eingeschränkte Definition des Begriffs, so wäre zu untersuchen, ob und in welchem Maße diese konstitutiven Teile [einer geschichtlichen Gesellschaft, von Klassen oder Standesgruppen] Beziehungen zueinander unterhalten, die nicht nur die Form eines bloßen Nebeneinanders haben und daher Eigenschaften aufweisen, die sich aus ihrer Zugehörigkeit zur gesellschaftlichen Totalität oder, genauer gesagt, aus ihrer Stellung im kompletten System der Beziehungen ergeben, das den Sinn jeder einzelnen Beziehung diktiert. Den Begriff ›Sozialstruktur‹ ernst zu nehmen, heißt voraussetzen, daß jede soziale Klasse, da sie in einer historisch bedingten Sozialstruktur eine Stellung einnimmt, von ihren Beziehungen zu den anderen konstitutiven Teilen der Struktur derart berührt wird, daß sie diesen Positionseigenschaften verdankt, die von ihren rein immanenten Eigenschaften . . . relativ unabhängig sind.[29]«

Etwas vereinfacht könnte man Bourdieus Äußerung dahingehend umformulieren, daß für ihn jede Gesellschaftsklasse ein Element der Gesamtheit, nämlich der Klassengesellschaft ist, die wiederum die Summe der Klassen ist. Eine Gesellschaftsklasse als Element einer Gesamtheit voneinander abhängiger Elemente definierte sich demnach nicht aus sich selbst, sondern aus den Beziehungen, die sie zu den anderen unterhält. Man kann noch einen Schritt weiter gehen und sagen, daß man ein Element, etwa das Proletariat, nur in seiner geschichtlich jeweils verschiedenen Position zu den anderen erfassen kann, nicht aber durch eine absolute Eigenschaftsbeschreibung. Eine Klasse zu einem bestimmten Zeitpunkt beschreiben, heißt dann in konsequenter Forderung: alle Klassen zu diesem Zeitpunkt beschreiben.

In seinen *Elements of Social Organisation* weist Firth darauf hin, daß soziale Beziehungen nach drei Gesichtspunkten untersucht werden können: nach ihrer Struktur, nach ihrer Funktion, nach ihrer Organisation. ». . . mit dem strukturalen Aspekt sozialer Beziehungen meinen wir die Prinzipien, auf denen ihre Form beruht; mit dem funktionalen Aspekt meinen wir die Art, wie sie einem gegebenen Zweck dienen; mit dem organisatorischen Aspekt meinen wir die gezielte Aktivität, die ihre Form aufrechterhält und ihren Zwecken dient.[30]« Nach dieser Bestimmung wirkt die soziale Organisation wie die Synthese aus Struktur und Funktion. Eine einfachere Unterscheidung von social structure und social organisation gibt Firth an einer anderen Stelle, in seiner Aufsatzsammlung *Essays on Social Organisation and Values.* Hier spricht er davon, daß die beiden Begriffe einander komplementär seien. Doch während der Begriff social structure das Studium relativ dauerhafter sozialer Beziehungen und Gruppen meine, lege der Begriff social organisation das Hauptgewicht auf die Beobachtung, wie soziale Beziehungen sich in der Dimension der Zeit tatsächlich abspielen. Diese wichtige Unterscheidung illustriert Firth an einem Beispiel aus seinem eigenen Forschungsgebiet, der Pazifikinsel Tikopia, die er 1929 und erneut 1952 besuchte. Innerhalb dieser Zeitspanne hatte sich an der Struktur der Häuptlingsmacht nichts geändert, doch die Häuptlinge selbst waren inzwischen andere und gehörten anderen Familien an. So hatte sich im Gegensatz zur Struktur nur die akute soziale Organisation verändert. So von social organisation abgehoben, die der empirischen Ebene näher ist, gerät bei Firth der Begriff social structure nicht in den Verdacht, als wirkliche soziale Entität angesehen zu werden. »Der grundlegende Wert des Begriffs Sozialstruktur als eines heuristischen Mittels eher als einer substantiellen sozialen Entität, ist mittlerweile klarer erkannt worden.[31]« Sozialstruktur ist eine begriffliche und keine deskriptive Qualität[32].

Die Firthsche Differenzierung zwischen social structure und social organisation hat bei Radcliffe-Brown eine unerwartete und bisher unberücksichtigte Parallele: in dessen Unterscheidung zwischen structural form und actual structure. Ich werde weiter unten eingehender darauf zurückkommen (s. S. 34 ff.). Doch bevor wir uns den Hauptkontrahenten im Streit um den Begriff Sozialstruktur zuwenden, nämlich Radcliffe-Brown und Lévi-Strauss, wollen wir uns einen Zwischenschnitt gestatten, der uns aus den Konfusionen befreien helfen soll, in die wir durch die wuchernden Verwendungsweisen des Strukturbegriffs geraten sind. Diese Hilfe kommt von R. Boudon.

### *Intentionale und effektive Definitionen des Strukturbegriffs*

In einem Buch, das sich mit dem Strukturbegriff in den Sozialwissenschaften mit beachtlichem Geschick und erfreulicher Klarheit auseinandersetzt, spricht der Verfasser, R. Boudon, von der Polysemie des Strukturbegriffs. Er bringt, ähnlich unserem Vorgehen im 1. Abschnitt, eine repräsentative Anzahl von Definitionen des Strukturbegriffs vor, die, vergleicht man sie miteinander, nicht viel mehr lehren, als daß es aussichtslos ist, eine aus der Gesamtheit der existierenden Definitionen gewonnene allgemeine Definition zu fabrizieren. Für ihn ist der Strukturbegriff eine Ansammlung von Homonymen. Er schlägt aus diesem Dilemma einen Weg vor, welcher der Charakterisierung der Verwendungsweisen des Begriffs dient: Nur aus dem Kontext, in dem der Strukturbegriff jeweils erscheint, ist es möglich, ihn zu identifizieren. Das bedeutet, man muß in jedem Fall, wo er auftaucht, eine Analyse der Funktion, die ein Autor dem Strukturbegriff zuschreibt, vorwegschicken. Diese umständliche Arbeit hat Boudon anhand verschiedener Autoren geleistet. Aus der Fülle der einander widersprechenden Definitionen hat er zwei Typen von Kontexten herausgeschält, unter die alle Definitionen fallen. Den intentionalen Definitionen stellt er die effektiven Definitionen gegenüber: Intentionale Definitionen unterstreichen den systematischen Charakter eines Gegenstandes oder den Umstand, daß eine Methode den Effekt hat, ein Objekt als System zu beschreiben. Effektive Definitionen unterstreichen die Tatsache, daß dem systematischen Charakter eines Objektes eine Theorie zugrundeliegt[33]. Im ersten Fall sucht man die Bedeutung des Begriffs Struktur zu präzisieren, im zweiten Fall die Struktur eines Objektes festzulegen. Im ersten Fall dient die Definition nur dazu, daß ein Gegenstand als System identifiziert worden ist. Im zweiten ist die Struktur des Gegenstands nichts anderes, als die Beschreibung, die aus der Theorie resultiert, die man über ihn hat. Im einen Fall reduziert sich die Bedeutung des Begriffs Struktur auf die Bescheinigung seiner synonymen Assoziationen. Im anderen Fall erscheint der Strukturbegriff im Kontext einer verifizierbaren, hypothetisch-deduktiven Theorie, die auf ein System angewendet wird. Funktion dieser Theorie ist es, das Ensemble der Beziehungen, die ein System charakterisieren, zu erklären. Die Definitionen in intentionalen Kontexten sind distinktiv, die Definitionen in effektiven Kontexten sind konstruktiv. Dem ersten Typ von Kontexten rechnet Boudon folgende Autoren zu: Gurvitch, Goldstein, Merleau-Ponty, Radcliffe-Brown; als Vertreter des zweiten Typs nennt er Spearman und Lévi-Strauss.

Für die Typen von Kontexten mit effektiven Definitionen bietet Boudon folgende Formulierungen an: 1. Die strukturale Analyse eines Systems ist eine Theorie, die es erlaubt, aus ihr die offenkundigen Eigenschaften des Systems abzuleiten. 2. Umgekehrt kann man, ausgehend von der Theorie und den offenkundigen Eigenschaften, die Struktur eines Systems deduzieren[34]. Diese Definitionen bringt Boudon in folgende Formeln:

$$1.\quad A + \mathrm{Str}(S) \xrightarrow{\text{Kalkül}} \mathrm{App}(S)$$

$$2.\quad A + \mathrm{App}(S) \xrightarrow{\text{Kalkül}} \mathrm{Str}(S)$$

Es wird einleuchten, daß von den beiden Definitionsarten des Strukturbegriffs wissenschaftlich die Kontexte mit effektiven Definitionen interessanter sind. Außerdem wird in Anbetracht der zweiten Definitionen klar, daß eine strukturale Perspektive aus sich allein heraus keinen Wert besitzt. Ihr Erfolg beruht auf dem Gegenstand, für den man sie anwendet und der Möglichkeit, für diesen Gegenstand eine Theorie zu formulieren. Die Qualität der Theorien wiederum hängt weitgehend von den Gegenständen ab, über die sie gehen. Aus alldem zieht Boudon sein Resümee: »Es gibt folglich keine universale ›strukturale Methode‹, es gibt nur besondere strukturale Theorien.[36]«

Die Lehre, die Boudon uns erteilt, scheint mir folgende zu sein: Ein munteres Drauflosdefinieren hat, soweit es den Strukturbegriff anlangt, nicht den geringsten Wert. Zu diesem Resultat waren auch wir gekommen. Denn jede Definition wird sich entweder als eine neue Variante einer intentionalen oder als Variante einer effektiven Definition herausstellen. Andererseits genügt es nicht, sich einer bereits gegebenen Definition einfach anzuschließen, nur weil sie einem gefällt. Einer Definition muß eine theoretische Konzeption des gewählten Gegenstands vorausgehen, sowie eine Klärung der Frage, welcher Natur das Wissen ist, das ich mir über ihn aneigne. Oder wie J. Viet sagt: »Jede Reflexion über den Strukturbegriff ist notwendigerweise in einen epistemologischen Rahmen eingeschlossen.[37]« Dies wird nirgendwo so klar wie an der Auseinandersetzung, die ich den Naturalismusstreit um den Ausdruck Sozialstruktur nennen möchte, der nicht allein die beiden Hauptkontrahenten trennte. Jeder muß sich an diesem Punkt entscheiden.

### *Der Naturalismusstreit*

Worum geht es dabei? 1952 hatte Lévi-Strauss auf einem internationalen Anthropologenkongreß der Wenner-Gren-Foundation einen Vortrag gehalten unter dem Titel: »Social Structure« und darin folgenreich erklärt: »Der Ausdruck ›Sozialstruktur‹ hat nichts mit empirischer Realität zu tun, sondern mit Modellen, die nach ihr konstruiert sind.[38]« Weniger radikal, wenngleich von identischer Programmatik, erscheint der entsprechende Satz in der französischen Fassung, die als Kapitel xv in die *Anthropologie structurale* aufgenommen wurde: »Das Grundprinzip ist, daß der Begriff ›Sozialstruktur‹ sich nicht auf die empirische Realität bezieht, sondern auf Modelle, die nach ihr konstruiert sind.[39]« Und weiter heißt es in der englischen Originalfassung: »Dies sollte den Unterschied klären helfen zwischen zwei Konzepten, die einander so nahe sind, daß man sie oft verwechselt hat, nämlich das von ›Sozialstruktur‹ und das von ›sozialen Beziehungen‹.[40]« Die letzte Bemerkung war natürlich auf niemanden sonst gemünzt als auf Radcliffe-Brown. Tatsächlich hatte dieser mehr als ein Jahrzehnt zuvor verkündet: »Doch direkte Beobachtung lehrt uns, daß die Menschen durch ein komplexes Netz sozialer Beziehungen miteinander verbunden sind. Ich verwende den Begriff ›Sozialstruktur‹, um dieses Netz tatsächlich (und gegenwärtig[41]) existierender Beziehungen zu bezeichnen . . . Sozialstrukturen sind ebenso real wie individuelle Organismen.[42]« Diese Sätze enthalten den Kern der Naturalismus-Kontroverse. Enthalten sind in ihnen schon zwei entscheidende Fragen von großer theoretischer Tragweite: 1. Liegt ›Sozialstruktur‹ auf einer empirisch vorgegebenen oder auf einer konstruierten Ebene? 2. Ist die konkrete Realität, wie sie sich direkter Empirie darbietet, die wahre Realität, d. h. diejenige, die selbst genügend Transparenz besitzt, um von sich aus ihre eigenen Gesetzmäßigkeiten erkennbar auszustrahlen, oder gelangt man zu dieser wahren Realität erst dadurch, daß man die konkrete überschreitet?

Ich werde versuchen, diese Fragen zu beantworten, indem ich Schritt für Schritt die Kontroverse weiter verfolge. In seinem bereits zitierten Vortrag fährt Lévi-Strauss fort: »Es wird hier genügen festzustellen, daß soziale Beziehungen das Rohmaterial bilden, aus dem die Modelle, die die Sozialstruktur bilden, konstruiert werden[43]. Sozialstruktur dagegen kann in keiner Weise auf die Gesamtheit der sozialen Beziehungen, die es in einer gegebenen Gesellschaft zu beschreiben gilt, reduziert werden. Sozialstruktur kann[44] daher kein eigenes Gebiet neben anderen innerhalb der Sozialforschungen[45] beanspruchen. Sie ist eher eine Methode, die man für jede beliebige Art von Sozialforschung anwenden kann[46], ähnlich der strukturalen Analyse, wie sie in anderen Disziplinen geläufig ist.[47]«

Fassen wir kurz zusammen: Soziale Beziehungen und Sozialstruktur stehen nach den Darstellungen von Lévi-Strauss in folgender Relation zueinander: Gegenstand und Ziel strukturaler Studien ist es, soziale Beziehungen zu verstehen. Tatsächlich beobachtete soziale Beziehungen aber lehren aus sich selbst heraus nichts. Sie sind nur das Rohmaterial, mittels dessen der Anthropologe Modelle erbaut, deren Zweck es ist, die Sozialstruktur zu verdeutlichen. Sozialstruktur liegt folglich nicht auf dem Niveau natürlicher Empirie, sondern auf dem der Konstruktion.

Gegen diese Position hat Radcliffe-Brown in einem an Lévi-Strauss persönlich gerichteten Brief Stellung bezogen. Auszüge dieses Briefes sind veröffentlicht worden. Darin schreibt Radcliffe-Brown: »Wie Sie erkannt haben, verwende ich den Begriff ›Sozialstruktur‹ in einem von Ihnen so verschiedenen, die Diskussion sosehr erschwerenden Sinn, daß sie kaum von Nutzen sein dürfte. Während für Sie Sozialstruktur nichts mit der Realität zu tun hat, sondern mit erbauten Modellen, betrachte ich Sozialstruktur als eine Realität. Wenn ich am Strand eine bestimmte Seemuschel auflese, so erkenne ich sie daran, daß sie eine bestimmte Struktur hat. Ich mag andere Muscheln derselben Art finden, welche eine ähnliche Struktur haben, so daß ich sagen kann: es gibt eine Form von

Struktur, die für die Art charakteristisch ist. Indem ich eine Anzahl verschiedener Arten untersuche, bin ich vielleicht imstande, eine gewisse allgemeine strukturale Form oder ein Prinzip zu erkennen, die Form einer Spirale, die mittels logarithmischer Gleichungen ausgedrückt werden könnte. Ich nehme an, daß es die Gleichung ist, was Sie mit ›Modell‹ meinen. Ich untersuche eine lokale Gruppe australischer Eingeborener und finde in einer gewissen Anzahl von Familien ein Arrangement von Personen. Dies nenne ich die Sozialstruktur dieser bestimmten Gruppe zu diesem Zeitpunkt. Eine andere Gruppe hat eine Struktur, die in wichtigen Punkten der der ersten ähnlich ist. Indem ich ein repräsentatives sample lokaler Gruppen in einer Region untersuche, kann ich eine gewisse Form von Struktur beschreiben.

Ich bin nicht sicher, ob Sie mit ›Modell‹ die strukturale Form selbst oder meine Beschreibung davon meinen. Die strukturale Form selbst kann durch Beobachtung entdeckt werden, statistische Beobachtung eingeschlossen, doch man kann mit ihr nicht experimentieren.

Sie werden sehen, daß mich Ihr paper bezüglich dessen, was Sie meinen, in äußerster Verwirrung zurückläßt. Wenn ich mich mit australischen Verwandtschaftssystemen beschäftige, so geht es mir wirklich nur darum, zu korrekten Beschreibungen bestimmter Systeme zu gelangen und sie zu einer gültigen typologischen Klassifikation zu arrangieren.[48]«

Der angeführte Passus aus dem Brief von Radcliffe-Brown enthält ein Programm, das in sich zwiespältig ist. Einerseits wird er nicht müde, immer wieder zu betonen, daß es sein ausschließliches Ziel sei, empirische Arrangements von Personen – eben soziale Beziehungen – zu beschreiben. Sein analoges Bild von der Seemuschel und ihrer Struktur ist dafür ein verführerisches Beispiel. Andererseits aber geht er mit dem Begriff der strukturalen Form weit über sein eigenes naturalistisches Konzept hinaus. Die strukturale Form sozialer Beziehungen nämlich ist ein geistiger Akt des Anthropologen: sie wird »entdeckt« dadurch, daß er eine Anzahl faktischer sozialer Beziehungen miteinander vergleicht, sie klassifiziert und für sie eine Typologie entwirft. Die zwiespältige Natur des Radcliffe-Brownschen Programms wird noch klarer, wenn man sich der Mühe unterzieht, alle seine statements bezüglich dessen, was Sozialstruktur sei, miteinander zu vergleichen, die allein in seiner Aufsatzsammlung *Structure and Function in Primitive Society* nebeneinanderstehen. Es lassen sich dort mindestens drei Auffassungen herausschälen:

1. Sozialstruktur als ein geordnetes Arrangement von Teilen: ein Arrangement von Personen, die institutionell festgelegte oder kontrollierte Beziehungen zueinander haben;

2. Sozialstruktur als tatsächlich und gegenwärtig existierende, konkrete Beziehungen zwischen Individuen;

3. Sozialstruktur als Zusammenspiel zweier Komponenten: einmal von Einzelbeziehungen, zum anderen von differenzierten Individuen und Klassen, eine Auffassung, die die beiden ersten zusammenlegt.

Die erste Auffassung findet sich in Äußerungen, die der Einführung zu *Structure and Function in Primitive Society* entstammen: »Wenn wir den Ausdruck Struktur verwenden, dann nehmen wir Bezug auf ein irgendwie geordnetes Arrangement von Teilen oder Komponenten. Eine musikalische Komposition hat eine Struktur, ebenso hat sie ein Satz. Ein Gebäude hat eine Struktur, desgleichen ein Molekül oder ein Tier. Die Komponenten oder Einheiten von Sozialstruktur sind Personen, und eine Person ist ein Mensch, der nicht als Organismus betrachtet wird, sondern als jemand, der in einer Sozialstruktur eine Stellung einnimmt.[49]«

Die enge Verknüpfung von Personen als Trägern sozialer Positionen mit der Sozialstruktur wird an einer anderen Stelle verstärkt wiederholt: »Wir können Personen nur in Ausdrücken von Sozialstruktur studieren, wie wir Sozialstruktur nur in Ausdrücken von Personen studieren können, welche die Einheiten sind, aus denen sich jene zusammensetzt.[50]« Alsdann hebt Radcliffe-Brown den Begriff social structure von social organisation ab, da er verhindern möchte, daß sie wie Synonyme behandelt werden. Diese Unterscheidung hat auf seine Weise, wie wir bereits sahen, auch Firth durchgeführt. Leider stiftet bei Radcliffe-Brown diese Differenzierung in der Folge mehr Verwirrung als Klarheit. Er schlägt vor, Sozialstruktur als ein »Arrangement von Personen in institutionell kontrollierten oder festgelegten Beziehungen« zu definieren und von Organisation zu sprechen bei einem »Arrangement von Tätigkeiten; so können wir sagen, daß wir, wenn wir uns mit einem strukturalen System befassen, es mit einem System sozialer Stellungen zu tun haben, während wir uns bei einer Organisation mit einem System von Rollen befassen.[51]«

Der 1940 zuerst veröffentlichte Aufsatz *On Social Structure* enthält die beiden anderen Auffassungen dicht beieinander: »Sozialstrukturen sind ebenso real wie individuelle Organismen«. »Beim Studium von Sozialstruktur ist die konkrete Realität, mit der wir es zu tun haben, die Sammlung tatsächlich existierender Beziehungen zu einem gegebenen Zeitpunkt.[52]« Und die synthetische Fassung: »Ich betrachte erstens alle sozialen Beziehungen von Person zu Person als einen Teil der Sozialstruktur«. Das sind die dyadischen Beziehungen, die kleinstmöglichen aller Beziehungen. »Zweitens fasse ich unter Sozialstruktur die Differenzierung von Individuen und von Klassen nach ihrer sozialen Rolle.[53]«

Nachdem Radcliffe-Brown seine verschiedenen Auffassungen von Sozialstruktur kundgetan hat, hebt er die erste und dritte in gewisser Weise wieder auf, indem er auf die bedeutsame Unterscheidung von Sozialstruktur und strukturaler Form verweist, von der wir in dem Brief bereits hörten. Mit Sozialstruktur bezeichnet er fortan tatsächlich und gegenwärtig existierende Beziehungen zwischen Personen (siehe Auffassung 2.), also konkrete Realitäten, die direkt beobachtbar sind. Eine strukturale Form ist das, was der Ethnologe beschreibt: die relativ dauerhafte, standardisierte Beziehung. Gerade unter dem Gesichtspunkt der Zeit scheint Radcliffe-Brown die neue Unterscheidung wichtig. Um sie ganz deutlich zu machen, hier ein einfaches Beispiel: die immer wieder in einer Gesellschaft als besondere beobachteten Beziehungen zwischen zwei Personen a und b, die im Verhältnis Mutterbruder/Schwesternsohn zueinander stehen, und die in ihren jeweiligen Ausprägungen gewisse Abweichungen voneinander aufweisen mögen, gehören zur Domäne der Sozialstruktur. Die aus diesen einzelnen Beobachtungen gewonnene und vom Ethnologen als Standard beschriebene Normalform der Beziehung Mutterbruder/Schwesternsohn ist die strukturale Form.

Nun aber die überraschende Schlußfolgerung, die Radcliffe-Brown aus seiner Unterscheidung zieht: Er gibt der strukturalen Form als Wissenschaftler eindeutig den Vorzug. »Doch was wir für wissenschaftliche Zwecke benötigen, ist eine Darstellung der Form der Struktur.[54]« Mit dieser Äußerung aber hat er endgültig den empiristischen Standpunkt verlassen, den er gegenüber Lévi-Strauss so hartnäckig vertreten hatte. Denn die strukturale Form hat ihren Ursprung zwar auch in der Anschauung, doch ist sie nicht unmittelbare Beschreibung des Gesehenen, wie die Sozialstruktur, letztere wohlverstanden in Radcliffe-Browns eigener

Terminologie. Die strukturale Form ist ein durch Vergleich mehrerer Sozialstrukturen abstrahierter Mittelwert, eine Verallgemeinerung, welche die sichtbare Realität übersteigt.

Bis hierher können wir aus der Kontroverse zwischen Lévi-Strauss und Radcliffe-Brown, die sich zu einer Kontroverse über Lévi-Strauss und Radcliffe-Brown ausweitete, eine Schlußfolgerung ziehen: so kontrovers, wie sie den Beteiligten schien, war die Kontroverse in Wirklichkeit gar nicht, vergleicht man ihre Publikationen in der Weise, wie wir es unternommen haben. Radcliffe-Brown war, zumindest gelegentlich, vom supranaturalistischen Standpunkt bezüglich des Begriffes Sozialstruktur gar nicht soweit entfernt, wie er selbst, wie Lévi-Strauss und wie beider Nachfolger behaupteten. Was er als strukturale Form kennzeichnete und als Ziel wissenschaftlicher Bemühungen im Forschungsbereich der sozialen Beziehungen ansah, ist auf der gleichen Abstraktionsstufe zu suchen, wie das Modell einer Sozialstruktur bei Lévi-Strauss. Was den Naturalismusstreit dennoch so kontrovers erscheinen ließ, war, daß Radcliffe-Brown sich nicht konsequent zur supranaturalistischen Auffassung bekennen konnte, sondern immer wieder zur naturalistischen zurückkehrte.

Als die große Wende in der anthropologischen Theorienbildung bezeichnet H. Nutini den Naturalismusstreit, genauer den Schritt, den Lévi-Strauss über Radcliffe-Brown hinausgegangen ist. Nutini zieht eine Parallele zur modernen Naturwissenschaft. Dort gelte schon seit langem eine klare Trennung zwischen empirischer Realität und der auf ihr erbauten formalen Konstruktion. Diese Trennung nennt Nutini die »Bifurkation der Natur«; die mit ihr verknüpfte Veränderung der Pespektive dokumentiert er mit einem Beispiel, das er Russells *A History of Western Philosophy* (1946) entlehnt: »Bezüglich dessen, was dauerhaft ist, mußte die Energie die Materie ersetzen. Doch ist die Energie im Gegensatz zur Materie nicht die Verfeinerung der gängigen Auffassung eines Dings; sie ist nur ein Charakteristikum physischen Prozesses. Man könnte sie scherzhafterweise mit dem heraklitischen Feuer gleichsetzen, doch ist es das Brennen und nicht das, was brennt. ›Was brennt‹, ist aus der modernen Physik verschwunden.[55]« Die revolutionäre Tat von Lévi-Strauss bestehe nun darin, die »Bifurkation der Natur« von den Naturwissenschaften auf die Sozialwissenschaften übertragen zu haben, indem er sich als einziger konsequent dem zentralen Problem der Theorienbildung gestellt habe: der »Natur und

Konfiguration des Modellbegriffs und dessen Beziehung zu einem Satz empirischer sozialer Phänomene.[56]« Hauptaufgabe eines jeden theoretisch orientierten Wissenschaftlers, auch des Anthropologen oder Soziologen, solle es sein, die »Transformationsregeln zu entwickeln, die zwischen den analytischen Eigenschaften formaler Konstrukte und der empirischen Realität der Fakten vermitteln.[57]«

Zwei Jahre zuvor hatte Nutini das Mißverständnis zwischen Lévi-Strauss und Radcliffe-Brown dadurch aufzulösen versucht, daß er zwischen paradigmatischer Struktur und strukturalem Modell unterschied. Als eine paradigmatische Struktur bezeichnete er eine ontologische Entität, die Teil des natürlichen Universums ist, das unter Betrachtung steht. Ein strukturales Modell dagegen nannte er eine epistemologische Entität, die künstlich dem Körper der empirischen Fakten übergestülpt ist, zu deren besserer Erkenntnis. Die Forschungen von Radcliffe-Brown seien paradigmatisch, die von Lévi-Strauss bewegten sich auf der Ebene des Modells. Damit aber hat Nutini uns nichts Neues gesagt. Er hat lediglich einem bereits bekannten Sachverhalt ein neues Wortkleid umgehängt, was oft zu der Täuschung veranlaßt, hier seien neue Erkenntnisse ausgesprochen worden.

Wenden wir uns nun den Gefolgsleuten von Radcliffe-Brown und Lévi-Strauss zu. Bei den wirklichen und angeblichen Nachfolgern des ersten wird sich ein ähnliches Bild zeigen, wie bei ihm selbst: Einzelne werden völlig zu Unrecht, andere teilweise zu Unrecht ins naturalistische Schubfach gesteckt. Verantwortlich hierfür ist allen voran D. Goddard. Er etikettierte als Vertreter der empiristischen Auffassung die Mitglieder der von ihm so benannten Oxforder Schule, namentlich: Evans-Pritchard, Nadel, Fortes, Firth. Für des ersten Auffassung, Struktur sei eine Eigenschaft beobachtbarer Fakten, bietet Goddard wenigstens einen indirekt akzeptablen Beleg: »Strukturale Beziehungen sind Beziehungen zwischen Gruppen, die ein System bilden. Mit Struktur meinen wir also eine organisierte Kombination von Gruppen. . . . Die Sozialstruktur eines Volkes ist ein System separater, doch aufeinander bezogener Strukturen.[58]« Aber schon bei Nadel ist die Lage wenigstens zwiespältig und dies – wie bei Radcliffe-Brown – innerhalb eines einzigen Buches. Auf den Seiten 155/56 seiner *Theory of Social Structure* erklärt er: »Ich halte Sozialstruktur nach wie vor, gleich welchen Grad an Verfeinerung sie habe, für die soziale

Wirklichkeit selbst oder für einen ihrer Aspekte, nicht aber für die hinter ihr liegende Logik . . . und ich betrachte die strukturale Analyse für nichts weiter als eine deskriptive Methode, wie ausgearbeitet sie auch sein mag, nicht für ein Stück Erklärung.« Dies sind unverkennbar Paradesätze der naturalistischen Konzeption. Gleichwohl scheint Nadel sich mit seiner Position nicht ganz abfinden zu wollen. Denn er sagt auf Seite 12 desselben Buches: »Wir gelangen zur Struktur einer Gesellschaft dadurch, daß wir von einer konkreten Population und ihrem Verhalten das Muster von Beziehungen abstrahieren, das zwischen Handelnden in ihrer Fähigkeit, aufeinander bezogene Rollen zu spielen, Geltung hat.« Und an anderer Stelle setzt er sich von seinem eigenen Konzept noch weiter ab, indem er deklariert: »Sozialstruktur ist ebenso real oder unreal wie irgendetwas anderes auch, nur auf einer anderen, höheren Ebene von Abstraktion.[59]« Doch gerade die höhere Ebene von Abstraktion gegenüber der beobachtbaren, konkreten Realität hervorzuheben, wenn man von Sozialstruktur spricht, war stets Anliegen derjenigen Anthropologen, für die Lévi-Strauss die Stelle vertritt.

Wie weit nun Fortes von den angeblichen Empiristen der Oxforder Schule entfernt ist, zeigt sein Aufsatz *Time and Social Structure,* der in einer Sammlung enthalten ist, die ausgerechnet zu Ehren Radcliffe-Browns herausgegeben wurde, und zwar von M. Fortes. Darin greift er die Radcliffe-Brownsche Unterscheidung zwischen wirklicher Sozialstruktur und strukturaler Form auf und verwirft sie. Er sagt: »In meinen Augen ist die Unterscheidung zwischen ›tatsächlicher Struktur‹ und ›strukturaler Form‹ deswegen ungültig, weil Struktur in der konkreten Realität nicht unmittelbar sichtbar ist. Sie wird durch Vergleich, Induktion und Analyse . . . entdeckt.[60]« Und weiter: »Wenn wir eine Struktur beschreiben, handeln wir bereits von allgemeinen Prinzipien, die weit entfernt sind vom komplizierten Strang des Verhaltens, der Gefühle, Glaubensinhalte, usw., die das Gewebe des tatsächlichen sozialen Lebens ausmachen. Wir sind sozusagen im Bereich der Grammatik und der Syntax, nicht in dem des gesprochenen Wortes. Wir erkennen Struktur in der ›konkreten Wirklichkeit‹ sozialer Ereignisse nur, weil wir vorher Struktur durch Abstraktion von der ›konkreten Wirklichkeit‹ festgestellt haben.[61]« Also nicht direkte Beobachtung führt uns zur Struktur, sondern die Analyse beobachteter Tatsachen, die eine Abstraktion vom Labyrinth der

Fakten beinhaltet. Eine Struktur ist nach Fortes »ein unterscheidbares Ganzes, (eine Institution, soziale Gruppe, Situation, ein Prozeß), das eine Analyse im Licht angemessener Begriffe und passender Techniken zuläßt, eine Analyse in Teile, die ein geordnetes Arrangement in Ort und Zeit haben. Natürlich, was in einem Zusammenhang ein Ganzes ist, kann in einem anderen ein Teil sein . . .[62]«

Bleibt schließlich R. Firth. Seinen eindeutig supranaturalistischen Äußerungen begegneten wir bereits auf S. 30. Es ist daher überflüssig, sie im einzelnen zu wiederholen. Für ihn ist, kurz gesagt, Sozialstruktur keine substantielle soziale Entität, sondern ein Mittel, gesellschaftliche Beziehungen zu begreifen.

Aus dem Vergleich dessen, was man Radcliffe-Brown und seinen Nachfolgern unterschob und dem, was sie tatsächlich äußerten, kann man folgenden Schluß ziehen: das Etikett Naturalist wurde häufiger verwendet, als es möglich war, Leute zu finden, die es verdienten. In der Tat konnten nur drei prominente Anthropologen festgestellt werden, denen man es, wenn auch mit großen Einschränkungen, zur Not hätte aufkleben dürfen: Radcliffe-Brown selbst, Evans-Pritchard und Nadel. Ein Anthropologe, der die Bezeichnung Naturalist mit vollem Recht verdiente, war nicht aufzufinden. So tritt uns diese Bezeichnung entgegen als ein nützliches Mittel, Gegensätze zu verdeutlichen, die in der Tat in der anthropologischen Theorienbildung ausgetragen wurden; sie aber allzusehr beim Wort nehmen hieße, einigen Theoretikern Unrecht tun.

Im Jahre 1960 entbrannte eine sehr heftige ethnologische Debatte, die wir als eine neuere Variante des Naturalismusstreits auffassen können. Sie genauer zu verfolgen lohnt sich deshalb, weil sie nicht von Grundsätzen oder von einer philosophischen Warte aus geführt wurde, sondern von ethnologischen Details. Nichtsdestoweniger hielt man sich nicht bei diesen auf, sondern kam auf erkenntnistheoretische Erwägungen zurück. Gemeint ist der Streit, den mit viel Verve Maybury-Lewis im Anschluß an einen Aufsatz von Lévi-Strauss, nämlich *Les organisations dualistes existent-elles?*[63], vom Zaune brach.

In der umstrittenen Arbeit hatte Lévi-Strauss drei einander ähnliche, wenn auch in keiner Weise identische gesellschaftliche Organisationstypen miteinander verglichen: den der nordamerikanischen Winnebago, einen indonesischen und den der brasilianischen Bororo. Die Gemeinsamkeit dieser Typen bestand, auf die größtmögliche Verallgemeinerung gebracht, darin, daß sie jeweils eine binäre Struktur mit einer ternären Struktur in ihrem Sozialgefüge zu vereinigen suchten. Lévi-Strauss ging es nun vor allem darum nachzuweisen, daß ein Übergang von einer binären zu einer ternären Struktur logisch möglich sei. Zu diesem Zwecke unterteilte er den Dualismus zunächst einmal in zwei Formen, einen diametralen und einen konzentrischen, von denen der letztgenannte selbst zur Dreiteilung hin tendiert. Alsdann zeichnete er für seine drei gewählten Beispiele je ein Strukturschema, deren Eigenart es war, daß sie sich einander sehr ähnelten, ohne daß die Inhalte, die die Bestandteile der geometrischen Figuren vertraten, in jedem Falle gleich waren. Das Strukturschema der Winnebago sah folgendermaßen aus *(Fig. a)*: Die drei kleinen Kreise vertraten die drei Clangruppen der Winnebago, die Gruppen ›Wasser‹, ›Erde‹, ›Luft‹. Das Triskelion deutete die Möglichkeiten der Heirat an, entsprechend der Regel der Hälftenexogamie. Der große Kreis zeichnete den Umkreis, d. h. die Begrenzung des Dorfes nach. Beim formalisierten indonesischen Schema *(Fig. b)* vertraten die kleinen Kreise drei nicht wohnortgebundene matrimoniale Klassen. Das Triskelion zeigte die Geschlechtertrennung, genauer die Dichotomie der Geschlechter innerhalb der drei Klassen an, während der große Kreis die möglichen Heiraten von Männern einer Klasse mit Frauen der nächsten, usw. andeutete, entsprechend dem Muster der asymmetrischen Heirat. Im Strukturschema der Bororo *(Fig. c)* kennzeichneten die kleinen Kreise die Dreiteilung jedes Clans in endogame Segmente. Das Triskelion zeigte die Unmöglichkeiten der Heirat an, die zwischen den Segmenten verschiedenen Rangs bestanden, und der große Kreis vertrat die nicht exogame, diametrale Dorfachse NS, welche die Funktion hatte, die drei Subgesellschaften des Bororo-Dorfes, entstanden durch die Endogamie der Segmente, dem Schein nach zu vereinen.

Diese Studie nun, auf die wir hier nicht weiter eingehen wollen[64], löste heftige Kritik aus, insbesondere, was ihre Formalisierung betrifft. Als ihr prononciertester Wortführer erwies sich, wie gesagt, Maybury-Lewis. Seine Kritik umfaßt folgende Punkte:

1. Lévi-Strauss habe in fahrlässiger Weise die Begriffe duale Organisation, dualistisches System und Dualismus vermengt und so Sachverhalte aneinandergerückt, die begriffliche Unterscheidung gerade habe trennen wollen.

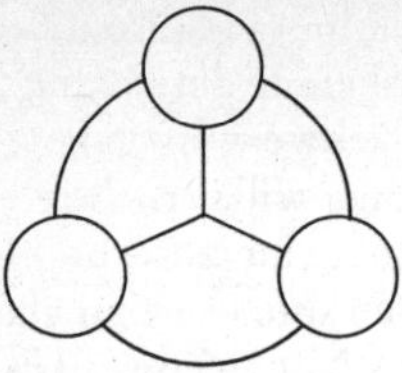

*Fig. a*

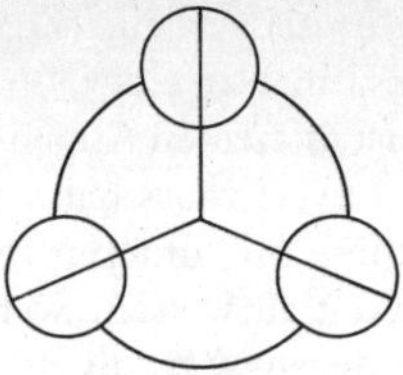

*Fig. b*

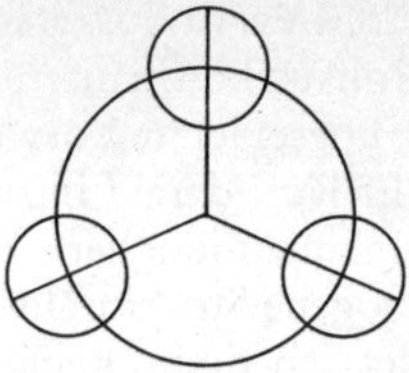

*Fig. c*

2. Lévi-Strauss habe, wenigstens im Falle der Winnebago, eine irreführende Interpretation ethnographischer Fakten geliefert, die ihn dann zu seiner Differenzierung dualistischer Organisationen in konzentrische und diametrale verleitet habe. Beide Strukturformen entstammten jedoch ganz unterschiedlichen Gesamtheiten und seien folglich nicht miteinander zu vergleichen. Bei der diametralen Struktur *(Fig. d)* handele es sich um eine von der kreisförmigen Dorfgrenze umschlossene Gesamtheit, deren Zweiteilung aus zwei gleichen – rein soziologischen – Elementen bestehe: den beiden Phratrien. Bei der konzentrischen Struktur hingegen *(Fig. e)* entstehe die Zweiteilung – diesmal Zentrum/Peripherie – durch die Gegenüberstellung disparater Elemente, nämlich des Dorfes als sozialer Einheit auf der einen und des abgeholzten Gebietes als natürlicher Einheit auf der anderen Seite. Die Gegenüberstellung zweier solcher Schemata sei letztlich auch deswegen irreführend, weil man sie sehr leicht in ein einziges Schema *(Fig. f)* integrieren könne.

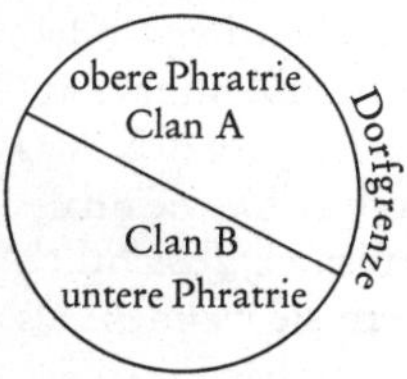


*Fig. d*

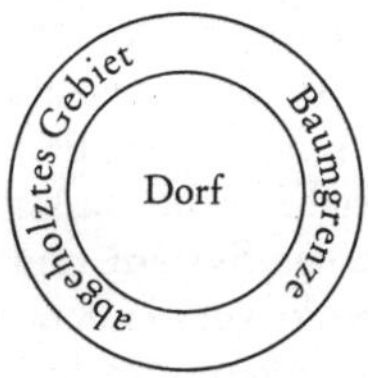


*Fig. e*

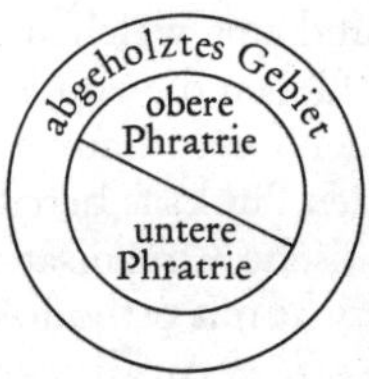


*Fig. f*

3. Lévi-Strauss versuche, soziologische Modelle in der gleichen Weise zu manipulieren, wie es mit mathematischen Gleichungen möglich sei. Mathematische Gleichungen aber könne man nicht mit sozialen Beziehungen auf ein Niveau stellen.

4. Lévi-Strauss habe gleiche Modelle (Diagramme) für disparate Inhalte konstruiert. Dies führe zu einer Verdunkelung der Fakten.

Dieser letzte Vorwurf ist in meinen Augen der schwerwiegendste. Er läuft darauf hinaus, Lévi-Strauss habe solange willkürlich mit Inhalten jongliert, bis diese mit anderen Inhalten eine zurechtgebogene Strukturähnlichkeit aufweisen. So hätten solche Schemata letzten Endes keinen anderen Wert als den des Nachweises, daß disparate Elemente in identischen Mustern widergegeben werden können. Solche künstlichen Identitäten aber lehrten den Soziologen nichts. Diesen Kritikpunkt griff später G. Hauck in ähnlicher Weise erneut auf, indem er noch weiter ging und behauptete, daß in Diagrammen Lévi-Strauss'scher Machart eigentlich alles und jedes dargestellt werden könne[65], so z. B. unsere eigenen Heiratsregeln oder Lévi-Strauss selbst. Die kleinen Kreise könnten die Isolate unseres Heiratssystems vertreten, der große Kreis die Grenzen der Bundesrepublik Deutschland und die Radien die Teilung der Gesellschaft in männlich und weiblich. Im anderen Beispiel könnten die kleinen Kreise für Elemente der Persönlichkeit von Lévi-Strauss stehen, etwa Seele, Geist, Triebe, die Radien für die Möglichkeiten der gegenseitigen Beeinflussung dieser Elemente und der große Kreis für die gesamte Persönlichkeit dieses Mannes. Gut. Wie aber kommt Hauck dazu, der Bundesrepublik Deutschland ausgerechnet drei Isolate zuzuschreiben? Ich bin sicher, sie gehen in die Hunderte oder gar Tausende. Und wie kommt er dazu, jemandes Persönlichkeit gerade in drei Rubriken zu unterteilen? Nicht, daß man von einer Sache ein Modell herstellen kann, gilt es nachzuweisen, sondern wie es notwendigerweise auszusehen hat und mit welchen Argumenten man dieses Aussehen begründet.

Gegen die von Maybury-Lewis vorgebrachten Kritikpunkte hat sich Lévi-Strauss in einer scharfen Replik zur Wehr gesetzt[66]. Was den Punkt 1. betrifft, so habe er die klassischen Begriffe wie dualistische Organisation, duales System und Dualismus absichtlich nicht mit orthodoxer Strenge verwendet, sondern sie vielmehr als »offene Ausdrücke« einer tieferen Realität zu verstehen versucht, gerade um ein Prinzip zu entdecken, das die Dinge vereint, welche die unterscheidenden Ausdrücke benennen und trennen. Er habe also versucht, alle Phänomene des Dualismus durch eine gemeinsame Sprache einander näher zu bringen.

2. Die beiden von ihm gezeichneten Schemata des Winnebago-Dorfes müßten als komplementäre verstanden werden. Man müsse

sie zusammen sehen. Denn jedes der beiden Schemata biete allein nur ein sehr fragmentarisches Bild der totalen Situation. Doch müsse man berücksichtigen, daß die beiden Zeichnungen einander nicht nur ergänzen, sondern zugleich Gegensätze bildeten. Daher seine Rede von einer konzentrischen und einer diametralen Struktur.

3. Der gegen ihn, Lévi-Strauss, erhobene Vorwurf des Manipulierens könne in gleichem Maße auch gegen Maybury-Lewis geltend gemacht werden. Denn was sei sein vorgeschlagenes, synthetisches Winnebago-Schema anderes als eine Manipulation, durchgeführt am Schreibtisch von Herrn Maybury-Lewis?

4. »Modelle wären nutzlos, teilten sie uns nicht mehr mit – und anderes – als die Daten.[67]« Dieser Satz führt uns direkt an den entscheidenden Streitpunkt. Lévi-Strauss wirft nämlich Maybury-Lewis vor, auch er sei den Irrtümern der vorangegangenen »Britischen Schule« verfallen, nämlich nicht imstande zu sein, faktische Datenbeschreibung von theoretischer Modellanalyse zu trennen. So sei auch er ein Gefangener des naturalistischen Mißverständnisses geblieben, dem zufolge die beiden Arbeitsgänge eins seien. Natürlich treffe es zu, daß in den Diagrammen nicht jedem Bestandteil jeweils ein identischer Inhalt zugedacht worden sei. Darum könne es sich auch gar nicht handeln. Vielmehr sollten die Diagramme andeuten, wie verschiedene Bestandteile, z. B. Heiratsregeln, Dorfanlage, Sozialstruktur, religiöse Vorstellungen, allesamt Teile eines Systems sein können, Teile, die in jedem einzelnen Fall unterschiedliche Funktionen haben mögen, anders ausgedrückt: unterschiedliche topologische Positionen beziehen können. »Was eine Gesellschaft mit Heiratsregeln sagt, sagt eine zweite mit der Dorfanlage, eine dritte mit religiösen Vorstellungen.[68]« Das Ergebnis einer nicht rein naturalistischen Analyse sei, daß die disparaten Elemente vergleichbarer Systeme eben nicht so disparat sind, wie sie einem dem ersten Augenschein nach vorkommen. Den grundlegenden Unterschied zwischen seinen eigenen Analysen und denen der Naturalisten macht Lévi-Strauss in seinem Streit mit Maybury-Lewis an einer Metapher deutlich. Er sagt: »Für ihn [Maybury-Lewis] ist Sozialstruktur eine Art Puzzlespiel, und man hat alles erreicht, wenn man entdeckt hat, wie die einzelnen Stücke zueinander passen. Doch wenn die Stücke willkürlich geschnitten worden sind, dann gibt es überhaupt keine Struktur. Wenn andererseits, wie es gelegentlich vorkommt, die Stücke automatisch in

verschiedene Formen geschnitten wurden mittels einer mechanischen Säge, deren Bewegungen regelmäßig mit einer Nockenwelle modifiziert werden, dann existiert die Struktur des Puzzlespiels nicht auf der empirischen Ebene (denn es gibt viele Arten, die Stücke zu finden, die zusammenpassen): ihr Schlüssel liegt in der mathematischen Formel, die die Form der Nocken und deren Rotationsgeschwindigkeit ausdrückt, etwas sehr weit vom Puzzlespiel Entferntes, wie dem Spieler scheinen wird, obwohl es das Spiel auf die einzige intelligible Weise erklärt.[69]«

Das angeführte Beispiel enthält Fragen, die wir nur beantworten können, wenn wir es noch weiter ausführen. Wie sind z. B. die Stücke in einer sozialen Gesamtheit geschnitten? Vollkommen willkürlich? Dann wäre die Suche nach einer Struktur in der Tat sinnlos. Mittels einer mechanischen Instanz, deren Bewegungen und Modifikationen gesteuert sind? Wo aber sollte sich eine solche perfekte Steuerinstanz verbergen? Es ist anzunehmen, daß sich die empirisch wahrnehmbare Realität immer genau zwischen diesen beiden Polen abspielen wird: zwischen Willkür und Mechanik. Wie aber gelange ich zur Struktur einer Realität, die weder gänzlich sinnlos, noch nahtlos intelligibel ist? Spielen wir zu diesem Zweck noch einmal die Möglichkeiten eines Legespiels durch. Man denke sich zwei Legespiele, deren zusammengesetzte Stücke je das Bild eines Tigers ergeben. Das eine Spiel sei vollständig, das zweite unvollständig. Bei dem ersten gelangt man zur Realität, d. h. dem Bild des Tigers, indem man die Stücke passend ineinanderfügt. Das vollständige Bild des Tigers ist zugleich Modell eines lebendigen Tigers. Beim zweiten Legespiel ist die Realität jedoch ein unvollständiges Tigerbild, sei es, daß einzelne Stücke fehlen, sei es, daß Stücke eines ganz anderen Legespiels unter die Stücke des Tigerpuzzles geraten sind, sei es, daß Stücke, die ineinander passen müßten, sich überlappen. Der Spieler kann die Stücke dieses Spiels legen, rücken, verschieben, wie er will – das vollständige Bild eines Tigers wird er niemals zustande bringen. Und genau in dieser Lage befindet sich der strukturale Anthropologe, dem ein Ethnograph die unvollständigen Stücke einer beobachteten Gesellschaft auf den Tisch geworfen hat. Was kann er tun?

Der Anthropologe wird sich zunächst bemühen, diejenigen Stücke aneinanderzurücken, die allem Anschein nach zusammenpassen. Fremde Stücke wird er zur Seite legen, in Reserve. Bei sich überlappenden Stücken wird er so tun, als paßten sie nahtlos. Lükken wird er in seiner Vorstellung ausfüllen. Schließlich wird er sich das fertiggelegte Puzzle als Ganzes ansehen und einer von zwei Möglichkeiten gegenüberstehen: nichts zu erkennen, als unpassende Stücke oder das Bild eines unvollständigen Ganzen. Im ersten Fall wird er seine Aporie dazu nutzen, neue Legekombinationen auszuprobieren – oder er wird aufgeben. Im zweiten Fall wird er feststellen können: die konkrete Realität, genauer, deren Beschreibung durch den Ethnographen, zeigt das Bild einer unvollständigen Gesamtheit, anders gesagt, es enthält die Ahnung eines Systems. Er wird aber nicht vergessen, daß er an diesen Punkt nur durch eine gewisse Auslese gelangt ist: in keiner Weise zueinander passende Stücke hat er weggelassen, sich überlappende gestutzt. das heißt, er hat manipulieren müssen. Erkennt er aber das Bild einer Totalität, wird er sich daher zugleich fragen, ob er nicht die vorhandenen Stücke so sehr bearbeitet hat, daß sie in anderer Bearbeitung auch das Bild einer ganz anderen Gesamtheit hätten ergeben können. Er wird also stets sich bewußt bleiben, daß er einen Abstraktionsakt hinter sich hat. Tut er dies, so kann er noch einen Schritt weitergehen und fortan statt des unvollständigen Bildes seiner Gesamtheit ein vollständiges Modell dieser Gesamtheit für die Kennzeichnung seines Falles verwenden.

Unter der Struktur des Tigerpuzzles kann man nun mehrerlei verstehen: Einmal das Bild des Tigers, wie es aus der Zeichnung seines Fells, der Gestalt seines Kopfes, seiner Körperhaltung, usw. erkennbar ist. Oder das Bild des Tigers, wie es sich aus den mosaikartig zusammengesetzten Stücken ergibt. Oder schließlich die Formel, nach der die Stücke geformt wurden, die das Bild des Tigers ergeben. Hierbei ist jedes Verständnis von ›Struktur‹ ein Grad abstrakter als das voraufgegangene. Allen dreien aber ist eines gemein: die Struktur des Tigerpuzzles erschließt sich erst aus dem Modell, d. h. aus dem vollständigen Legespiel. Will man daher die Struktur einer empirischen Realität ergründen, die dem Beobachter nicht als vollständige entgegentritt, so muß man sich erst ihr Modell schaffen.

Dies führt uns auf geradem Wege zu einem Problem, das bisher ungenannt hinter den Auseinandersetzungen im Naturalismusstreit mitschwang: dem Problem der Beziehungen zwischen konkreter Realität und deren Umformungen in verbale Kategorien und Modelle. Es wird Zeit, hierauf einzugehen.

Mit einer klaren und extremen Bestimmung von Realität wartet L. Sebag auf: »Die Realität wird in dem Maße geschaffen, wie sie untersucht wird.[70]« Mit anderen Worten, man muß der Wirklichkeit ihre Realität erst entreißen. Dies geht nur über den Weg der Formalisierung, d. h. durch Modellbildung.

Was man als real bezeichnet und was nicht, ist nach Lévi-Strauss ein kulturlinguistisches Problem. Dennoch versucht er, eine Unterscheidung zu treffen zwischen konkreter Realität und *wirklicher* Realität. Die Fakten sind konkrete Realität. Die nach ihnen konstruierten Modelle sind die *wirkliche* Realität. Beide, konkrete und *wirkliche* Realität, können einander sehr ähneln, wie das Beispiel von Radcliffe-Brown zeige: Die Spiralenform einer Muschel kann der Form ›Spirale‹ sehr nahekommen. Leider sei die Situation in den Sozialwissenschaften meist nicht dementsprechend. Zur Realität des Modells könne man nur gelangen, indem man die konkrete überschreite. Dennoch seien Modelle keine Abstraktionen im Sinne von Nadel. »Das Modell ist nicht die mathematische Formel und das Modell ist nicht das Ergebnis direkter Beobachtung.[71]« Um seine paradoxale Position zu verdeutlichen, gibt Lévi-Strauss zwei Beispiele aus der Naturwissenschaft: Bevor man die Chromosomen sehen konnte, gab es Karten von Chromosomen und Genen. Dies waren Modelle. Oder: »Kürzlich hat man entdeckt, daß Kristalle spiralenähnlich wachsen, und das kann man mit einem Elektronenmikroskop sehen, obwohl kein tatsächliches Photo irgendeines gegebenen Kristalls eine perfekte Spirale zeigt. Alle Spiralen sind unvollständig, deformiert und doch: die Spirale selbst ist das Modell, das all die Eigentümlichkeiten des Wachsens eines Kristalls erklären helfen kann.[72]« Das Modell ist also perfekter als die konkrete Realität, zumindest in seiner Intelligibilität. Darum ist es die *wirkliche* Realität. Nach Ansicht von M. Shapiro verdanken Modelle die Aura von Abstraktheit, die sie genießen, dem Umstand, daß diejenigen, die man im vorigen Jahrhundert in den Naturwissenschaften verwendete, gerade dann konstruiert wurden, wenn man sich einen nicht sichtbaren Vorgang erklären wollte, wie etwa das Verhalten der Gase. Solche Modelle waren soviel wie Hypothesen über den Gegenstand.

Diese Hinweise beantworten uns eine weitere wichtige Frage: Was geht wem voraus, die Modelle der Empirie oder die Empirie den Modellen? Die Antwort lautet: beide können einander voraufgehen. Einmal kann der Bau von Modellen nützlich sein, weil die Fakten selbst noch nicht hinreichend bekannt sind oder weil ihre Beobachtbarkeit nicht gegeben ist. Dann sind die Modelle Konstrukte, um Erkenntnisse gewissermaßen vor der Empirie anzuregen. Oder aber die empirischen Fakten sind vorhanden, jedoch ungeordnet und in einer Fülle, daß sie von sich aus nichts lehren. Dann werden Modelle zu, meist vereinfachten, Konstrukten für eine geahnte oder angenommene Regularität oder für eine unsichtbare Ordnung in der undurchsichtigen, konkreten Realität. Im einen Falle gehen die Modelle der Empirie voraus, im anderen folgen sie ihr nach. Vorher und Nachher können sich freilich in einem Forschungsprozeß abwechseln. In jedem Falle aber gehen die Modelle über die Empirie hinaus, in keinem Falle sind sie mit ihr identisch.

Eine andere Richtung gab Greenberg der Diskussion um den Realitätsgehalt von Modellen und empirischer Wirklichkeit mit seiner Behauptung, daß eine Muschel ebenso real sei, wie das Modell einer Muschel. Darum gehe es gar nicht. Was entscheide, sei die Einsicht in den Unterschied zwischen den Dingen und dem Diskurs über Dinge. Der Diskurs über Dinge erfordere die Verwendung von Symbolen, welche die Dinge vertreten. Nun gehören aber die Wörter, aus denen der Diskurs über die Dinge besteht, einem anderen Bereich an als die Dinge. Aus diesem Grunde ist es notwendig, ein Axiom einzuführen, ohne das keine Vermittlung zustande kommen kann: Man muß so tun, als könnten Wörter angemessen Dinge, Verhältnisse, Beziehungen ausdrücken. Der Ethnologe beispielsweise muß die tatsächlich sich abspielenden Beziehungen zwischen australischen Eingeborenen auf die gleiche Stufe stellen wie den Versuch des Ethnographen, eine möglichst genaue Beschreibung ebendieser Beziehungen zu liefern. Da jede Beschreibung einen übersetzenden Eingriff bedeutet, weiß der Ethnologe natürlich von vorneherein, daß seine Unterlagen Abweichungen, Fiktionen, Auslassungen enthalten können. Doch kann er dem noch begegnen, indem er andere Quellen zu Rate zieht oder selbst nach Australien geht. Nimmt er obiges Axiom aber nicht an, so ist er endgültig zum Schweigen verurteilt: Hier sind die Dinge und hier die Beschreibung dieser Dinge – einen Übergang gibt es nicht. Dann ist die Beschreibung der Dinge letztlich sinnlos, denn beschreiben heißt doch immer Vertrauen setzen darauf, daß Übersetzen möglich ist. Selbstverständlich kann man eine solche Haltung einnehmen. Doch bedeutet sie das Ende des Diskurses.

Trotzdem ist die Diskussion über den Unterschied zwischen Dingen und ihrer Verbalisierung nicht ohne Nutzen. Denn sie leitet über zu einem Gedankengang, den am klarsten Leach verfolgt hat. Er sagt: ». . . ich betrachte soziale Systeme nicht als natürliche Realität. In meinen Augen können die Fakten der Ethnographie und der Geschichte nur in systematischer Weise geordnet erscheinen, wenn wir diese Fakten einer gedanklichen Fiktion (figment of thought)[73] aussetzen. Zuerst erfinden wir für uns ein Set verbaler Kategorien, die hübsch arrangiert werden, damit sie ein geordnetes System bilden, und dann passen wir die Fakten den verbalen Kategorien an; hey presto werden die Fakten als systematisch geordnet ›gesehen!‹ Doch ist das System in diesem Falle eine Sache der Beziehungen zwischen Konzepten und nicht von Beziehungen, die in den rohen faktischen Daten ›tatsächlich existieren‹, wie Radcliffe-Brown und einige seiner Gefolgsleute beharrlich behauptet haben. Die organische Analogie ist gelegentlich von Nutzen, doch ist die Gesellschaft weder ein Organismus, noch gar eine Maschine.[74]« Leach führt dann weiter aus, daß ihm im Laufe der Jahre die Unterscheidung immer deutlicher geworden sei zwischen der »Struktur, die innerhalb eines Sets verbaler Kategorien existieren kann, und dem Fehlen von Struktur, das gemeinhin innerhalb eines direkt beobachteten Sets empirischer Fakten existiert . . . Ereignisse werden nur strukturiert, insofern sie mit Ordnung ausgestattet werden durch die Auferlegung verbaler Kategorien.[75]« Die Ordnungsebene, auf der ethnographische Berichte oder ethnologische Theorien sich bewegen, ist also weniger Produkt direkter Beobachtung einer solchen Ordnung in der empirischen Realität als die gedankliche und folglich sprachliche Leistung dessen, der die Fakten zu dieser Ordnung arrangiert. Solche Ordnungen sind die Strukturen, von denen Leach wörtlich sagt: »Die Strukturen, die der Anthropologe beschreibt, sind Modelle, die nur als logische Konstruktionen in seinem eigenen Hirn existieren . . . Wenn der Anthropologe ein soziales System zu beschreiben sich bemüht, dann beschreibt er notwendigerweise nur ein Modell der sozialen Realität. Dieses Modell repräsentiert in der Tat die Hypothese des Anthropologen darüber, ›wie das soziale System funktioniert‹[76]« Die Modelle des Anthropologen aber sind in den Augen von Leach nichts anderes als das, was seinerzeit M. Weber als Idealtypen bezeichnete.[77] Selbstverständlich liegen sie jenseits der naturalistischen Schicht der Fakten, womit wir wieder beim zentralen Punkt des Naturalismusstreits angelangt sind. Ihn hatten wir zugunsten jener entschieden, die Sozialstruktur als ein Konstrukt ansehen. Denn: »Eine Theorie, die bei dem spontan Wahrgenommenen stehenbleibt, stützt sich allein auf die Erfahrung des Vertrauten und unmittelbar Verständlichen, beschränkt sich somit auf einen Sonderfall, der sich gar nicht als einen solchen erkennt.[78]«

Wenn aber Strukturen, wie wir uns haben überzeugen können, nichts weiter sind als Modelle, als logische Konstrukte, die letztlich nur im Forscherhirn erdacht werden und existieren, dann stellen sich einige Fragen, die für den weiteren Diskurs wichtig sind: gibt es verschiedene Arten von Modellen? Worin unterscheiden sie sich? Warum ist dieses Modell besser oder adäquater als jenes? Weshalb ist die empirische Realität, die durch Modelle erklärt werden soll, in diesem Modell genauer eingefangen und reflektiert als in jenem?

Bevor wir uns diesen Fragen nähern, wollen wir uns zwei Philosophen anhören, die in den 20er Jahren schon auf ihre Weise den Naturalismusstreit vorweggenommen und entschieden hatten. Der Exkurs zu ihnen steht also in engem Zusammenhang mit dem, was uns in den voraufgegangenen Unterkapiteln beschäftigte. Dieser Exkurs wird sich als Raccourci erweisen.

### *Eigenschaftsbeschreibung und Strukturbeschreibung*

Im Jahre 1928 stellte R. Carnap die These auf, daß die Wissenschaft letztlich nur die Struktureigenschaften der Gegenstände behandle. Er unterschied zwei Arten von Gegenstandsbeschreibungen, die Eigenschaftsbeschreibung und die Beziehungsbeschreibung, bzw. deren Variante, die Strukturbeschreibung. »Die Eigenschaftsbeschreibung gibt an, welche Eigenschaften den einzelnen Gegenständen des Gebiets zukommen, die Beziehungsbeschreibung gibt an, welche Beziehungen zwischen den Gegenständen bestehen, ohne über die einzelnen Gegenstände für sich etwas auszusagen. Die Eigenschaftsbeschreibung macht also individuelle, in gewissem Sinne absolute Angaben, die Beziehungsbeschreibung relative Angaben.[79]« Hier ein Beispiel für eine Eigenschaftsbeschreibung:

die Gegenstände a und b seien Menschen. a ist 12 Jahre alt und 165 cm groß. b ist 35 Jahre alt und 180 cm groß. Wenn man die individuellen und absoluten Eigenschaften des Alters und der Größe der beiden Personen nun aufeinander bezieht, gelangt man zu einer Beziehungsbeschreibung von a und b: b ist 23 Jahre älter und 15 cm größer als a.

Die in der Wissenschaft maßgebliche Art der Beziehungsbeschreibung ist die Strukturbeschreibung. »In einer Strukturbeschreibung wird nur die Struktur der Beziehungen angegeben, d. h. der Inbegriff aller ihrer formalen Eigenschaften.[80]« Eine Bestimmung für das, was Carnap die formalen Eigenschaften einer Beziehung nennt, gibt er auf folgende Weise: Es sind solche, die »sich ohne Bezugnahme auf den inhaltlichen Sinn der Beziehung und auf die Art der Gegenstände, zwischen denen sie besteht, formulieren lassen.[81]« Als Musterbeispiel für eine Strukturbeschreibung führt Carnap die Karte eines Eisenbahnnetzes in einem Kursbuch an, die statt der metrischen nur die topologischen Eigenschaften des Netzes richtig wiedergibt. Die extreme Aussage, daß bei einer Strukturbeschreibung, also der wissenschaftlichen, keine Bezugnahme auf den inhaltlichen Sinn der Beziehung und die Art der Gegenstände nötig sei, schränkt Carnap allerdings anschließend auf das Maß ihres praktischen Nutzens ein: »Eine wissenschaftliche Aussage hat nur dann einen Sinn, wenn die Bedeutung der vorkommenden Gegenstandsnamen angegeben werden kann.«[82] Denn eine Realwissenschaft müsse doch wissen, ob sie von Dörfern oder von Personen spricht. Eine reine Strukturbeschreibung wie folgende aber läßt es völlig offen, ob a, b und c für Ortsnamen, für Personennamen oder für sonstige Namen stehen *(Fig. g)*. Der erste Schritt sei also die Kennzeichnung der Gegenstandsnamen. Diese könne alsdann in jedem Fall durch eine strukturelle Kennzeichnung des Gegenstandes ersetzt werden. Daraus ergibt sich, daß die Strukturbeschreibung nicht auf der Ebene der empirischen Fakten liegt. Sie ist abstrakter. Diesen Sachverhalt kann man sich unter Heranziehung eines anderen Satzes von Carnap verdeutlichen. Er spricht davon, daß zwei Beziehungen, haben sie dieselbe Struktur, in allen formalen Eigenschaften übereinstimmen. Nehmen wir zwei Beziehungen vom obigen Typ. Sind die Pfeilfiguren identisch, so haben sie dieselbe Struktur. Diese Aussage gilt auch, wenn die Punkte der einen Beziehung konkret Menschen, die Punkte der anderen Beziehung aber Orte vertreten. Die Struktur der Ortsbeziehungen wäre in einem solchen Fall gleich der Struktur der Personenbeziehungen. Hielte sich die Strukturbeschreibung aber auf der empirischen Ebene auf, wäre eine solche Aussage gar nicht denkbar, denn man hätte ja schon a priori die Punkte mit empirischen Partikeln besetzt.

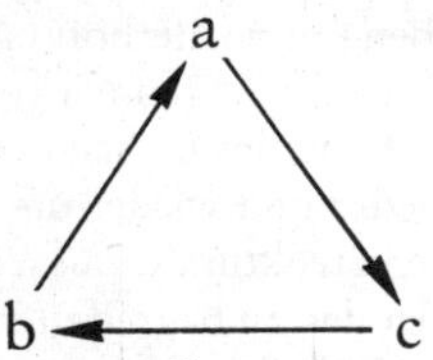


*Fig. g*
*Strukturbeschreibung*

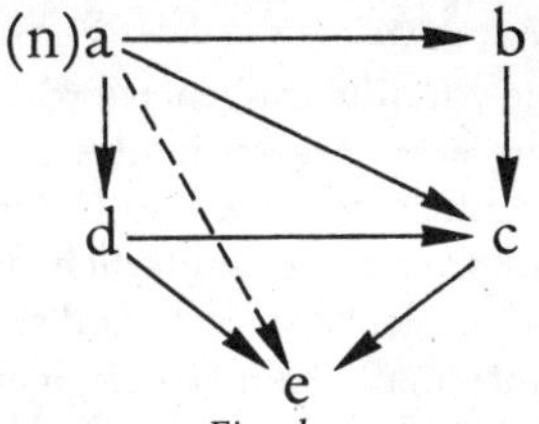


*Fig. h*
*Karte einer Beziehung*

Auf die Unabhängigkeit der Struktur von ihren konkreten Inhalten hatte vor Carnap schon B. Russell hingewiesen. Es war dies ein Gesichtspunkt, der auch später für Lévi-Strauss im Vordergrund stand[83]. Nehmen wir ein Beispiel von Russell: Gegeben sei eine Beziehung mit der Ausdehnung ab, ac, ad, bc, ce, de, dc *(Fig. h)*. Die Struktur der Beziehung dieser 5 Begriffe werde, so Russell, sichtbar, wenn man ihre Karte (map) zeichne. Nun könne es sein, daß an die Stelle des Begriffes a der Begriff n trete. In diesem Fall ändert sich das Beziehungsfeld, nicht aber die Struktur. Es ändert sich der konkrete Inhalt der Struktur. Fügt man dagegen den bestehenden Beziehungen noch die Beziehung ae hinzu, so ändert sich die Struktur und das Feld bleibt das gleiche. Kurz: »Das Beziehungsfeld kann sich ändern, ohne daß die Struktur sich ändert, und die Struktur kann sich ändern, ohne daß sich das Feld ändert.[84]« Der von Russell verwendete Ausdruck ›Karte‹ einer Struktur läßt sich leicht durch den Ausdruck Modell ersetzen. Wir ersehen dann, daß auch bei ihm das Modell oder die Karte nicht auf dem Niveau der konkreten Inhalte liegt, sondern unabhängig von ihren materiellen Qualitäten nur die Beziehungen festhält, die zwischen den Begriffen der Inhalte bestehen. Auch für Russell liegt die Strukturgleichheit zweier Beziehungen in supranaturalistischen Eigenschaften, darin nämlich, daß sie die gleiche Karte aufweisen oder die gleiche Beziehungszahl haben. »Zwei Beziehungen haben die gleiche Struktur, wenn für beide die gleiche Karte anwendbar ist . . . Zwei Beziehungen haben die gleiche Struktur, wenn sie

Ähnlichkeit haben (likeness), d. h. wenn sie die gleiche Beziehungszahl haben (relation-number) . . . Die Beziehungszahl ist genau dasselbe, wie das, was man undeutlich mit dem Wort Struktur andeutet, ein Wort, das, so wichtig es ist, niemals (soweit wir wissen) von denen mit präzisen Begriffen definiert wird, die es verwenden.[85]«

Die voraufgegangenen Erörterungen haben uns wiederholt in die Nähe eines Gegenstandes gebracht, dem unser Augenmerk nun ausschließlich gelten soll: den Modellen. Es ist im übrigen auch nicht weiter verwunderlich, wenn wir wieder und wieder um die Modelle gekreist sind, sind sie doch für den Strukturalismus anerkanntermaßen ein vorrangiges Mittel, eben das zu begreifen, was man eine Struktur nennt. Leider ist es dem Modellbegriff nicht sehr viel besser ergangen als dem Strukturbegriff: Beide haben durch inflationäres Benutzen so sehr an verbindlicher Eindeutigkeit verloren, daß es nötig ist, sich jedesmal neu zu erklären, wenn man sich ihrer bedient. Ein paar Beispiele mögen ausreichen, um die Verfransung des Modellbegriffs zu belegen.

## *Modelltypen*

### Verwendungsweisen des Modellbegriffs

P. Auger nennt als Synonyme für den Modellbegriff: Theorie, Schema, analoge Maschine, Demonstrationsapparat, künstliches Organ[86].

A. Badiou unterscheidet drei Arten des Modellbegriffs:

1. den Begriff (notion) des Modells; hierbei ist die Erkenntnis Wiedergabe des real, empirisch Gegebenen mittels Modellen; ein deskriptiver Begriff der wissenschaftlichen Tätigkeit ist die epistemologische Instanz des Wortes Modell;

2. das Konzept des Modells; es beinhaltet eine mathematisch-wissenschaftliche Theorie der Modelle; wenn eine zweite Instanz – ein Konzept mathematischer Logik – zur Unterstützung der ersten dient, »hat man eine ideologische Überdeckung der Wissenschaft, d. h. eine philosophische Kategorie, die Kategorie Modell[87]« vor sich;

3. die Kategorie Modell; eine philosophische Ideologie.

G. Granger hebt drei Arten von Modellen hervor: energetische

Modelle, deren Begriff in den Naturwissenschaften klassisch ist; informationelle Modelle, deren Prototyp das Saussuresche System der Sprache ist; kybernetische Modelle[88].

Nadel seinerseits stellt fünf Verwendungsweisen des Modellbegriffs vor:

1. das Modell als eine Maschine, die dazu bestimmt ist, leichter relativ komplizierte Bedingungen zu studieren, sie zu illustrieren und beispielhaft vorzuführen – das Modell als Analogie;
2. das Modell als Norm (bewußtes Modell);
3. das Modell als Idealtyp im Weberschen Sinn;
4. das Modell als der Entwurf einer Struktur, die nicht mit der Realität gleichgesetzt werden darf;
5. das lebende Modell[89].

Lévi-Strauss dagegen interessiert sich weniger dafür, welche Synonyme man für den Modellbegriff finden kann, sondern für die erkenntnistheoretische Frage, unter welchen Bedingungen ein Modell berechtigterweise ›Strukturmodell‹ genannt werden kann. Er gibt vier solcher Bedingungen an: »Erstens, die Struktur bietet den Charakter eines Systems. Sie besteht aus Elementen, dergestalt, daß eine wie auch immer geartete Veränderung eines der Elemente, eine Veränderung aller übrigen nach sich zieht; zweitens, jedes Modell gehört einer Gruppe von Transformationen an, von denen jede einem Modell der gleichen Familie entspricht, so daß die Gesamtheit dieser Transformationen eine Gruppe von Modellen bildet; drittens, die oben genannten Eigenschaften ermöglichen die Vorhersage, wie das Modell reagieren wird, wenn eines oder mehrere seiner Elemente gewissen Modifikationen ausgesetzt wird; schließlich muß das Modell so gebaut sein, daß sein Funktionieren allen beobachteten Fakten Rechnung tragen kann.[90]« Bei den ersten beiden Punkten fühlt man sich heftig an bereits Bekanntes erinnert: nämlich an Definitionen des Strukturbegriffs. Dieser Umstand zeigt die Nähe der beiden Begriffe.

Am einfachsten macht es sich D. Sperber. Er vermischt – wie er betont, der Kürze wegen – absichtlich ›Struktur‹ mit ›Modell‹, ›Struktur‹ mit ›System‹ und ›Struktur‹ mit ›den geordneten Eigenschaften eines Objekts‹. In seinen Augen ist dies statthaft, solange man »eine Struktur nicht für die Gesamtheit nimmt, mit der sie ausgestattet ist.[91]«

Die angeführten Fälle mögen ausreichen, um darzutun, daß man sich den theoretischen Nutzen des Modellbegriffs nicht verständlich machen kann, wenn man sich ihm über den Weg seiner Bedeutungsbreite allein nähert. Man wird ihn dann eher bezweifeln. Ich schlage daher einen anderen Weg ein, beginnend mit den Beziehungen zwischen Modell und Wirklichkeit.

## Wirklichkeit und verkleinertes Modell

Wir haben bereits erfahren, daß es das Ziel strukturaler Studien ist, soziale Beziehungen mittels Modellen zu verstehen. Die sozialen Beziehungen finden sich auf dem Niveau der empirischen Wirklichkeit, während die Modelle erdachte Konstrukte sind. Es gilt nun zu fragen: in welchem Verhältnis stehen Wirklichkeit und die nach ihr konstruierten Modelle zueinander? Oder anders: welches ist das beste Modell? Die Antwort scheint ebenso einfach wie sie, einmal gegeben, absurd ist. Das beste Modell ist dasjenige, das zur Wirklichkeit, die es repräsentiert, im Verhältnis 1:1 steht. Das beste Modell eines Apfels wäre danach ein Apfel. Lévi-Strauss: »Dennoch wird das beste immer das wahre Modell sein, d. h. dasjenige, welches, obwohl es das einfachste ist, die doppelte Bedingung erfüllt, keine anderen Fakten zu benutzen als die betrachteten, und von allen Rechenschaft abzulegen.[92]« Wohin eine derartige Forderung führt, illustriert sehr gut eine alte Geschichte, die J. L. Borges nacherzählt hat: »In jenem Reich erlangte die Kunst der Kartographie einer derartige Vollkommenheit, daß die Karte einer einzigen Provinz den Raum einer ganzen Stadt einnahm und die Karte des Reichs den einer Provinz. Mit der Zeit befriedigten diese übermäßig großen Karten nicht länger, und die Kollegs der Karthographen stellten eine Karte des Reichs her, die genau die Größe des Reichs hatte und sich mit ihm in jedem Punkte deckte.[93]« Sieht man einmal von der fehlenden dritten Dimension ab, so ist das Modell unseres Beispiels, die maßstabsgleiche Karte des Reichs, mit der Wirklichkeit, dem Reich selbst, vollkommen identisch. Das Beispiel erteilt uns auf versteckte Weise zugleich eine Lehre: Abgesehen davon, daß es nahezu unmöglich sein dürfte, ein maßstabsgleiches Modell herzustellen, ist ein solches Modell auch höchst unhandlich. Es gewährt keinen Überblick. Die Akribie der Herstellung verfehlt ihren Zweck. Vor lauter Bäumen sieht man keinen Wald; die Größe der Details vereitelt den Blick aufs Ganze. So ist der obige Satz vom ›wahren Modell‹ nicht im Sinne eines 1:1-Modells mißzuverstehen. Das geht aus anderen Äußerungen von

Lévi-Strauss deutlich hervor. Im Anschluß an Neumann und Morgenstern, die an Modelle folgende Ansprüche gestellt hatten, nämlich: Präzision, Vollständigkeit, Ähnlichkeit und Einfachheit[94], nennt Lévi-Strauss als die beiden wesentlichen Eigenschaften von Modellen: Vereinfachung und Verkleinerung. Modelle sollen einfacher sein als die Wirklichkeit, die sie repräsentieren, weil mit der Einfachheit die Intelligibilität des Gegenstandes zunimmt. Was an der oft verworrenen Wirklichkeit als Umweg, Verästelung, Verzweigung erscheint, wird im vereinfachten Modell gewissermaßen gekappt und gestutzt. So tritt die wesentliche Form eindeutiger hervor; Verschleierung wird enthüllt. Auf diese Weise kann ein verkleinertes Modell zugleich zu einer Kritik werden an dem, wofür es steht. »Indem der Anthropologe ein komplexes Modell durch ein einfaches Modell ersetzt, das mit besserer logischer Wirkung ausgestattet ist, enthüllt er die Umwege und Künstlichkeiten – bewußte und unbewußte –, auf die jede Gesellschaft zurückgreift, um die Widersprüche, die ihr innewohnen, zu lösen und, in jedem Fall: zu verschleiern.[95]«

Für beide Formen der Reduktion von Modellen – Vereinfachung und Verkleinerung – gilt dasselbe: ihr zentraler Wert besteht darin, daß der Verlust an sinnlichen Dimensionen durch den Gewinn an intellektuellen Dimensionen kompensiert wird[96]. Zu den gelungensten Modellen zählt Lévi-Strauss die Kunstwerke. Wie nirgends sonst wird in ihnen eine ideale Verschmelzung von Intelligibilität und Sinnlichkeit erreicht. Eine andere Klasse reduzierter Modelle sind die Spielzeuge. Sie betonen eine psychische Kraft der Modelle: die Verminderung der Furcht vor der Größe der Vorlage. Beim Teddybären verliert das Kind die Angst vor dem Bären.

## Mechanische und statistische Modelle

Um die manchmal zwielichtige Diskussion um den Modellbegriff voranzutreiben, ist es nun an der Zeit, auf die Unterscheidung zwischen mechanischen und statistischen Modellen einzugehen. Die Unterscheidung geht zurück auf Lévi-Strauss, der sie 1953 erstmals formulierte: »Ein Modell, dessen Elemente auf derselben Stufe liegen wie die Phänomene, soll ›mechanisches Modell‹ heißen; liegen die Elemente des Modells auf einer anderen Stufe, so haben wir es mit einem ›statistischen Modell‹ zu tun.[97]« Diese Definition klingt beim ersten Hören einfach und eindeutig. Doch sie wird zunehmend unverständlich, je länger man über die Beziehungen zwischen der Ebene der Phänomene und der der Modelle nachdenkt. Am Ende kann man die Unterscheidung vielleicht nur erfassen, wenn man den Regreß zu Beispielen unternimmt. Wir wollen hier diesen Weg direkt gehen.

Im Vorwort zur zweiten Edition der *Structures élémentaires de la parenté*, 1967, befaßt sich Lévi-Strauss wiederholt mit der vorgebrachten Kritik, er habe es in seinem Buche vernachlässigt, zwischen präskriptiver und präferenzieller Heirat hinreichend zu unterscheiden. In der Tat hatte er die beiden gradmäßig unterscheidbaren Formen von Vorschrifts- bzw. Vorzugsheiraten in einen Topf geworden. Aber, wie er nachträglich versicherte, aus Absicht, denn auf dem Niveau des theoretischen Modells, auf dem seine ganze Abhandlung spielt, könne man sie zusammen betrachten, da sie einer einzigen Gruppe zugehören. Beide Ausdrücke seien nämlich nichts weiter als die extremen Eckpfeiler einer Reihe empirisch konstatierbarer Zwischenglieder. Begibt man sich auf das Niveau des theoretischen Modells, dann wirkt ein Präferenzsystem wie ein Präskriptivsystem, begibt man sich andererseits auf das Niveau der empirischen Wirklichkeit, dann kann ein sog. präskriptives System niemals etwas anderes sein als ein präferenzielles[98]. Mit anderen Worten: Demographie und theoretisches Modell klaffen stets auseinander.

Für den Ethnographen kann es natürlich von Nutzen sein, die unterscheidenden Begriffe ›Präferenz‹ und ›Präskription‹ zur Verfügung zu haben, um so die idealen Vorschriften einer Gesellschaft kennzeichnen zu können. Aber letztlich zeigt die Unterscheidung nichts anderes an als diejenige, die Lévi-Strauss mit den Kennzeichnungen mechanischer und statistischer Modelle bereits getroffen hatte. Danach entspricht auf Modellebene der präskriptiven Heirat das mechanische Modell und der präferenziellen Heirat das statistische Modell, d. h. »im einen Fall ein Modell, dessen Elemente auf derselben Stufe sind wie die Dinge, deren Beziehungen es bestimmt: Klassen, Linien, Grade; im anderen Fall dagegen muß man das Modell von signifikativen Faktoren abstrahieren, die sich hinter Verteilungen verbergen, die scheinbar vom Spiel der Wahrscheinlichkeit geleitet werden.[99]«

Die Unterteilung mechanisches/statistisches Modell hat seine Entsprechung in einer Reihe anderer Unterscheidungen, die, da sie in etwa auf der gleichen Achse liegen, hier interessieren. So spricht M. Mead statt von mechanischen Modellen von maschinellen. Bei maschinellen Modellen geht es um, wie sie sagt, nicht identifizierte Individuen. Sind die Individuen, d. h. die Träger bestimmter Rollen dagegen identifiziert, so spricht sie von lebenden Modellen. Die maschinellen Modelle haben den lebenden einen größeren Grad an Übersichtlichkeit voraus, eben weil sie abstrakter sind[100].

Leach setzt laut Nutini die mechanischen Modelle mit rechtlichen Regeln gleich und die statistischen Modelle mit statistischen Normen. »Mechanische Modelle sind ideale Paradigmata für das, was man tun sollte, während statistische Modelle angeben, was die Leute tatsächlich tun.[101]« Mit Recht bemerkt Nutini, daß solcherart definierte statistische Modelle, d. h. solche, die wiedergeben, was die Menschen tatsächlich tun, strikt gesprochen gar keine Modelle sind. Sie sind übersichtlich angeordnete Beschreibungen gegebener Fakten; sie überschreiten die Empirie nicht und können diese daher auch nicht besser erklären als sie selbst. Im übrigen stimme ich nicht mit Nutini überein, wenn er die rechtlichen Regeln und faktischen Normen von Leach auf die gleiche Achse verpflanzt wie die von mechanischen und statistischen Modellen. Ich glaube vielmehr, daß sie eher einer anderen Achse entsprechen, der von bewußtem und unbewußtem Modell.

Die glücklichste Differenzierung auf der Achse, die uns hier beschäftigt, stammt meines Erachtens von P. Bourdieu. Er unterscheidet zwischen analogen und mimetischen Modellen. Die mimetischen Modelle suchen nur die phänomenalen Eigenschaften des Gegenstandes wiederzugeben. Die analogen oder strukturalen Modelle dagegen versuchen, die Betriebsweise des Gegenstandes zu reproduzieren. Sie wollen zwischen hergestellten Beziehungen eine intelligible Relation finden[102].

Der Gegensatz von statistischem und mechanischem Modell ist im übrigen von niemandem – von Nutini abgesehen – für so unüberwindbar gehalten worden, daß man Übergänge vom einen zum anderen Typ für ausgeschlossen hielte. Lévi-Strauss gibt selbst je ein Beispiel für die Umwandlung des einen Typs in den anderen, et vice versa. Im Heiratssystem unserer Gesellschaften, dem man vorläufig nur mit einem statistischen Modell beikommen könnte, ist die freie Partnerwahl durch drei Begrenzungen eingeschränkt: 1. durch das Heiratsverbot naher Verwandter; 2. durch die Ausdehnung des Isolats; 3. durch Verhaltensregeln, welche die

Wahl innerhalb des Isolats einschränken. Mit Hilfe dieser Daten könnte man mittels eines Computers die Information des Systems errechnen. Mit anderen Worten: das stark statistische Heiratssystem mit Mittelwerten ließe sich übersetzen in ein mechanisches Modell.

Umgekehrt könnte man den alten Streit um das Heiratssystem der Murngin von Australien – ob sie nun 7, 32, 4 oder 3 Heiratsklassen haben – vielleicht dadurch beilegen, daß man eine statistische Liste tatsächlicher Heiratsentscheidungen bei einer repräsentativen Zahl von Individuen anlegte. Das bedeutet: ein mechanisches Modell ließe sich durch ein statistisches überprüfen[103]. Unverständlich in diesem Zusammenhang bleibt, weshalb Lévi-Strauss den Vorschlag, den er selbst macht, nämlich unter bestimmten Bedingungen einen Modelltyp in einen anderen umzuwandeln, dann kritisiert, wenn ein anderer ihn aufgreift. So brachte Murdock ein Beispiel solcher Umwandlung aus seinen eigenen Feldforschungen: Von den Bewohnern der Truk-Inseln wurde dem Ethnographen die Marital-Residenz als bi- oder ambilokal angegeben. Durch einen Haushaltszensus ergab sich jedoch, daß in Wirklichkeit 85% der Fälle matrilokal und 15% patrilokal waren. Ein eingehendes Studium der patrilokalen Fälle belehrte den Forscher darüber hinaus, daß sie nur marginale Hilfslösungen darstellten. So gelang es Murdock, über die Konstruktion eines statistischen Modells der Trukschen Maritalresidenz ein mechanisches Modell der Matrilokalität zu entwickeln, das die anfänglichen, vagen Mitteilungen hinter sich ließ. Lévi-Strauss zu diesem Versuch: »Murdock zeigt eine ähnliche Geringschätzung des Unterschieds zwischen mechanischen und statistischen Modellen (da er mechanische Modelle mittels einer statistischen Methode zu konstruieren versucht.[104]« Entweder muß man anderen einräumen, was man sich selbst gestattet oder das ganze Unternehmen der Umwandlung eines Modelltyps in einen anderen ist nicht statthaft, wie Nutini behauptet. Denn, so argumentiert dieser, beide haben einen anderen Bezugsrahmen: das mechanische Modell das Konstrukt und das statistische Modell die empirischen Fakten. Auf jeden Fall hat der Satz: quod licet Iovi, non licet bovi in der Wissenschaft keinen Platz.

## Bewußte und unbewußte Modelle

Zu der Unterscheidung von Modellen in mechanische und statistische, deren Adressat der Wissenschaftler ist, tritt eine wichtige zweite hinzu: der von bewußten und unbewußten Modellen. Ihr Adressat ist – im Bereich der Anthropologie – der Eingeborene. Wir wollen uns den Unterschied, wie im voraufgehenden Fall, an Beispielen verdeutlichen. Die Dichotomie bewußtes/unbewußtes Modell läßt sich gut an einem Material aufzeigen, das Lévi-Strauss wiederholt behandelt hat und das uns auch bereits begegnete, s. S. 42 f. an der Sozialstruktur der Bororo-Indianer in Zentralbrasilien. Die Sozialstruktur der Bororo war allem Anschein nach dualistisch. Bestehend aus zwei matrilinearen und uxorilokalen Hälften, folgten ihre Mitglieder strikte dem Heiratsgebot der Hälftenexogamie. Diese Dualität, die den Bororo sehr bewußt war, verdinglichte sich in der Anlage der Kreisdörfer: eine diametrale Achse teilte das Dorf in zwei. Doch verwandelte sich das scheinbare System dualistischer Exogamie in ein dreiteiliges mit faktischer Endogamie, sobald man dahinter kam, daß jeder Clan der beiden Hälften in drei Sektionen unterteilt war. Und eben diese Sektionen innerhalb der Clans, die die Oberen, Mittleren und Unteren genannt wurden, standen zueinander wie Kasten: Mitglieder der oberen durften nur solche der oberen Sektion (eines Clans in der anderen Dorfhälfte) heiraten, mittlere nur mittlere und untere nur untere. Das bewußte Modell der Bororo – ein dualistisches System der Hälftenexogamie – regierte lange Zeit die Beschreibungen der Ethnographen, da es im Einklang stand mit der Ideologie der Eingeborenen. Das ›wahre‹ Modell des Heiratssystems der Bororo jedoch ist das hinter diesem Schein verborgene, das unbewußte: eine dreiteilige Gesellschaft mit Endogamie in jeder Schicht[105].

Ein anderes Beispiel für den Unterschied zwischen bewußtem und unbewußtem Modell lieferte Murdock: Wenn man etwa bei einer Umfrage in den USA die Behauptung aufstellt: Die Amerikaner haben eine Klassengesellschaft, so werden die meisten Interviewten entrüstet auf das Ideal des free enterprise verweisen. Sie werden, anders ausgedrückt, was ihre eigene Gesellschaft anlangt, das Modell der Klassenstruktur verdrängen. Ihr bewußtes Modell des freien Unternehmertums dient dann also dazu, das vom Wissenschaftler erkannte und beweisbare Modell der Gesellschaftsklassen – das für die Massen unbewußte Modell – zu überdecken, von ihm abzulenken, zu verschleiern. Das bewußte Modell wird auf diese Weise zu einem wirkungsvollen Mechanismus, die Ausbeutung zu legalisieren und zu verewigen.

Man wird inzwischen gemerkt haben, daß wir nicht weit von den Theorien Freuds – und Marxens gleichermaßen – entfernt sind. Denn das ganze Oeuvre des ersten durchzieht diese Dichotomie: die Doppelgleisigkeit des Psychischen. Begnügen wir uns mit einem Bereich: In der Theorie seiner Traumdeutung unterschied Freud mit Nachdruck zwischen manifestem Trauminhalt und latentem Traumgedanken. Ersterer entspricht in einer anderen Ordnung dem bewußten Modell, der zweite dem unbewußten, wobei es Aufgabe des Traumdeuters ist, zur Schicht dieses zweiten, dem wahren Modell vorzustoßen. Oder nehmen wir ein mir bekanntes Beispiel aus der Neurosenlehre: Ein Neurotiker, der an einem asthmoiden Symptom leidet, könnte im Zuge seiner eigenen Suche nach den Ursachen auf den Gedanken kommen, daß seine Atembeschwerden auf die Pollution der Luft in seinem Lebensbereich zurückzuführen seien. Je mehr er in den Zeitungen von der allgemeinen Umweltverschmutzung liest, desto eher wird sich seine unikausale Erklärung verfestigen. Sein bewußtes Modell (Luftverpestung schadet der Atmung) wird schließlich der Fortdauer seiner Neurose beste Hilfe leisten und das unbewußte Modell der Erklärung (etwa eine weit in die Vergangenheit zurückreichende, in der Gegenwart wirksame Angstneurose) immer mehr verwischen. Erst in einer analytischen Behandlung wird der besagte Asthmatiker vielleicht dahin gelangen können, allmählich die extrapersonale (bewußte) Erklärung durch eine psychogenetische (unbewußte) zu ersetzen und so imstande sein, sein Symptom abzulegen.

Die vorgeführten Beispiele legen es nahe, eine Verbindung zwischen bewußten Modellen und dem zu ziehen, was in der Ideologiekritik falsches Bewußtsein heißt. In der Tat sind sie kaum etwas anderes, als zwei Ausdrücke für ein und dieselbe Sache. Gleichgültig, ob das Modell nun kollektiv im Bewußtsein einer Gruppe verankert oder ob es Ausdruck eines privaten Mythos ist, in beiden Fällen hat es meist die Funktion eines Vorhangs, der das, was hinter ihm liegt, die wirkliche Struktur der Phänomene, zu verschleiern sucht. »Denn bewußte Modelle, die man gewöhnlich unter der Bezeichnung Normen kennt, sind per definitionem sehr arm, da sie nicht dazu dienen, die Phänomene zu erklären, sondern sie zu perpetuieren.[106]« Die Identität von bewußtem Modell und falschem Bewußtsein ist nirgends so eindringlich klar wie beim Studium der bürgerlichen Norm, dem in unnachahmlich analytischer Schärfe und Leichtigkeit R. Barthes seine Aufmerksamkeit zugewendet hat. Der apologetische, verzerrende, in jedem Fall ideologische Zug der bewußten Modelle darf indes nicht dazu verleiten, diese ganz zu vernachlässigen. Gerade die Verstellungen, Umwege und Irrtümer der Selbsteinschätzung sind für den Wissenschaftler meist der beste Einstieg in das zur Debatte stehende Problem. Die bewußten Modelle gehören gewissermaßen mit zur Ordnung der Fakten, über die sie sich interpretatorisch äußern. Sie bilden nach Art eines Zerrspiegels ab, hinter dem das genaue Bild zwar verschwimmt, aber zugleich erahnbar ist. Manchmal sind die bewußten Modelle der Eingeborenen sogar besser als die, welche die professionellen Anthropologen entwerfen. In jedem Fall bilden sie »einen wichtigen Beitrag zum Verständnis der Strukturen, entweder als faktische Dokumente oder als theoretische Beiträge, ähnlich denen, die der Anthropologe selbst liefert.[107]«

Die Unterscheidung von bewußten und unbewußten Modellen ist indes eine gradmäßige und nicht eine kategorielle. Der Weg, den der Anthropologe geht, wird beim bewußten Modell beginnen, um zum unbewußten vorzudringen. Diese Richtung schlägt – nicht zu sprechen von der Psychoanalyse, s. o. – im übrigen auch die Phonologie ein, wenn sie sich bemüht, von den offenkundigen Phänomenen zu deren unbewußter Infrastruktur vorzudringen. Dabei ist sie gegenüber der Anthropologie in gewissem Maße im Vorteil, weil die linguistischen Erscheinungen niemals klar dem Bewußtsein entspringen, anders gesagt: sie sind den »unbewußten Tätigkeiten« des Geistes näher als andere kulturelle Phänomene, die der rationalen Manipulation ständig ausgesetzt werden.

Die bewußten Modelle sind vielfach bereits greifbar zur Hand; der Ethnograph braucht sie nur aufzulesen. Sie treten mehr oder weniger kohärent und systematisch im Bewußtsein der Eingeborenen zutage. Die unbewußten Modelle liegen unterhalb dieser Schicht. Sie müssen erst freigelegt werden. Man könnte auch sagen, sie werden vom Ethnologen erst in dem Maße geschaffen, als er die unbewußte Struktur, die jedem Brauch, jeder Gewohnheit, jeder Institution zugrunde liegt, aufdeckt. Das bewußte Modell ist also an der Oberfläche, das unbewußte liegt darunter. So steht der Ethnologe vor der doppelten Aufgabe, einerseits Modelle zu konstruieren, die Phänomenen entsprechen, deren Systemcharakter von der Gesellschaft, die er studiert, gar nicht wahrgenommen wurde, andererseits sieht er sich von der betreffenden Gesellschaft selbst geschaffenen Modellen gegenüber, die das Rohmaterial auf ihre Weise zu deuten suchen. Diese Modelle können aber für ihn wiederum nur Rohmaterial abgeben, sobald er den Zweck durchschaut, für den sie konstruiert wurden: für die Selbstlegitimation.

Die bewußten Modelle können sich ändern, ohne daß das dahinterliegende unbewußte Modell sich änderte. Es können aber auch mehrere bewußte Modelle gleichzeitig nebeneinander existieren. Dafür hat B. Ward ein Beispiel aus Südchina geliefert. In ihrer diesem Thema gewidmeten Studie zeigt die Autorin, daß die Tanka, südchinesische Bootsbewohner, selbst drei bewußte Modelle für chinesische Sozialordnung haben. Einmal leben sie ihr hausgemachtes, unmittelbar aus ihrer eigenen Gruppe hervorgegangenes Modell, das über ihren lokalen Rahmen nicht hinausgeht. Es reflektiert einzig die Vorstellungen über die lokale Gruppe. Zweitens sind die Tanka mit den Idealen der chinesischen Gentry vertraut, dem Kanon der Literaten klassischer Prägung. Dieses ideologische Modell hat – oder sagen wir besser: hatte – seinen Wirkungskreis in allen Regionen Chinas, mit Ausnahme vielleicht der südwestlichen, wo die alten Gebirgsstämme leben. Schließlich wirkt auf die Tanka ein Modell ein, das für eine andere Populationsgruppe vorab gültig ist: das bewußte Modell der Überseechinesen. Erst wenn man das Ineinandergreifen aller drei Modelle berücksichtigt, wird man dem bewußten Modell der Tanka gegenüberstehen[108].

Fassen wir nun zum Abschluß die Modelltypen, die wir kennengelernt haben in einem Schema zusammen:

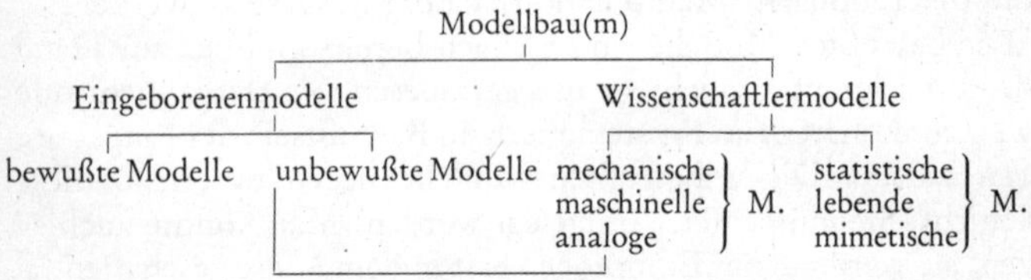


Zunächst gilt es stets zu fragen: von wem stammen die Modelle? Denn die Interessen, die ein Eingeborener an die bewußten, von ihm selbst erdachten Modelle heranträgt, sind meist andere als die eines Theoretikers der Anthropologie. Der eine sucht seine Existenz als die einzig für ihn richtige zu rechtfertigen, der andere versucht zu verstehen, weshalb der eine aus der Vielfalt der Möglichkeiten gerade die seine ausgewählt hat. Es gibt aber auch Fälle, wo beide Modellgruppen einander sehr ähneln. Man denke nur an die theoretischen Überlegungen, die die Australier an ihre hochkomplizierten Heiratssysteme knüpfen. Drücken die bewußten Modelle der Eingeborenen annähernd genau die sonst unbewußte Infrastruktur aus, so können sie in ihrer explikativen Kraft den mechanischen Modellen der Wissenschaftler gleichkommen. Ziel aller Modelle ist es, mit dem Mittel der Vereinfachung die Phänomene zu erklären. Am weitesten gelangen dabei, wenn es überhaupt möglich ist, sie zu konstruieren, die mechanischen Modelle.

## *Berührungspunkte strukturaler und dialektischer Analyse*[109]

Im Gefolge des ausschweifenden Schattenboxens für und wider den Strukturalismus und seiner angeblichen Unvereinbarkeiten mit dem Marxismus – meist ging es dabei um unterschiedliche oder schlicht mißverstandene Geschichtsauffassungen[110] –, hat man weitgehend die Berührungspunkte zu erwähnen vergessen, die zwischen strukturaler und dialektischer Analyse existieren. Das soll hier in kurzen Zügen nachgeholt werden. Es wurde, um es kurz zu sagen, an vielen Orten ziemlich laut gebellt; und mancher heulte wie der böse Wolf und hielt sich dann wohl auch dafür[111]. Solche Töne klangen wie Bekenntnisse: Man wollte, aus Angst vielleicht, Opfer einer Verwechslung zu werden, deutlich machen, zu welcher Gattung man sich selbst gern rechnete. Eine unter den deutschen Publikationen erfreuliche Ausnahme bildet im übrigen der Essay von H. Gallas, *Strukturalismus als interpretatives Verfahren,* in dem gegen den strukturalen Ansatz nicht die historisch-materialistische Methode ausgespielt wird. Die Autorin zeigt vielmehr, wo der eine Ansatz notwendigerweise endet und das Feld dem anderen räumen muß und wo umgekehrt der zweite vom ersten etwas lernen kann[112].

Man wird vielleicht fragen, weshalb ich die strukturale und die dialektische Methode gerade an dieser Stelle miteinander vergleiche. Die Antwort ist die: weil die Ähnlichkeiten zwischen Lévi-Strauss und Marx sich am ehesten an den Punkten aufzeigen lassen, die wir in diesem Kapitel behandelt haben: an der Konzeption des Strukturbegriffs, der Natur der Erkenntnis, der Beziehung von empirischer Erscheinung und dahinterliegender Struktur und den Relationen zwischen Basis und Überbau.

Beginnen wir mit einem sehr berühmten Zitat aus dem Vorwort zur *Kritik der politischen Oekonomie* von 1859, in dem das Wort Struktur selbst vorkommt und in dem die Beziehungen von Sein und Bewußtsein (Basis und Überbau) sowohl in ihrem momentanen Status, wie im Augenblick der Umwälzung angedeutet werden: »In der gesellschaftlichen Produktion ihres Lebens gehen die Menschen bestimmte, nothwendige, von ihrem Willen unabhängige Verhältnisse ein, Produktionsverhältnisse, die einer bestimmten Entwicklungsstufe ihrer materiellen Produktivkräfte entsprechen. Die Gesamtheit dieser Produktionsverhältnisse bildet die ökonomische Struktur der Gesellschaft, die reale Basis, worauf sich ein juristischer und politischer Überbau erhebt, und welcher bestimmte Bewußtseinsformen entsprechen. Die Produktionsweise des materiellen Lebens bedingt den socialen, politischen und geistigen Lebensprozeß überhaupt. Es ist nicht das Bewußtsein der Menschen, das ihr Sein, sondern umgekehrt ihr gesellschaftliches Sein, das ihr Bewußtsein bestimmt. Auf einer gewissen Stufe ihrer Entwicklung gerathen die materiellen Produktivkräfte der Gesellschaft in Widerspruch mit den vorhandenen Produktionsverhältnissen, oder was nur ein juristischer Ausdruck dafür ist, mit den Eigenthumsverhältnissen, innerhalb deren sie sich bisher bewegt hatten. Aus Entwicklungsformen der Produktivkräfte schlagen diese Verhältnisse in Fesseln derselben um. Es tritt dann eine Epoche socialer Revolution ein. Mit der Veränderung der oekonomischen Grundlage wälzt sich der ganze ungeheure Ueberbau langsamer oder rascher um. In der Betrachtung solcher Umwälzungen muß man stets unterscheiden zwischen der materiellen naturwissenschaftlich treu zu konstatierenden Umwälzung in den ökonomischen Produktionsbedingungen und den juristischen, politischen, religiösen, künstlerischen oder philosophischen, kurz ideologischen Formen, worin sich die Menschen dieses Konflikts bewußt werden und ihn ausfechten. So wenig wie man das, was ein Individuum ist, nach dem beurtheilt, was es sich selbst dünkt, eben so wenig kann man eine solche Umwälzungsepoche aus ihrem Bewußtsein beurtheilen, sondern muß vielmehr dies Bewußtsein aus den Widersprüchen des materiellen Lebens, aus dem vorhandenen Konflikt zwischen gesellschaftlichen Produktivkräften und Produktionsverhältnissen erklären.[113]«

Am Fall der Umwälzung eines gesellschaftlichen Zustands in den nächsten konstatiert Marx also seine Einsicht vom Primat der Basis (der ökonomischen Struktur) gegenüber dem ideologischen Überbau. Erst wenn die konstitutiven Einheiten der ökonomischen Basis, nämlich die Produktions- oder Eigentumsverhältnisse und die materiellen Produktivkräfte miteinander in Widerspruch geraten, kann eine soziale Revolution stattfinden, d. h. eine Veränderung der ökonomischen Grundlage. Und erst eine solche Veränderung zieht eine Veränderung des ideologischen Überbaus mit sich oder nach sich, unabhängig davon, was die Stimmen des Überbaus selbst von sich sagen mögen. Damit aber ein gesellschaftlicher Zustand von seinem voraufgehenden Zustand abgehoben werden kann, muß auch in der dialektischen Analyse dem Studium einer solchen Genese eine Untersuchung des internen Funktionierens der ersten Struktur vorausgehen, d. h. ein strukturaler Zustandsbericht[114] zu einem gegebenen Zeitpunkt tx.

Wie aus dem letzten Teil des Zitats ersichtlich, glaubte Marx gleich den Strukturalisten, daß eine Struktur nicht mit den sichtbaren Beziehungen oder laut geäußerten Meinungen verwechselt werden dürfe. Eine radikale Unterscheidung zwischen den empirischen Veräußerungen und den verdeckten internen Strukturen ist daher erforderlich. Nicht das im Überbau widergespiegelte Bewußtsein liefere die Erklärung etwa für eine Umwälzung, sondern diese sei nur in den Widersprüchen des materiellen Lebens der ökonomischen Basis zu finden. So tritt das Marxsche ›Bewußtsein der ideologischen Formen‹ genau an die gleiche Stelle wie die bewußten Modelle von Lévi-Strauss. Beide funktionieren auf gleiche Weise: sie dokumentieren sich als falsches Bewußtsein mit apologetischem Charakter[115].

Um neben diesen Ähnlichkeiten zwischen Marx und Lévi-Strauss auch einige Unterschiede kennenzulernen, gilt es, den Vergleich noch ein wenig zu erweitern. Lévi-Strauss anerkennt den von Marx festgestellten Primat der ökonomischen Basis gegenüber den ideologischen Formen des Überbaus ohne Einschränkung. Zum Beleg nur eine Stelle: »Wir wollen keineswegs andeuten, daß ideologische Umwandlungen soziale Umwandlungen erzeugen. Einzig die umgekehrte Reihenfolge ist wahr: die Vorstellung, die sich die Menschen von den Beziehungen zwischen Natur und Kultur machen, hängt von der Art ab, wie sich ihre eigenen sozialen Beziehungen wandeln.[117]« Aber im Gegensatz zu jenem läßt er es mit der simplen Feststellung bewenden: fortan gelten seine eigenen Studien ausschließlich den Phänomenen des Überbaus. Zugespitzt könnte man sagen: in dem Maße, wie Marx die Infrastruktur überbetont, überbetont Lévi-Strauss die Superstrukturen[116]. Lévi-Strauss gibt für seinen Entschluß eine nicht allzu überzeugende Erklärung: »Ohne den unbestreitbaren Primat des Unterbaus ins Spiel zu bringen, glauben wir, daß zwischen Praxis und Praktiken sich immer ein Vermittler schiebt, der das Begriffsschema ist, durch dessen Wirken eine Materie und eine Form, die eine wie die andere bar jeder unabhängigen Existenz, sich als Strukturen verwirklichen, d. h. als sowohl empirische wie als intelligible Wesen. Zu dieser Theorie des Überbaus, die Marx kaum angegangen hat, hoffen wir einen Beitrag zu liefern, wobei wir es der Geschichte . . . vorbehalten, das Studium der Infrastrukturen im eigentlichen Sinn zu entwickeln, was nicht vornehmlich unsere Aufgabe sein kann, denn die Ethnologie ist zunächst eine Psychologie.[118]« Wenn die Ethnologie an erster Stelle eine Psychologie ist, so schließt das in keiner Weise aus, daß sie auch ein ausgezeichnetes Feld für die politische Ökonomie sein kann, wie der Franzose C. Meillassoux im Detail vorgeführt hat[119].

Auf der anderen Seite ist Lévi-Strauss zweifellos einer derjenigen, die die Studien im Überbau am weitesten vorangetrieben haben. So gehen auf ihn z. B. die fundamentalen Einsichten zurück, daß zwischen den einzelnen Ordnungstypen des Überbaus: den Verwandtschaftssystemen, der sozialen Organisation, den politischen Ideologien, den Mythen, den Riten, der Kunst, der Küche usw., also zwischen den Bereichen, die bei Marx die ideologischen Formen heißen, oft frappierende Homologien bestehen. Diese Homologien oder auch deren systematische Umkehrungen erst lassen den Überbau in seiner Gesamtheit als System mit inhärenten Gesetzmäßigkeiten aufscheinen. In einer gegen Gurvitch gerichteten Adresse gibt Lévi-Strauss dieses Programm der strukturalen Analyse, sich dem Vorbild der strukturalen Linguistik anschließend, folgendermaßen bekannt: »Mit diesen Strukturen [den phonologischen, grammatikalischen und lexikalischen] vergleiche ich nicht die französische Gesellschaft, nicht einmal die Struktur der französischen Gesellschaft . . . sondern eine gewisse Anzahl von Strukturen, die ich dort suche, wo es möglich ist, sie zu finden und nicht anderswo: im Verwandtschaftssystem, der politischen Ideologie, der Mythologie, dem Ritual, der Kunst, dem Höflichkeitscode und – warum nicht? – der Küche. Zwischen diesen Strukturen, die allesamt partielle – aber für die wissenschaftliche

Untersuchung privilegierte – Ausdrucksformen dieser Totalität sind, die man die französische, englische oder andere Gesellschaft nennt, suche ich, wenn vorhanden, nach gemeinsamen Eigenschaften. Denn selbst hier handelt es sich nicht darum, einen ursprünglichen Inhalt an die Stelle eines anderen zu setzen, diesen auf jenen zurückzuführen, sondern zu erfahren, ob die formalen Eigenschaften der Strukturen untereinander Homologien aufweisen und welche, Widersprüche und welche oder dialektische Beziehungen, die in Gestalt von Transformationen ausdrückbar sind. Schließlich behaupte ich nicht, daß solche Vergleiche immer fruchtbar sein werden, sondern nur, daß sie es manchmal sind und daß diese Entsprechungen eine große Bedeutung haben für das Verständnis der Stellung dieser Gesellschaft zu denen anderer Gesellschaften des gleichen Typs und für das Verständnis der Gesetze, die ihre Evolution in der Zeit regieren.[120]«

Bringt man die Studienobjekte von Marx und Lévi-Strauss in ein gemeinsames Schema, so ergibt sich folgendes Bild:

| | MARX | LEVI-STRAUSS |
|---|---|---|
| ideologischer Überbau | die gesellschaftlichen Bewußtseinsformen oder ideologischen Formen:<br>Jus Politik Religion Kunst etc.<br> | Ordnung der Ordnungen<br>Ordnungstypen<br>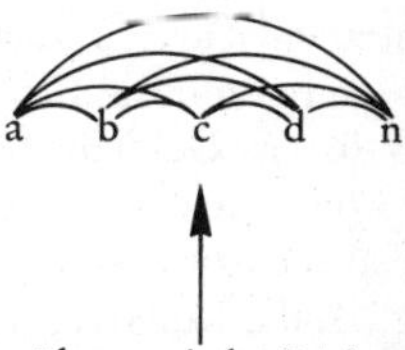<br> |
| ökonomischer Unterbau | Gesamtheit der Produktionsverhältnisse oder die Ökonomische Struktur<br>Eigentumsverh. + Produktivkräfte | ökonomische Basis |

Das Schema zeigt ganz deutlich an, daß Marxens bevorzugtes Forschungsfeld der ökonomische Unterbau war, während das Augenmerk von Lévi-Strauss auf den ideologischen Überbau gerichtet ist. Für den einen sind die ideologischen Formen vom Unterbau zwar bedingt, sie scheinen jedoch relativ ohne Beziehungen untereinander im Überbau frei zu schweben. Gerade diesen Beziehungen aber hat der andere sein Interesse gewidmet. So ist Lévi-Strauss für Marx eine sehr wichtige Ergänzung, auch wenn er, wie H. Gallas resümiert, kein historischer Materialist ist[123]. Eine Synthese, die die beiden Ansätze derart vereint, daß alle Beziehungen, sowohl innerhalb des Überbaus wie die des Unterbaus zu diesem, voll berücksichtigt werden, steht noch aus. Ich glaube, daß dies am Beispiel einer relativ leicht überschaubaren Eingeborenengesellschaft möglich sein müßte.

Trotz der diagonalen Symmetrie von Marx und Lévi-Strauss, die das voraufgegangene Schema andeutet, scheint es mir wichtig, auf einen weiteren Unterschied einzugehen, den das Bild unterschlägt. Ich meine die unterschiedliche Stellung, welche die Ökonomie bei Lévi-Strauss gelegentlich einnimmt. Grundsätzlich stimmt er, wie er ja selbst hervorhebt, mit Marx überein. Im Rahmen einer von ihm selbst skizzierten, allgemeinen Kommunikationstheorie dagegen gelangt die Ökonomie an einen völlig anderen Platz als im klassischen Basis-Überbauschema. Die von Lévi-Strauss geforderte »Wissenschaft vom Tausch« plaziert die Ökonomie an eine mittlere Position zwischen zwei Extreme: zwischen den materiellen Tausch von Frauen und den immateriellen Tausch von Wörtern. Wie das?

Die im wirtschaftlichen Leben ausgetauschten Waren sind einerseits materielle Objekte, sie sind »ultra-Frauen«. Andererseits besitzt das Geld, mittels dessen in komplexeren ökonomischen Systemen Waren in Zirkulation geraten, weniger einen materiellen als einen symbolischen Wert. Geld gehört zu den Zeichen, wie die Wörter. Geldstücke oder -noten sind »infra-Wörter«.

Diese nach Gesichtspunkten materiellen und immateriellen Tauschs aufgestellte Reihe ließe sich noch erweitern. So gehörten z. B. die Kunstgegenstände auf die Seite der materiellen Güter, die als Werte ausgetauscht werden. Recht und Moral dagegen äußern sich in Sprache, welche ihrerseits mit Werten und Haltungen behaftet ist. So gelangt man in einer Kommunikationstheorie des Tauschs zur Konstruktion einer Achse, auf der die genannten Bereiche vom Tausch materieller Objekte (Personen und Sachen) zum Tausch immaterieller Objekte (Symbole und Zeichen) gradmäßig anzuordnen sind[124]:

Man sieht: die Ökonomie ist hier an einen ganz anderen Ort gestellt worden als bei Marx. Sie rückt, fast blasphemisch, in die gleiche Reihe wie die Phänomene des Überbaus. Einzig die Verände-

| Verwandtschaft | Kunst | Ökonomie | Recht | Ethos | Sprache |
|---|---|---|---|---|---|
| Frauentausch | | Warentausch | | Wörtertausch | |
| materielle Objekte | | | immaterielle Objekte | | |
| Personen und Sachen | | | Symbole und Zeichen | | |

rung des Gesichtspunkts hat eine Veränderung des Standorts bewirkt. Liegt darin nicht eine Gefahr? Ich will kurz an einem klassischen Fall der Anthropologie demonstrieren, daß das Verlassen orthodoxer Standpunkte im Gegenteil sehr nützlich sein kann. Die fundamentalen Einsichten der politischen Ökonomie von Marx brauchen dabei gar nicht angetastet zu werden. Greift man etwa zu Malinowskis: *Argonauts of the Western Pacific*, London 1922, jener ethnographischen Meisterstudie über den kula-Ring, so läßt sich die Lektüre aus dem Blickwinkel einer Wissenschaft vom Tausch und der eben aufgestellten Reihe neu arrangieren: der kula offenbart sich dann, in Homologie zum verallgemeinerten Tausch von Frauen (siehe nächstes Kapitel) als einen in den Bereich der symbolischen Ökonomie übertragenen échange généralisé mittels Muschelgeld, Muschelschmuck, Steinbeilen, also mittels Wertsachen (Sachwerten). Auf diese Weise wird eine unerwartete, funktionsmäßige Verbindung hergestellt zwischen Wirtschaft und Verwandtschaft: Was eine Gesellschaft mit dem Tausch von Frauen zu erreichen sucht, nämlich die Kohärenz der dem Kreis angeschlossenen Gruppen zu festigen, unternimmt eine andere mit dem halb rituellen Tausch von Sachen.

Der Vergleich von Marx und Lévi-Strauss hat, so verkürzt er auch war, hoffe ich, doch eines gezeigt: trotz der grundsätzlichen Übereinstimmung im Konzept von Basis und Überbau und der von beiden geteilten Überzeugung, daß die wahre Natur der Verhältnisse niemals an deren Oberfläche zu finden ist, sondern in darunter liegenden Strukturen, weichen beide besonders in der Zuordnung der Ökonomie zu den Ordnungstypen des Überbaus voneinander ab. Und in dem Maße, wie ihr Blickwinkel sich ändert, wobei der Gegenstand der gleiche bleibt, ändert sich auch das, was sie sehen. Das aber führt uns zurück auf das im Vorwort Gesagte: auf die Dringlichkeit, zum Gegenstand den Standort mitzudenken, anders gesagt: jeder wissenschaftlichen Praxis eine Theorie mitzugeben.

# III
# Die elementaren Strukturen der Verwandtschaft

*Beziehungsmuster in der bürgerlichen Familie*
*Zeichnungen eines 14jährigen Jungen aus der Schweiz (s. S. 117ff.)*

»I want to fuck him, I want to communicate.«
*eine junge Engländerin im Gespräch*

Dasjenige Gebiet, auf dem die strukturale Anthropologie sich zu konstituieren allererst die Gelegenheit hatte und auf dem sie erstmals ihre künftigen Pläne entwickelte, nämlich Gesamtheiten mit systematischem Charakter zu isolieren und im Zusammenhang darzustellen, war die Verwandtschaftsforschung. Dieses Gebiet hat vor bereits hundert Jahren L. Morgan mit dem klassischen Ausdruck umrissen: Systeme der Konsanguinität und Affinität der menschlichen Familie. Es bildet das Kernstück eines riesigen Themenkomplexes, der selbst wiederum den zentralen Bereich der ganzen Sozialanthropologie ausmacht und den man vage mit sozialer Organisation umschreibt. Wenn wir an dieser vorgezogenen Stelle nun von den elementaren Strukturen der Verwandtschaft sprechen, so aus zwei Gründen: Einmal reflektiert diese Bevorzugung direkt die Genese der strukturalen Theorie – Strukturen wurden zuerst in den Verwandtschaftssystemen entdeckt –, zum anderen aber liegt in der Anthropologie die Verwandtschaft, wenn man so sagen darf, naturgemäß an erster Stelle.

Hören wir zum Einstimmen in dieses streckenweise trockene Thema als erstes eine etwas fremd anmutende Passage aus der unterhaltenden Literatur, deren Bedeutung sich nach und nach erschließen wird.

»Die ausgedehnten Kriege, die Ludwig XIV. im Verlauf seiner Herrschaft zu führen hatte, bei denen sich die Staatsfinanzen und die Kraft des Volkes erschöpften, enthielten indes das Geheimnis für die Bereicherung einer enormen Zahl jener Blutegel, die immer auf der Lauer nach öffentlichem Unheil sind, das sie eher anzustiften als zu lindern wissen und dies nur, um davon mit um so größerem Nutzen zu profitieren. Das Ende dieser sonst so erhabenen Herrschaft ist vielleicht eine der Epochen des französischen Reiches, wo man am meisten von jenen zweifelhaften Vermögen zu sehen bekam, die nur im Luxus und in ebenso tauben Ausschweifungen aufblitzen, wie sie selbst. Es war gegen Ende dieser Herrschaft und kurz davor, daß der Herrscher in dem berühmten, im Namen der Rechtskammer abgehaltenen Tribunal versucht hatte, jener Vielzahl von Steuereintreibern das Handwerk zu legen, als vier von ihnen die einzigartige Partie von Ausschweifungen ersannen, von der wir nun berichten werden. Es wäre unsinnig, sich vorzustellen, daß sich nur das Bürgerpack mit solchen Prellereien abgegeben hätte; an ihrer Spitze standen ganz feine Herren. Der Herzog von Blangis und sein Bruder, der Bischof von . . ., die beide ungeheure Vermögen gemacht hatten, sind der unbestreitbare Beweis dafür, daß der Adel genausowenig wie die anderen die Chance versäumt hatte, sich auf diesem Wege zu bereichern. Diese beiden illustren Persönlichkeiten, im Vergnügen wie im Geschäft eng liiert mit dem berühmten Durcet und dem Präsidenten de Curval, waren die ersten, die die Ausschweifung ersannen, deren Geschichte wir hier niederschreiben. Nachdem sie ihre Freunde darüber in Kenntnis gesetzt hatten, stellten alle vier die Akteure ihrer großartigen Orgien zusammen.

Seit mehr als sechs Jahren hatten diese vier Libertins, die eine Gleichförmigkeit an Reichtümern und Geschmäckern vereinigte, sich ausgedacht, ihre Bande durch Verbindungen zu festigen, bei denen die Ausschweifung eine größere Rolle spielte als irgendeines der anderen Motive, die gewöhnlich diese Bande begründen. Und hier die Arrangements, die sie getroffen hatten: der Herzog von Blangis, Witwer dreier Frauen, von denen eine ihm zwei Töchter hinterlassen hatte, kam, nachdem er in Erfahrung gebracht, daß der Präsident de Curval einigermaßen die ältere seiner Töchter zu heiraten begehrte, trotz der Familiaritäten, die, wie dieser sehr gut wußte, ihr Vater sich mit ihr gestattet hatte, der Herzog, sage ich, kam plötzlich auf die Idee jener Dreierallianz.

– Ihr wollt Julie zur Frau, sagte er zu Curval; ich gebe sie Euch ohne zu zögern, unter einer Bedingung: daß Ihr nämlich in keiner Weise eifersüchtig seid, wenn sie mir weiterhin, wiewohl Eure Frau, die gleichen Gefälligkeiten erweist wie eh und je und daß Ihr Euch außerdem mir anschließt, unseren gemeinsamen Freund Durcet dazu zu bewegen, mir seine Tochter Constance zu geben, für die ich, ich gestehe es Euch, in etwa die gleichen Gefühle hege, wie Ihr sie für Julie gefaßt habt.

– Ihr vergeßt doch ohne Zweifel nicht, sagte Curval, daß Durcet, ebenso Libertin wie Ihr . . .

– Ich weiß alles, was man wissen kann, entgegnete der Herzog. Was können solche Dinge in unserem Alter und bei unserer Denkungsart für eine Rolle spielen; glaubt Ihr, ich wollte eine Frau, um aus ihr meine Hausherrin zu machen? Ich will sie, damit sie meinen Launen diene, damit sie eine Unendlichkeit kleiner geheimer Ausschweifungen verschleiere und verdecke, die der Mantel des Hymen auf wunderbare Weise umhüllt. Mit einem Wort, ich will sie, wie Ihr meine Tochter wollt; glaubt Ihr, ich kennte nicht Euer Ziel und Eure Wünsche? Wir beiden Libertins nehmen uns Frauen nur zu Sklaven; ihre Eigenschaft als Ehefrauen macht sie untergebener denn als Maitressen, und Ihr wißt, welchen Wert der Despotismus bei den Vergnügungen besitzt, die wir schätzen. Währenddessen trat Durcet ein. Die beiden Freunde berichteten ihm von ihrer Unterhaltung, und der Eintreiber, berückt von einer Eröffnung, die es ihm ermöglichte, seinerseits die Gefühle zu gestehen, die er für Adelaide hegte, die Tochter des Präsidenten, akzeptierte den Herzog als seinen Schwiegersohn unter der Bedingung, daß er selbst derjenige von Curval werde. Die drei Ehen wurden unverzüglich geschlossen, die Ausstattungen waren ungeheuer und die Klauseln gleich.

Der Präsident, ebenso schuldbeladen wie seine beiden Freunde, hatte, ohne Durcet abzustoßen, seine kleinen, geheimen Händel mit seiner eigenen Tochter gestanden, woraufhin die drei Väter, da ein jeder seine Rechte aufrechterhalten, ja noch erweitern wollte, übereinkamen, daß die drei jungen Personen, nach Besitz und Namen einzig an ihre Gatten gebunden, betreffs ihrer Körper keinem der drei mehr gehören sollten, als einem anderen und gleichermaßen jedem von ihnen, unter Aussetzung der härtesten Strafen, wenn eine von ihnen auf den Gedanken kommen sollte, irgendeine der Klauseln zu verletzen, denen man sie unterworfen hatte.

Man stand im Begriff, zum Abschluß zu kommen, als der Bischof von . . ., bereits im Vergnügen mit den beiden Freunden seines Bruders liiert, vorschlug, ein viertes Subjekt in die Verbindung einzubringen, wenn man ihn an den drei anderen teilhaben lassen wolle. Dieses Subjekt, die zweite Tochter des Herzogs und folglich seine Nichte, stand ihm in Wirklichkeit erheblich näher, als man es sich vorstellte. Er hatte Beziehungen zu seiner Schwägerin gehabt, und für die beiden Brüder konnte kein Zweifel bestehen, daß die Existenz dieser jungen Person, die sich Aline nannte, sicherlich eher auf das Konto des Bischofs ging, als auf das des Herzogs; der Bischof, der sich von ihrer Wiege an besorgt um Aline gekümmert hatte, hatte sie nicht, wie man sich gut vorstellen kann, das Alter der Anmut erreichen lassen, ohne sich ihrer zu erfreuen. So war er in diesem Punkt seinen Mitbrüdern ebenbürtig und der Umstand, daß er vorschlug ins Geschäft mit einzusteigen, hatte den gleichen

Grad an Havarie oder Verkommenheit; doch da Alines Reize und ihre zarte Jugend sie ihren drei Gespielinnen noch überlegen machte, zögerte man keine Sekunde, den Handel anzunehmen. Der Bischof trat wie die drei anderen seine Rechte ab, indem er sie zugleich beibehielt, und jeder unserer vier, auf diese Weise verbundenen Personen, fand sich so als Gatte von vier Frauen wieder.[1]«

### *De Sade und die Zirkulation von Frauen*

Man wird sich vielleicht wundern, als Einleitung in die komplexe Thematik der Verwandtschaftssysteme einer exquisiten Passage aus der erotischen Literatur zu begegnen. Richtig gelesen, ist diese Stelle des Göttlichen Marquis tatsächlich ein hervorragendes Mittel zur Einstimmung in das, was in diesem Kapitel zur Debatte steht. Ich glaube, es ist nicht verstiegen, wenn ich noch weitergehe und behaupte: De Sade ist der erste anthropologische Theoretiker, der hier Heirat als kommunikatives System ausdrücklich dargestellt hat.

Machen wir uns zum Beweise daher Schritt für Schritt klar, was in dem zitierten Text für uns an wichtigen Informationen geboten wird. Vier Lüstlinge wollen gemeinsam auf einem abgelegenen Schloß eine nie dagewesene Folge von Orgien feiern. Zu dieser Veranstaltung beabsichtigen sie, die Bande, die sie in Form verbrecherischer Geschäfte untereinander ohnehin bereits hegen, noch enger zu knüpfen. Als das beste Mittel, solche engeren Bande zu stiften, sehen sie die Heirat an. Das ist an sich noch nichts Besonderes. Verfolgen wir deshalb, wie sie dies tun. Die vier Lüstlinge besitzen je eine Tochter, die sie, trotz ihrer inzestuösen Gewohnheiten, an denjenigen Kompagnon abzutreten bereit sind, der auf sie die größten Interessen anmeldet, unter der Bedingung, daß jeder Geber einer Frau Empfänger einer anderen wird. Strikt genommen trifft diese Charakterisierung nur auf drei der Lüstlinge zu:

der Herzog de Blangis gibt seine Tochter Julie dem Präsidenten de Curval und erhält Constance, die Tochter des Herrn Durcet;

der Präsident de Curval gibt seine Tochter Adelaide dem Herrn Durcet und erhält Julie, die Tochter des Herzogs de Blangis;

der Herr Durcet gibt seine Tochter Constance dem Herzog de Blangis und erhält Adelaide, die Tochter des Präsidenten de Curval.

Im Schema ausgedrückt, sieht dieser Zyklus von Tauschheiraten folgendermaßen aus:

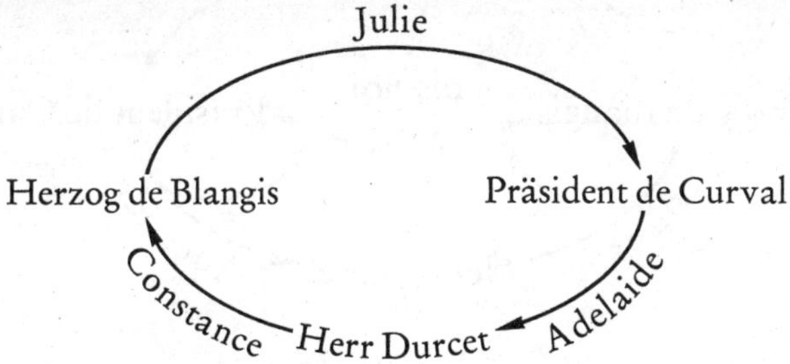


Alles andere als das chaotische Drunter und Drüber einer blindwütigen Promiskuität bietet sich also dieser Ausschnitt aus der Sadeschen Welt als das ausgewogene Ergebnis geometrischer Arrangements dar. Wie in allen seinen Kompositionen der Lust hat auch hier de Sade die Beziehungen auf einer nahezu pedantischen Architektur des Gleichgewichts gegründet. Die Dreierallianz bildet in Begriffen der stukturalen Anthropologie das einfachste, perfekte Modell des verallgemeinerten Tauschs (échange généralisé), wie ihn Lévi-Strauss in seinem epochalen Werk, den *Structures élémentaires de la parenté,* gültig skizziert hat.

Doch wo, wird man fragen, bleibt der vierte Lüstling, der Bischof? In der Tat kompliziert er das System und zwar dadurch, daß er als letzter kommt, zu einem Zeitpunkt, da das System bereits geschlossen ist. Er, der als berufsmäßiger Zölibatär an dem Heiratszyklus eigentlich gar nicht teilnehmen dürfte, tritt dem Kreis gewissermaßen ›nur so‹ bei, dafür aber in potenzierter Weise: Er tritt seine Tochter Aline gleich an alle drei übrigen Lüstlinge ab, wofür ihm entsprechend alle drei Töchter der anderen zufließen. Auf diese Weise erhalten wir einen merkwürdigen Mischfall des verallgemeinerten Tauschs, der schematisiert folgendermaßen aussieht: (siehe nächste Seite).

Tatsächlich wirft die Art, wie der Bischof, Bruder des Herzogs, dem Heiratszyklus beitritt, ein theoretisches Problem auf. Wäre er mit von der Partie gewesen, bevor sich das System der drei anderen Lüstlinge formte, hätte er sich integrieren lassen, ohne das System als solches zu verändern. Dies nach dem Schema: A gibt Tochter an

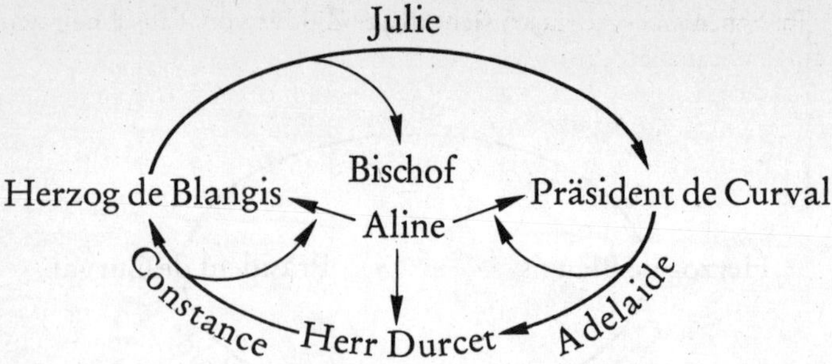


B, B an C, C an D und D an A. Da aber die Gebe- und Nehme-Partner von Fall zu Fall bereits feststanden, konnte der Bischof nur in der praktizierten Weise integriert werden, wollte er nicht in den genauen Kurs des matrimonialen Tauschs eingreifen. Das aber bedeutet: um das erste System auf empirischer Ebene zu erhalten, mußte, um den Bischof mit einzuschließen, ein zweites als Zusatz geschaffen werden. Dieses zweite System könnte man als eine Hyperform des eingeschränkten Tauschs (échange restreint) charakterisieren, der nach klassischer Definition immer zwei Gruppen miteinander verbindet, eine der Geber und eine der Nehmer, von denen die Nehmergruppe als Schuldner bei der Gebergruppe sich sogleich wieder revanchiert und so in einen Gläubiger verwandelt. Die anfängliche Gebergruppe ist so zur Nehmergruppe geworden und übernimmt die gleiche Position wie die erste Gruppe zu Beginn. Indem die beiden Funktionen – geben und nehmen – zwischen beiden Gruppen ununterbrochen hin und her pendeln, sind sie identisch. Der Bischof nun schließt mit jedem der drei übrigen Lüstlinge einen solchen Pakt: er gibt seine Tochter und erhält die des anderen. Zugleich aber sprengt er dieses System, da er den Kontrakt gleich dreimal schließt und damit das Prinzip der Exklusivität aufhebt oder zumindest in das einer seriellen Exklusivität verwandelt. Die Ausschließlichkeit der tauschenden Paare aber ist ein Grundzug des eingeschränkten Tauschs. So ist der vom Bischof geübte Modus die habgierige Karikatur dieses Typs. Die bisherige Analyse der Passage aus den *120 Tagen von Sodom* hat einen Widerspruch ausgeklammert, den der Text selbst stellt. Im letzten Satz des angeführten Zitats heißt es nämlich, daß am Ende der Transaktionen sich jeder der vier Lüstlinge im Besitz von vier

Frauen wähnen darf, wo doch genau gesprochen drei der Herren mit nur zwei Frauen und der vierte mit dreien verknüpft sind. Die Schwierigkeit löst sich, meine ich, folgendermaßen auf: de Sade macht an dieser Stelle, da sie eine Zusammenfassung ist, keinen Unterschied mehr zwischen den formalen matrimonialen Abkommen und der Zusatzvereinbarung, derzufolge faktisch jeder der vier Lüstlinge sich jeder der weiblichen Personen erfreuen darf.

De Sade hat mit seinem Modell von Frauentausch nicht nur, wie wir sahen, die beiden Grundmodi des Tauschs als System vorgeführt, nämlich den eingeschränkten und den verallgemeinerten Tausch, sondern er hat es sogar verstanden, beide in ein einziges Strukturschema zu vereinen. Soweit mir bekannt, ist dies der erste und bis zu den Interpretationen der Nagasysteme durch Lévi-Strauss[2] einzige Versuch dieser Art in der Geschichte der Anthropologie. Darum gebührt de Sade ein wichtiger Platz unter den Theoretikern der Verwandtschaft.

Unbemerkt sind wir mitten im Thema angelangt. Es ist Zeit, die Andeutungen über den eingeschränkten und den verallgemeinerten Tausch zu erweitern.

### *Eingeschränkter und verallgemeinerter Tausch*

Das monumentale Standardwerk über die Grundstrukturen der Verwandtschaft, die *Structures élémentaires de la parenté* von Lévi-Strauss, spiegelt in seiner Gliederung in zwei Hauptteile die Bedeutung wider, die der Verfasser der Teilung des Tauschs in zwei Grundmodi beimißt. Der erste Hauptteil ist dem eingeschränkten Frauentausch und der zweite dem verallgemeinerten Frauentausch gewidmet. Was versteht man unter beiden und worin unterscheiden sie sich?

Man macht sich den Unterschied zwischen eingeschränktem und verallgemeinertem Tausch von Frauen wohl am einfachsten mit Hilfe zweier Bewegungen klar: der der Oszillation und der der Rotation. Beim eingeschränkten Tausch werden Frauen stets zwischen paarweisen Gruppen ausgetauscht. Besteht eine Gesellschaft aus nur zwei solchen Gruppen, wic im Fall der Hälftenexogamie, so ist der Austausch auf sein Grundmuster reduziert: Gruppe A gibt seine heiratsfähigen Mädchen an Gruppe B und Gruppe B tritt die ihren als Frauen an Gruppe A ab. Besteht eine Gesellschaft, die ihre Frauen im eingeschränkten Tausch verteilt, aus mehr als zwei Gruppen, so müssen diese ex definitione ein Vielfaches von Zwei ausmachen. Die Gesellschaft ist dann in ein Vielfaches von paarweise Frauen tauschenden Gruppen segmentiert. Die Frauen in der eingeschränkten Tauschform zirkulieren demnach nicht, sie oszillieren, unabhängig davon, wieviele solcher paarweise tauschender Gruppen eine Gesellschaft vereinigt. Das nachstehende Schema zeigt die Möglichkeiten dieses Modus auf:

| a | b | c |
|---|---|---|
| | | A ⇄ B |
| | A ⇄ B | |
| A ⇄ B | | C ⇄ D |
| | C ⇄ D | |
| | | E ⇄ n |

*Die Tauschmodi des eingeschränkten Tauschs:*
*die Oszillation von Frauen*

Im Falle a besteht die Gesellschaft aus nur zwei Gruppen, Beispiel: Kariera; im Falle b aus vier Gruppen, Beispiel: Aranda; im Falle c besteht sie aus n paarweisen Gruppen.

In den Worten von Lévi-Strauss lautet die Definition des eingeschränkten Tauschs folgendermaßen: »Unter dem Namen eingeschränktem Tausch verstehen wir jedes System, das die Gruppe effektiv oder funktionell in eine gewisse Anzahl von Paaren tauschender Einheiten teilt, wo bei einem beliebigen Paar XY die Tauschbeziehung reziprok ist: das heißt, daß da, wo ein Mann X, der eine Frau Y heiratet, immer ein Mann Y eine Frau X heiraten kann. Die einfachste Form des eingeschränkten Tauschs ist gegeben mit der Teilung der Gruppe in patrilineare oder matrilineare exogame Hälften.[3]« »Wir nennen Systeme, die diesen Charakter aufweisen, welches auch die Zahl der Klassen sei, Systeme eingeschränkten Tauschs, womit wir andeuten, daß diese Systeme die Mechanismen der Reziprozität nur zwischen Partnern zur Geltung bringen können, deren Zahl 2 oder das Vielfache von 2 ist.[4]

Wie aus den obigen Schemata ersichtlich, ist in der eingeschränkten Tauschweise der Frauentausch immer direkt. Das bedeutet, eine Gruppe, die an eine bestimmte andere eine Frau abgetreten hat, bezieht selbst von dieser – und nur von dieser – wieder eine Frau. Dies ist anders im sogenannten verallgemeinerten Tausch.

Dort ist die Tauschweise indirekt: Gruppe A gibt ihre heiratsfähigen Mädchen an Gruppe B, Gruppe B an C und C wieder an A oder, in der umfassenderen Formel ausgedrückt: A gibt Frauen an B, B an C, C an N und N an A. Bei diesem Tauschmodus oszillieren die ausgetauschten Frauen nicht, sie rotieren, wie man sich an den folgenden Schemata verdeutlichen kann. Die beiden Schemata des verallgemeinerten Tauschs machen zugleich klar, daß für sein Inkrafttreten die Zahl der am Tausch beteiligten Gruppen beliebig ist, vorausgesetzt, sie überschreitet die Zahl 2. Im Gegensatz zum eingeschränkten Tausch, der immer doppelspurig ist, ist der verallgemeinerte Tausch einspurig oder, wie Lévi-Strauss sagt, gerichtet. »Wir schlagen vor, Systeme, die diese Formel erfüllen, Systeme des verallgemeinerten Tauschs zu nennen, wodurch wir ausdrücken, daß diese Systeme Beziehungen der Reziprozität zwischen einer beliebigen Anzahl von Partnern herstellen können. Diese Beziehungen sind stets gerichtete Beziehungen; wenn ein Mann B für seine Heirat von der Klasse C abhängt, die hinter der seinen plaziert ist, so hängt eine Frau B von einer Klasse A ab, die vor der ihren plaziert ist.«[5]

*Die Tauschmodi des verallgemeinerten Tauschs:*
*Die Rotation von Frauen*

Ein grundlegender Einschub ist an dieser Stelle empfohlen, der sich auf den Ausdruck Frauentausch bezieht. Von Frauentausch reden bedeutet unausgesprochen, daß es die Frauen sind, die ausgetauscht werden und nicht umgekehrt die Männer. Tatsächlich hat diese Behauptung Lévi-Strauss den Vorwurf eingebracht, er habe ein frauenfeindliches Buch geschrieben. Ohne Zweifel klingt das Wort Frauentausch nach dem fast schon Natur gewordenen Vokabular des männlichen Chauvinismus, von dem die emanzipatorische Sprachkritik in den letzten Jahren enthüllende Dokumente vorgelegt hat. Ich bin indessen sicher, daß man Lévi-Strauss nicht zu den Gefolgsleuten Mailers rechnen kann. Es gilt, die Haltung des Forschers zu seinem Gegenstand vom Inhalt des Gegenstandes selbst klar zu trennen. Eine aus den Fakten abgeleitete Behauptung, daß in den menschlichen Gesellschaften eher die Männer es waren, die bislang die Agenten des Heiratstausches abgaben als die Frauen, bedeutet noch lange nicht, dies als unumstößlich zu sanktionieren.

Die Entdeckungen des Unterschieds zwischen den Grundmodi des Frauentauschs mit systematischem Charakter geht indes nicht allein auf Lévi-Strauss zurück. Die theoretische Unterscheidung zwischen eingeschränktem und verallgemeinertem Tausch hat, zieht man de Sade einmal ab, der für seine Entdeckungen keine eigenen Benennungen fand, zumindest drei Vorgänger: Granet, Held und van Wouden. Die beiden ersten hat Lévi-Strauss in seinem großen Werk selbst gewürdigt, von der Existenz des dritten hörte er erst später. Granet war der Unterschied beim Studium der Heiratskategorien im alten China aufgefallen. Den eingeschränkten Tausch nannte er chassé croisé (ständiges Hin und Her) und den verallgemeinerten Tausch échange différé (aufgeschobenen Tausch), womit er den oszillatorischen Zug des einen und den indirekten Zug des anderen genau traf. Held gab in seiner ethnologischen Bearbeitung des Mahābhārata nur dem verallgemeinerten Tausch einen Namen: er nannte ihn ein zirkulatives System und hob damit dessen rotative Eigenschaft deutlich hervor. Van Wouden schließlich, dessen Bedeutung für die anthropologische Theorienbildung so lange unerkannt blieb, weil sein Hauptwerk, die Dissertation von 1935[6], erst über dreißig Jahre später aus dem Niederländischen übersetzt wurde, sprach im Falle des eingeschränkten Tauschs von reziprokem Frauentausch und im Falle des verallgemeinerten Tauschs von asymmetrischem Konnubium. Den reziproken Frauentausch nannte er auch symmetrisches Konnubium. Den Ausdruck Konnubium verwendete van Wouden, wie übrigens andere Vertreter der Leidener Schule auch, für festgesetzte Heiratsbeziehungen zwischen zwei oder mehr Gruppen. Ein asymmetrisches Konnubium waren für ihn einseitige affine Heiratsbeziehungen: »In diesem Fall gibt eine Abstammungsgruppe Frauen an eine andere, kann aber von derselben keine Frauen empfangen.[7]«

Neben der bloßen Unterscheidung der beiden Tauschmodi nahm van Wouden noch in einem wichtigen anderen Punkt wenigstens partiell die Einsichten von Lévi-Strauss vorweg. Er erkannte, daß zwischen dem System des asymmetrischen Konnubiums (dem verallgemeinerten Tausch) und der matrilateralen Kreuzkusinenheirat inhärente Beziehungen bestehen. Wir werden sehr bald auf diesen grundlegenden Punkt zurückkommen. Doch zuvor zu anderen Konsequenzen, die aus der Unterscheidung zwischen eingeschränktem und verallgemeinertem Tausch unmittelbar oder mittelbar folgen.

Die voraufgegangenen Zeilen waren längst geschrieben, als ich einen weiteren und noch früheren Vorläufer für die Einsicht in den theoretischen Gegensatz von eingeschränktem und verallgemeinertem Tausch entdeckte. In seiner Dissertation von 1910, in der er auf analytischem Wege dem totemistischen Phänomen – siehe folgendes Kapitel – den ersten vernichtenden Schlag versetzte und sich so auch auf anderem Gebiet als ein Wegbereiter heutiger Ansichten auszeichnete, stellte Goldenweiser explizit die beiden elementaren Typen des Frauentauschs gegenüber. Den eingeschränkten Frauentausch bezeichnete er als minimum exogamous integer und das Modell des verallgemeinerten Tauschmodus entdeckte er im System der Gilyaken. Aus einer Erörterung der Diagramme beider Typen schloß Goldenweiser, »daß die sozialen Folgen der beiden Systeme vollkommen unterschiedlich sind.[8]«

Lévi-Strauss nun fand heraus, daß sich der verallgemeinerte Tausch nur in sogenannten harmonischen Ordnungen wiederfindet, während der eingeschränkte Tausch dysharmonischen Ordnungen zugehört. Unter harmonischen Ordnungen verstand er solche Systeme, bei denen die Regeln der Residenz und der Abstammung gleich sind und unter dysharmonischen solche, wo sich beide Regeln widersprechen. Nach den logischen Möglichkeiten gibt es zwei harmonische und zwei dysharmonische Ordnungen: Systeme mit virilokaler Residenz und patrilinearer Abstammung sind harmonische Ordnungen, ebenso solche mit uxorilokaler Residenz und matrilinearer Abstammung; dysharmonische Ordnungen sind solche Systeme, die virilokale Residenz und matrilineare Abstammung oder uxorilokale Residenz und patrilineare Abstammung aufweisen.[9]

Ein weiterer ganz entscheidender Unterschied zwischen eingeschränktem und verallgemeinertem Tausch resultiert aus deren Zwei- respektive Einspurigkeit. Im eingeschränkten Tausch verschafft sich eine Gruppe A, die an eine Gruppe B eine Frau abgetreten hat, unmittelbar Kompensation, indem sie von dieser eine Frau als Gegengabe fordert – zumindest weiß, daß sie von dieser und keiner anderen Gruppe eine fordern darf. Im verallgemeinerten

Tausch liegen die Dinge nicht so einfach. Hier wächst, entsprechend der Zahl der am indirekten Tauschzyklus beteiligten Gruppen das Risiko, für eine abgetretene Frau auch tatsächlich eine andere von einer anderen Gruppe zu erhalten. Da der Kreis des Gebens und Nehmens im verallgemeinerten Tausch nicht unmittelbar geschlossen wird, birgt er eine ständige Gefahr oder – als deren Gegenmaßnahme – die Aufforderung zur Spekulation. Er ist immer ein Wagnis. Und so haben sich in den Systemen des verallgemeinerten Tauschs in der Tat verschiedene praktische Maßnahmen durchsetzen können, die als eine Art Versicherung gegen das Risiko fungieren, ohne Frauenkompensation auszugehen. Solche Bemühungen, die eigene Gruppe zu versichern, können quantitativer Natur sein, indem man die Zyklen des Tauschs, an denen man teilhat, zu vervielfachen sucht oder indem man sich bemüht, soviele Frauen als möglich aus einer Gruppe zu hamstern; sie können aber auch qualitativer Natur sein, indem man sich bemüht, so ›wertvolle‹ Frauen als möglich durch Heirat in die eigene Gruppe zu integrieren. »Je mehr der Tauschzyklus dahin tendiert, sich zu verlängern, desto eher ergibt es sich, daß in jeder Etappe eine tauschende Einheit, da sie nicht unmittelbar dazu angehalten ist, bei der Gruppe, bei der sie direkt Schuldner ist, sich zu revanchieren, versuchen wird, ihre Vorteile zu nutzen, sei es dadurch, daß sie zu ihrem Profit Frauen akkumuliert, sei es, daß sie Anspruch auf Frauen eines unziemlich hohen Status erhebt.[10]«

So bietet der verallgemeinerte Tausch als eine höchst freiheitliche Form des ungeschriebenen Gesellschaftsvertrags zugleich mit seiner Umsetzung in die Praxis die Gefahr der Verzerrung. Denn in dem Maße, wie er die Gleichheit und Selbständigkeit der Partnergruppen voraussetzt, wird er zur möglichen Quelle der Ungleichheit. Er fordert, aufgrund der geringen Stabilität, die er als System zu bieten hat, die teilnehmenden Gruppen auf, sich eine Stabilität auf Kosten anderer teilnehmender Gruppen selbst zu verschaffen. Er begünstigt Polygamie und Anisogamie als seinem kompetitiven Charakter inhärente Zusatzlösungen. So wohnt dem System des verallgemeinerten Tauschs der Widerspruch inne zwischen egalitären Voraussetzungen und feudalistischen Konsequenzen, wie deutlich das Beispiel der Kachin von Burma zeigt.

Die Verbreitung der beiden Modi des Frauentauschs läßt sich in groben Zügen forgendermaßen umreißen: der verallgemeinerte

Tausch findet sich vor allem im zentral- und ostasiatischen Raum. Er lagert um eine nordöstlich/südwestliche Achse, die sich von Burma nach Sibirien hin erstreckt. Seinen reinsten Formen begegnet man an den Polen: in Burma bei den Kachin und in Sibiren bei den Gilyaken. Die beiden anderen Gebiete der Peripherie, Assam (Naga) und die Wohnräume der Tungusen und Manchus sind durch Mischformen aus eingeschränktem und verallgemeinertem Tausch gekennzeichnet, für deren historische Entwicklung Lévi-Strauss eine Überlagerung des zeitlich früheren verallgemeinerten Tauschs durch den späteren, eingeschränkten Tausch annimmt. Das in der Mitte gelegene China bietet das komplexeste Bild dieser Achse. Für die Zeit des Ehr Ya ( 爾雅 ), einem Hilfswerk für die Lektüre der konfuzianischen Klassiker, deuten die Quellen auf eine klare Praxis des eingeschränkten Tauschs hin. Sonst aber müssen für das alte China zwei simultan nebeneinander existierende Systeme angenommen werden, die der scharfen Zweiteilung der chinesischen Kultur jener Zeit in eine bäuerliche und eine feudale (Granet) entsprechen. Danach wurde von der Landbevölkerung eine Tauschform des eingeschränkten, vom feudalen Adel eine des verallgemeinerten Tauschs praktiziert.

Das Verbreitungsgebiet des eingeschränkten Tauschs hat sein Zentrum in Australien. Die unumstrittensten Systeme sind die der Kariera und der Aranda. Die australischen Tauschformen finden ihre Verlängerung in einigen Gebieten Südostasiens und Melanesiens.

Für das antike Indien skizzierte Lévi-Strauss folgende mögliche historische Entwicklung: Anfangs war die indische Gesellschaft in eine Anzahl von exogamen Clans unterteilt, die miteinander zu einem einzigen Zyklus oder zu mehreren Kreisen des verallgemeinerten Tauschs verknüpft waren. Mit der Verwandlung einiger Clans in Kasten und deren Zunahme an aristokratischen Heiratspraktiken wuchs die Exklusivität, die solche Clans, die in Stagnation verweilten, dazu trieb, zum eingeschränkten Tausch überzugehen, da sie von den größeren Tauschzyklen ausgeschlossen wurden. Die Kasten ihrerseits gingen allmählich zur Endogamie über, die nur noch innerhalb der Kaste exogam blieb. Für die Aryas, wie für Bevölkerungen weiter Teile des alten Europa, nahm Lévi-Strauss die Ausübung des verallgemeinerten Tauschs an. Diese geographischen Modelle sollten, das betont der Autor unmißverständlich, aber nicht zu diffusionistischen Mutmaßungen Anlaß geben. Denn sie sind, auch wenn historische Überlegungen an sie geknüpft sein mögen, in allererster Linie funktionale Modelle.

Die scharfe Abgrenzung des verallgemeinerten Tauschs gegen den eingeschränkten Tausch, der wir in den *structures* immer wieder begegnen, hat Lévi-Strauss einige Jahre später merklich abgeschwächt. Und dies aus vornehmlich zwei Gründen. Einmal gelangte er zu der aus der Empirie gefolgerten Annahme, daß es den eingeschränkten Tausch in Reinform kaum gebe: »Diese Unterscheidung erscheint mir heute naiv, weil noch zu nahe an den eingeborenen Klassifikationen. Von einem logischen Gesichtspunkt aus ist es sinnvoller und zugleich ökonomischer, den eingeschränkten Tausch als eine Sonderform des verallgemeinerten Tauschs zu behandeln. Wenn die in dieser Studie präsentierten Beobachtungen durch andere Beispiele bestätigt werden, müssen wir vielleicht zu der Schlußfolgerung kommen, daß selbst dieser Sonderfall in der Erfahrung niemals ganz verwirklicht wird, es sei denn in Form einer unvollständigen Rationalisierung von Systemen, die auf einen Dualismus nicht zurückführbar sind, unter dessen Gestalten sie vergeblich vorzustellen sich bemühen.[11]« Zum anderen aber nahm Lévi-Strauss die starke Polarisierung der beiden Grundmodi des Tauschs zurück, weil er das Prinzip der Reziprozität, das beiden Formen zugrunde liegt, deutlicher als gemeinsamen Nenner hervorkehren wollte. Deshalb betrachtete er den eingeschränkten Tausch hinfort nur noch als einen Sonderfall einer allgemeineren Form von Reziprozität mit beliebig vielen Partnern.[12]

Mit seiner Selbstkritik aber hat er vielleicht ein radikales theoretisches Mittel wieder aus der Hand gelegt, das er zuvor mit viel Gewinn für die ganze Verwandtschaftsforschung zu nutzen wußte, indem er gerade nicht auf der empirischen Stufe stehenblieb, sondern nach den Implikationen der nur kontaminiert gelebten Modelle fragte und sie zu Ende dachte. Der Erfolg dieses Denkens ist am greifbarsten zu messen an der Klarheit und Folgerichtigkeit, mit der er die drei Grundstrukturen der Verwandtschaft entdeckt, beschrieben und in ihren Konsequenzen dargelegt hat: ich meine die drei möglichen Formen der Kreuzkusinenheirat, die bilaterale, die matrilaterale und die patrilaterale cross-cousin-Heirat[13]. Die Verbindungen, die diese drei Grundstrukturen, von denen nun zu sprechen sein wird, mit dem eingeschränkten und dem verallgemeinerten Tausch eingehen, lassen sich vorwegnehmend auf einen einzigen Satz reduzieren: Die bilaterale Kreuzkusinenheirat gründet sich auf den eingeschränkten Tausch, die matrilaterale Kreuzkusinenheirat gründet sich auf den verallgemeinerten Tausch und die patrilaterale Kreuzkusinenheirat weder auf den einen noch auf den anderen oder sowohl auf den einen, als auch auf den anderen; sie ist der Grenzwert der Reziprozität.

## *Die Heirat zwischen Vettern und Kusinen: die Grundstrukturen der Verwandtschaft*

### Parallele und Kreuz-Vettern und -Kusinen

Spricht man von der Heirat zwischen Vettern und Kusinen, Praktiken, die über die ganze Welt verbreitet sind und für alle Zeiten belegt sind, so gilt es als erstes zwischen zwei Klassen von Vettern und Kusinen zu unterscheiden. Die einen sind die Parallel-Vettern und -Kusinen, die anderen die Kreuz-Vettern und -Kusinen. Was bedeutet dies? Ist Ego männlich, so sind seine beiden Parallelkusinen die Tochter des Vaterbruders auf der einen und die Tochter der Mutterschwester auf der anderen Seite. Die Kreuzkusinen derselben Person sind demgegenüber die Tochter der Vaterschwester einerseits und die Tochter des Mutterbruders andererseits. Diese objektive Unterscheidung wird von vielen ethnischen Gruppen auch terminologisch getroffen. Die Statistik bekräftigt sie insofern, als es nahezu keine Belege gibt für Ehen zwischen parallelen Vettern und Kusinen. Das mag auf den ersten Blick verwundern. Denn vom Grad der blutsmäßigen Verwandtschaft her sind Parallel- und Kreuz-Vettern und -Kusinen alle gleich. Was nun macht die beiden Kategorien von gleichgradigen Verwandten trotzdem so unterschiedlich, daß man in der Behandlung der elementaren Heiratssysteme die eine von ihnen, die der parallelen Vettern und Kusinen, getrost unberücksichtigt lassen kann? Man versteht dieses Problem wohl am ehesten, wenn man sich ihm mit der Einsicht nähert, daß Heiraten, wenn sie Systemcharakter haben, das Prinzip der Reziprozität erfüllen, kurz, daß sie direkt oder indirekt auf dem Tauschprinzip basieren.

An jeder Vetternheirat sind strukturell gesehen unmittelbar vier Personen beteiligt, die als Beziehungsbündel ein elementares Quartett ergeben. Sehen wir uns die vier möglichen Quartette, die aus Parallel- und Kreuzkusinenheirat resultieren, einmal genauer an. Im patrilateralen Fall der Parallel-Heirat (a) setzt sich das Quartett aus zwei Männern (Brüdern) in der älteren Generation und einem Mann und einer Frau in der jüngeren Generation zusammen. Summe: 3 Männer, 1 Frau. Im matrilateralen Fall der Parallel-Heirat (b) sind es in der älteren Generation zwei Frauen (Schwestern), in der jüngeren wiederum ein Mann und eine Frau. Macht: 3 Frauen und 1 Mann.

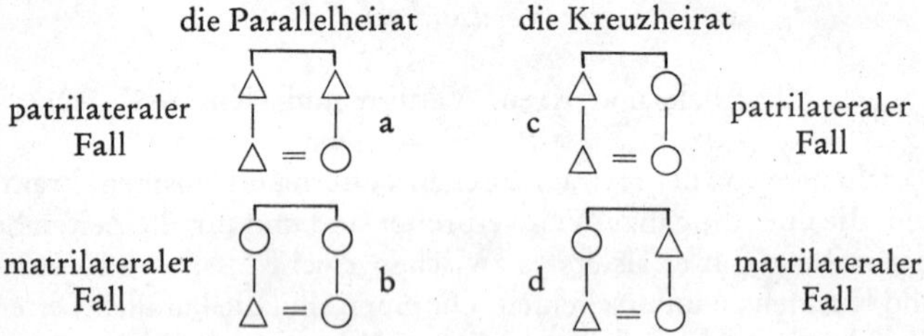


*die vier Grundquartette bei Vettern-Kusinen-Heirat*

Wie die Schemata (c) und (d) zeigen, sind im Falle von Kreuzheiraten stets zwei Männer und zwei Frauen im grundlegenden Quartett vereinigt: in der älteren Generation ein Bruder und eine Schwester, in der jüngeren Generation ein Sohn und eine Tochter. Stellt man diese vier Grundquartette nun in den Zusammenhang der Reziprozität, so erweist es sich, daß diese nur in den Fällen der Kreuzheirat als Struktur herstellbar ist. Nur hier gibt es einen Gläubiger und einen Schuldner, eine abgetretene und eine erworbene Frau. Bei der Kreuzheirat sind die Männer der älteren Generation Gläubiger, da sie eine Frau (Schwester) abgetreten haben, die Männer der jüngeren Generation dagegen sind Schuldner, da sie eine Frau erworben haben. Die Frauen der älteren Generation sind dementsprechend abgetretene, die der jüngeren Generation erworbene Frauen. Diese Relation aber ist in den Fällen der Parallelheirat von vorneherein ausgeschlossen, da die Geschlechter in der älteren Generation nicht alternieren. So bieten sich die Kreuzkusinen als Ehepartner an »aus dem gleichen Grund, aus dem die parallelen Vettern und Kusinen ausgeschlossen sind.[14]« Die beiden Fälle der Kreuzheirat ihrerseits weisen über die Ähnlichkeiten hinaus noch einmal Unterschiede auf. Denn vom Prinzip der Kreuzung her, das der Kreuzheirat den Namen gab, ist der matrilaterale

Fall perfekter als der patrilaterale: Er enthält in allen vier im Quartett gegebenen Paaren je einen männlichen und einen weiblichen Partner: einen Bruder und eine Schwester, einen Gatten und eine Gattin, eine Mutter und einen Sohn und einen Vater und eine Tochter (die beiden letzten Geschlechtsoppositionen sind im patrilateralen Fall nicht vorhanden). »Das Quartett der Heirat mit der matrilateralen Kreuzkusine repräsentiert in allen Graden der Verwandtschaft die systematische Anwendung der formalen Beziehung von Alternation der Geschlechter . . .[15]«

Wir erkennen also bereits, daß die Kreuzkusinenheirat gegenüber der Heirat mit einer parallelen Kusine einen besonderen Platz in den Heiratsordnungen annimmt. In ihr werden die Prinzipien des Tauschs am konsequentesten, das heißt ganz einfach: systematisch befolgt. Sie ist ein Phänomen eigener Ordnung.

Es gibt noch einen zweiten Weg, um aus dem Begriff der Reziprozität die Dichotomie zwischen parallelen und Kreuz-Vettern und -Kusinen abzuleiten. Betrachten wir folgendes Schema:

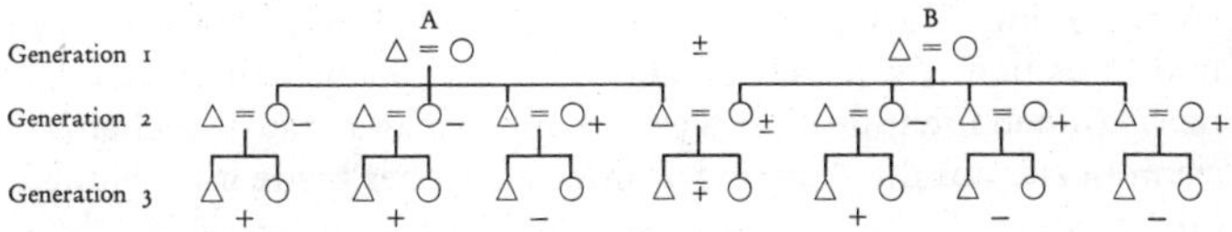


Gegeben seien zwei Gruppen, A und B. Der männliche Ahn von Gruppe A (Generation 1) habe von B eine Frau empfangen und dafür aus seiner eigenen Gruppe eine andere an B abgetreten. Gruppe A steht also in der ersten Generation zu Gruppe B einmal in einem Nehmerverhältnis (+) und einmal in einem Geberverhältnis (–). Die Kinder, welche aus diesen beiden Verbindungen hervorgehen (Generation 2), seien jeweils zwei Söhne und zwei Töchter, die wieder Mitglieder der anderen Gruppe heiraten. Die weiblichen Personen in dieser 2. Generation sind für die Gruppe, aus der sie stammen, verlorene Frauen, da sie als Töchter an die andere Gruppe abgetreten wurden; für die Gruppe, in die sie hineinheiraten dagegen, sind sie erworbene Frauen. Kurz: Töchter erhalten ein negatives Vorzeichen (–), abgetretene Frauen; Schwiegertöchter erhalten ein positives Vorzeichen (+), empfangene Frauen. Für die Brüder dieser Töchter und Schwiegertöchter gilt in umgekehrter Weise genau dasselbe, je nachdem ob man sie als Bruder (Geberverhältnis: –) oder als Bräutigam (Nehmerverhältnis: +) begreift. Geht man von der 2. nun zur 3. Generation über, so kehren sich alle Vorzeichen wieder um. Familien, die aus der Heirat einer Tochter mit einem Schwiegersohn hervorgegangen sind, bedeuten für die Ausgangsgruppe eine Verarmung, das heißt, sie haben bei der anderen Gruppe etwas gut. Die Familien dagegen, die aus der Heirat eines Sohnes mit einer Schwiegertochter hervorgegangen sind, schulden der Ausgangsgruppe gewissermaßen eine Frau, die sie in der voraufgegangenen Generation von ihr erhalten haben. So weisen die Geschwister in Generation 3 entweder ein positives oder ein negatives Vorzeichen auf, je nachdem ob ihre Mütter in bezug auf die Ausgangsgruppe eine Tochter oder eine Schwiegertochter war.

Die Geschwisterpaare in der 3. Generation stehen alle im Verhältnis von Vettern und Kusinen zueinander. Dabei sind folgende vier Relationen möglich: + +, – –, +–, –+. Man wird unschwer aus dem Schema erkennen, daß diejenigen Vettern und Kusinen, die in einer + + Beziehung oder einer – – Beziehung zueinander stehen, parallele sind. Die übrigen, nämlich +– und –+ sind Kreuzvettern und -Kusinen. Zwei Vettern aber, die das gleiche Vorzeichen haben, können nicht ihre Schwestern untereinander austauschen, da sie in bezug auf die Ausgangsgruppe entweder beide im Nehmer- oder beide im Geberverhältnis stehen. Das bedeutet: die Möglichkeit der Reziprozität im Geben und Nehmen (von Frauen) wird zwischen Parallelvettern aufgehoben.

So ergibt sich zwischen Brüdern und Schwestern, Parallel-Vettern und -Kusinen und Kreuz-Vettern und -Kusinen eine bemerkenswerte Relation: was die biologische Verwandtschaft angeht, sind paralelle und gekreuzte Vettern und Kusinen identisch. Beide sind von Geschwistern gleich weit entfernt. Was aber die soziologische Verwandtschaft angeht, so bestehen zwischen Brüdern und Schwestern und parallelen Vettern und Kusinen gemeinsame Qualitäten, die zwischen Kreuzvettern und -Kusinen nicht bestehen. Unter dem Gesichtspunkt der Heirat als eines reziproken Tauschsystems nämlich neutralisieren sich die einen, die anderen ziehen sich an[16].

Wenn nun die Kreuzkusinenheirat einen privilegierten Rang innerhalb der denkbaren Heiratsregeln einnimmt, wenn sie, wie wir sagten, die Heirat zu einem System der Reziprozität zwischen frauentauschenden Gruppen macht, so fragt sich, ob sie dies unter den verschiedenen möglichen Formen in gleicher Weise tut, oder ob jede dieser Formen Eigenheiten enthält, die in ihren Implikationen hervorgehoben werden müssen, da sie zu grundsätzlich anderen Resultaten führen.

Die Heirat mit der Kreuzkusine gibt es in drei möglichen Versionen: die bilaterale, die matrilaterale und die patrilaterale Kreuzkusinenheirat. Es sind die drei Grundstrukturen der Verwandtschaft.

## Die Heirat mit der bilateralen Kreuzkusine

Das Modell für den bilateralen Typ der Heirat mit einer Kreuzkusine zeigt das nachstehende Schema. Um es in allen seinen Eigenheiten vollständig vorzuführen, ist es nötig, eine doppelte Unifiliation, patrilinear (X und Y) und matrilinear (A und B) anzunehmen.

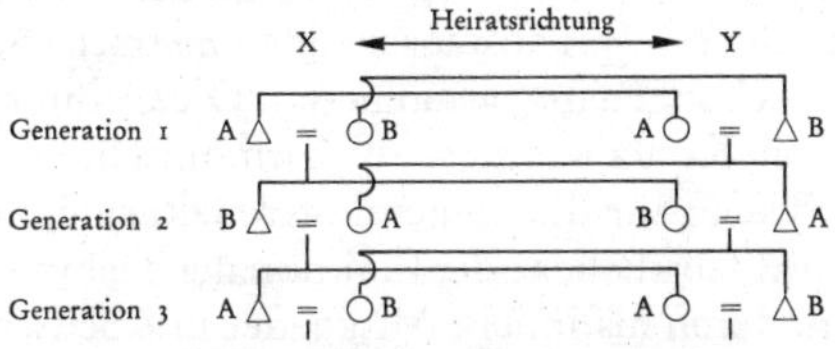


*die bilaterale Kreuzkusinenheirat*

Was vorweg bedeutet die Aussage: meine Frau ist meine bilaterale Kreuzkusine? Nehmen wir etwa den Mann BX der 2. Generation unseres Schemas als Ego. Seine Frau AY ist in zweifacher Weise seine Kusine. Einmal ist sie die Tochter seiner väterlichen Schwester, mit anderen Worten, seine paternale Kreuzkusine; zugleich aber ist sie auch die Tochter seines mütterlichen Bruders, d. h. seine maternale Kreuzkusine. Und weil sie diese beiden Bedingungen erfüllt, ist sie seine bilaterale Kreuzkusine. In einem System nun, das die Heirat mit der bilateralen Kreuzkusine vorschreibt, sind die Ehepartner in jedem einzelnen Heiratsfall solcherart doppelte Kreuz-Vettern und -Kusinen, wie man sich leicht am obigen Schema vergegenwärtigen kann.

Die einfachste Formel für den bilateralen Typ der Heirat mit der Kreuzkusine ist der in jeder Generation wiederholte Schwesterntausch zwischen Mitgliedern zweier Gruppen: ein Mann AX gibt einem Mann BY seine Schwester AX zur Frau und erhält von diesem dessen Schwester BY (Generation 1). Der Sohn von AX, nämlich BX tut das Gleiche wie sein Vater: Er gibt seine Schwester BX an AY, den Sohn von BY, der wiederum seine Schwester AY an BX abtritt (Generation 2). Die dritte Generation wiederholt den gleichen Prozeß, usf. Im übrigen tauchen die Charakteristika der 1. Generation unverändert in der 3. wieder auf und die Charakteristika der 2. finden sich in der 4. Generation wieder.

Die beiden Linien X und Y tauschen beim System der bilateralen Kreuzkusinenheirat also stets in ausgeglichen reziproker Weise Frauen aus. Der Tauschmodus dieses Typs ist der eingeschränkte Tausch. Aus diesem Grunde auch nennt Schmitz, bei dem der bilaterale Typ der cross-cousin-Heirat den Namen symmetrische Kreuzbasenheirat trägt, dieses Heiratssystem mit vollem Recht ein permanentes Konnubium zwischen zwei Verwandtschaftsgruppen[17]. Die bilaterale Kreuzkusinenheirat ist eine geschlossene Struktur. Ihr genügen, wie wir beim eingeschränkten Tausch bereits gesehen haben, zwei austauschende Gruppen. Sind es mehr, so müssen sie sich zu Paaren arrangieren. Die Ordnung des bilateralen Typs von Kreuzheirat ist dysharmonisch.

Das ideale System für die bilaterale Kreuzkusinenheirat ist eine Gesellschaft mit wirklicher oder funktionaler Teilung in zwei exogame Hälften, deren männliche Mitglieder ihre Schwestern untereinander austauschen. Solche Systeme scheint es beispielsweise im alten China auf lokaler Ebene gegeben zu haben. Einen Hinweis darauf finden wir in einem Gedicht des T'ang-Dichters Po Chü-yi (772-846), das von einem Dorfe der Provinz Kiang Su sagt:

> In A ku feng hsien, im Distrikte Ch'u chou
> In einem Dorfe namens Chu Ch'en
> Da gibt es nur zwei Clans
> Die unter sich seit mehreren Generationen heiraten[18].

## Die Heirat mit der matrilateralen Kreuzkusine

Der zweite Typ von Kreuzheirat, der eine Grundstruktur der Verwandtschaft darstellt, ist die Heirat mit der matrilateralen Kreuzkusine, d. h. mit der Tochter des mütterlichen Bruders. Um diesen Typ vollständig als System darstellen zu können, erfordert das Schema zumindest drei Gruppen, eine, die für die Linie von Ego als Geber von Frauen fungiert, eine, die für sie als Nehmer von Frauen auftritt und schließlich die Linie von Ego selbst.

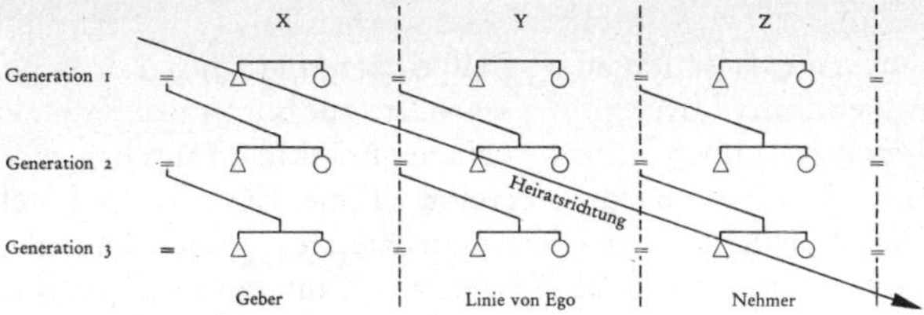


*die materilaterale Kreuzkusinenheirat*
*(Abstammung: patrilinear)*

Nimmt die Heirat mit der matrilateralen Kreuzkusine den Charakter einer Regel an, – und nur dann können wir von einem System sprechen–, so ergibt sich, daß alle Personen einer Linie mit gleichem Geschlecht in eine Richtung heiraten, während alle Personen einer Linie mit entgegengesetztem Geschlecht stets in die entgegengesetzte Richtung heiraten. So beziehen alle männlichen Mitglieder von Y ihre Frauen aus der Linie X, alle weiblichen Mitglieder von Y, also die Schwestern der männlichen Y, heiraten Männer von Z. Anders umschrieben bedeutet dies: für die Linie Y sind die Leute von Gruppe X Frauengeber und die Leute von Gruppe Z Frauennehmer. Die Leute von Z wiederum sind für die Leute von X Frauengeber, vorausgesetzt, die betreffende Gesellschaft besteht aus drei tauschenden Gruppen. Auf diese Weise bleiben die beiden Klassen »Gatten der Schwestern« und »Brüder der Frauen« stets deutlich voneinander getrennt. Sie vermischen sich nicht.

Das Gesagte gilt für alle aufeinander folgenden Generationen in gleicher Weise: Die Sohnesgeneration wiederholt bei patrilinearer Abstammung unmittelbar die Heirat der Väter und die der mütterlichen Onkel bei matrilinearer Abstammung.

Wie im verallgemeinerten Tausch sind die Eheschließungen bei der matrilateralen Kreuzheirat gerichtet, und wie bei ihm werden folglich nicht nur zwei Gruppen durch Heirat miteinander verknüpft, sondern von drei aufwärts beliebig viele. Die matrilaterale Kreuzkusinenheirat ist eine offene Struktur. In der Tat bietet sie das ideale Muster für den verallgemeinerten Tausch. »Mit dem Gesetz des verallgemeinerten Tauschs haben wir in der Theorie die Heirat mit der matrilateralen Kreuzkusine begründet, d. h. den Typ von Heirat mit einer unilateralen Kusine, der die größte Verbreitung hat.[19]« Das lange Rätseln der Anthropologen, weshalb gerade dieser Typ von Heirat sich solcher Beliebtheit erfreut, erhält aus seiner Affinität zum verallgemeinerten Tausch eine überraschend einfache Lösung. Im Gegensatz zur bilateralen Kreuzkusinenheirat (Grundstruktur des eingeschränkten Tauschs), wo immer nur zwei Gruppen durch Heirat zu einer Einheit verschmelzen können, bezieht sich die matrilaterale Kreuzkusinenheirat (Grundstruktur des verallgemeinerten Tauschs) idealiter auf alle Gruppen einer Gesellschaft. Sie schafft für alle freiwillig dem Zyklus beigetretenen Gruppen Solidarität durch die Bande der Heirat. Sie festigt die ganze Gruppe als Gruppe. »Es reicht, daß eine menschliche Gruppe das Gesetz der Heirat mit der Tochter des Mutterbruders proklamiere, damit sich in allen Generationen und zwischen allen Linien eine riesige Runde der Reziprozität etabliere, die ebenso harmonievoll und unausweichlich ist, wie die physikalischen oder biologischen Gesetze.[20]«

Es ist genau diese Stelle, an der wir auf den holländischen Theoretiker der 30er Jahre, van Wouden, zurückverweisen müssen. Denn er war wohl der erste, der bei seinem Studium der ostindonesischen Systeme die matrilaterale Kreuzkusinenheirat als das beste Mittel einer wohldurchdachten gesellschaftlichen Kommunikation begriff: »Wir haben also die exklusive [matrilaterale, Opp.] cross-cousin-Heirat als den Index eines asymmetrischen Systems konnubialer Beziehungen erkannt, in dem die Clans untereinander durch eine geschlossene Kette affiner Beziehungen verbunden sind.[21]«

Die Heirat mit der matrilateralen Kreuzkusine wird indessen fast nie im reinen Zutand verwirklicht. Die meisten realen Systeme dieser Art weisen ein patrilaterales Komplement auf, so z. B. in Assam und Burma in Form von geregelten Brautgeldleistungen an den Onkel der Braut oder bei den Gilyaken, wo der mütterliche Onkel der Braut oft eine Tochter der Schwester erhält, wenn seine Nichte heiratet. Ungeachtet dessen verkörpert die Heirat mit der matrilateralen Kreuzkusine das vollkommenste System von Reziprozität mittels matrimonialen Tauschs, da es alle Gruppen einer Gesellschaft zu integrieren imstande ist.

### Die Heirat mit der patrilateralen Kreuzkusine

Der dritte Typ von Kreuzkusinenheirat ergibt sich aus der Verbindung eines Mannes mit der Tochter seiner Vaterschwester. Es ist die Heirat mit der patrilateralen Kreuzkusine. Um diesen Typ in allen wesentlichen Eigenschaften zu erfassen, ist es auch hier nötig, wenigstens 3 Linien und 3 Generationen vorzuführen.

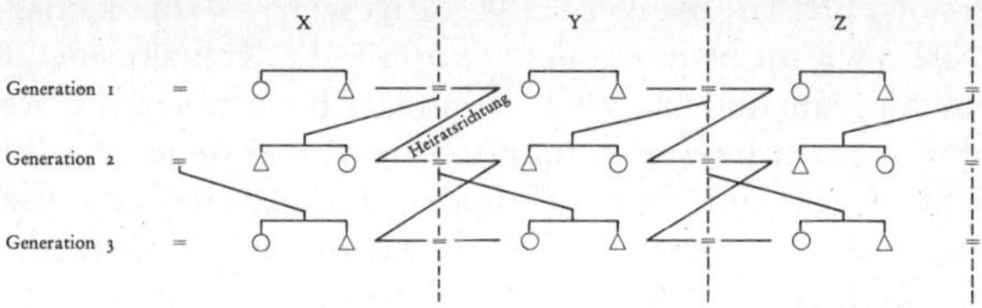


*die patrilaterale Kreuzkusinenheirat*

Wie im matrilateralen Fall der Kreuzheirat vollzieht sich auch hier die Heirat einer Schwester in entgegengesetzter Richtung zur Heirat ihres Bruders. Wenn z. B. ein Mann der Linie Y eine Frau der Linie X heiratet, so heiratet seine Schwester einen Mann der Linie Z. Sein Sohn dagegen reproduziert nicht, wie im matrilateralen Fall seine eigene Heirat. Er heiratet eine Frau aus Linie Z, während die Schwester dieses Sohnes nach X heiratet. Die Wiederholung der Heiratsrichtung stellt sich erst in der Enkelgeneration ein. In dieser Hinsicht gleicht der patrilaterale Typ der Kreuzkusinenheirat dem bilateralen Typ. Der Unterschied zwischen beiden findet darin einen Ausdruck, daß sich die Reziprozität des Tauschens zwischen zwei Gruppen auf unterschiedliche Weise ergibt: im bilateralen Fall ist sie parallel, – sie verwirklicht sich innerhalb jeder Generation; im patrilateralen Fall ist sie schräg – sie stellt sich immer erst in der folgenden Generation ein. Der erste Anthropologe, der die Umkehrung der Richtung im Frauentausch von einer Generation zur nächsten in patrilateralen Systemen erkannte, war übrigens Fortune[22].

So ist der Austauschtyp in der patrilateralen Kreuzheirat halbwegs ein eingeschränkter: ein Mann von Y gibt in der zweiten Generation eine Frau aus seiner Gruppe an Z zurück, für die in der ersten seine Gruppe von Z eine andere empfangen hatte. Doch ist dieser Tauschmodus nicht exklusive auf paarweise Gruppen reduziert, wie im reinen Muster des eingeschränkten Tauschs. Der Tauschmodus ist in gewisser Weise doppelt ausschließlich. Man könnte die patrilaterale Kreuzkusinenheirat aber ebensogut auch eine stumpfe Form des verallgemeinerten Tauschs nennen. Denn die Zyklen des Tauschs kehren sich von Generation zu Generation um. Die Struktur ist diskontinuierlich. Die patrilaterale Kreuzkusinenheirat steht so genau zwischen den beiden anderen Systemen, deren Eigenschaften sie nur stückweise übernimmt. Sie ist weder Fisch noch Fleisch. In gewisser Weise ist sie überhaupt kein globales System wie die beiden anderen Formen der Kreuzkusinenheirat es sind. Sie kann nur eine Vielheit schräger Beziehungen herstellen, die ohne eigentliche Verbindung nebeneinander stehen. Sie fördert in nichts die Integration der Gruppen. Im Gegenteil: die Vielheit ihrer Zyklen, von denen es ebenso viele gibt wie Linien, zerstükkelt die Einheit der Gruppe. Die Heiratsgruppen verzetteln sich in stumpfem Vor und Zurück.

Lévi-Strauss hat die Heirat mit der Tochter der Vaterschwester sogar als funktionales Substitut für die Heirat mit der Tochter der Schwester erklärt[23]. Genau wie diese sei sie geizig und individualistisch. Und tatsächlich ist sie die ärmste Form der Reziprozität. Dies mag ein Grund sein dafür, daß sie in der Realität so gut wie nie vorkommt. Sie ist kaum mehr als eine theoretische Möglichkeit geblieben. Die Batak von Sumatra etwa verbieten die Heirat mit der patrilateralen Kreuzkusine ausdrücklich und mit folgender Begründung: »Das Wasser kann nicht mehr zur Quelle hinauflaufen.« Die Metapher brandmarkt sinnfällig den kleinkrämerischen Zug des schrägen Tauschs.

Wir haben in den voraufgegangenen Abschnitten im Modell die fundamentalen Modalitäten des matrimonialen Tauschs kennengelernt, von denen es drei Formen gibt, nämlich die bilaterale, die matrilaterale und die patrilaterale Heirat mit der Kreuzkusine. Das erste dieser elementaren Systeme konnte im Gefolge der bahnbrechenden Arbeit von Lévi-Strauss mit dem eingeschränkten Tausch, das zweite mit dem verallgemeinerten Tausch gleichgesetzt werden. Das dritte erwies sich als im Grunde gar kein eigenes System, es stellte sich als ein Verfahren heraus, das zwischen den beiden anderen Systemen hin und her schwankt. Das erste dieser Systeme geht auf Nummer sicher. Es stellt Gebe- und Nehme-Beziehungen in den überschaubaren Rahmen von Zweiergruppierungen; seine Sicherheit bezahlt es mit geringer Integration der ganzen Gruppe. Das zweite System dagegen ist ein riskantes Spiel, es ist das »große soziologische Abenteuer«[24]. Bei ihm kommt das Wagnis, das die einzelnen, dem Frauentausch angeschlossenen Gruppen eingehen, der Gruppe als Gesamtheit zugute. So sind die Formen der Heirat mit der Kreuzkusine keine, wie man lange stillschweigend angenommen hat, willkürlichen Bräuche. Ganz im Gegenteil. Sie erst etablieren die Verwandtschaft als ein strukturiertes System. Aus diesem Grunde heben sie sich ab von anderen Formen der Verwandtenheirat, mit denen man sie fälschlicherweise geneigt sein könnte, in einem Atemzuge zu nennen: dem Levirat, dem Sororat und zum Teil der Onkelheirat. Diese sind einfache Privilegien. Die Formen der Heirat mit der Kreuzkusine aber sind Methoden, die Kommunikation zwischen gesellschaftlichen Gruppen auf systematische Weise herzustellen.

### *Das Prinzip der Reziprozität*

Angesichts der behandelten Heiratssysteme hatten wir bereits mehrfach die Gelegenheit, von Reziprozität zu sprechen. Ja, wir waren, Lévi-Strauss folgend, sogar davon ausgegangen, daß alle diese Systeme auf einem Prinzip der Gegenseitigkeit beruhen. Es ist nun der Zeitpunkt gekommen, eingehender von diesem Prinzip zu sprechen, zumal es nicht nur die Lehre von Lévi-Strauss in ganz entscheidender Weise charakterisiert: Es hat Vorgänger, die sich immer deutlicher als die wichtigsten Vorbereiter der modernen Sozialanthropologie abzeichnen; und es wird wohl auch in Zukunft eine zentrale Rolle spielen: für die Formulierung einer allgemeinen Kommunikationstheorie. Man kann vielleicht soweit gehen und behaupten: die Entdeckung des Prinzips der Reziprozität gehört zu den elementaren Errungenschaften der neueren Ethnologie und Soziologie.

Die drei wichtigsten Theoretiker der Reziprozität vor Lévi-Strauss waren Malinowski, Mauss und Radcliffe-Brown. Nur auf Mauss aber wollen wir hier näher eingehen, weil er dieses Problem am auffälligsten ins Zentrum seiner Arbeit gerückt hat. Dies gilt vor allem für seine wohl berühmteste und umfangreichste Studie, den *Essai sur le don* (1923/24). Der ganze Aufsatz handelt vom Prinzip der Reziprozität. Paradoxerweise jedoch kommt der Ausdruck selbst darin nicht ein einziges Mal vor. Statt dessen spricht Mauss vom ›Geist der gegebenen Sache‹, davon, daß jeder Akt des Gebens zwischen Individuen oder gesellschaftlichen Gruppen drei Grundpflichten impliziere: zu geben, zu nehmen (zu empfangen) und zurückzuerstatten (sich zu revanchieren: dieser Ausdruck spielt unverhüllt auf den oft agonalen Zug des Austauschs von Gaben an). Wie sehr Geschenk und Vergeltung ineinander verschränkt sind, hat Mauss in einem Aperçu über die doppelte Bedeutung des Wortes gift vorgeführt: einmal gift (vgl. Mitgift) als das dem Nehmer Freude und Vorteil bietende Geschenk, zum anderen als das den Beschenkten tötende Gift. Das Französische wiederholt diese Ambivalenz in der Wortverbindung boisson/poison: einmal Geschenke in Form von Getränken (boisson), zum anderen die gleichen Getränke vergiftet (poison).[25] Man braucht zwischen den vereinzelten Handlungsrichtungen geben, nehmen, zurückerstatten gewissermaßen nur den Wechselstrom einzuschalten – und schon ist man beim Begriff der Gegenseitigkeit angelangt. Mauss betont, daß geschenkte Gegenstände niemals neutrale Materie sein können, daß sie vielmehr stets die Fingerabdrücke des Gebenden tragen und den Nehmer daran erinnern, daß er beim ersten Schuldner ist.

So impliziert jede Leistung eine Gegenleistung, die wieder eine erneute Gegenleistung herausfordert, usw. ad infinitum. Auf diese Weise erst gerät gesellschaftliche Kommunikation in Bewegung. Die Mechanismen dieses Hin und Her von Gaben hat Mauss in bestechender Weise in der Analyse zweier eingeborener Institutionen vorgeführt, von denen die eine bei den Indianern der amerikanischen Nordwestküste praktiziert, die andere von Malinowski bei den Trobriandern (Melanesien) entdeckt wurde: des potlatch und des kula. Beide sind in der einschlägigen Literatur so berühmt geworden, daß ich mir ihre Beschreibung erspare und dafür nur die Prinzipien andeute, auf denen sie basieren.

Beide Institutionen, kula und potlatch, nennt Mauss totale Leistungen. *Total* sind sie einmal, weil sie ganze Familien, Clans, Phratrien, Stämme erfassen und in den Ablauf der realen und zeremonialen Tauschhandlungen einbeziehen. Total sind sie aber auch, weil sie ihre Akteure voll beanspruchen, sie in ihrer gesamten Existenz fordern: den totalen Menschen. Beim potlatch wie beim kula geht's im wahrsten Sinne des Wortes ums Ganze. Und *Leistungen* sind sie, weil die Verpflichtungen zu geben, zu nehmen und zurückzuerstatten ihre wesentlichen Merkmale sind. Zwar wird man feststellen, daß beim potlatch die Aufforderung zu geben die expliziteste Pflicht ist, die die anderen beiden sozusagen in den Schatten stellt. Man erkennt den potlatch an jener maßlos verschwenderischen Geste des Verschleuderns von Gütern, mit deren scheinbar sinnloser Vernichtung oder beleidigend protzender Abgabe an andere erst das Ansehen des Gebers gefestigt wird. Da aber keiner der an diesem agonalen Leistungsspiel Beteiligten die Schmach auf sich sitzen lassen möchte, dem Gestus der Verschwendung nicht seinerseits durch noch größere Verschwendung begegnen zu können, ist jeder Akt auch hier von einem Gegenakt begleitet: die Verpflichtung zu geben geht wie ein Schwarzer Peter auf denjenigen über, den man eben noch durch Gaben zu erniedrigen hoffte.

Beim kula sind die Verpflichtungen des Gebens und Nehmens explizite simultan anwesend. Die Tauschobjekte des kula-Rings (vaygu'a) haben, je nachdem ob man sie abgibt oder empfängt, einen anderen Namen: vaga = Eröffnungsgeschenk und yotile = Umklammerungsgeschenk. Jeder, der sich am großen Austauschzyklus der immer in bestimmter Richtung wandernden Wertobjekte beteiligt, weiß von vornherein, daß er sie, wenn er sie erworben hat, nach einiger Zeit wieder abtreten muß. Sie sind flüchtiger Besitz und weil sie ihrer Bestimmung nach von einem Besitzer zum nächsten kreisen müssen, verbinden sie alle dem Ring Angeschlossenen zu einer einzigen kommunikativen Gruppe. Außerdem ist jede Weitergabe der symbolischen Wertobjekte von zahlreichen anderen Transaktionen und Handlungen begleitet, von Märkten, Heiraten, Festen und Zeremonien. Der kula ist der feierlichste, dramatischste und übersichtlichste Fall eines allgemeinen Systems von kontinuierlichem Geben und Nehmen[26], das in der einen oder anderen Form in allen Gesellschaften vorhanden ist. Denn erst die Gegenseitigkeit, die aus reziproken Leistungen besteht, schafft die Gesellschaft.

So verfolgte Mauss das Weiterleben der totalen Prestation in verschiedenen alten Rechts- und Wirtschaftsordnungen: im Personen- und Steuerrecht der Römer; in der Theorie der Gabe bei den Hindus und in den Praktiken von Pfand und Gabe bei den alten Germanen. Bei uns gibt es sie im bürgerlichen Höflichkeitscode: einen Empfang *geben*, eine Einladung *annehmen*, sich mit einer Einladung *revanchieren*. Oder man denke an das christliche Weihnachtsfest, wo im Kreis der Familie, der Freunde, der Geschäftspartner gegenseitig Geschenke ausgetauscht werden. Der praktische Nutzen dieser oft potlatchhaften Verschwendungen liegt nahezu ausschließlich bei denen, die am Zyklus der Gegenseitigkeit selbst gar nicht beteiligt sind, nämlich bei den Produzenten der Konsumgüter. Und doch lebt dieses Monstrum exploitierter Innerlichkeit weiter fort, da es immerhin dem Schein nach Zugehörigkeit herstellt. Für die Phänomene der Gesellschaft gilt nämlich, daß die Hohlheit von Institutionen nicht umgekehrt proportional ihrer Wirkung ist. Die beiden Fabrikdirektoren, die sich Heiligabend morgens jeder in einem Kuvert einen Hundertmarkschein zustecken, begreifen sich selbst nicht als Karikaturen. Sie kommen sich für den Moment der Geste so nahe, daß sie den anderen als Konkurrenten fast vergessen: sie erweichen sich mit dem Kuvert an dem Gedanken, daß sie im gleichen Boote schwimmen. Selbst dem folgenden Fall liegen die gleichen Mechanismen zugrunde: ein verschuldeter Geschäftsmann, der seine Schulden nicht termingerecht zurückerstatten kann, hat immer ein Mittel in Reserve, das als extreme Form der Gegenleistung von seinen Gläubigern akzeptiert wird, den Selbstmord[27].

Die behandelten Probleme nannte Mauss totale soziale Tatbestände[28], weil sie die Gesellschaft in ihrer Totalität aufrechterhalten, aber auch, weil es Phänomene sind, die durch alle Bereiche hindurchgehen: sie sind zugleich sozial und religiös, magisch und ökonomisch, nützlich und sentimental, rechtlich und moralisch, ästhetisch und sprachlich.

Der Tausch ist vielleicht der umfassendste solcher totaler sozialer Tatbestände. Denn er geht, besonders auffällig in Eingeborenengesellschaften, weit über die einmalige Transaktion hinaus. Sein Wert überschreitet die ökonomische Ebene. Er ist nicht nur verbindlich, er ist verbindend. »Mauss scheint aus logischer Gewißheit mit gutem Grund von dem Gedanken beherrscht gewesen zu sein, daß der Tausch der gemeinsame Nenner einer großen Zahl sozialer Aktivitäten ist, die dem Augenschein nach untereinander heterogen sind. Aber es gelingt ihm nicht, diesen Tausch in den Fakten zu sehen.[29]« Genau hier liegt der kritische Punkt in der Theorie von Mauss. Er mußte, um sich dieses soziale Totalphänomen begreifbar zu machen, auf ein Eingeborenenkonzept zurückgreifen, das eher mystifiziert als erklärt. Mauss sah den Grund des Tauschs in einer unsichtbaren Kraft, dem hau. Diesen Maori-Ausdruck übersetzte er mit ›Geist der gegebenen Sache‹. Doch ist der hau nicht die Ursache des Tauschs, sondern seine bewußte Form, in der sich die Eingeborenen eine unbewußte Notwendigkeit verdeutlicht haben: die Notwendigkeit mit anderen zu verkehren. Die mystische Ansteckung, von der Mauss sich an verschiedenen Stellen infizieren ließ – man denke an seine geradezu magische Verwendung der Begriffe mana oder sacré – verwandelten ihn zurück in einen Eingeborenendenker. An sich ist der Versuch, einen Sachverhalt mit den zuhandenen eingeborenen linguistischen Mitteln wiederzugeben, durchaus zu empfehlen; ja man wird sich ihm oft erst mit Hilfe der Eingeborenenterminologie nähern können. Gefährlich wird dieses Mittel erst, wo die eingeborenen Wörter zu dunklen tautologischen Klumpen wachsen: Ein Wort kann nicht weiter reichen als das Verständnis der Sache, die es benennt. Dieser Vorbehalt schränkt im übrigen in keiner Weise die ingeniösen Einsichten von Mauss ein, die inzwischen mehr und mehr als Marksteine für die Entwicklung der strukturalen Anthropologie erkannt werden.[30]

Der Tausch ist ein soziales Totalphänomen; er ist aber zugleich, wie Lévi-Strauss sagt, totaler Tausch. Denn er umfaßt nicht allein hergestellte Objekte, Naturprodukte und Nahrungsmittel, sondern auch jene Kategorie wertvoller Güter, die aus mehrerlei Gründen als die gesuchtesten gelten: Frauen. Es ist dies genau die Stelle, wo Lévi-Strauss über Mauss hinausgeht und die anthropologische Theorie in einen neuen Raum führt. Denn er war es, der den Tausch und das in ihm umgesetzte Prinzip der Reziprozität auch in den verschiedenen Typen der Heirat wirken sah. Er zeigte die ungeahnte Reichweite dieses Prinzips auf, indem er den Heiratskontrakt – entsprechend den strukturmäßigen Zwängen, die den einzelnen Heiratstypen innewohnen – als ein universales und höchst mächtiges Mittel der Gegenseitigkeit bei gesellschaftlichen Gruppen herausstellte. Er sprach sogar von einer »Struktur der Reziprozität«[31], deren kompaktestes Modell nach dem Schwesterntausch folgendes Schema widergibt: Ein Mann A tritt seine Schwester A' an einen anderen Mann B als Frau ab. Dieser hat keine Schwester, die er A als Gegengabe zurückerstatten könnte. Die erste weibliche Tauschperson, die B anzubieten hätte, wäre seine eigene Tochter B', die Schwesterntochter von A. Nimmt A seine Nichte B' als Gegengabe für A' an, so wird er seinerseits Schuldner beim Bruder seiner künftigen Gattin, bei B''. Die erste Person, die A diesmal abzutreten hätte, wäre seine Tochter A''. Diese bedeutet für B'' einmal die Tochterschwester, wie im Fall der Heirat von A. Sie ist aber zugleich die Tochter seines Mutterbruders, mit anderen Worten: seine matrilaterale Kreuzkusine. Und gerade die Heirat mit der matrilateralen Kreuzkusine hatten wir im voraufgegangenen Abschnitt als die geeignetste Form festgestellt, das Prinzip der Reziprozität in Gang zu setzen. Der vorgeführte Modellfall könnte aber zugleich eine Erklärung dafür geben, weshalb wir so häufig dem Vorrecht des Onkels über seine Nichte, der »Onkelgevatternschaft«, begegnen. Es ergibt sich logisch aus diesem Strukturprinzip der Reziprozität.

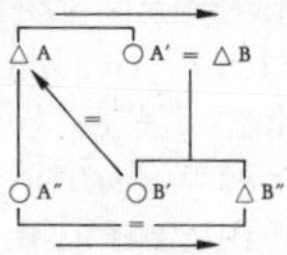


*Struktur der Reziprozität*

Nachdem wir uns mit dem Prinzip der Reziprozität beschäftigt und seine Realisation sowohl beim Tausch von Objekten, wie beim Tausch von Frauen wiedergefunden haben, ist nun der Weg offen für zwei Themen, die überraschende Verbindungen, nicht bloß untereinander, sondern auch zu den zuvor behandelten Themen eröffnen: für das Inzestverbot und die Exogamie.

## *Inzestverbot und Exogamie*

Das Inzestverbot hat in geographischer wie in zeitlicher Hinsicht eine derartige Verbreitung, daß man es ohne weiteres als anthropologische Konstante hinstellen kann. Gewiß, es hat Ausnahmen gegeben: Berühmt sind die Inzestheiraten im pharaonischen Ägypten und im präkolumbianischen Peru. Und auch in Südostasien und in Polynesien sind solche Verbindungen vorgekommen. Doch waren sie stets kleinen adeligen Minoritäten, d. h. winzigen Fragmenten einer Gesellschaft vorbehalten. Sie erfüllten in diesen Fällen meist eine spezifische Funktion, die in Wirklichkeit die genaue Umkehrung des Inzestverbots darstellt: die Funktion der Abschirmung des engst-möglichen sozialen Rahmens gegen andere gesellschaftliche Gruppen. Sie bestätigen, wir wir sehen werden, die Regel.

Über die Universalität des Inzestverbots ist, vor allem von Anthropologen, viel gerätselt worden. Man könnte im Anschluß an Lévi-Strauss die Erklärungsversuche in vier Gruppen einteilen, je nachdem welchen Gesichtspunkt sie in den Vordergrund rückten.

1. Das Inzestverbot als Resultat einer sozialen Reflexion über ein natürliches Phänomen. Diese Erklärung sucht das Inzestverbot als eine gesellschaftlich sanktionierte Maßnahme zu begreifen, der ka-

kogenischen Effekte bei konsanguinen Heiraten Herr zu werden. Ihre Hauptvertreter waren Morgan und Maine. Man kann aber heute mit ziemlicher Wahrscheinlichkeit behaupten, daß die genetischen Inzuchtgefahren eher das Ergebnis einer langen Befolgung des Inzestverbots mit vereinzelten Übertretungen ist, als dessen Begründung.

2. Das Inzestverbot als die Projektion menschlicher Empfindungen und Instinkte auf die soziale Ebene. Unter dieser Erklärung wurden Überlegungen subsumiert, die meist an pseudowissenschaftliche Gemeinplätze anknüpften: »die Stimme des Blutes« verbiete den Inzest. Oder: da bei engsten Verwandten die sexuelle Erregbarkeit schwächer sei als bei nicht konsanguinen Personen, sei eine Heirat mit letzteren anziehender. Diese Erklärung übersieht das ganze Netz von Verdrängungen und Verlagerungen im sexuellen Potential. Es geht von Empfindungen und Wünschen aus, die schon von der Regel geformt sind. Ihre bekanntesten Exegeten waren Havelock Ellis und Westermarck.

3. Das Inzestverbot als eine rein soziale Regel. Die Fürsprecher dieser Erklärung waren vor allem McLennan, Spencer und Durkheim. Letzterer widmete dem Inzestverbot sogar einen ganzen, an bevorzugter Stelle veröffentlichten Aufsatz: *La prohibition de l'inceste* erschien in der allerersten Nummer der von ihm begründeten *Année sociologique*. Für Durkheim war das Inzestverbot ein Überbleibsel der Exogamieregel. Übersieht man einmal seine australische Beweisführung, die über eine magisch-religiöse Angst vor dem Menstruationsblut führte, so mutet seine Position ziemlich modern an. Denn die heute gültige Erklärung hat in der seinen Parallelen.

4. Das Inzestverbot als Regel der Reziprozität. So auf eine Formel gebracht, klingt auch diese Erklärung wie eine rein soziale Regel. Doch wird hier das Inzestverbot weder als ein rein kulturelles, noch als ein natürliches Phänomen ausgegeben. Das Inzestverbot bildet das Verbindungsstück zwischen Natur und Kultur. Es drückt den Übergang aus »vom natürlichen Fakt der Konsanguinität zum kulturellen Fakt der Allianz.[32]«

Das Inzestverbot geht aus von der kleinsten gesellschaftlichen Einheit. Dies ist meist die biologische Familie, also eine natürliche Größe. Es untersagt die Heirat innerhalb dieser Einheit. Doch so wie es verbietet, ist das Inzesttabu zugleich eine positive Regel: es fordert auf, außerhalb der Familie zu heiraten, mit Mitgliedern einer anderen Einheit eine Verbindung einzugehen. Es ist eine Regel, welche die natürliche Ungleichheit in der Verteilung von Frauen gutzuheißen verweigert und statt dessen den offenen Zugang zu den anderen Frauen der gesamten Gruppe proklamiert. Es versucht, die Frauen innerhalb der Familie einzufrieren, um sie auf diese Weise unter Kontrolle der Gruppe anderen zugänglich zu machen.

Ohne Inzestverbot gibt es keine Gesellschaft. Denn der Inzest verweigert schon auf sexuellem oder matrimonialem Terrain die Kommunikation, die nötig ist, um die Gruppe als Gruppe zu etablieren. Aus diesem Grund hat Lévi-Strauss auch den Inzest auf die gleiche Stufe gestellt wie den Selbstmord: beide sind negative Kommunikation, die Existenz des anderen durch einen Verschlußakt verneinend. Und gerade, weil sie das Selbstverständnis des anderen und damit der Gruppe als Gesamtheit untergraben, werden Inzest und Selbstmord von der Gesellschaft entschieden geahndet. »Der Inzest ist eher sozial absurd, als moralisch verurteilenswert.[33]«

Der positive Aspekt, nämlich die Aufforderung, Frauen aus der engsten Gruppierung der biologischen Familie zum Austausch freizugeben, macht das Inzestverbot zur elementaren Regel der Reziprozität. Damit rückt es in die gleiche Ordnung wie eine andere Grundregel der Gegenseitigkeit: das Exogamiegebot. Beides sind Musterregeln der Gabe. Das Exogamiegebot ist lediglich der erweiterte soziale Ausdruck des Inzestverbots. In formaler Hinsicht sind sie gleich. Nach innen negativ: das Verbot, bei sich zu bleiben; nach außen positiv: das Gebot, sich außen zu verbinden. Es sind die matrimonialen Grundregeln der Soziabilität. Es sind soziale Werte, da sie den anderen durch die Aufforderung, Frauen zu tauschen, in seiner gesellschaftlichen Existenz bestätigen.

Nun belegen aber die ethnographischen Fakten, daß sich oft der in einer Gesellschaft praktizierten Exogamie deren Umkehrung beigesellt, nämlich die Endogamie. Man wird sich also fragen, ob Endogamie und Exogamie absolute Entitäten sind, die sich gegenseitig ausschließen oder ob sie komplementär sind und ob es Übergänge gibt. Vergleichen wir z. B. die sog. Clansysteme mit den Kastensystemen, wie sie auf engstem Raume etwa in Nepal nebeneinander existieren. Die meisten der dort anzutreffenden Stämme wie Rai, Tamang, Sherpa, Limbu, usw. würden ihre eigenen Heiratspraktiken als exogam bezeichnen. Die Kastengruppen dagegen wie Chetri, Damai, Sarki, Kami, usw. könnte man, dem indischen Muster entsprechend, als endogame Gruppen charakterisieren. Eine solche Feststellung aber blockiert, wenn man es bei ihr bewenden läßt, den Blick auf die wirklichen Sachverhalte. Denn sie hängt ganz und gar von dem Niveau ab, von dem aus man sie trifft. Die genannten Stämme sind in der Tat exogam, wenn man sie auf der Ebene der Clans betrachtet, aus denen sie sich jeweils zusammensetzen. Heiraten innerhalb dieser Clans sind ausgeschlossen. Die gleichen Stämme jedoch sind endogam, wenn es darum ginge, Heiraten zwischen Mitgliedern unterschiedlicher Stämme zu arrangieren. Die nepalischen Stammesgruppen lassen sich also charakterisieren durch Clanexogamie einerseits und Stammesendogamie andererseits, – und dies beides zur gleichen Zeit. Die Kastengruppen ihrerseits dürfen nicht außerhalb ihrer Kaste in eine andere Kaste heiraten. Sie sind auf dieser Ebene endogam. Jede der Kasten aber ist wiederum in eine Reihe clanähnlicher Gruppen segmentiert, die selbst exogam sind. Nun ließen sich die einzelnen Kastengruppen ganz einfach wie jeweils eigene Stämme behandeln, wie man es ohne große Begründung gelegentlich getan hat. Dann funktionieren mit einem Mal die ethnisch unterschiedlichen Stämme und die berufsmäßigen Kastengruppen formal vollkommen gleich: auf dem Niveau der Untergruppen sind sie exogam, als Gesamtgruppe geben sie sich endogam. Endogamie und Exogamie sind simultan vorhanden.

In den nepalischen Beispielen – und nicht nur dort – hat die Endogamie die Funktion, die Praxis der Exogamie ethnisch und geographisch zu begrenzen. Sie zeigt an, wo ein Stamm – und das ist meist gleichbedeutend mit einer Kultur – aufhört und ein anderer beginnt. Darüber hinaus ist die Endogamie nur ein – wenn auch elementarer – Bestandteil der allgemeineren Endopraxis einer Gesellschaft, wie die Exogamie nur ein Bereich einer allgemeineren Exopraxis ist[34]. Und hier gibt es Verschränkungen, die den Übergang von der einen zur anderen Form ankündigen. So sind die Kastensysteme endopraktisch, was ihre Heirat anlangt, bezüglich ihrer professionellen Dienstleistungen hingegen sind sie exopraktisch: die von der Schneiderkaste fabrizierten Kleider werden von allen anderen Kasten – und in Nepal auch von den anderen Stämmen – getragen. Die Clansysteme sind exopraktisch in bezug auf ihre Heirat, endopraktisch hingegen auf ihre Embleme oder, wie in einem

Beispiel aus Ostnepal, bezüglich des Landbesitzes: große Areale des Weidelands im Sherpagebiet sind Clanbesitz. Diese Clanweiden können frei nur von den jeweils sie besitzenden Clans benutzt werden[35].

Die angedeuteten Verschränkungen von Endogamie und Exogamie sollen nur darauf hinweisen, daß sie unterschiedliche Perspektiven darstellen in einem System von Grundbeziehungen. Dabei ist die Exogamie und ihre Minimalform, das Inzestverbot, das wirkungsvollste Mittel für soziale Kohäsion, während die Endogamie die Grenze dieser Kohäsion festsetzt. Als Prinzip ist sie die Beschränkung der Kommunikation. Das Exogamiegebot dagegen kann man mit der Funktion der Sprache vergleichen[36]. Beide stellen den kommunikativen Austausch mit dem anderen her, bestätigen ihn als Partner und verfestigen das Gefühl der Gruppensolidarität.

## *Das Verwandtschaftsatom*

In einer frühen Arbeit, *L'analyse structurale en linguistique et en anthropologie,* aus dem Jahre 1945 hatte Lévi-Strauss eine zu der uns nun bekannten Verwandtschaftstheorie zusätzliche entwikkelt, die es deswegen aufzugreifen lohnt, weil sie die in den voraufgegangenen Abschnitten behandelte an mehreren Stellen berührt und erweitert. Es ist kurz gesagt die, in deren Mittelpunkt das Verwandtschaftsatom steht.

### System der Benennungen und System der Haltungen

Den Ausgangspunkt dieser Theorie bildet eine linguistische Frage: Reflektiert die Sprache in direkter Übersetzung ein System von Beziehungen zwischen verwandten Personen? Sie ist von Verwandtschaftsforschern verschiedentlich gestellt und gelegentlich mit einem entschiedenen Ja beantwortet worden. So sah Radcliffe-Brown etwa eine klare Entsprechung zwischen Verwandtschaftsterminologie und dem sie umfassenden genormten Verhalten. Die Nomenklatur wurde bei dieser Hypothese also zugleich als Reflektor und normative Kraft für verwandtschaftliche Beziehungen verstanden. Oder aber man stellte die Frage als solche gar nicht und behandelte stillschweigend Terminologie und Verhalten wie eine einzige Sache, d. h. wie Bereiche, die man vertauschen kann. Wenn jedoch, wie die ethnographischen Fakten mittlerweile hinreichend gezeigt haben, die Sprache nicht notwendigerweise und in allen Fällen diese korrelative Eigenschaft aufweist, dann ist es besser, die beiden Ordnungen auseinanderzuhalten. Zu diesem seit langem fälligen Schritt konnte sich erst Lévi-Strauss in dem oben genannten Aufsatz entschließen. Er trennte ein System der Benennungen (système des appellations) von einem System der Haltungen (système des attitudes) ab, von denen das eine die linguistische Seite der Verwandtschaftssysteme, das andere die des aktuellen Verhaltens vertrat. »So gibt es neben dem, was wir das System der Benennungen zu bezeichnen vorschlagen (was genauer gesagt ein System des Vokabulars ist) ein anderes System, psychologischer und zugleich sozialer Natur, das wir System der Haltungen nennen wollen.[37]« Diese grundlegende Unterscheidung sollte jedoch nicht zu der Annahme veranlassen, daß beide Ordnungen ohne jede funktionale Beziehung zueinander gesehen werden könnten. Die Differenzierung ist vielmehr ein Mittel, die Homologien zwischen beiden Ebenen herauszustellen. Lévi-Strauss ging es darum, das System der Haltungen als eine dynamische Integration des Systems der Benennungen zu fassen. Die Beziehungen zwischen beiden Ordnungen begriff er dialektisch, d. h., er begriff das System der Haltungen als ein Korrektiv der dem System der Benennungen inhärenten Widersprüche.

Das System der Haltungen ist qualifizierbar. Man kann Haltungen der Zuneigung, der Unmittelbarkeit, der Offenheit, der Zärtlichkeit, der spielerischen Geste, der Verpflichtung, der Indifferenz, der Distanz, der Vorsicht, der Verschlossenheit, usw. voneinander unterscheiden. Diese Haltungen sind nicht in jeder Beziehung zu jeder Zeit eindimensional. Sie können sich den Anlässen entsprechend wandeln, sie können auch ein emotionales Konglomerat bilden. Stark vereinfacht lassen sie sich in positive und negative Haltungen klassifizieren. Die Qualifizierung der Attitüden geht historisch auf Lowie zurück (1919) und wurde von Radcliffe-Brown (1924)[38] verfeinert. Sie bildet auch die Grundlage für die Beschreibung der Struktur des Verwandtschaftsatoms.

### Verwandtschaftsatom und Gleichgewicht

Die »wahrhaft elementare Verwandtschaftsstruktur – das Verwandtschaftsatom, wenn man so sagen darf – besteht aus einem Gatten, einer Gattin, einem Kind und einem Repräsentanten der Gruppe, aus welcher der eine die andere empfangen hat«[39]. Schematisiert sieht das Verwandtschaftsatom nach dieser Definition wie folgt aus:

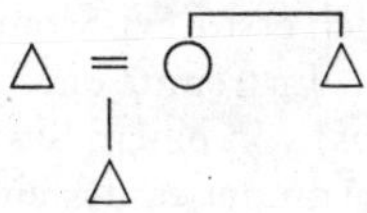

*das Verwandtschaftsatom*

Wir ersehen aus der Definition bereits, daß sie vom traditionellen Konzept der Nukleargruppe abweicht, insofern nämlich, als sie über die Primärfamilie hinausgeht. Dies ist angesichts der Theorien von Lévi-Strauss über die Allianz auch nicht weiter verwunderlich. Denn wenn man die Heirat als ein System der Gegenseitigkeit zwischen zwei konsanguinen Gruppen begreift, dann muß man zu den Begriffen von Mann und Frau notwendigerweise auch den Begriff des Gebers der Frau mit hinzufügen. Eine jede Verwandtschaftsstruktur umfaßt dementsprechend, will sie allen sie konstituierenden Aspekten gerecht werden, zumindest drei Relationstypen: den der Konsanguinität, den der Allianz und den der Abstammung. Ihren ökonomischsten Ausdruck findet diese Bedingung im Verwandtschaftsatom, nämlich: *Konsanguinität* in der Beziehung Bruder/Schwester, *Allianz* in der Beziehung Gatte/Gattin und *Abstammung* in der Beziehung Eltern/Kind. Man kann also sagen, der mütterliche Onkel als repräsentativer Geber der Frau des Vaters ist in der elementaren Verwandtschaftsstruktur unmittelbar gegeben. Denn die Universalität des Inzestverbots gestattet es nicht, diese Struktur aus nur einer konsanguinen Gruppe festzusetzen.

Das Verwandtschaftsatom oder, wie Lévi-Strauss es gelegentlich auch nannte, das Verwandtschaftselement[40] umfaßt also grundsätzlich vier Personen. Ist Ego männlich und der jüngeren Generation angehörig, so sind dies: Er (der Sohn), der Vater, die Mutter und der mütterliche Onkel. Diese vier Eckglieder des Verwandtschaftsatoms ermöglichen sechs Typen von Beziehungen: Vater/Mutter, Vater/Sohn, Vater/Onkel, Mutter/Sohn, Mutter/Onkel, Onkel/Sohn. Von diesen sechs Typen zog Lévi-Strauss aber nur vier für den Aufbau des Verwandtschaftsatoms in Betracht. Die

Typen der Beziehung Vater/Onkel und Mutter/Sohn ließ er unberücksichtigt, wohl aus der von der Empirie bestätigten Annahme, daß diese durchweg konstant sind, nämlich die erste negativ und die zweite positiv. Faßt man nun jede der verbleibenden Beziehungen: Mutter/Onkel, Onkel/Neffe, Vater/Mutter, Vater/Sohn als entweder positiv (+) oder negativ (–) auf, so ergeben sich 16 strukturale Kombinationsmöglichkeiten, mit anderen Worten 16 theoretisch mögliche Beziehungssysteme des Verwandtschaftsatoms: eines mit 4 positiven und eines mit 4 negativen Beziehungen, vier mit 3 positiven Beziehungen und 1 negativen, sowie vier mit 3 negativen und 1 positiven Beziehung und schließlich sechs mit je 2 positiven und 2 negativen Beziehungen.

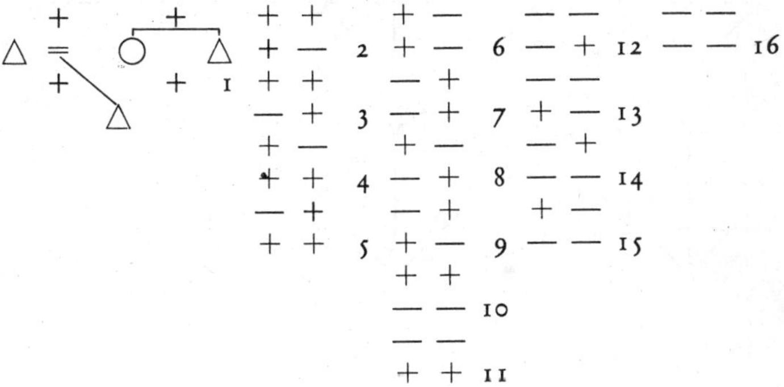

*mögliche Beziehungssysteme des Verwandtschaftsatoms*

Aus all diesen Möglichkeiten wurden in den historischen und den gegenwärtigen Gesellschaften allem Anschein nach aber nur vier der Beziehungssysteme dauerhaft verwirklicht, nämlich 6, 7, 8 und 9. Hier einige Beispiele: der Fall $\left(\begin{smallmatrix}+ & -\\ + & -\end{smallmatrix}\right)$ kennzeichnet die matrilineare Gesellschaft der Trobriander und das patrilineare Europa des Mittelalters. Dem Fall $\left(\begin{smallmatrix}- & +\\ - & +\end{smallmatrix}\right)$ sind die Tscherkessen ebenso zuzurechnen, wie das neuzeitliche Europa, beide patrilinear. Dem Fall $(\pm \;\; \mp)$ folgen die patrilinearen Bewohner der Pazifikinsel Tonga und zum Fall $(\mp \;\; \pm)$ zählen die patrilinearen Eingeborenen vom Kutubu-See auf Neu-Guinea, die matrilinearen Siuai von Bougainville und die ebenfalls matrilineare Gesellschaft von Dobu (d'Entrecasteaux Islands)[41].

Angesichts der theoretischen Vielfalt von Beziehungskombinationen wird man sich selbstverständlich fragen, warum so wenige Möglichkeiten in die empirische Realität umgesetzt worden sind. Eine Antwort liefert die mathematische Gleichgewichtungstheorie von Flament[42]. Die sechs Beziehungssysteme mit jeweils 2 positiven und 2 negativen Vorzeichen lassen sich in folgende Graphen umschreiben, (wobei diesmal die positiven Beziehungen von durchgezogenen und die negativen von gestrichelten Linien widergegeben werden; die Konstanz der Beziehungen MS (+) und VO(–) wird beibehalten):

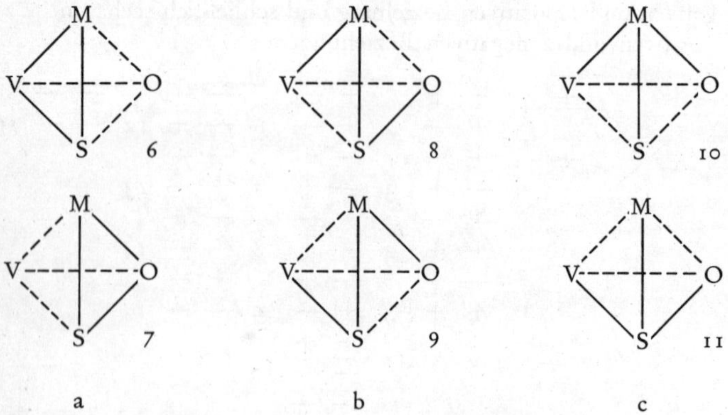


Die Graphen der Kolumne a entsprechen den Fällen 6 und 7 der obigen Beziehungssysteme, die der Kolumne b den Fällen 8 und 9 und die der Kolumne c den Fällen 10 und 11.

Der in unserem Zusammenhang maßgebliche Lehrsatz der Gleichgewichtstheorie beinhaltet, daß Graphen von Dreiecksbeziehungen dann äquilibriert sind, wenn, den klassischen Vorzeichenregeln der Algebra folgend, keines oder zwei der Vorzeichen negativ sind; nicht äquilibriert sind sie, wenn eines oder alle drei der Vorzeichen negativ sind. Zur Illustration dieses Satzes ein einfaches Beispiel, das ich von Flament übernehme.

Ein Mann A liebt es, Zylinderhüte H zu tragen. Krawatten C dagegen trägt er äußerst ungern. Die Mode wiederum schreibt vor, daß man zu Zylinderhüten Krawatten zu tragen habe. Der Mann befindet sich offenkundig in einer verzwickten, mißlichen Lage. Das Beziehungsdreieck a ist desäquilibriert, denn die Beziehung des Mannes zu den Hüten ist positiv, die zu Krawatten negativ und die zwischen Zylinder und Krawatte positiv (macht: zwei positive und ein negatives Vorzeichen). Der Zylinderfreund hat aber nun

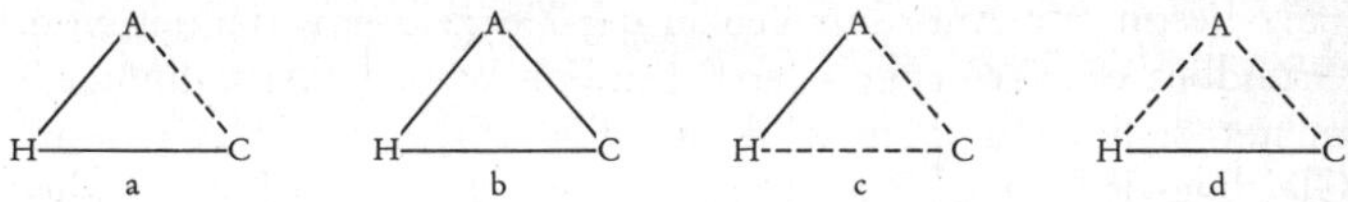


mehrere Möglichkeiten, seiner mißlichen Lage abzuhelfen, sie ins ›Gleichgewicht zu bringen‹. Er kann seine Attitüde zu Krawatten ändern, sie von einer negativen in eine positive verwandeln: b. Das Beziehungsdreieck ist in diesem Fall äquilibriert, da keine der Beziehungen mehr ein negatives Vorzeichen aufweist. Oder der Mann kann für seine eigenen Gewohnheiten das Modediktat (Zylinder nur mit Krawatte) aufheben und einen Zylinder ohne Krawatte tragen. In diesem Fall kehrt sich die Beziehung zwischen den beiden Kleidungsstücken um, sie wird negativ: c. Auch hier ist das Beziehungsdreieck äquilibriert, da es zwei negative Beziehungen aufweist. Dasselbe Muster ergibt sich bei der letzten Möglichkeit, die der Mann hat, um seinem anfänglichen Dilemma zu entkommen. Er kann eine negative Haltung zu Zylindern annehmen und fortan weder Hut noch Krawatte tragen. In diesem Fall ist nur noch die Beziehung zwischen den beiden Objekten positiv: d.

In der gleichen Weise wie die Zylinder/Krawatten-Beispiele lassen sich auch die obigen Beziehungsschemata der elementaren Verwandtschaftsstrukturen behandeln. Man braucht die einzelnen Beziehungsnetze nur in Dreiecke aufzulösen, von denen es jeweils vier gibt: MVS, MOS, VOS, VOM. Dann zeigt sich, daß die Triangeln der Kolumne a allesamt äquilibriert sind (jeweils ein Dreieck mit 3 positiven Beziehungen und 3 Dreiecke mit 2 negativen und 1 positiven Beziehung). Die Triangeln der Kolumne b sind teiläquilibriert (nämlich: VOM und VOS = 2 negative und 1 positive Beziehung; sie sind äquilibriert. Nicht äquilibriert hingegen sind die beiden anderen Dreiecke MVS und MOS = 2 positive und eine negative Beziehung). Die Triangeln der Kolumne c schließlich sind überhaupt nicht äquilibriert (jeweils ein Dreieck mit 3 negativen Beziehungen und jeweils 3 Dreiecke mit 2 positiven Beziehungen und einer negativen). Die übrigen 10 weiter oben vorgeführten möglichen Beziehungssysteme des Verwandtschaftsatoms, die wir aber ausgeklammert haben, würden sich auch allesamt als teiläquilibriert erweisen.

Wir können also mit Hilfe der Theorie des Gleichgewichts von Graphen erklären, weshalb die menschlichen Gesellschaften nur ganz bestimmte Anordnungen in der Vorzeichenverteilung von Grundbeziehungen zugelassen haben. Die Wahl der Anordnungen richtet sich nach dem strukturmäßig vorgegebenen Grad an Gleichgewicht, den sie anzubieten haben. Die Anordnungen des Typs c »riskierten es, eine Spaltung der Elementarstruktur diachronisch oder synchronisch zu provozieren.[43]«

Auf diesem Weg kam Lévi-Strauss zur Formulierung eines allgemeinen Beziehungsgesetzes für die realisierten Formen des Verwandtschaftsatoms, dem er folgenden Wortlaut gab: . . . »die Beziehung zwischen mütterlichem Onkel und Neffen verhält sich zur Beziehung zwischen Bruder und Schwester wie die Beziehung zwischen Vater und Sohn zur Beziehung zwischen Gatten und Gattin.[44]« Mit anderen Worten wiedergegeben: wie in der gleichen Generation einer bestimmten Beziehung zwischen Mann und Frau eine entgegengesetzte zwischen Bruder und Schwester entspricht, so entspricht in aufeinanderfolgenden Generationen einer bestimmten Beziehung zwischen Vater und Sohn eine entgegengesetzte zwischen mütterlichem Onkel und Neffen. Als Formel ausgedrückt:

Onkel/Neffe: Bruder/Schwester: : Vater/Sohn: Gatte/Gattin

Aus diesem Gesetz ergibt sich unmittelbar die Möglichkeit der Vorhersage: Ist ein Beziehungspaar (entweder Vater/Sohn und Gatte/Gattin oder Onkel/Neffe und Bruder/Schwester) bekannt, so läßt sich das andere sofort ableiten. Es ist dies, wenn auch auf sehr formalisierter Ebene, der erste glaubwürdige Versuch in der Geschichte der Sozialanthropologie, notwendige Beziehungen zwischen Begriffen herzustellen, ein Weg, wie er von der Phonologie als erster Sozialwissenschaft überhaupt vorgezeichnet worden war[45]. Und eben darin, innerhalb der elementaren Verwandtschaftsbeziehungen notwendige Relationen zwischen den Haltungen aufzudecken, liegt die exemplarische Bedeutung der Theorie des Verwandtschaftsatoms.

Welches Opfer für diesen Gewinn die empirische Ebene zu erbringen hat, soll die Analyse eines ausgewählten Beispiels darlegen. Wir begeben uns zu diesem Zwecke zunächst aufs Niveau des allgemeinen Strukturmusters des Verwandtschaftsatoms im gegenwärtigen Europa, erörtern seine Modalitäten und steigen dann hinab aufs konkrete Feld eines einzelnen Falles, wo sich erneut Abweichungen, Entsprechungen, Widersprüche zum idealen Schema auftun werden.

### Das Verwandtschaftsatom in Europa und der Fall A. Tonelli

Wenn ich es im folgenden unternehme, ein allgemeines Muster für das Verwandtschaftsatom im gegenwärtigen Europa aufzustellen, so wird dies mit Recht nicht ohne Gegenrede bleiben. Denn die Widersprüche sind in diesem Fall offensichtlich sehr zahlreich. Als erstes meldet sich wieder der grundlegende Einwand, daß nämlich die simple Einteilung der Beziehungen in positive und negative viel zu mechanisch ist, um der Komplexität der Verhältnisse gerecht werden zu können. Wir hatten ja bereits davon gesprochen, daß zahlreiche Beziehungen de facto polyvalent oder zumindest ambivalent sind. Das gilt natürlich auch für Verwandtschaftsbeziehungen in unseren Breiten. Zweitens könnten Einzelanalysen den Beweis erbringen, daß der Haupttrend nicht in allen europäischen Gesellschaften gleich ist. Man ginge dann von einer homogenen Gesamtheit aus, die keine ist. Dieses Problem ließe sich umgehen, indem man die Gesamtheit einschränkt. Weiterhin unterliegen in verschiedenem Grade die einzelnen elementaren Beziehungen in Europa Wandlungen in der Zeit, auch auf standardisiertem Niveau.

Nehmen wir zur Illustration dieses Problems etwa die Bruder/Schwester-Beziehung. Sie läßt sich grob gesprochen in zwei zeitliche Phasen einteilen, denen bestimmte Lebensabschnitte entsprechen: 1. in die Zeit der Kindheit und Jugend, in der die Geschwister als Kinder den Haushalt der Eltern teilen. 2. in die Zeit des Erwachsenseins, in der beide verheiratet sind und in separaten Wohngemeinschaften leben. Die erste Phase kann man als die Zeit intensiver, die zweite als die Zeit loser Geschwisterbeziehung charakterisieren. Wie soll man die Zeichen verteilen? Für die zweite Phase ist die Antwort relativ einfach: die losere Beziehung enthebt die Geschwister mehr und mehr aus dem unmittelbaren Zwang der Gunstkonkurrenz gegenüber den Eltern, löst aber auch in zunehmender Weise die Gefühle der Solidarität auf, die beides wesentliche Konstituenten für die Beziehungen in der ersten Phase waren.

Die Geschwisterbeziehung in der zweiten Phase ist also weniger stark, doch dafür homogener freundschaftlich. Sie erhält ein positives Vorzeichen. In der ersten Phase richtet sich das Vorzeichen danach, welchen Aspekt man gerade hervorhebt, den der Konkurrenz (–) oder den der Solidarität (+). Sie ist, auf einen Nenner gebracht, ambivalent (±). Wir können die europäische Geschwisterbeziehung als eine Transformation kennzeichnen, die mit dem zeitlichen Übergang des Geschwisterpaars von der Kindgeneration zur Elterngeneration einhergeht:

Sohn/Tochter (±) ⟶ Mutterbruder/Mutter (+)

Einem vielleicht noch deutlicheren zeitlichen Wandel unterliegt eine andere der elementaren Beziehungen, die von Gatten und Gattin. Auch sie weist schematisiert zwei unterschiedliche Phasen auf. Die erste Phase fällt mit der Zeit der Heirat zusammen; sie läßt sich als positiv (+) charakterisieren; die zweite Phase umfaßt die Zeit der Ehe und Familie; ihr können wir tendenziell ein negatives Vorzeichen (–) zuordnen. Also auch in diesem Fall eine durch die Zeit hervorgerufene Transformation:

Mann/Frau (+) ⟶ Vater/Mutter (–)

Wenn wir uns nun bemühen, für das europäische Verwandtschaftsatom ein synchronisches Beziehungsmodell zu finden, dann ergibt sich aus den voraufgegangenen Erörterungen unmittelbar ein Problem: welche der beiden Phasen soll bei den eben genannten Beziehungen als die allgemein verbindliche eingesetzt werden? Bei der Gatte/Gattin-Beziehung wird man sich ohne langes Zögern für die zweite entscheiden, weil es diejenige ist, in der auch die Beziehungen zur Kindgeneration mitgegeben ist. Aus dem gleichen Grund, nur in Umkehrung, könnte man sich bei der Geschwisterbeziehung für die erste entscheiden. Hier sind die Eltern mitgegeben. Dem Lévi-Straussschen Schema nach ist es aber die zweite Phase, Mutterbruder/Mutter, die in Frage kommt.

Der Vater/Sohn-Beziehung wird man in unserer Gesellschaft ohne besondere Schwierigkeiten allgemein ein negatives Vorzeichen (–) zuschreiben. Man denke bloß an die ungeheuerliche Thematisierung des Ödipuskomplexes, was selbst genug Hinweis auf die Problematik dieser Beziehung ist. Die Onkel/Neffen-Beziehung schließlich spielt in unserer Gesellschaft in zunehmendem Maße die Rolle eines Nullwerts. Sie ist neutral. In historischer

Hinsicht hingegen ist sie sehr deutlich positiv. Das zeigt sich heute noch in Resten, so in Gestalt des katholischen Patenonkels, der vorzugsweise der Bruder der Mutter ist. Er hat ähnliche Funktionen wie der mütterliche Onkel der Tscherkessen. Beide sind verpflichtet, den Neffen an bestimmten Gelegenheiten zu beschenken. Schenkt der mütterliche Onkel der Tscherkessen seinem Neffen zu dessen Heirat ein Pferd, so fühlt sich bei uns der Patenonkel zu anderen Gelegenheiten dazu verpflichtet, seinem Neffen besondere Geschenke zu machen: zur Taufe, zur 1. hl. Kommunion, zur Firmung oder auch an Geburtstagen.

Tragen wir unsere Informationen zusammen, so gelangen wir zu folgendem europäischen Verwandtschaftsatom:

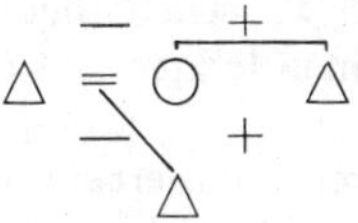

Es ist vom Typ Tscherkesse.

Verfolgen wir nun an einem konkreten Fall, welchen Modifikationen das allgemeine Muster des europäischen Verwandtschaftsatoms unterworfen werden kann. Ich habe hierzu ein sichtbares Beispiel ausgewählt, nämlich eine Sequenz von drei Zeichnungen, die ein 14jähriger Junge aus der Schweiz angefertigt hat, um darin den Beziehungswandel in seiner eigenen Familie optisch festzuhalten[46]. (Siehe Abb. zu Beginn des Kapitels S. 74).

Bild 1 zeigt die gestörte Ausgangssituation, unter welcher der zeichnende Junge, Andreas Tonelli, der Beschreibung nach sehr leidet. Die Familie, der bürgerlichen Mittelklasse zugehörig, ist in zwei Lager gespalten, an deren Trennungslinie die alles beherrschende Figur des Vaters steht. Der Vater ist janusköpfig wiedergegeben: der einen Gruppe, bestehend aus der Mutter und den Söhnen, ist ein böser Teufelskopf zugewandt, während sich der anderen Seite, auf der die Tochter steht, ein freundlicher Engelskopf zuneigt. Der behaarte Vaterarm auf der Flanke des Teufelskopfes sprüht Blitze auf die unter ihm stehenden Familienmitglieder aus, der unbehaarte Vaterarm auf der Flanke des Engelskopfes dagegen läßt üppig Kleider und Geld auf die habgierige Tochter niederrieseln. (Die Tochter trägt einen schweren Dollarsack über den Schultern.) Formalisiert sieht das Beziehungsnetz der ersten Zeichnung also folgendermaßen aus (wobei wir den jüngeren Bruder von Ego der Einfachheit halber auslassen, da er ohnehin die Position des älteren repetiert):

a

Obwohl diese Situation dem zeichnenden Jungen in keiner Weise zusagt – und man versteht warum: der Vater verteilt in völlig ungerechter Weise seine Gunst –, ist dieses Beziehungsnetz nach der Gleichgewichtungstheorie vollkommen äquilibriert. (In jeder der vier Triangeln sind zwei der Beziehungen negativ.) Wir stehen also vor einem Widerspruch zwischen theoretischem Konzept und wirklicher Lage, wenn man letztere aus der Sicht des Jungen betrachtet.

Die zweite Zeichnung repräsentiert eine Übergangssituation. Der Vater ist nicht mehr doppelköpfig. Seine Engels- wie seine Teufelszüge sind verschwunden. Seine Haltung ist in bezug auf die anderen Familienmitglieder neutral, ja gleichgültig. Er steht im Arbeitskittel am Reißbrett, und nichts scheint ihn zu irritieren, weder das Kochtopfklappern seiner Frau, noch die Balgereien der Söhne, noch die Aufdringlichkeit der verwöhnten Tochter, die es wagt, für eine mittelmäßige Note in der Schule ihn um eine Belohnung anzugehen. Es ist ein Zustand der temporär aufgehobenen Beziehungen.

Die dritte Zeichnung schließlich bildet eine idealisierte happy family ab. Alle Beziehungen haben sich in positive umgekehrt. Vater und Sohn sind Partner geworden. Sie sind gleich groß und halten einander die Hand. Die Mutter lehnt sich an den Sohn, der wie ein ruhender Pol im Zentrum der Familie steht. Die jüngeren Geschwister liegen wohlig ausgestreckt zu Füßen der Erwachsenen. Auch diesmal ist das Beziehungsnetz wieder vollkommen äquiliriert. Dieses formale Gleichgewicht entspricht aber nun auch den psychischen Bedürfnissen des zeichnenden Jungen.

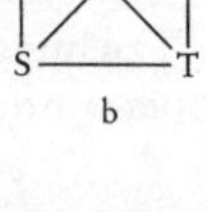

b

Vergleichen wir zum Abschluß die Verhältnisse der Tonelli-Familie mit dem standardisierten Verwandtschaftsatom in Europa. Die Abweichungen sind offenkundig. Wenn wir die Onkelbeziehung, die in der Zeichnung erwartungsgemäß nicht auftaucht, als durchweg positiv ansetzen, so gibt es in der Ausgangsposition eine einzige, aber entscheidende Abweichung vom Erwartungsschema: die Beziehung von A. Tonelli zu seiner Schwester ist nicht positiv, sondern im höchsten Grade negativ. In der Tat basiert der ganze Konflikt des zeichnenden Jungen nach Angabe der Autorin auf dessen starker Eifersucht gegen die vom Vater begünstigte Schwester. Wäre dieser Konflikt behoben, so wäre für den Jungen das Beziehungsverhältnis in seiner Familie im Lot. Und tatsächlich würde es dann dem Standardmuster $\left(\begin{smallmatrix} - & + \\ - & + \end{smallmatrix}\right)$ voll entsprechen. So können wir die euphorisch idealisierte Situation in der Endphase der dritten Zeichnung begreifen als die Funktion eines einzigen Konflikts: A. Tonelli hat die Konkurrenzbeziehung zu seiner Schwester in der Realität neurotisch überzogen und muß zur Überwindung dieser Situation in der Vorstellung wieder zu einer überzogenen Beziehung mit diesmal nur noch positiven Vorzeichen Zuflucht nehmen.

Der voraufgegangene Test des abstrakten Verwandtschaftsatoms an einem konkreten Fall mag uns zu einigen Schlußfolgerungen führen.

Allgemeines und besonderes Muster sind oft schwer zur Deckung zu bringen. Das liegt einmal an den konkreten Fällen. Sie können vom allgemeinen Modell abweichen, weil sie in einzelnen ihrer Züge einmalig, d. h. ganz einfach atypisch sind. Zum anderen aber liegt die Diskrepanz an der grundlegenden Differenz zwischen Modell und Wirklichkeit. Das eine ist ein mehr oder minder starres Muster, es ist statisch. Die andere ist fluid, wechselnd von Fall zu Fall; sie ist naturgemäß dynamisch. Ein dynamischer Fall aber, der mit seismographischem Ausschlag auf selbst beliebige, zufällige und unerhebliche Einflüsse reagiert, entzieht sich der Schematisierung in dem Maße, wie man allen seinen Modalitäten gerecht zu werden sich bemüht. Diese paradoxe Situation muß indessen nicht zu einer versteiften Entweder/Oder-Haltung führen, nämlich dazu, sich entweder einer Empirie auszuliefern, in deren Kasuistik man höchstens noch die Vereinzelung erkennt – oder sich aufs hohe Roß der Theorie zu schwingen, von dem aus Nivellierungen und Nuancen, die in der Realität eine wichtige Rolle spielen, wie plane Bagatellen aussehen. Erst das ständige Pendeln von der einen zur anderen Ebene, vom konkreten Beispiel zum formalisierten Gesetz und zurück in die Empirie, kann in langer Sicht zur einzig erfolgversprechenden Schrittfolge des wissenschaftlichen Prozesses führen.

Die voraufgegangenen Erörterungen über das Verwandtschaftsatom waren bereits seit drei Jahren abgeschlossen, als jüngst ein kaum noch erwarteter Aufsatz von Lévi-Strauss erschien mit dem Titel *Réflexions sur l'atome de parenté*, 1973, in dem Probleme der gleichen Art angeschnitten wurden, wie die obige Fallstudie sie aufwarf. Der Aufsatz, der mit geringen Modifikationen die Einstellung von 1945 verteidigt, behandelt im wesentlichen drei ethnographische Fälle, die Luc de Heusch als Belegstücke für die begrenzte Gültigkeit des Verwandtschaftsatoms angeführt hatte[47]. Danach seien die Haltungssysteme weder bei den Lambumbu (Malekula/Neue Hebriden), noch bei den Mundugumor (Neu Guinea), noch bei den Lele (Kasai/Kongo) mit dem herkömmlichen Gleichgewichtsgesetz des Verwandtschaftsatoms zu vereinbaren. In jedem der drei Gesellschaftssysteme seien drei der vier Beziehungsstandards negativ und nur eines positiv. Die Lambumbu wiesen das Schema (± =) auf, die Mundugumor das Schema (= ∓) und die Lele das Schema (± =).

In seiner eingehenden Behandlung der drei Fälle kam Lévi-Strauss zu einem anderen Ergebnis. Die Lambumbu entsprechen nach seiner eigenen Interpretation der spärlichen ethnographischen Nachrichten, die Deacon in dieser Hinsicht hinterlassen hat, vollkommen der Ausgangshypothese. Nach der Lévi-Straussschen Deutung bilden die Beziehungen Mann/Frau und Bruder/Schwester ein klar erkennbares Gegensatzpaar, wenn man bereit ist, die einen durch das Fehlen von Distanz, die anderen durch scharf markierte Distanz zu charakterisieren, statt, wie Luc de Heusch es tut, die Mann/Frau-Beziehung isoliert zu betrachten und sie aufgrund der ausgeprägten Eifersuchtsformen zwischen den Gatten als negativ einzustufen. Eine ähnlich andere Einschätzung der Informationen ergibt sich bei den beiden Beziehungen Vater/Sohn und Onkel/Neffe: Wenn man der Freundschaft eine größere Bedeutung als Kriterium der Beziehung beimißt als der Autorität, dann stellt sich die erste im Vergleich zur zweiten als eher negativ dar. Nach der Lévi-Straussschen Auslegung der Fakten bieten die Lambumbu folglich ein orthodoxes Bild im Schema des Verwandtschaftsatoms dar, das natürlich nicht minder vereinfachend ist, als die übrigen auch: (± ∓ ).

Im zweiten Fall, dem der Mundugumor, liegen die Dinge anders. Hier reichen, um es kurz zu sagen, die vier Beziehungen Bruder/Schwester, Vater/Sohn, Mann/Frau und Onkel/Neffe einfach nicht aus, um das System eines Verwandtschaftsatoms zu etablieren. Lévi-Strauss veranschaulicht das Problem an einer Methapher aus der Physik. Wenn das Wasserstoffatom als das einfachste Atom schlechthin gelten kann aufgrund der Tatsache, daß es sich aus nur einem Elektron zusammensetzt, das um ein einziges Proton kreist, dann schließt das keineswegs die Existenz anderer Atome aus, die komplexer, schwerer sind. Solange ihre Partikel von gleicher Natur sind und zwischen ihnen Beziehungen gleicher Art bestehen wie beim erstgenannten, gehören sie zur gleichen Ordnung. Und die Mundugumor haben sozusagen ein schwereres Verwandtschaftsatom[48]. Es läßt sich folgendermaßen schematisieren:

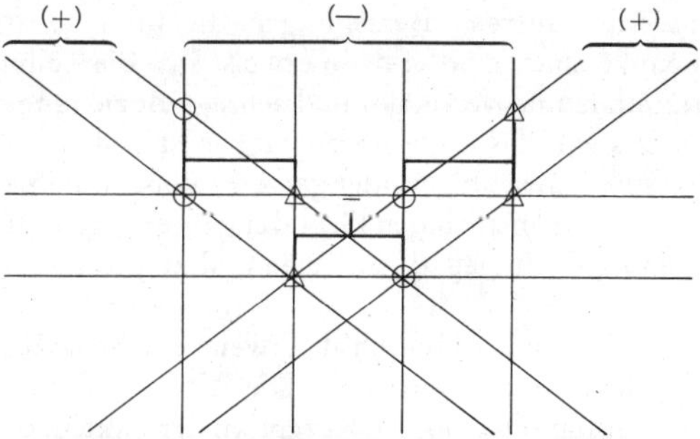


*Verwandtschaftsatom der Mundugumor*

Dem Modell nach sind alle horizontalen und vertikalen Verwandtschaftsbeziehungen negativ, alle schrägen dagegen positiv. Zu den horizontalen und vertikalen Beziehungen zählen das Vater/Sohn-, das Mutter/Tochter-, das Bruder/Schwester-, das Gatte/Gattin- und das Schwäger-Verhältnis. Schräge Beziehungen sind: Vater/Tochter, Mutter/Sohn, Vatermutter/Sohnestochter, Muttervater/Tochtersohn, Vaterschwester/Brudersohn, Mutterbruder/Schwestertochter. Diese Anordnung des Attitüden-Schemas läßt eine direkte Verknüpfung mit der Abstammungsregel der Mundugumor zu: Ein Mann gehört nach den Beschreibungen Margaret Meads zur gleichen Linie – die Eingeborenen sagen: »Schnur, Seil« (rope)[49] – wie seine Mutter, wie der Vater seiner Mutter, wie die Mutter des Vaters seiner Mutter usw., und eine Frau gehört dementsprechend zur gleichen rope wie ihr Vater, wie die Mutter ihres Vaters, wie der Vater der Mutter ihres Vaters usw. Geschwister haben folglich immer eine entgegengesetzte Abstammung, was erklärt, weshalb sie sich von früher Kindheit an als getrennt empfinden, während zwischen allen Personen der gleichen rope eine cordiale Beziehung vorherrscht. Die Mutter des Vaters einer Frau, wie umgekehrt der Vater der Mutter eines Mannes sind im elementaren Verwandtschaftsatom der Mundugumor unmittelbar anwesend, weil sie der eingeborenen Theorie zufolge mit dem entsprechenden Ego sozial identisch sind. Das belegt auch die Praxis der Namensgebung: Jeder Enkel trägt den Namen seines mütterlichen Großvaters, jede Enkelin den ihrer väterlichen Großmutter. Wenn man außerdem erfährt, daß einer anderen Regel zufolge Ehen nur zwischen Mitgliedern der gleichen Generationsebene geschlossen werden dürfen – Beziehungen, die durch negative Attitüden gekennzeichnet sind –, dann erweist sich die Teilung in gerade (horizontale und vertikale) und schräge Beziehungen als ein kohärentes System, das leicht überschaubar ist: Sobald man weiß, ob zwei Personen in schräger oder gerader Weise miteinander verwandt sind, weiß man auch den Grundzug ihrer gegenseitigen Gefühle: sie tendieren zu negativ im einen und zu positiv im zweiten Fall.

Den dritten, von Luc de Heusch als abweichend behandelten Fall, geben die Lele aus dem Kongo ab. Die Abweichung basiert zunächst auf einer unvollständigen Rezeption der Fakten, die in zwei Arbeiten von Mary Douglas sorgfältig gesammelt sind. Aus ihren Unterlagen geht eindeutig hervor, daß die Beziehungen zwischen Vater und Sohn nicht negativ, sondern sehr eng und herzlich sind, womit sich das klassische Gleichgewichtsschema wieder herstellt: $\left( \begin{smallmatrix} + & - \\ + & - \end{smallmatrix} \right)$. Aber wie ich bereits an dem europäischen Beispiel demonstriert habe, bleiben diese Beziehungen nicht durch alle Lebensphasen hindurch notwendigerweise konstant. Das angedeutete Haltungsmuster ist nur während der Kindheit und Jugend eines männlichen Ego gültig. Sobald Ego ins heiratsfähige Alter eintritt, verschieben sich die Vorzeichen seiner Beziehungen: die zum Vater kehrt sich mehr ins Negative um, wie de Heusch es als Konstante angegeben hatte, und an die Stelle der Beziehung zum mütterlichen Onkel (–) tritt eine sehr intensive zum Bruder der Mutter der Mutter (+). Dieser um eine Generation nach oben verschobene maternale Onkel ist es nämlich, der für Ego zur zentralen Figur in diesem Lebensabschnitt wird: Er vermittelt ihm die Frau – in der Regel die Tochter der Tochter. So läßt sich das Verwandtschaftsatom der Lele nur vollständig widergeben, wenn man es als eine Transformation kennzeichnet, in der die Verwandlungen der Haltungen zweier unterschiedlicher individueller Lebensphasen zum Ausdruck kommen. Schematisiert sieht das folgendermaßen aus:

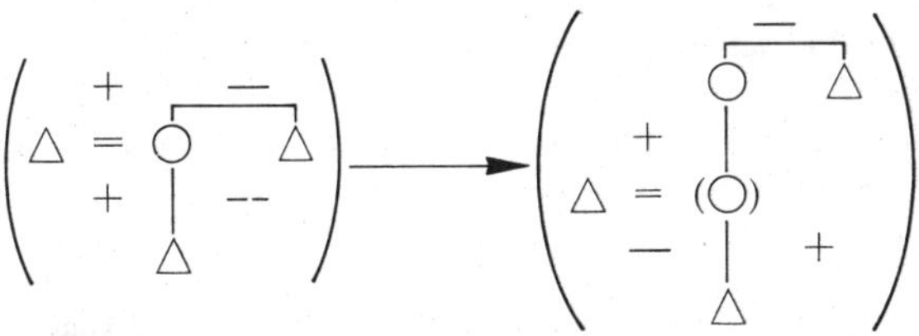

*die Transformation des Verwandtschaftsatoms bei den Lele*[50]

Fassen wir zusammen. Die drei als Ausnahmen angekündigten ethnographischen Beispiele der Lambumbu, der Mundugumor und der Lele stellen das Konzept des Verwandtschaftsatoms nicht in Frage. Sie weisen nur erneut die Aufmerksamkeit darauf, daß man es nicht leichtfertig für jede beliebige Gesellschaft entwerfen kann. Das erste Problem ergibt sich mit der Auslegung der Fakten, deren mögliche Unverbindlichkeit entweder in unzureichenden oder mehrdeutigen Quellen liegt oder in der unvollständigen Wiedergabe durch den Theoretiker. Das zweite Problem liegt im Grad der Komplexität eines elementaren Verwandtschaftsatoms. Das herkömmliche Verwandtschaftsatom von Lévi-Strauss kann nicht – universal gesehen – das einzige sein; es ist lediglich das einfachste aller möglichen, das reduzierteste aller Modelle. Das dritte Problem resultiert aus der Veränderlichkeit des Systems der Haltungen in der Zeit. Gefühle zu anderen Personen sind nicht nur momentanen Schwankungen unterworfen und daher fast immer polyvalent, es kann auch Veränderungen in den Attitüden geben, die durch festgesetzte Lebensabschnitte determiniert werden. All dies ändert nichts an den drei zentralen Sätzen der ursprünglichen Hypothese:

1. Eine elementare Verwandtschaftsstruktur gründet sich ebenso auf eine Allianzbeziehung wie auf die Fakten der Konsanguinität.

2. Der Gehalt der Onkelbeziehung ist von der Abstammungsregel unabhängig.

3. Die Haltungen, die sich im Rahmen einer elementaren Verwandtschaftsstruktur gegeneinander abheben, bilden eine äquilibrierte Gesamtheit[51].

## *Die Kritiker der Lévi-Strauss'schen Verwandtschaftsforschung*

Die Verwandtschaftstheorien von Lévi-Strauss sind nicht klanglos in die Gräber der Bibliotheken gewandert. Sie haben eine Reihe teils heftiger Diskussionen ausgelöst, deren wichtigste wir hier kurz rekapitulieren wollen.

1955 erschien ein dünnes Buch von Homans und Schneider: *Marriage, Authority and Final Causes,* das sich ausschließlich den Thesen von Lévi-Strauss widmete und sie anzugreifen versuchte. Den Ausgangspunkt dieser Kritik bildete die Frage nach der Beschaffenheit der Theorien Lévi-Strauss'scher Machart. Homans und Schneider kennzeichneten sie als final cause theories. Darunter verstanden sie Erklärungen, die von der Annahme ausgingen, Handlungen, Institutionen und Bräuche existierten nur, um einen bestimmten Zweck zu erfüllen. Und sie existierten gerade in der Weise, wie man sie antrifft, weil sie die betreffenden Ziele so besser erreichen. Damit klassifizierten die beiden zunächst einmal alle funktionalistischen Deutungen als final cause theories ab. Die strukturale Verwandtschaftsforschung ihrerseits sei final, weil sie z. B. behaupte, die matrilaterale Kreuzkusinenheirat sei ein besseres Mittel als andere präskriptive Heiratssysteme, um eine starke Integration der Gruppe herbeizuführen. Oder: das Inzestverbot gebe es nur, damit ein Tausch von Frauen außerhalb der Familie möglich werde. Solche Hervorhebungen von *besser, um zu, damit,* aber waren in Wirklichkeit Akzuentuierungen von Homans und Schneider, *um* den von ihnen selbst propagierten Typ von Erklärungen deutlicher an den Mann zu bringen: die efficient cause theories. Bei den Heiratssystemen sei eine solche efficient cause theory z. B. die Behauptung, daß die Vorzugsheirat vom Modus der Filiation abhänge. Und genau hier lag die eigentliche These von Homans und Schneider: Sie behaupteten – entgegen der klaren Aussage von Lévi-Strauss, derzufolge es keine notwendigen Verbindungen zwischen der Heirat mit einer unilateralen Kreuzkusine und der Filiationsart gibt –, daß die relative Häufigkeit der matrilateralen Kreuzkusinenheirat in patrilinearen Gesellschaften auf einer psychologischen Gesetzmäßigkeit beruhe. In patrilinearen Gesellschaften nämlich, so ihre Gedankenführung, liege die rechtliche Autorität in Händen des Vaters von Ego, zumindest in denen einer Person aus der väterlichen Linie. Diese Beziehung sei durch kühle Distanz und Strenge gekennzeichnet, dergegenüber die Beziehung zum Mutterbruder, also zur mütterlichen Linie, sich durch freundschaftliche Nähe auszeichne. Dieses warme Gefühlsklima in der Beziehung zwischen mütterlichem Onkel und Neffen begünstige das Entstehen einer Liebesbeziehung zu dessen Tochter, also zur matrilateralen Kreuzkusine. In matrilinearen Gesellschaften hinwiederum übe der Mutterbruder die rechtliche Autorität über Ego aus, die Beziehung zur väterlichen Linie dagegen sei freundschaftlich und eine Heirat mit der Tochter der Vaterschwester deshalb wahrscheinlicher[52].

Wir sehen: das individualpsychologische, aber generalisierte Konstrukt von Homans und Schneider bezieht sein Material, genau wie einzelne Arbeiten von Lévi-Strauss, aus dem System der Haltungen. Aber in einer völlig anderen Weise. Während Lévi-Strauss die Attitüden in den verwandtschaftlichen Beziehungen qualifizierte, um innerhalb eines Gefüges – dem Verwandtschaftsatom – notwendige Relationen zwischen eben diesen Haltungen aufzudecken, bedienten Homans und Schneider sich einer einzigen dieser Haltungen, um an ihr eine völlig andere Sache, nämlich die Präferenz eines Heiratstyps, abzulesen. Ihren Lehrsatz versuchten sie mit Hilfe von fragwürdigen Statistiken zu untermauern[53]. Sie fälschten eine zufällige statistische Korrelation in eine logische Verknüpfung um. Vor allem aber begaben sie sich mit ihren Erklärungsversuchen auf eine theoretische Stufe zurück, die dem Westermarckschen Psychologismus entspricht: Heiratssysteme mit der Übertragung des emotionalen Verhaltens Einzelner auf ganze Linien zu erklären.

Gegen Homans und Schneider veröffentlichte 1962 Needham eine vernichtende Kritik, doppelt so umfangreich wie ihr Essay und von nachhaltigem Wert als Dokument wissenschaftlicher Polemik. Er zeigte den beiden Soziologen, daß sie Lévi-Strauss oft gar nicht verstanden hatten, daß sie ihn infolgedessen falsch oder überspitzt interpretierten und daß letztlich keines ihrer Argumente haltbar sei. Die Arbeit wurde zu einem Manifest der strukturalen und zu einer Abqualifizierung der psychologischen Betrachtungsweise: Struktur versus Sentiment.

Aus der Studie von Needham läßt sich aber zugleich eine Kritik an den *Structures* herauslesen, die explizit erst Leach formulierte. Sie läuft darauf hinaus, daß Lévi-Strauss sich in seinem Buche gegen seine eigene Einsicht vom Heiratssystem als Teil eines totalen Tauschphänomens verhalten habe. Er habe sich nämlich weitgehend darauf beschränkt herauszufinden, ob Allianzen dem direkten oder dem indirekten Tauschmodus unterliegen. Dem Tausch als totalem Tausch sei er nicht auf der Spur geblieben. Wolle man jedoch ein Verwandtschaftssystem in all seinen Aspekten verstehen, so sei es unumgänglich, sich zugleich den symbolischen, ökonomischen und politischen Transaktionen zuzuwenden, die mit dem Frauentausch einhergehen[54]. Ein ausgezeichnetes Beispiel für die Totalität der Struktur, für die simultane Vielgleisigkeit der Reziprozität, bietet gerade Needham. Im System der Purum von Manipur reicht es nicht, das Augenmerk allein auf die Zirkulation von Frauen zu richten. Dort gibt es im Grunde zwei Zyklen, einen männlichen und einen weiblichen, in denen jeweils mannigfaltige Tauschobjekte kreisen. In dem einen Zyklus kreisen: Schweine, Büffel, Reisbier (männliche Waren), rituelle Dienste und Brautdienste; es ist der Zyklus der unterlegenen Frauenempfänger. Im anderen, dem Zyklus der überlegenen Frauengeber, kreisen Kleidung, Hackmesser, Hausrat (weibliche Waren) und Frauen. Erst die Kenntnis all dieser minuziösen Umsetzungen der Reziprozität erlaubt im Beispiel der Purum-Gesellschaft einen Rückschluß auf die Frage, weshalb man dort die Heirat mit der Tochter der Vaterschwester verbietet und die mit der Tochter des Mutterbruders empfiehlt: Ein Wechsel würde in diesem Falle nicht nur die Abweichung von einer genormten Heiratsregel bedeuten, er würde ein ganzes Bündel von Beziehungen stören, die sich in Gestalt ökonomischer, religiöser, politischer Leistungen kundtun.

Leach war es auch, der Lévi-Strauss gewisse Ungenauigkeiten in der Wiedergabe ethnographischer Fakten nachwies. Sie bezogen sich auf sein Spezialgebiet, auf die Populationen des burmesischen Hochlands. Lévi-Strauss hatte die unentschuldbare Nachlässigkeit begangen, die Kachin und die Haka Chin in einen Topf zu werfen, wo doch beide mehrere hundert Kilometer voneinander entfernt leben. Für dieses offenkundig unzulässige Amalgam fand denn Lévi-Strauss auch nur eine schwache Entschuldigung: die Kachin selbst bedeuteten das Resultat einer vom Ethnographen mehr oder minder willkürlich vorgenommenen Amalgamierung heterogener sprachlicher und kultureller Gruppen: einer Population von rund 300 000 Personen, die in einem Gebiet von ca. 50 000 qkm wohnen und deren Gemeinsamkeit lediglich in einem gleichen sozialen System besteht.

Darüber hinaus habe Lévi-Strauss die Anisogamie bei den Kachin falsch widergegeben. Sie sei dort nicht, wie im indischen Kastensystem, durch Hypergamie, sondern durch Hypogamie gekennzeichnet. (Hypergamie benennt die Fälle, in denen Männer Frauen ungleich niedrigeren Standes heiraten, Hypogamie solche, in denen Männer Frauen ungleich höheren Standes ehelichen.) Doch ist dies vielleicht bereits eine terminologische Nachlässigkeit, wie sie Lévi-Strauss auch von verschiedenen anderen Autoren vorgehalten wurde.

Josselin de Jong sprach von terminologischer Verdunkelung. Damit meinte er insbesondere die zweideutige Verwendung des Adjektivs bilateral. Bei Lévi-Strauss kam es einerseits in der Bedeutung symmetrisch vor, nämlich auf den Heiratstyp und nicht auf die Abstammung bezogen. Zum anderen tauchte es auf als Synonym für bilinear[55]. Eine ebenfalls doppeldeutige Verwendung gestattete sich Lévi-Strauss bei dem Begriff Residenz. Einmal bedeutete er, der klassischen Definition nach, die virilokale oder uxorilokale Wohnstatt Verheirateter, zum anderen aber wurde sein Sinn erweitert: zur Lokalität trat die Weitergabe der Mitgliedschaft zur exogamen Gruppe hinzu. Statt des genaueren Ausdrucks Unifiliation verwendete Lévi-Strauss gelegentlich den vageren Ausdruck Filiation[56]. Und Leach bemängelte die Verwechslung von descent line und local line[57]. Auf eine andere Verwechslung, der von präskriptiven und präferentiellen Heiratssystemen bei Lévi-Strauss, sind wir bereits näher eingegangen[58]. Ihr lag indes eine wohlbedachte Überlegung zugrunde. In der Tat erscheinen die terminologischen Schnitzer im großen und ganzen als Bagatellen, mißt man sie am Umfang und den Einsichten der *Structures*. Dem Vorwurf schließlich des theoretischen Lyrismus[59], den Dumont gegen Lévi-Strauss, wie ich finde, stark übertrieben vorgebracht hat, kann ich mich schon deswegen nicht anschließen, weil er auf die Tilgung der beteiligten Rede hinausläuft.

Die Kritik am Verwandtschaftsatom kam aus zwei Richtungen. Josselin de Jong, der im übrigen die *Structures* als einer der ersten in einer sehr umfangreichen Besprechung (ca. 60 Druckseiten) würdigte und Lévi-Strauss als den großen zeitgenössischen Verwandtschaftstheoretiker pries, vertrat die Ansicht, daß es trotz der Pionierarbeiten seines französischen Kollegen nicht nötig sei, die Nuklearfamilie als Einheit in der soziologischen Betrachtung aufzugeben[60]. Ich glaube, daran hat Lévi-Strauss auch nie gedacht. Daß die Nuklearfamilie in fast allen Gesellschaften eine der wichtigsten sozialen Einheiten überhaupt ist, kann einfach niemand bestreiten. Man wird sich folglich auch weiterhin ihrem Studium ganz selbstverständlich widmen. Aber es sind gegebenenfalls zwei verschiedene Dinge, ob ich von einer aktuellen, gelebten Einheit wie der Nuklearfamilie spreche oder von den unabdingbaren Elementen (Personen), die für die Bildung einer Struktur nötig sind, welche den Forderungen nach Abstammung, Konsanguinität und Affinität zugleich gerecht werden kann.

Einen Einwand anderer Art brachten jüngst Adler und Cartry vor, der möglicherweise zu Konsequenzen führt. Wir hatten bereits weiter oben erwähnt, daß zur Konstitution des Verwandtschaftsatoms Lévi-Strauss von den 6 möglichen Beziehungen der 4 Grundpersonen nur 4 berücksichtigte. Die Beziehungen Mutter/Sohn und Vater/Onkel setzte er als konstant an. Doch gerade diese Konstanz zogen Adler und Cartry für die erste der beiden in Zweifel. Sie behaupteten, daß die Beziehung Mutter/Sohn ebenso variabel – mehr oder weniger »verwandt[61]« – sein könne wie etwa die zwischen Vater und Sohn. Und was ihre Bedeutung angehe, so sei sie gewiß ebenso wichtig. Ein einziger Blick auf unsere Gesellschaft genügt, um diese These zu bestätigen. Die entscheidende Frage aber ist, ob die Mutter/Sohn-Beziehung auch struktural gesehen die gleiche Bedeutung hat wie die zwischen Vater und Sohn; denn der Beziehungstyp der Abstammung ist mit dieser bereits gedeckt. Auf jeden Fall: wenn man die Mutter/Sohn-Beziehung in die Grundstruktur mit einbezieht, wird sich das gesamte Beziehungsnetz im Verwandtschaftsatom verschieben.

Die Auseinandersetzungen zwischen Leach und Lévi-Strauss um

die Interpretation der ethnographischen Fakten bei den Kachin[62] berührten auch einen Punkt, der mir wegen seiner theoretischen Reichweite geeignet scheint, am Ende unserer Kritikreprise zu stehen. Es geht um die Frage: Tendieren die menschlichen Gesellschaften, um existieren zu können, dahin, nach jeder Erschütterung wieder ein inneres Gleichgewicht herzustellen, oder sind Ungereimtheiten, Diskordanzen, Widersprüche im System für ihr Funktionieren nicht nur zulässig, sondern notwendig? Die Lehre vom Prinzip der Reziprozität, die im Anschluß an Mauss die strukturale Anthropologie ergriffen hat, scheint die erste der beiden Möglichkeiten zu favorisieren. Nun beweisen aber die Gesellschaften in ihrem aktuellen Sein – und kein Strukturalist wird dies je vertuschen –, daß sie niemals vollständig das theoretische Modell verwirklichen, dessen Prinzip sie folgen. Die politischen Systeme der Kachin z. B. sind, struktural gesprochen, defekt[63]. Und doch funktionieren sie, trotz aller Verbiegungen und Deformationen. Das soziale Leben der Kachin steht nicht auf dem Spiel. Die Unvollkommenheiten des matrimonialen Tauschs – egalitäre Bedingungen und feudalistische Konsequenzen – führen nicht, wie Lévi-Strauss es vielleicht erwartete, zum selbstdestruktiven Trauma. Oder denken wir an die gegenwärtige amerikanische Gesellschaft: Hier hat sich der Spätkapitalismus keineswegs, wie immer wieder prognostiziert wurde, an seinen eigenen Widersprüchen zu Tode geritten. Im Gegenteil, je wahnwitziger die Schizophrenie, desto besser lief die gesellschaftliche Maschine. Die große Krise des Dollars kam mit dem Frieden in Vietnam.

Man könnte sogar soweit gehen und die Hypothese aufstellen: die Gesellschaften verlangen nach der Störung des Gleichgewichts. Erst die Unstimmigkeiten bringen sie in Bewegung, führen sie an den Kern ihrer eigenen Vitalität. Ablauf, Ereignis, geschichtliches Geschehen werden erst hervorgerufen durch die Diskrepanz zwischen harmonischem Modell und ver-rückter Wirklichkeit. »Um zu funktionieren braucht eine soziale Maschine nicht gut zu funktionieren . . . Noch nie hat eine Unstimmigkeit oder ein Dysfunktionieren den Tod einer sozialen Maschine angekündigt, die im Gegenteil gewohnt ist, sich an den Widersprüchen zu nähren, die sie aufwirft, an den Krisen, die sie verursacht, den Ängsten, die sie erzeugt, und an den höllischen Operationen, die sie beleben; der Kapitalismus hat es begriffen . . . Noch nie ist jemand an Widersprüchen gestorben.[64]«

# IV
# Systeme der Klassifikation

*Der Symbolismus der Kategorien Links und Rechts*
*Jugendlicher Nuer/Sudan mit metallenen Armringen (thiau), die die Bewegungsfreiheit der Linken einschränken sollen (s. S. 164; Photo: E. E. Evans-Pritchard, ca. 1934)*

»Il assimilait volontiers le magasin d'un horticulteur à un microcosme où étaient représentées toutes les catégories de la société: les fleurs pauvres et canailles, les fleurs de bouge, qui ne sont dans leur vrai milieu que lorsqu'elles reposent sur des rebords de mansardes, les racines tassées dans les boîtes au lait et de vielles terrines, la giroflée, par exemple; les fleurs prétentieuses, connues, bêtes, dont la place est seulement dans des cache-pots de porcelaine peints par des jeunes filles, telles que la rose; enfin les fleurs de haute lignée, telles que les orchidées, délicates et charmantes, palpitantes et frileuses; les fleurs exotiques, exilées à Paris, au chaud, dans les palais de verre; les princesses du règne végétal, vivant à l'écart, n'ayant plus rien de commun avec les plantes de la rue et les flores bourgeoises.«

J. K. Huysmans, *A Rebours*

Das Zitat des französischen Schriftstellers am Ausgang des 19. Jahrhunderts liest sich wie ein Dokument über die latente Existenz des Totemismus in Paris. Denn was der Autor seinen Protagonisten, Des Esseintes, tun läßt, entspricht genau dem zentralen Aspekt des genannten Phänomens: Zuordnung bestimmter gesellschaftlicher Gruppen bestimmten natürlichen Arten. Der mit seinen Sinnen denkende Held des Romans teilt die Vielfalt der vor ihm angehäuften Pflanzen analog den bestehenden gesellschaftlichen Klassen seiner Zeit ein: Dem Proletariat weist er die Levkoje zu, dem Bürgertum die Rose und die Orchidee dem Adel. Mehr noch: er spricht von armen und Pöbelblumen, von bürgerlich hochnäsigen und selbstbewußten, von Blumen hoher Abstammung, sowie von exotischen Blumen, die von der Gesellschaft bereits abgesondert in ihren Glaspalästen leben. Unter die Prinzessinnen des vegetalen Reichs stellt er die bourgeoisen Pflanzen und unter diese die der Straßen und Spelunken. Ein traditioneller Theoretiker des Totemismus könnte natürlich einwenden, daß sich die Huysmans'schen Zuordnungen nicht auf mehr oder minder egalitäre Clans, sondern auf ökonomische Klassen mit ausgeprägter Machthierarchie beziehen. Aber diesem Einwand wäre bereits mit einer Äußerung von Durkheim und Mauss von 1901 zu begegnen, derzufolge jede Klassifizierung eine hierarchische Ordnung impliziere, für die »weder die sinnliche Welt, noch der Verstand uns das Modell liefern.« Das Modell, so die erwartungsgemäße Auskunft der beiden Franzosen, liefert die Gesellschaft mit ihren hierarchisch gestuften Gruppen, eine, nebenbei, inzwischen fragliche Position[1]. Und auch der Hinweis auf eine fehlende Verhaltensvorschrift gegenüber der jeweiligen Klassenblume, wie z. B. das Speiseverbot, schlüge fehl, die Huysmans'sche Konstruktion aus dem genannten Komplex zu verbannen, da schon früh erkannt wurde, daß zahlreichen sog. totemistischen Tieren und Pflanzen gegenüber solche Vorschriften gar nicht bestehen. Tatsächlich besitzt die Beschreibung der obigen Zuordnung eine Qualität, die an die avanciertesten Standpunkte der ethnologischen Totemismus-Theorie heranreicht, die von Radcliffe-Brown und Evans-Pritchard. Indem Huysmans willentlich die »Ähnlichkeiten zweier Systeme von Unterschieden[2]« assimilierte, markierte er den Übergang von der externen Analogie zwischen menschlichen Gruppen und pflanzlichen oder tierischen Arten zur internen Homologie. Das Beispiel Huysmans zeigt, genauso wie zu Beginn des vorigen Kapitels dasjenige Sades, daß nicht selten die konkreten Fiktionen vergangener Dichter und Schriftsteller scharfsinnig und mit bewundernswerter Leichtigkeit an den Kern eines soziologischen Problems gelangten, den die anthropologischen Denker erst heute mit systematischer Anstrengung freilegen. In den rund 100 Jahren seit der theoretischen Begründung des totemistischen Phänomens durch McLennan hat es fast 50 Jahre gebraucht, um es als exotische Institution zu etablieren und mindestens ebenso lange, nämlich von Goldenweiser (1910) bis Lévi-Strauss (1962), um es wieder aufzulösen.

Auf der Zeittafel der strukturalen Anthropologie des Lévi-Strauss bildet die Beschäftigung mit dem Totemismus und in erweitertem Rahmen mit den Klassifikationssystemen eine Art Intermezzo. Sie fällt chronologisch genau zwischen die beiden Blöcke der Verwandtschaftsforschung und der Mythologie. Zusammen können die drei Bereiche bis dato als die entscheidenden Felder gelten, auf denen die strukturale Ethnologie sich mit Erfolg entfaltet hat. Es ist dabei in keiner Weise zynisch, wenn man feststellt, daß die in diesem Kapitel behandelten Leistungen des Strukturalismus mehr in der Zerstörung eines theoretischen Gebäudes bestehen als im Bau eines solchen. Der Blick, der sich hinter der zertrümmerten

Ruine auftut, eröffnet jedenfalls konstruktive Perspektiven: zahllose eigenständige Systeme, die auf ihre Weise das Universum ausklassifizeren, warten auf ihre Behandlung.

### *Die Auflösung des Totemismus*

Der sog. Totemismus ist eines der vielen Produkte aus der Werkstatt des Exotikmacher. Er stellt als ein Phänomen eigener Art eine Erfindung europäischer Spekulationen dar. Einmal etabliert, wurde er zu einer Trumpfkarte einer bestimmten evolutionistischen Haltung, die in ihm gern eine phylogenetische Frühphase der Menschheit erkannte, um gegen die Populationen, bei denen sie ihn zu beobachten glaubte, leichter die fortgeschrittene, die erwachsene Welt der modernen Zivilisation abheben zu können. Wir werden uns gleich einen illustren Fall dieser Art ins Gedächtnis zurückrufen, da er mustergültig ist für das, was ich die fiktive Anthropologie nennen möchte, ich meine: *Totem und Tabu* von Freud.

Wenden wir uns jedoch zunächst einigen klassischen Beispielen des besagten Phänomens zu, um das semantische Feld ein wenig einzukreisen, innerhalb dessen es sich bewegt. Denn es würde sicherlich einem überflüssigen Kraftaufwand gleichkommen, wollte man die über 40 verschiedenen Totemismus-Theorien der Vergangenheit im einzelnen nachzeichnen, um am Ende doch nur festzustellen, daß die gesuchte Einheitlichkeit der Erscheinung nirgends zu finden ist, was im übrigen vor Lévi-Strauss schon andere Ethnologen unzweideutig festgestellt haben (so: Goldenweiser, Lowie, Kroeber, Reichard, u. a.).

Wenn es kein einheitliches Phänomen mit Namen Totemismus gibt, so heißt das nicht, daß es keine Totems gäbe. Das Wort selbst – totem – ist aus der Algonkinsprache der Ojibwa-Indianer entlehnt und zum ersten Male 1791 von dem englischen Händler J. K. Long in seinen *Voyages and Travels of an Indian Interpreter and Trader* verwendet worden. Der zentrale Bestandteil »ote« des vollständigen Ausdrucks »ototeman« = »er gehört meiner Clangruppe an« deutete die Verwandtschaft zwischen Ego und einem männlichen oder weiblichen leiblichen Verwandten an. Wenn jemand sagte: »makwa mindotem« = »der Bär ist mein Clan«, so bedeutete dies die Bezeichnung der Zugehörigkeit zum Clan Bären. Jeder der exogamen Clans der Ojibwa trug als Eponym einen Tiernamen. Von diesem kollektiven Benennungssystem gilt es den Glauben der Ojibwa an eine Beziehung anderer Art abzuheben: Jedem einzelnen Indianer war es möglich, zu einem Tier, das sein persönlicher Schutzgeist werden konnte, eine Verbindung einzugehen. Die Bezeichnung solcher individueller Schutzgeister wurde nicht mit Hilfe der Wortwurzel ote gebildet; man nannte die Schutzgeister nigouimes[3]. Es läßt sich hieraus bereits ersehen, daß das, was später unter die Rubrik Totemismus subsumiert wurde, in der Vermischung der Inhalte eines kollektiven und eines individuellen Vokabulars bestand.

Um nun ein deutliches Verständnis zu ermöglichen, wovon man spricht, ist es ratsam, wie Lévi-Strauss es vorgeschlagen hat, zuallererst ein logisches Schema anzulegen, innerhalb dessen das zur Behandlung stehende Thema seinen Platz findet. Es geht, wie gesagt, um die Beziehungen zwischen Menschen auf der einen und Pflanzen, Tieren und/oder Objekten auf der anderen Seite. Die einen gehören einer kulturellen Reihe an, welche Gruppen und Personen einschließt, die anderen einer natürlichen Reihe, welche Arten und Exemplare umfaßt. Zwischen den beiden Reihen sind vier Typen von Beziehungen möglich:

| | | | |
|---|---|---|---|
| Art | Art | Exemplar | Exemplar |
| Gruppe | Person | Gruppe | Person |

Allen vier Typen kann man auf empirischer Ebene bei verschiedenen Gesellschaften begegnen. Für den Typ Art/Gruppe läßt sich das ozeanische Beispiel der Tikopia zitieren, die den vier patrilinearen Gruppen der Gesellschaft jeweils eine heilige Pflanze zuordnen, dem Clan sa Kafika die Igname, dem Clan sa Taumako den Taro, dem Clan sa Fangarere den Brotbaum und dem Clan sa Tafua die Kokospalme. Der Typ Art/Person ist vor allem im sog. Individualtotemismus der nordamerikanischen Indianer vorherrschend. Auf Neuseeland begegnet man dem Typ Exemplar/Gruppe, wo ganz bestimmte Eidechsen, denen man protektive Eigenschaften zuspricht, Objekte kollektiver Verehrung werden.[4] Für den 4. Typ, Exemplar/Person, möchte ich ein Beispiel anführen aus einem Gebiet, das man gemeinhin nicht zu den klassischen Totemregionen zählt. In einem der mythischen Abstammungsberichte der Sherpa von Ostnepal wird die Entstehung des Chakpa-Clans (Chakpa = die Eisernen) abgehandelt. Darin ist ausführlich von der ersten Begegnung eines Ahns mit einem Adler die Rede, der den individuellen Namen Chakyi Chiangchiung Karpo trägt. Dieser Adler, zu deutsch: der weiße Eisenerzadler, wird später zum Clanschutzgott der Chakpa erhoben, nachdem er zunächst nur die Funktion des persönlichen Schutztiers des einzelnen Clanangehörigen eingenommen hat[5]. Der mythische Bericht erweitert also die anfängliche Beziehung vom Typ vier zu einer solchen vom Typ drei, wobei ich offenlassen möchte, ob man sie überhaupt als totemistisch kennzeichnen sollte: Weston La Barre z. B. setzt in seinem neuesten *Encyclopaedia Britannica*-Beitrag über Totemismus (qv.) den persönlichen Schutzgeist gegen das Totem entschieden ab.

Eine Gesellschaft, bei der wir gleich allen vier Beziehungstypen auf einmal begegnen, sind die Zinacantecan im Hochland von Chiapas, Mexiko, und zwar im Konzept des Tiergeist-Begleiters chanul. Die Zinacantecan setzen Jaguare als Art mit den Schamanen als Gruppe in Verbindung, da die einen im Tierreich, die anderen unter den Menschen als die mächtigsten angesehen werden. Neben dem Jaguar sind es Coyote, Ozelot und Opossum, sowie andere kleinere Tiere, die sich in der Seele des Menschen (chulel) als Tiergeist-Begleiter mit der Person verbinden können. Jeder Mensch besitzt einen chanul, sowohl als individuelles Mitglied einer Linie, wie als Vertreter einer sozialen Gruppe. Und jeder chanul (Tiergeist-Begleiter) ist gleichzeitig ein einzelnes Tierexemplar, wie der Repräsentant einer Art: Nach Vorstellung der Zinacantecan leben im Innern eines großen Vulkans ebenso viele chanul wie es Indianer gibt. Aber sie leben in abgeschlossenen Gehegen: die Jaguare für sich, die Coyoten für sich, die Ozelote für sich, usw.[6].

Von den vier genannten Relationstypen, denen alle Fälle in der Wirklichkeit entsprechen und die teilweise, wie wir sahen, ineinander übergreifen, wurden für die Erfindung des Totemismus lediglich die beiden ersten herangezogen[7], ein willkürlicher Akt der Bevorzugung, da logisch und empirisch alle als gleichwertig anzusehen sind. In den Definitionen des totemistischen Phänomens, wie sie sehr ähnlich klingend in den beiden, immerhin 10 Jahre auseinanderliegenden Editionen der *Encyclopaedia Britannica* von 1962 (Verfasser: W. E. Armstrong) und von 1973 (Verfasser: W. La Barre) vorgetragen werden, bleibt sogar nur der erste Relationstyp als für den Totemismus typisch übrig. Danach darf eine Population nur totemistisch genannt werden, wenn sie in eine feststehende Zahl von Gruppen unterteilt ist, von denen eine jede eine spezifische Beziehung zu einer lebenden oder nicht lebenden Art aufweist, dem Totem, wobei die Beziehung jeder Gruppe vom gleichen Typ sein muß; wenn die Zugehörigkeit zur Totem-Gruppe nicht beliebig gewechselt werden kann; und wenn die Leute, die am gleichen Ort leben, unterschiedlichen totemistischen Gruppen angehören. Als Zusatz werden häufige Begleiterscheinungen des Totemismus hervorgehoben, wie Exogamiegebot, ambivalente Gefühlshaltung gegenüber dem Totem, Speiseverbot und Erblichkeit des Totems, Merkmale, von denen Erblichkeit und Exogamiegebot indirekt bereits in den voraufgegangenen Bedingungen eingeschlossen sind. Doch trotz der willentlichen Einschrumpfung des Phänomens auf den Beziehungstyp Art/Gruppe bleiben immer noch so viele Bedingungen und Klauseln übrig, daß La Barre in seinem *E. B.*-Beitrag nicht umhin kann, resignierend zuzugeben: in keinem der wirklichen Fälle treten alle idealen Kriterien des Totemismus zugleich auf.

Schon das oben angedeutete Beispiel der Tikopia weist eine Verschränkung auf, der nicht mit lexikalischer Rubrifizierung, sondern nur mit genauer Fallbeschreibung beizukommen ist. Die den vier patrilinearen, aber nicht unbedingt exogamen Gruppen zugeordneten Pflanzen werden von den Tikopia für heilig gehalten. Sie sind die »Körper« von Göttern. Aber sie sind nicht die Götter selbst. Sie wurden in mythischer Zeit von den Clangöttern vor einem diebischen Fremdgott für die Menschen in Sicherheit gebracht. Die Pflanzentotems unterliegen keinerlei Speiseverbot; im Gegenteil, sie gehören zur Kategorie der e kai, der gegessenen Dinge. Die einzigen Tabus in dieser Richtung gelten für den Clan, dem die Kokospalme zugeordnet ist: Wollen seine Mitglieder das Fruchtwasser einer Kokospalme trinken, so dürfen sie diese nicht zerschlagen, sondern müssen sich darauf beschränken, ein Loch zu bohren; wollen sie dagegen das Fruchtfleisch verzehren, so dürfen sie die Nuß nur mit einem Stein zerschlagen, nicht aber mit einem Werkzeug. Gegen die gegessenen Dinge setzten die Tikopia die sise e kai, die nicht gegessenen Dinge ab. Zu ihnen zählen vor allem Tiere. Sie werden, im Gegensatz zu den Pflanzen, als atua = Götter bezeichnet. Tiere tragen die Bezeichnung Götter, weil Götter sich in Tieren inkarnieren können. In bezug auf bestimmte Tiere beachten die Tikopia festgelegte Verhaltensvorschriften; auf vielen haftet das berühmte Speiseverbot. Doch kommt dieses, wie auch die Regeln der Verteilung von Tieren auf die Clans, nur auf indirekte Weise zustande. Da die patrilineare Gruppe von einem Ahn abstammt, den in mythischer Zeit eine verwandtschaftliche Beziehung zu einem bestimmten Gott verband, der sich seinerseits wieder in einem Tier inkarnieren konnte, ist die Gruppe nun mit diesem oder jenem Tier verknüpft. Doch werden die Tiere weder als Ahn, noch als Emblem, noch als Verwandter betrachtet. Aus der Fülle seiner detailreichen Beobachtungen zieht Firth den Schluß, daß der polynesische Totemismus nur ein besonderer Fall im allgemeinen Rahmen der Beziehungen zwischen Mensch und natürlicher Umgebung darstellt[8].

Die Unmöglichkeit, Totems in ein universales Ordnungsschema einzugliedern, mag noch an ein paar anderen Beispielen dargelegt werden. Die Totems der Tallensi aus Westafrika sind ausnahmslos Tiere, und es scheint unter ihnen einen Vorrang für solche zu geben, die, wie die Leute sagen, Zahnträger sind (nyindem). Zahnträger bieten ein einfaches Symbol für Aggressivität und Gefährlichkeit. Und Tiere allgemein sind unberechenbar, was sie dazu eignet, den Gedanken an die Ahnen wachzurufen. Denn auch die Ahnen sind unberechenbar, die durch unvorhergesehene Eingriffe das Glück der Lebenden stören können. Gegen solche Attacken müssen sich die Lebenden zu schützen versuchen, indem sie sich um das Wohlwollen der Ahnen bemühen. Die totemistischen Meidegebote drücken die Vorsicht aus, die im Kontakt mit den Ahnen angeraten ist. »Die Beziehungen zwischen Menschen und Tieren, wie man sie aus der täglichen Erfahrung kennt, bieten einen angemessenen Symbolismus der Beziehungen der Menschen mit ihren Ahnen auf der Ebene der mystischen Kausalität.[9]« Diese Formulierung von Fortes ist geeignet, auch die Beziehungen der Tallensi zu anderen zahmen und wilden Tieren einzuschließen, die keine Totems abgeben und doch als Medium und Symbol des Kontakts mit den Ahnen figurieren. Es sind Tiere, die als bager bezeichnet werden, als heilige Schreine. Die Totem-Tiere der Clans und Linien auf der anderen Seite sind keineswegs heilig. Bei ihnen ist es nicht der jeweils zugeschriebene Charakter des Tieres, seine Heiligkeit, was die besondere Beziehung des Menschen zu ihm ausmacht, sondern die Tatsache des Meidegebots. Die spezifischen Meidegebote ihrerseits reichen gelegentlich nicht aus, auf gesellschaftlicher Ebene die Zugehörigkeit zum Clan eindeutig zu signifizieren. Viele der Clans haben zusätzliche Hilfstotems, die erst die

Unterscheidbarkeit der gesellschaftlichen Segmente ermöglichen. Demgegenüber gibt es wiederum private totemistische Meidepraktiken, die nur Einzelpersonen betreffen, die für andere Mitglieder eines Clans oder einer Linie aber keineswegs verbindlich sind[10].

Und doch sind letzten Endes alle totemistischen Meidungen der Tallensi auf die Tatsache der Geburt zurückzuführen: auf die Verwandtschaftsbande zu den Ahnen. Eine mythische Erzählung, die erklärt, warum das Haushuhn zum Totem-Tier der Nommo wurde, veranschaulicht dies mittelbar: Einer der Ahnen stand oftmals unter übler Nachrede, was seine Frau sehr mutlos machte, da sie nicht wußte, ob sie bei ihm bleiben solle. Da riet der Unglücklichen ein Huhn, sie solle ihren Mann einem Test unterziehen. Das Huhn wolle des Mannes Gleichmut herausfordern, indem es ihm eine von der Frau zugereichte Kalebasse mit Wasser aus der Hand stoßen werde. Da der Mann nun keineswegs zornig reagierte, sondern lediglich äußerte, daß das aufgeregte Huhn wohl durstig sein müsse, wurde der Frau der Entschluß, bei ihrem fälschlich verleumdeten Gatten zu bleiben, durch den Test des Haushuhns erleichtert. Das Paar bekam einen Sohn und eine Tochter, denen die Eltern das Verzehren von Hühnerfleisch untersagten. Das Speiseverbot ging in den darauffolgenden Generationen auf die jeweils Erstgeborenen beiderlei Geschlechts über, eben weil das »Haushuhn einem unserer Ahnen einen großen Dienst erwiesen hat.[11]«

Das Haushuhn mag vielleicht unberechenbar sein, gefährlich ist es nicht. Sieht man sich die Liste der tatsächlichen Totems bei den Tallensi an, so läßt sich auf keiner der möglichen Achsen ein gemeinsamer Nenner für eine totemistische Ordnung finden, weder was die erwähnte, leichte Inklination zu gefährlichen Tieren angeht, noch ihre rituelle Bedeutung, noch ihre Nützlichkeit. Die patrilinearen Clans der Tallensi haben folgende Tiergattungen und Arten als Totems: unter den Vögeln den Kanarienvogel, die Turteltaube, das Haushuhn und mehrere andere Spezies, unter den Reptilien die Schlange, die Schildkröte, die Wasserschildkröte, das Krokodil, mehrere Fischarten wie den Tumag, Insekten wie die große Heuschrecke, Nagetiere wie das Eichhörnchen und den Hasen, Wiederkäuer wie Ziege und Schaf, Fleischfresser wie Katze, Hund und Leopard, sowie eine Reihe anderer Tiere, wie den Affen und das Buschschwein[12].

Die Totems der sudanesischen Nuer sind so heterogen, daß man auch in ihnen nicht das Resultat eines realen Interesses erkennen kann, wie Malinowski es sich gewünscht hatte. Zu ihnen zählen: Löwe, Fettkobe, Panzerechse, verschiedene Schlangenarten, Krokodil, Strauß, Schildkröte, Silberreiher, diverse Fischarten, Durra-Vögel, Papyrus, verschiedene Bäume, Biene, rote Ameise, Vieh mit besonderen Zeichen, Fluß, Bach, einhodige Tiere, Lederfell, Ziegenhaar, Strick, bestimmte Krankheiten. Nicht die Natur der Totems, sondern die Verknüpfungen, die sie wachrufen, sind entscheidend für ihre Wahl und Stellung.

Wie unvorhersehbar und doch in sich logisch derartige Verknüpfungen sein können, mag ein von Lévi-Strauss hervorgezogenes Beispiel aus den Arbeiten von Evans-Pritchard belegen: Die Nuer bedenken die Zwillinge abwechselnd mit verschiedenen Namen. Mal nennen sie sie »Kinder Gottes« (gat kwoth), mal »Personen von oben« (ran nhial), mal einfach »Vögel« (dit). Diese letzte Bezeichnung kommt jedoch nicht dadurch zustande, daß man sich die Zwillinge als aus den Vögeln hervorgegangen oder mit ihnen eins dächte, sondern weil sie Glieder einer logischen Reihe bilden, in der neben ihnen die anderen Menschen, die Vögel und der Große Geist figurieren. In bezug auf die anderen Menschen, die »Personen von unten« sind (ran piny), sind die Zwillinge Personen von oben; den Vögeln gegenüber sind sie dagegen eine Art Vögel von unten, was sich schon daran zeigt, daß man den Zwillingen gewöhnlich recht erdenhafte Vogelnamen gibt, wie Perlhuhn oder Frankolinhuhn. Auf einer Achse, die zwischen den Polen oben und unten angeordnet ist, nehmen die Zwillinge also eine mittlere Position ein: zwischen den Menschen und den Vögeln. Und es ist eben diese Achse, die auch darüber entscheidet, daß sie manchmal Kinder Gottes heißen: Der Große Geist wird als ganz oben gedacht; zwischen ihm und den Menschen, die ganz unten sind, stehen die Zwillinge.

Die Nuer respektieren ihre Totems und die Totems respektieren sie. Man respektiert die natürlichen Arten oder Klassen von Gegenständen indes nicht um ihrer selbst willen, sondern weil sie Symbole oder Embleme oder Repräsentanten von kwoth (Gott, Geist) sind.

Kwoth macht sich in den Totemspezies auf konkrete Weise bemerkbar. Der Unterschied, den die Nuer zwischen der natürlichen und gelegentlich totemistischen Art machen, und dem Geist, den diese vertreten, ist ablesbar an der unterschiedlichen Nomenklatur für beide. So heißt z. B. Löwe lony, Löwengeist aber joo oder cuer (manchmal auch kwoth luony); der Geist der spitting viper (thatut) heißt rol[13].

Da die Nuer von natürlichen Arten in Analogie zu ihren gesellschaftlichen Einheiten sprechen, ist es naheliegend, daß sie mit ganzen Linien in Verbindung gebracht werden. Dennoch sind die Totem-Arten nicht in erster Linie diakritische Zeichen für gesellschaftliche Segmente. Es ist jeweils diese oder jene Art, in die kwoth eingeht und sich so den Menschen bemerkbar macht. Es gibt zahlreiche Linien, die überhaupt keine Totems besitzen, manche, die mehrere haben und schließlich mehrere, die die gleichen haben. Die letzte dieser Möglichkeiten enthält eine Besonderheit von theoretischer Tragweite. Wenn zwischen Personen oder Gruppen mit dem gleichen Totem keine biologische Verwandtschaft besteht, dann bedeutet für die Nuer die Zugehörigkeit zum gleichen Totem dementsprechend keine Heiratsrestriktion. Anders gesagt: die klassische Gleichsetzung von Totem-Gruppe und exogamer Gruppe erweist sich hier als hinfällig.

Angenommen man zählte die Begleiterscheinungen des totemistischen Phänomens auf einem derartig abstrakten Niveau auf, daß man fast identischen Beschreibungen gegenübersteht, so würden immer noch diese oder jene Besonderheiten, dieses oder jenes Fremdelement, aus der Norm sozusagen herausspringen. So hat etwa jeder der exogamen Clans auf den Santa-Cruz-Inseln (Pazifik) eines oder mehrere Totems, in der Mehrzahl Tiere, die von den betreffenden Clans weder getötet noch verspeist werden dürfen. Die Bewohner glauben an eine direkte Abstammung von diesen Totems. Die Ganda (Afrika) sind ebenfalls in exogame Clans unterteilt, die primäre und sekundäre Totems führen. Und auch sie dürfen nicht von den Mitgliedern der entsprechenden Clans getötet werden. Und das Speiseverbot gilt ebenfalls. Traditionen über eine Abstammung von den Totems dagegen gibt es nicht.

Vollends kasuistisch wird das Bild in der klassischen Heimat des Totemismus, in Australien. Für dieses Gebiet stellte einer seiner besten Kenner, Elkin, eine ganze Liste heterogener Arten von Totemismen auf. Gegen den rein individuellen Totemismus hob er einen gesellschaftlichen Totemismus ab, den man in mehrere Unterarten aufteilen kann: in einen Totemismus der Hälften, der Sektionen, der Untersektionen, der Horden und der Clans, letztere danach voneinander unterschieden, ob sie patrilinear oder matrilinear sind. Der patrilineare Totemismus der Clans ist geistig und immateriell, der matrilineare materiell und organisch; der eine versinnbildlicht die lokale Solidarität der Horde, der andere die biologische Kontinuität des Clans[14]. Dem kultischen Totemismus stellte Elkin den sog. Traumtotemismus gegenüber. Das Traumtotem wird einer Frau im frühen Stadium der Schwangerschaft mitgeteilt. Es ist von übernatürlichem Wesen. Es besitzt soziale oder auch individuelle Züge und unterscheidet sich vom kultischen Totem dadurch, daß dieses mit dem Geburtsort eines Kindes bestimmt wird. Der kultische Totemismus gliedert sich in zwei Varietäten, von denen die eine mit der Patrilinearität, die andere mit der Empfängnis im Zusammenhang steht. So gibt es also sexuelle, individuelle, lokale, soziale, religiöse und andere Totemismen.

All das sagt in dieser Aufzählung wenig. Tatsächlich bleibt zu fragen, wie Lévi-Strauss es unternommen hat, ob nicht Elkin insgeheim den Versuch unternahm, die Doktrin des Totemismus zu retten, gerade dadurch, daß er ihn auf empirischem Niveau in Stücke schlug: »Anstatt dazu beizutragen, die Hydra zu vernichten (und zwar auf einem Terrain, wo dieses entscheidend gewesen wäre, wegen der Rolle, welche die australischen Fakten für die Ausarbeitung der totemistischen Theorien gespielt haben), zerstückelt Elkin sie und schließt mit den Brocken Frieden. Aber der Begriff des Totemismus selbst ist illusorisch und nicht nur seine Einheit.[15]« Hieran schließt sich eine wichtige Überlegung. Ist es nicht besser, einen Begriff dann aus dem Vokabular zu streichen, wenn das Phänomen, das er zu benennen vorgibt, selbst nur scheinbar existiert, als ihn immer weiter mitzuschleppen? Denn manchmal mag es so scheinen, als führe das besagte Phänomen nur deshalb seine brüchige Schattenexistenz weiter, weil das Wort, das es benennt, noch im Umlauf ist und es auf diese Weise stützt. Wenn man umgekehrt dem Wort nur eine untergeordnete Funktion beimißt, eben weil man das Phänomen, um das es geht, mit zahlreichen anderen Wörtern sehr genau umreißen kann, dann mag es sein, daß das Wort beibehalten wird, ohne größeren Schaden anzurichten. Ein Beispiel hierfür ist die rezente Beschreibung des Totemismus auf Groote Eylandt von Peter Worsley.

Die Arbeit des englischen Marxisten ist aus mehreren Gründen geeignet, den Abschluß der empirischen Skizzen zu bilden, mittels derer zumindest die Schemen dessen erkennbar werden, was man mit dem magischen Ausdruck Totemismus zu bannen hoffte. Erstens ist der Aufsatz von Worsley nach dem Todesstoß gegen den

Totemismus als einem Phänomen sui generis entstanden, zweitens bringt er eine eigene Beurteilung des totemistischen Klassifizierens, und drittens erörtert er Fragen von theoretischem Interesse an einem genau beschriebenen, konkreten Fall, einer Art des Vorgehens, der ohnehin meine Sympathien gelten.

Der Aufsatz ist eine Untersuchung des totemistischen Phänomens bei den Wanindiljaugwa auf Groote Eylandt im Northern Territory of Australia, ein Gebiet, das der Autor 1953 besuchte. Zunächst verwirft Worsley den utilitaristischen Typ der Erklärung, den Malinowski mit eloquenter Einseitigkeit vertreten hatte. Die Totems, die man auf Groote Eylandt antrifft, sind ökonomisch keineswegs nützlicher als andere Pflanzen und Tiere, die keine Totems abgeben. In der Tat gehören zahlreiche Totems gar nicht zu den natürlichen Arten, wie etwa Nordwestwind, Diarrhöe, Erbrochenes, Schlaf[16]. Eine durchgängige Systematik ist aus den Wanindiljaugwa-Totems nicht herauszulesen. So erscheinen in einem Totem-set von Groote Eylandt nebeneinander: die höchste Erhebung der Insel, Central Hill, zwei völlig unauffällige Felsen, Papagei und mehrere Fischarten. Manche Totems werden in Mythen behandelt, die wichtige Züge der natürlichen und kulturellen Umgebung der Eingeborenen kommemorieren, wichtige andere aber nicht. In mancher Hinsicht wiederum erscheinen die Totem-Auswahlen wenigstens teilweise geordnet: Der größte Clan in einer Hälfte hat als Totem den besagten Nordwestwind, der die Regenzeit vertritt, der größte Clan in der anderen Hälfte den Südostwind, der mit der Trockenzeit in Verbindung gebracht wird.

Die als Totems ausgewählten Tier- und Pflanzenspezies der Wanindiljaugwa – von den Gegenständen und den Abstrakta gar nicht zu reden – sind, so Worsleys Schlußfolgerung, in Wirklichkeit weder gut zu essen, noch sind sie besonders gut zu denken. Es sind in manchen Fällen vollkommen anekdotisch gewählte Symbole. Das mag daran liegen, daß die Totems von Groote Eylandt weniger in einem logischen oder soziologischen Kontext stehen, als in einem mythologischen. In der Sprache der Eingeborenen werden die Totems mit dem Ausdruck alauwudawara bedacht; er umfaßt neben Totem folgende Bedeutungen: Lied, Mythos, Geschichte, Kunstwerk, Malerei; schließlich werden Merkwürdigkeiten wie Muttermale oder medizinische Fläschchen mit ihm bezeichnet[17]. Der Totemismus von Groote Eylandt ist eng in die Mythologie und das

Liedrepertoire verflochten. Neben den Mythen, die von Totems handeln, gibt es totemistische Lieder, die, wenn auch in klassischem Stil verfaßt, sich so moderne Dinge zum Gegenstand wählen können wie »Armee«, »Airbase« oder »Catalina«-Flugboote. Zwar wird die Verteilung der Totems innerhalb des sozialen Rahmens der Clans und Hälften vollzogen, doch verteilen sie sich auf unvorhersagbare Weise. Außerdem mangelt vielen Totems die Eigenschaft, als unmißverständliche Zeichen eines Clans zu fungieren; manche Clans besitzen überhaupt kein eigentliches Haupttotem. Die totemistischen Kompendien auf Groote Eylandt entstehen durch eine Reihe unterschiedlicher Auswahlprinzipien, die wahllos, zufällig und agglomerativ sind[18]. Wir sind, wie es scheint, von der »Logik der totemistischen Klassifikationen«, so der Titel eines Kapitels der *Pensée sauvage*, ebenso weit entfernt wie vom Argument der Nützlichkeit.

Beobachtungen, wie die von Worsley stehen in striktem Gegensatz zu denen etwa von Radcliffe-Brown, der ebenfalls an australischen Beispielen, nämlich den Stämmen von Darling-Fluß in New South Wales, eine unzweifelhafte Systematik im totemistischen Klassifizieren entdeckte, die darin bestand, daß die Eingeborenen Tiergattungen in gegensätzlichen Paaren, etwa Falke und Krähe, arrangierten: »Aber wenn wir einige Dutzend solcher Erzählungen prüfen, bemerken wir, daß sie ein einziges Thema haben. Die Ähnlichkeiten und Unterschiede der Tierarten werden übersetzt in Begriffe der Freundschaft und des Konfliktes, der Solidarität und der Opposition. Mit anderen Worten, die Welt des Tierlebens wird in Begriffen sozialer Beziehungen wiedergegeben, die denen der menschlichen Gesellschaft ähneln.[19]« Auf derlei Bemerkungen gründet Lévi-Strauss sein Argument von der Logik der totemistischen Klassifikationen, demzufolge die Nomenklaturen der Tier- und Pflanzengattungen einen geeigneten Code abgeben, Beziehungen der Korrelation und der Opposition in menschlichen Gruppen zum Ausdruck zu bringen[20].

Wer hat nun recht, Worsley oder die Strukturalisten? Um dies zu entscheiden, empfiehlt es sich, die Erörterungen des Erstgenannten bis zu Ende zu verfolgen. Was die konzeptuelle Qualität der totemistischen Verteilungen auf Groote Eylandt angeht, so macht Worsley klar, daß diese entweder nach den Prinzipien der einfachen Anhäufung einer ungestalten Vielfalt von Gegenständen vorgenommen werden oder nach denen des Denkens in Komplexen, niemals aber nach denen wirklicher Begriffsbildung. Um sein Argument zu profilieren, zieht Worsley eine Parallele zur Drei-Stufen-Theorie der Begriffsbildung beim Kind, wie sie der russische Psychologe Wygotski in den dreißiger Jahren entworfen hatte. Nach Wygotski geht die Begriffsbildung beim Kind in drei Stufen vor sich, deren Übergänge allerdings aufgrund mehrerer Zwischenstufen fließend sind: 1. Bildung einer ungestalten, synkretistischen Anhäufung einzelner Gegenstände; 2. Bildung von Komplexen einzelner Gegenstände, die nicht aufgrund einer Überproduktion subjektiver Beziehungen vereinigt werden, wie in Stufe 1., sondern bereits »aufgrund der tatsächlich zwischen diesen Gegenständen bestehenden, objektiven Beziehungen«; 3. Bildung echter Begriffe; der echte Begriff »setzt nicht nur die Vereinigung und Verallgemeinerung der einzelnen konkreten Erfahrungselemente voraus, sondern auch die Herauslösung, das Abstrahieren und die Isolierung der einzelnen Elemente, also die Fähigkeit, die Elemente außerhalb der konkreten Verbindung zu betrachten, in der sie in der Erfahrung gegeben sind.[21]«

Allen drei Stufen kann man nach Worsley in den Klassifikationen der Wanindiljaugwa simultan begegnen. Der ersten Stufe entspricht das Zusammenwürfeln der Totems, der Akt der Assemblage. Der zweiten Stufe entspricht das Ordnen der totemistischen Kollektion von außen, mit anderen Worten: die Assoziierung der Totems mit gesellschaftlichen Einheiten, wie den Clans und den Hälften. Der dritten Stufe entsprechen die von den Totems unabhängigen Klassifikationen der natürlichen Arten. Diese Klassifikationen der Wanindiljaugwa kann man als proto-linnaeisch bezeichnen.

Man sieht also: Worsley unterstellt den australischen Eingeborenen keineswegs eine Unfähigkeit zum konzeptionellen Denken. Im Gegenteil: Nach seinem Zeugnis bekunden die ethnozoologischen und ethnobotanischen Schemata eine Ordnung der Dinge, welche eindeutig konzeptioneller Natur ist. Was Worsley vielmehr herausfordert, ist eine genauere Differenzierung von seiten des Anthropologen, nämlich die totemistische Klassifizierung von der taxonomischen zu trennen. Beide arbeiten auf zwei voneinander unabhängigen Achsen und es wäre unzulässig, die totemistische Ordnung mit der vorwissenschaftlichen der Eingeborenen zu vermischen[22]. Was aber, wenn sie beide zusammenfallen, wenn die taxonomische und die totemistische Klassifikation, den gleichen

Ordnungsprinzipien folgend, zustandekommen? Denn das von Worsley geschilderte Beispiel der Wanindiljaugwa illustriert nur die eine der beiden Möglichkeiten, die zweigleisige. Lévi-Strauss seinerseits hat, wenn er bewundernd von dem methodischen Charakter der Eingeborenenklassifikationen spricht, von ihrer Ähnlichkeit zur Botanik und zur Zoologie, also von der exakten Kenntnis der klassifizierten Objekte, doch wohl eher jene Fälle im Auge, wo totemistisches und taxonomisches Ordnen mit dem gleichen Apparat arbeiten.

Auf die Beziehungen von folk Taxonomie und wissenschaftlicher Taxonomie werden wir noch zu sprechen kommen. Es genügt hier eines festzuhalten: Wenn man sich auf eingeborene Klassifikationen einläßt, muß man sich darüber klar werden, ob diese einem rein kognitiven oder einem mehr assoziativen Interesse folgen oder beiden zugleich. In jedem Fall ist es nötig, eine feste semiologische Regel zu beachten, nämlich: die genaue Stellung eines jeden klassifizierten Objektes im Rahmen des jeweiligen Bennenungs- und Bedeutungssystems zu bestimmen.

Bevor wir nun den Totemismus als einen Irrtum derjenigen zu den Akten legen, die in ihm eine universale Institution zu erkennen hofften und uns dem viel allgemeineren Thema der eingeborenen Klassifikationen zuwenden, von denen jener nur ein willkürlich isolierter Teil ist[23], wollen wir den Blick noch einmal zurückwerfen auf eine seiner Theorien und zwar auf eine solche, die unabhängig von der Berühmtheit, die sie erlangte, deswegen Aufmerksamkeit verdient, weil sie in sich auf exemplarische Weise bezeichnende Eigenschaften des gebildeten Schreibtisch-Exotismus vereinigt.

Die psychoanlaytische Totemismus-Theorie von Freud entstand kurze Zeit, nachdem das Phänomen zum ersten Mal ernsthaft in Zweifel gezogen worden war. Drei Jahre vor Erscheinen von *Totem und Tabu* veröffentlichte Goldenweiser seine Dissertation im *Journal of American Folklore*, eine Studie zur Liquidation des totemistischen Gebäudes. Darin warnte er davor, eine Reihe voneinander unabhängiger Erscheinungen einfach derart miteinander zu verknüpfen, daß sie den Eindruck einer Einheit erwecken. Als »Symptome« des totemistischen Komplexes zählte Goldenweiser auf:

1. die Organisation einer Gesellschaft in exogame Clans; 2. die

Assoziierung pflanzlicher oder tierischer Namen und Embleme mit diesen Clans; 3. Tabus (Tötungsverbot und Speiseverbot), die sich auf die betreffenden Totems beziehen; 4. den Glauben an eine Verwandtschaft zwischen Clans und Totems, an eine Abstammung der einen von den anderen; 5. religiöse Bindungen an die Totems.

Jedes dieser Symptome des totemistischen Komplexes kann, wie Goldenweiser aus Vergleichen eines umfangreichen Materials nachwies, für sich oder in Verbindung mit einzelnen der anderen auftauchen, – a priori sind sie nicht aneinander gekettet[24]. So gibt es zahlreiche Gesellschaften, die in exogame Clans unterteilt sind, ohne indes irgendwelche Totems zu besitzen, wie die Khasis in Assam oder die nordamerikanischen Gros Ventre, die Crow, die Omaha; solche, die bestimmte totemistische Tabus befolgen, aber keine exogamen Clans haben, wie polynesische Gruppen von Viti Levu, Samoa, Tonga; solche, wie die Nandi vom Victoria See, bei denen die nicht totemistischen Familien exogam, die totemistischen Clans dagegen nicht exogam sind; solche, die Totems besitzen, bei denen aber ein Glaube an eine Abstammung von den Totems nicht zu verzeichnen ist, wie die Stämme der Tlingit, Haida, Tsimshian aus British Columbia belegen; und solche, wo das religiöse Element des Totemismus vollkommen fehlt, wo das Totem nicht mehr als ein Merkzeichen oder ein Name ist, wie bei einigen Gruppen des amerikanischen Nordwestens oder den Irokesen[25].

Die gewünschte Einheitlichkeit des totemistischen Phänomens zu postulieren scheint seit Goldenweiser selbst Freud nicht mehr ganz leicht gefallen zu sein, dessen ethnologische Hauptquelle der große Totemismus-Akkumulator der Epoche war, Sir James Frazer. Freud drängt seine Zweifel allerdings auf eine Fußnote zusammen: »Aber nicht nur, daß die Theorie des Totemismus strittig ist, auch die Tatsachen desselben sind kaum in allgemeinen Sätzen auszusprechen.[26]«

Hier hat Freud den Scheitelpunkt erreicht, wo er sich nach vorne hätte entscheiden können, statt, wie er es vorzog, nach hinten: in die Annahme eines Phänomens, Totemismus genannt, das mutmaßlich eine ganze menschheitsgeschichtliche Frühphase ausfüllte, das heute noch bei einzelnen zurückgebliebenen Populationen in Restform zu studieren sei, sowie bei einer Kategorie zivilisierter Zeitgenossen, die den Primitiven in vielerlei Hinsicht ähneln, den Neurotikern. Entgegen den Erwartungen, die man an

Freud stellen durfte, da er es war, der in entscheidender Weise an der Aufhebung einer anderen Grenze, nämlich der von normal und geisteskrank, beteiligt war, verhielt er sich zum Totemismus konservativ: Statt an der Auflösung des Phänomens mitzuwirken, half er, in paradoxer Beziehung zu seinen sonstigen Arbeiten, die künstliche Dichotomie von Naturmensch und Kulturmensch zu fördern. Die Zweifler am totemistischen Phänomen legte er als kritische Nörgler beiseite und vertraute lieber denen, die mit heterogenen Elementen ein konstruiertes System errichteten. »Die Widerlegung der verschiedenen Ansichten [über den Totemismus] hat in der Regel wenig Schwierigkeiten; die Autoren sind wie gewöhnlich in der Kritik, die sie aneinander üben, stärker als in ihren eigenen Produktionen. Ein non liquet ist für die meisten der behandelten Punkte das Endergebnis. Es ist daher nicht zu verwundern, wenn in der neuesten, hier meist übergangenen Literatur des Gegenstandes das unverkennbare Bestreben auftritt, eine allgemeine Lösung der totemistischen Probleme als undurchführbar abzuweisen. So z. B. Goldenweiser . . .[27]«

Worin nun bestand Freuds eigene Produktion? Die vierte Studie von *Totem und Tabu*, die sich im ersten Teil mit der ethnologischen Literatur zum besagten Komplex auseinandersetzt und einige der gängigen Theorien, u. a. die von A. Lang, McLennan, Lord Avebury, Frazer und Durkheim referiert, bietet im zweiten den Entwurf einer eigenen Erklärung des Phänomens. Für Freud ist der Totemismus im wesentlichen durch zwei Regeln bestimmt: durch das Exogamiegebot und durch das Speiseverbot gegenüber dem Totem. Und beide hängen aufs engste mit dem Ödiduskomplex zusammen. Der Totemismus ist in gewisser Weise der zweite Akt des Ödipusdramas, die Fortsetzung der Geschichte nach dem Vatermord. Man erinnert sich: Im Anfang war die Urhorde, an deren Spitze ein gewalttätiger und eifersüchtiger Vater stand, der alle Weibchen für sich behielt und die heranwachsenden Söhne vertrieb. Aber »eines Tages taten sich die ausgetriebenen Brüder zusammen, erschlugen und verzehrten den Vater und machten so der Vaterhorde ein Ende . . . Daß sie den Getöteten auch verzehrten, ist für den kannibalischen Wilden selbstverständlich. Der gewalttätige Urvater war gewiß das beneidete und gefürchtete Vorbild eines jeden aus der Brüderschar gewesen. Nun setzten sie im Akte des Verzehrens die Identifizierung mit ihm durch, eigneten sich ein jeder ein Stück seiner Stärke an. Die Totemmahlzeit, vielleicht das erste Fest der Menschheit, wäre die Wiederholung und die Gedenkfeier dieser denkwürdigen, verbrecherischen Tat, mit welcher so vieles seinen Anfang nahm, die sozialen Organisationen, die sittlichen Einschränkungen und die Religion.[28]«

Nach dem Mord am Urvater und der kannibalischen Inkorporation seines Leibes aber packt die Söhne das Gefühl der Reue. Ihre ohnehin ambivalente Gefühlshaltung zum Vater kehrt sich, seit er einmal beseitigt ist, um in eine Variante der Liebe, in Schuldbewußtsein. Und das Schuldbewußtsein der Söhne schafft das elementare Tabu des Totemismus: Es verbietet das Verspeisen des Vaters oder seines Symbols, des Totems. So entsteht die Totemreligion aus dem Schuldgefühl der Söhne. Da die Söhne nach dem Vatermord erkennen, daß nun jeder gern Vater und Herr aller Frauen sein möchte, daß also jeder jeden zum potentiellen Nebenbuhler bei den Frauen haben wird, sehen sie sich gezwungen, wenn sie sich nicht gegenseitig vernichten wollen, das zweite fundamentale Tabu zu errichten: das Inzestverbot, positiv gesagt: das Exogamiegebot, mit welchem sie gemeinsam auf die Frauen der eigenen Gruppe verzichten.

Eine moderne, ontogenetische Parallele zur phylogenetischen Entwicklung des Totemismus in grauer Vorzeit sieht Freud in einer häufigen Kinderneurose: in den Tierphobien, die in seinen Augen eine »infantile Wiederkehr des Totemismus« darstellen, wie der Titel der besagten vierten Studie lautet. Für die Gleichschaltung von totemistischem Primitiven und neurotisiertem Zivilisationskind führt Freud als zentralen Beleg eine Fallstudie seines Kollegen Ferenczi an, die Geschichte des kleinen Hahnenmanns Arpád, in der ein dichter Zusammenhang zwischen den »totemistischen« Hahnphantasien des Jungen und dem Ödipuskomplex hergestellt wird. Das Totem dieses Kindes, der Hahn, zu dem der Junge eine gleich ambivalente Beziehung unterhält wie zum allmächtigen Vater, wird mit diesem identifiziert. Alle Phobien, Meidungen, Liebesbezeugungen und Identifikationen, die in der Phantasie des Jungen auf Hähne projiziert werden, gelten nach der Deutung Freuds dem Vater. Was also in den infantilen Neurosen dieser Art totemistisch genannt werden kann, ist die Verschiebung von Gefühlen und symbolischen Handlungen vom Vater auf ein Tier.

Gegen das grandiose Abenteuer der Freudschen Totem-Vision sind von ethnologischer Seite verschiedentlich sachkundige Einwände erhoben worden, von Kroeber, von Lévi-Strauss und selbst von Sapirs Seminaristen. Andererseits scheint sie immer noch Anhänger zu haben, wie die weiter oben genannten Beiträge der *Encyclopaedia Britannica* von W. E. Armstrong und W. La Barre beweisen. Es wäre billig, die Irrtümer Freuds einzeln noch einmal auszubreiten. Ich beschränke mich daher nur auf ganz wenige Punkte, von denen der sprachliche bisher nicht beachtet wurde, obwohl mit ihm das Exotik-Symptom am materiellsten zutage tritt.

Schon seit Goldenweiser wird bezweifelt, ob Exogamie und Speiseverbot, auf denen Freud bekanntlich seinen Mythos aufbaute, die grundlegenden Totemprohibitionen seien; daß sie die ältesten seien, wie er mit rhetorischem Aufwand beteuert, ist pure Spekulation. Spekulativ in gefährlicherem Sinn sind indessen die Behauptungen Freuds, die sog. Wilden, die näher am menschlichen Urzustand lebten, seien durch größere Gefühlsambivalenz und stärkere Sexualisierung des Lebens gekennzeichnet. Solche Behauptungen erlauben unmittelbar die Errichtung einer Trennwand entlang der Achse zivilisiert/primitiv, die schnell gleichgesetzt wird mit einer anderen: wir/nicht-wir. Wie sehr Freud, den man ansonsten mit Recht als einen der großen Schriftsteller deutscher Sprache charakterisieren kann, in dieser Richtung sprachlich aus der Fassung gerät, mögen ein paar Proben seiner Wortwahl belegen. Das totemistische System entdeckt Freud vor allem bei den Australiern, »diesen armen, nackten Kannibalen«[29]. Wenn er von anderen »Totemvölkern« berichtet, dann wählt er Ausdrücke, deren poetischer Anhauch Ferne suggeriert: Statt von Indianern spricht er von »Rothäuten«, statt von Polynesiern von den »Völkern der ozeanischen Inselwelt«[30]. Statt des neutralen ethnologischen Ausdrucks Inzestverbot bevorzugt Freud den psychisch besetzten Ausdruck »Inzest-Scheu«; psychische Äußerungen lokaler oder meinetwegen eingeborener Populationen werden zum »Seelenleben der Wilden«, wie es im Untertitel des behandelten Buches heißt. Überhaupt ist immer wieder von Primitiven oder Wilden die Rede (im Plural und was noch schlimmer ist, auch im Singular), von Ausdrücken also, die unterschiedliche psychomentale Schichten unter den Bevölkerungen der Erde schlichtweg als fait accompli setzen. Es wundert dann nicht mehr, daß »der Primitive« »ungehemmt« ist, dem die Tat als ein Ersatz des Gedankens erscheint[31] oder für den umgekehrt »Wünsche und Impulse den Wert von Tatsachen haben«[31]. Klar, die Wilden »überschätzen außerordentlich ihre psychischen Akte«[33]. Es fragt sich, ob Zivilisierte, im Augenblick, da sie solche Äußerungen von sich geben, nicht außerordentlich die Rationalität ihrer eigenen Gedanken überschätzen. Man kann nicht umhin, anhand von *Totem und Tabu* gegen Freuds Sprache eine ambivalente Haltung zu entwickeln. Um es in einem Satz zu sagen: Die Arbeiten von Freud über den Totemismus erweisen sich nicht bloß von ihrem Inhalt her als eine fiktive Form der Anthropologie, auch ihre exotisierende Sprache verrät einen Stand im Verständnis fremder Gesellschaften, den die Ethnologie bereits lange hinter sich hat.

Vielleicht ist es nicht zu weit gegriffen, wenn man gegen einen wissenschaftlichen Ethnozentrismus vom Typ der westlichen Totemismustheoretiker, die gern die Welt in Menschen und Wilde geteilt sähen, in Logische und Vorlogische, in Rationale und Animistische, das Beispiel zweier Populationen anführt, bei denen das totemistische Klassifizieren gerade die Funktion übernimmt, eine derartig isolative Position zu durchbrechen. Bei den Menomini und den Chippewa herrscht die Vorstellung, daß alle Leute mit dem gleichen Totem Verwandte seien. Dies gilt nicht nur für Leute des eigenen Umkreises, sondern auch für solche, die aus fremden Dörfern und von anderen Populationen stammen[34]. Auf diese Weise schafft die totemistische Ordnung eine Universalität, die nicht nur bereit ist, den anderen dem Eigenen einzugliedern, sondern bisweilen sogar die Welt der Tiere zu berücksichtigen in dem Versuch, die Einheit der Lebewesen zu betonen.

## *Einige Formen von Klassifikation*

Wohl die erste vergleichende Arbeit von Rang, die sich den Klassifikationen eingeborener oder schlicht fremder Systeme widmete, war die im *Année sociologique* 1901-02 (1903) herausgegebene von Durkheim und Mauss. Wenn auch nur selten gelesen, so hatte die Studie doch großen Einfluß auf eine Anzahl namhafter späterer Autoren: in Frankreich vor allem auf Marcel Granet, der ein ganzes Buch den Klassifikationen im alten China widmete; auf den Durkheimschüler Robert Hertz, der eine Arbeit über den symbolischen Wert der Teilung von links und rechts verfaßte (siehe nachfolgendes Unterkapitel) und auf Lévi-Strauss, der die Pioniertat der beiden Großen der ersten Generation in ähnlich ausgerichteten Arbeiten wiederholt hervorhob; in den Niederlanden auf van Ossenbruggen, Rassers, J. de Jong und in England auf Evans-Pritchard, Joseph Needham und Rodney Needham.

Thema der Arbeit *De quelques formes primitives de classification* waren die Klassifikationen einiger australischer Gruppen, der Zuñi-Indianer und der Chinesen. Durkheim und Mauss verstanden das Studium dieser Klassifikationen als einen Beitrag zur Geschichte der Logik. In ihren Augen bekundeten diese Systeme die ersten Formen wissenschaftlicher Klassifikation. Ziel aller Klassifikationen nämlich sei es, Ideen miteinander zu verbinden und vorhandenes Wissen zu vereinheitlichen. Ihre zentrale These war die vom sozialen Ursprung der klassifikatorischen Ordnungen: »Die Gesellschaft war nicht nur ein Modell, dem das klassifikatorische Denken folgte: es waren ihre eigenen Unterteilungen, die als Vorlage für das Klassifikationssystem dienten. Die ersten logischen Kategorien waren soziale Kategorien; die ersten Klassen von Dingen waren Klassen von Menschen, in die diese Dinge integriert wurden. Weil Menschen gruppiert wurden und sie sich selbst in Gestalt von Gruppen dachten, kam es dazu, daß sie andere Dinge in ihrem Kopf ebenfalls gruppierten, und am Anfang wurden die beiden Modi des Gruppierens sosehr vermischt, daß sie sich nicht unterschieden. Hälften waren die ersten Genera; Clans die ersten Arten.[35]« Mit ihrer These stellten Durkheim und Mauss ihren Kontrahenten Frazer genau auf den Kopf. Für diesen nämlich wurden die Menschen in Clans eingeteilt, weil es eine entsprechende Klassifikation der Dinge bereits gab. Nach Mauss und Durkheim dagegen teilten die Menschen die Dinge ein, weil jene zuvor schon in Clans aufgegliedert waren. Und weil die menschlichen Gruppen ineinander passen – der Subclan in den Clan, der Clan in die Hälfte und die Hälfte in den Stamm –, wurden die Dinge ebenfalls als ineinander passend gruppiert. »Logische Beziehungen sind daher in gewissem Sinn domestikalische Beziehungen.[36]«

Die Argumente von Durkheim und Mauss, vor allem aber ihre Beweisführung, wurden selbst von ihren Bewunderern wiederholt angegriffen[37]. Für ihre zentrale These vom gesellschaftlichen Ursprung der logischen Klassifikationen etwa liefern die beiden Autoren eigentlich an keiner Stelle einen Beweis. Im Fall der Australier stellen sie zwar eine gewisse Kongruenz zwischen nicht-sozialer Klassifikation und dem Sektionen-Schema fest, doch der Beweis, daß die erste das zweite reproduziere, bleibt aus. Ihre Gedankenführung beschränkt sich auf eine petitio principii. In der Folge wiederum führen sie Fälle auf, in denen die besagte Kongruenz gar nicht besteht. Sie finden »unterschiedliche Formen der Klassifikation neben identischen Typen der sozialen Organisation und ähnliche Formen mit unterschiedlichen Gesellschaftstypen.[38]« Jede Abweichung von der zentralen These urteilen Durkheim und Mauss als atypisch ab. Auf diese Weise ist es allerdings möglich, die Fakten dem Vorsatz einzugliedern. Was an der Arbeit von Mauss und Durkheim bleibt, ist daher weniger die Methode, mit der sie ihr Material präsentieren, noch ist es die pansoziologische Erklärung, die sie ihrem Sujet überstülpen, sondern die Tatsache, daß sie mit ihr auf die Wichtigkeit fremder Klassifikationen überhaupt aufmerksam gemacht haben. Die Aufgabe, die sich hier stellte, wurde 20 Jahre später von Mauss erneut beschworen: »Es gilt zuallererst, den größtmöglichen Katalog von Kategorien anzulegen; dabei muß man von all jenen ausgehen, von denen man weiß, daß sich die Menschen ihrer bedient haben. Dann wird man sehen, daß es zahlreiche tote, fahle oder dunkle Monde am Firmament der Vernunft gab und immer noch gibt.[39]«

Ich werde in der Folge einige solcher Kategorien und klassifikatorischer Ordnungen im einzelnen vorführen, von denen die ersten – links und rechts –, der komparativen Methode folgend, universal betrachtet werden, die anderen dagegen lokal, als in sich geschlossene Systeme von relativ geringer Ausdehnung.

## Die Kategorien Links und Rechts

»Welch perfektere Ähnlichkeit, als die zwischen unseren beiden Händen! Und doch, welch schlagende Ungleichheit!

An die rechte Hand gehen Ehren, schmeichelhafte Benennungen, Vorrechte: sie handelt, befiehlt und nimmt. Die linke Hand dagegen wird verachtet und auf die Rolle einer bescheidenen Hilfskraft beschränkt: aus sich heraus kann sie nichts tun; sie hilft, unterstützt und hält.

Die rechte Hand ist Symbol und Modell aller Aristokratie, die linke aller einfachen Leute.«

Mit diesem Auftakt in der Tonart eines politischen Manifests beginnt eine andere berühmte Arbeit aus der Durkheimschule, die Untersuchung über die Vorherrschaft der rechten Hand von Robert Hertz[40]. Die mit Verve vorgetragene Studie ist dem Nachweis gewidmet, daß die Polarisierung von Links und Rechts eine elementare duale Kategorienbildung darstellt, die eine universale Verbreitung aufzuweisen hat. Die biologische Dualität und Ungleichheit beider Hände ist, so Hertz, geeignet, zahlreiche andere Polaritäten unmittelbar auszudrücken: Rechts steht für stark, männlich und aktiv, Links für schwach, weiblich und passiv; heilig, edel und wertvoll werden mit rechts – profan, gemein und wertlos mit links wiedergegeben; auf die rechte Seite schlägt Leben, Wahrheit, Kreativität, auf die linke Tod, Lüge und Zerstörung; Rechts ist positiv, sind Wir – Links ist negativ, sind die Anderen. Diesen Katalog, den man beliebig erweitern kann und der in vielen Sprachen seinen direkten Abdruck findet (z. B. im Deutschen: das Recht, recht und billig, recht haben, der rechte Fleck, usw. – linkisch, linker Hund, zwei linke Hände haben, oder das kölnische: Maria links erömm für stehlen), verfolgt Hertz in Beispielen aus Europa (Altertum und Neuzeit), aus Neuseeland (Maori), Indien, Australien und Nordamerika.

Als Erklärung für die symbolische Ungleichheit der beiden Seiten, bzw. Hände, bietet sich zunächst die Biologie an: Zwischen links und rechts besteht eine leichte organische Asymmetrie, die man lange als Ausgleich für eine andere ansah, nämlich für die ungleiche Verteilung der Gehirnmassen. Wir sind Rechtshänder, weil wir Linkshirnler sind, lautete die klassische Formel von Broca. Dieser Ausgleich der asymmetrischen Verteilung des Gehirns durch die Umkehrung der Asymmetrie in den Armen wurde in jüngerer Zeit als Erklärung in Zweifel gezogen. Selbst wenn es zutrifft, daß die Hauptsprachzentren in der linken Hirnhälfte lokalisiert sind, so haben doch die beiden Hirnhälften insgesamt etwa den gleichen Anteil an der Gehirnmasse; es sei darum höchst fragwürdig, ob der Vorzug der rechten Hand mit der Verteilung des Gehirns in Verbindung gebracht werden dürfe (G. B. D. Scott).

Aber auch, wenn dem nicht so ist und man einräumt, daß durch Training die schwächere linke Seite zur vollen Gleichheit mit der rechten avancieren kann[41], so bleibt als Tatsache nach wie vor ein leichtes Übergewicht der Rechten erhalten, ein Phänomen, das nicht dadurch verschwindet, daß man es nicht genau erklären kann. Und genau dieser geringfügige physiologische Vorteil der rechten Hand reicht, so Hertz, aus, um sie zum Bedeutungsträger einer qualitativen Überlegenheit zu prädestinieren[42]. Den eigentlichen Schlüssel für die betont ungleiche Einschätzung der beiden Hände sieht Hertz in dem Bedürfnis, eine grundlegende Opposition im Denken der Eingeborenen auszudrücken: die von heilig und profan. Alle Gegensätze, welche die Natur zur Verfügung stellt, enthielten diesen fundamentalen Dualismus[43]. Links und Rechts sind dabei gewissermaßen mit Händen greifbare, sinnliche Kategorien, um den Gegensatz des Profanen und Sakralen zu erfassen.

In den 50er und 60er Jahren wurde in England von Oxforder Anthropologen einige Arbeiten geschrieben, die von Hertz expliziterweise inspiriert waren und die symbolische Klassifikation von Links und Rechts in Afrika verfolgten, auf einem Kontinent, der in Hertzens Essay wegen damals mangelnder ethnographischer Unterlagen ausgeklammert worden war. In zweien dieser behandelten Fälle kehrt sich der religiöse Symbolismus von Rechts auf Links um.

Entgegen der These von Hertz ist es beim Mugwe, einem Priester der Meru aus Kenya, nicht die rechte, sondern die linke Hand, welche heilig ist. Der Mugwe wird mit dem weiblichen Prinzip, welches Links vertritt, in Verbindung gebracht. Der Priester bezieht die linke Seite jedoch auch deswegen, weil er eine Machtposition innehat, die im Gegensatz steht zu einer anderen: der politischen Macht, die mit Rechts assoziiert wird[44]. Die Nyoro ihrerseits geben, wie Needham meint, ein ethnographisches Rätsel auf. Bei ihnen entsprechen praktisch alle Einteilungen dem klassischen Schema von Hertz. Linkshänder werden, wie die Nyoro selbst sagen, gehaßt. Die linke Hand des Wahrsagers dagegen verkehrt diese Ordnung: Sie ist wohltätig, schützt vor Schwierigkeiten, enthebt aus Problemen. Dieses Rätsel findet eine Lösung, wenn man erfährt, daß in einer ganzen Kette mythologischer und ritueller Situationen die Nyoro bewußt die normale Symbolik von Links und Rechts vertauschen[45].

Gegen Needham als einen Vertreter der strukturalistischen Orthodoxie, einen von der dualistischen Besessenheit Umnebelten, haben R. + L. Makarius in ihrem systematischen Bemühen, an möglichst vielen Fronten ihre Gegner zu schlagen, eine Kritik unter dem Titel *Le symbolisme de la main gauche* verfaßt, worin sie einmal den Kategorien Links und Rechts den Charakter elementarer logischer Oppositionen abstreiten, zum anderen eine abweichende Erklärung für die besondere Bedeutung der linken Hand bei den Meru und den Nyoro anbieten. Man weiß es aus anderen Publikationen: Den beiden Autoren fließt sehr viel Menstruationsblut durch den Kopf. Es wundert daher nicht, wenn auch diesmal die männliche Furcht vor dem Unreinen, das in Form des Menstruationsbluts seinen konkretesten Ausdruck findet, zum primum movens einer langen symbolischen Kette erhoben wird, in der die Kategorie Links als eines der Glieder des Unreinen rangiert, weil die Frauen mit der linken Hand ihre Monatsbinden anfassen. (Sie bieten auch ein Beispiel für ihre Behauptung, das der Akan von Ghana, das Eva Meyerowitz mitgeteilt hat.) Die funktionale und symbolische Unterscheidung der linken und rechten Hand wird von den beiden Makarius zu einem Aspekt des Blut-Tabus, zu seinem Instrument erklärt[46]. Die Umkehrung der erwartungsgemäßen Bedeutung der linken Hand im Falle der Meru und Nyoro erklären die beiden Kritiker mit ihrer Theorie der magischen Tabu-Verletzung.

Eine ausgeprägte Symbolik der Kategorien Links und Rechts beobachtete Evans-Pritchard bei den Nuern. Sie steht mit den Thesen von Hertz im Einklang. Rechts vertritt männlich, stark und eben – Links weiblich, schwach und deformiert. Für die Nuer ist der Speer die materielle Projektion der männlichen Identität. Zugleich ist der Speer die Verlängerung, das äußere Symbol der rechten Hand. Wenn ein Mann seinen Speer schleudert, ruft er ihm nach: »Meine rechte Hand«[47]. Wenn ein Sohn seine Mutter verläßt und zu seiner Braut geht, so gibt sie ihm eine Warnung mit auf den Weg: darauf zu achten, daß seine Braut sich nicht auf der rechten Seite der Hütte versteckt hält, wenn er diese betritt; das bringe Unglück; in der Regel schläft der Mann auf der rechten Seite der Hütte, die Frau auf der linken[48]. Jugendliche Nuer verbringen Monate, manchmal sogar ein bis eineinhalb Jahre damit, ihre Linke handlungsunfähig zu machen, indem sie eine Reihe von Metallringen tragen, die sie sich ins Fleisch des linken Arms gedrückt haben[49]. Wem solcherlei Praktiken unbegreiflich oder grausam erscheinen, dem empfehle ich die Lektüre der Silvesterausgabe 1973 des *Kölner Stadtanzeigers*. Darin wird unter der Rubrik *Quer durch Köln* von einem legasthenischen Jungen berichtet, dem die Mutter, da er Linkshänder ist, den linken Arm auf den Rücken gebunden hat. Den Ochsen der Nuer werden gelegentlich die Hörner deformiert – stets sind es linke Hörner: »Was er [der Nuer] den Ochsen tut, tut er sich selbst.« Eine Verachtung der Linkshänder, wie sie bei den Nyoro sprichwörtlich ist, gibt es bei den Nuer dagegen nicht. Von einem Linkshänder sagen sie lediglich, daß seine linke Hand seine Rechte sei.

Bei den Kaguru, einer Bantu-Population aus Zentral-Ost Tanganyika heißt es, daß der Dualismus von Links und Rechts bereits im Mutterschoß angelegt werde: Die rechte Hälfte der sich formierenden Person stamme vom Vater, die linke von der Mutter[50]. Ein vergleichbarer Gedanke in der christlich-jüdischen Tradition: die Erschaffung Evas aus der linken Rippe Adams. Die grundlegenden Assoziationen von Links und Rechts bei den Kaguru sind gesellschaftlich: Der Matriclan und die mütterliche Linie werden mit Links gleichgesetzt, der Matriclan des Vaters und die patrilateralen Verwandten mit Rechts. Dies bedeutet aber keineswegs, wie die These von Hertz vermuten ließe, daß der Matriclan als geringer angesehen würde. Eher das Gegenteil ist der Fall, zumindest in der traditionellen Gesellschaft der Kaguru. Auch die Erbschaften und Mitgiften, die, je nachdem sie von mütterlicher oder väterlicher Seite kommen, mit Links oder Rechts assoziiert werden, tragen kein wertendes Attribut. Von den Kaguru kann man indessen sagen, daß bei ihnen die Rechte in mancher Hinsicht nicht weiß, was die Linke tut. Während die rechte Hand die öffentlichen und ehrenwerten Dinge verrichtet, ist die linke den geheimen reserviert. Die linke Hand (des Mannes) dient dem Liebesspiel. Mit ihr berührt der Mann die Geschlechtsteile der Frau, während er auf der rechten Seite liegt und die rechte Hand bedeckt, um sie von dem als unrein aufgefaßten Akte fernzuhalten. Für die Frau kehren sich die Verhältnisse genau um. Dasselbe gilt für die Bestattung: Ein Mann wird auf der rechten Seite liegend begraben und sein Körper bedeckt seinen rechten Arm, eine Frau auf der linken und ihr Körper bedeckt ihren linken Arm[51].

Die Kategorien Links und Rechts weisen, wie die Pionierarbeit von Hertz und die Schriften seiner britischen Nachfolger zeigen, eine, wenn nicht universale, so doch extrem dichte Verbreitung über die Erde auf. Aus diesem Grund schon scheint die Methode des komparativen Vergleichens gerechtfertigt, ein Verfahren, das die Kulturen gewissermaßen am Faden eines einzelnen Phänomens aufreiht[52]. Auf der anderen Seite würde es sicherlich keinen Gewinn bedeuten, wenn man es dabei beließe, lediglich die Existenz der Kategorien Links und Rechts (oder eines anderen Phänomens) hier und dort festzustellen. Zur Behandlung eines Phänomens gehört, will man es im einzelnen verstehen, die Kenntnis seiner genauen Stellung innerhalb eines spezifischen kulturalen Zusammenhangs: der Blick ins Innere einer jeden aufgereihten Perle. Man muß erfahren können, was ein Phänomen als System oder innerhalb eines Systems ausrichtet. Ich will in der Folge zwei Beispiele von Klassifikation nachzeichnen, die in sich geschlossene Systeme oder Untersysteme bilden, auch wenn die Menschen, die sich ihrer bedienen, nichts davon wissen. Der Test der letzten Behauptung ist unmittelbar möglich, da beide untersuchten Klassifikationssysteme aus Europa stammen. Die eine der Untersuchungen geht auf Lévi-Strauss zurück, die andere auf Leach. Beide faszinieren nicht zuletzt deswegen, weil sie wieder einmal vorführen, daß die Ethnologie nicht vor den Türen der eigenen Kultur Halt zu machen braucht: Das scheinbare tamtam der Exoten ist auch im eigenen Haus zu vernehmen und es enthüllt, wenn man ihm nur genau zuhört, oft den Grad einer Ordnung, die den Namen Komposition verdient.

## Eigennamen von Tieren in Frankreich

Von den Navaho, die sich selbst als »große Klassifizierer« bezeichnen, heißt es, daß sie für eine Pflanze im allgemeinen nur einen deskriptiven Ausdruck kennen oder verwenden; ihren »wirklichen Namen«, man könnte auch sagen: ihren Eigennamen kennen nur die Priester, die mit den Pflanzen ein kommunikatives Verhältnis eingehen. Allgemein ausgedrückt: Bei den Navaho gibt es für Pflanzen zwei Klassen von Benennungen, eine Praxis, die man in unseren Breiten auf bestimmte Tierarten und -gattungen anwendet. Neben den deskriptiven Artbezeichnungen tragen Haustiere und andere, die zu den Menschen in einer direkten Beziehung stehen, vielfach eigene Namen, die oft weit weniger der ungebundenen Phantasie des Namensgebers entspringen, als er wahrhaben möchte. Ein solches, in sich kohärentes System wurde in einem Kapitel der *Pensée sauvage* aufgedeckt[53]. Es handelt sich um die Eigennamen von Vögeln, Hunden, Vieh und Rennpferden.

Bezüglich der Vögel beobachtet man in Frankreich eine Vorliebe für menschliche Vornamen. Spatzen heißen Pierrot, Papageien Jacquot, Elstern Margot, Finken Guillaume, Zaunkönige Bertrand oder Robert, Rallen Gérardine, Käuze Claude, Uhus Hubert, Raben Colas und Schwäne Godard. Diese Vorliebe mag ihre

Ursache darin haben, daß die Vögel aufgrund ihrer Flugfähigkeit und vielleicht auch aufgrund ihres fröhlichen Gesangs für die Menschen die Inkarnation der Freiheit bedeuten und daher als eine selbständige Gesellschaft geeignet sind, eine Metapher der menschlichen Gesellschaft abzugeben. Die Eigennamen der Vögel, genauer: der Vogelarten entstammen dem Repertoire der menschlichen Vornamen, sie sind Teil davon. Das Benennungssystem der Vögel ist folglich metonymischer Natur.

Bei Hunden ist die Situation genau umgekehrt. Sie bilden nicht, wie die Vögel, eine freie, von den Menschen unabhängige Gesellschaft. Sie sind die Diener ihrer Herren und als solche Teil der menschlichen Sozietät: Die Gesellschaft der Hunde steht zu derjenigen der Menschen in einer metonymischen Beziehung. Da die wirkliche und symbolische Position der Hunde den Menschen untergeordnet ist, können diese ihnen nicht das Recht einräumen, die gleichen Namen zu tragen wie sie. Hunde heißen Azor, Medor, Sultan, Fido, Diane (in Frankreich) oder Astor, Ajax, Cäsar, Pluto (in Deutschland). Hundenamen sind zynische Gesten: theatralische oder mythologische Übersteigerungen realer Personennamen. Das Benennungssystem ist in diesem Fall metaphorisch, da es zur menschlichen Namensgebung eine parallele Serie abgibt.

Die dritte Tiergruppe des Systems bildet das Vieh. Seine Stellung zur menschlichen Gesellschaft ist wie die des Hundes metonymisch, denn es formt einen Teil unserer ökonomischen Basis, zu der es in Gestalt alimentärer Produkte unmittelbar beisteuert. Gleichzeitig unterscheidet es sich von den Hunden, da Rinder mehr wie Objekte, wie Nicht-Menschen aufgefaßt werden. Hunde besitzen in den Augen ihrer Besitzer, auch wenn sie nur deren Diener sind, eine unaustauschbare Persönlichkeit; es sind Subjekte, die in dieser Eigenschaft den Menschen nahestehen. Man braucht nicht erst an die Hundefriedhöfe oder an den ganzen neurotischen pet-Kult zu erinnern, um sich dies ins Gedächtnis zu rufen. Der abweichende Grad an Ähnlichkeit zum Menschen ist es auch, der über die Hunde ein allgemeines Speiseverbot verhängt, über das Vieh dagegen nicht (s. unten). Die Benennungen für das Vieh entstammen einer Ordnung, die von denen der Vögel und der Hunde erneut abweicht. Es sind deskriptive Namen, die der Bauer seinem Vieh verleiht. Sie geben Auskunft über die Färbung, das Temperament, die Haltung des betreffenden Tiers. Kühe heißen Rustard, Rousset, Blanchette, Douce (ein deutsches Äquivalent: Rosamunde). Es sind metonymische Benennungen, die eher einer syntagmatischen Kette entnommen sind, als einer paradigmatischen Reihe, wie die Namen der Hunde.

Die vierte und letzte Gruppe des Systems, die Rennpferde, formen weder eine eigene Gesellschaft, wie die Vögel, die zur menschlichen Gesellschaft als ganzer eine Metapher liefern: Die Rennpferde sind von den Menschen nicht unabhängig, sind sie doch das Produkt ihrer Züchtung; noch gehören sie der menschlichen Gesellschaft an in einer Weise wie die Hunde oder das Vieh; sie gehören zu einem kleinen Segment von ihr, zu einer erlesenen Klasse, den Leuten, die zur Rennbahn gehen, den Liebhabern des Pferderennens und natürlich den Besitzern der Gestüte. Die Anti-Gesellschaft der Pferde ist die Metapher der geschlossenen Gesellschaft. Dieser exklusive Zug wiederholt sich auf der Ebene der Benennungen. Die Namen der Rennpferde reflektieren einen Eklektizismus, der der hohen Literatur entstammt oder allgemein dem Bereich der Bildung und nicht der mündlichen Überlieferung. Sie sind auf eine radikale Weise individuell: Kein Pferd darf wie ein anderes heißen. Der deskriptive Charakter der Pferdenamen reduziert sich auf die Funktion der Individuation, worin er sich von dem der Viehnamen unterscheidet. Doch analog den Namen des Viehs sind die der Rennpferde auf einer syntagmatischen Kette angesiedelt. Hier ein paar Beispiele: Belle-de-nuit, Bellinzona, Océan, Opéra, Telegraph, Week-end, Lapislazuli, Chamade III, Adhäsion oder als Spitze: Dany Rouge (der französische Rufname von Daniel Cohn-Bendit). Man sieht, es herrscht die vollkommene Willkür. Amüsanterweise nennt Lévi-Strauss das Benennungssystem der Rennpferde das barbarischste, da es nur auf dem Weg der Zerstörung der linguistischen Ordnung zustandekommt.

Lassen sich die Vögel auf einer psycho-soziologischen Ebene als metaphorische Menschen kennzeichnen, die Hunde als metonymische Menschen und das Vieh als metonymische Nicht-Menschen, so kommt den Rennpferden die Stellung metaphorischer Nicht-Menschen zu. Zwischen diesem System der Haltungen und dem System der Benennungen, deren Auseinanderhalten sich bereits im Verwandtschaftskapitel als nützlich erwiesen hatte, gibt es in allen vier Einzelsystemen kohärente Entsprechungen. Wenn die Beziehung zwischen Mensch und Tier sozial als metaphorisch aufgefaßt wird, ist die Beziehung im Benennungssystem metonymisch; wird die Beziehung zwischen Mensch und Tier als metonymisch aufgefaßt, so nimmt das Benennungssystem einen metaphorischen Charakter an. In dieser allgemeinen Formel lassen sich die Einzelsysteme »Vögel und Hunde« beschreiben. Für die Einzelsysteme »Rennpferde und Vieh« kann man sagen, daß einer metaphorischen Beziehung der Tiere zu einer Teilgesellschaft der Menschen eine ebenfalls metaphorische Benennung einhergeht und einer metonymischen Teilhabe der Tiere an der Gesellschaft der Menschen eine metonymische Benennung.

Ohne Zweifel zeigen die voraufgegangenen Skizzierungen lediglich einen generellen Trend an, und man wird für jedes der Einzelsysteme sicherlich eine Anzahl von Ausnahmen finden können, die aus dem System herausspringen. Nur solange sie es statistisch nicht sprengen, können sie hingenommen werden. Den geschlossenen Charakter des Systems faßt die nachstehende Tafel zusammen:

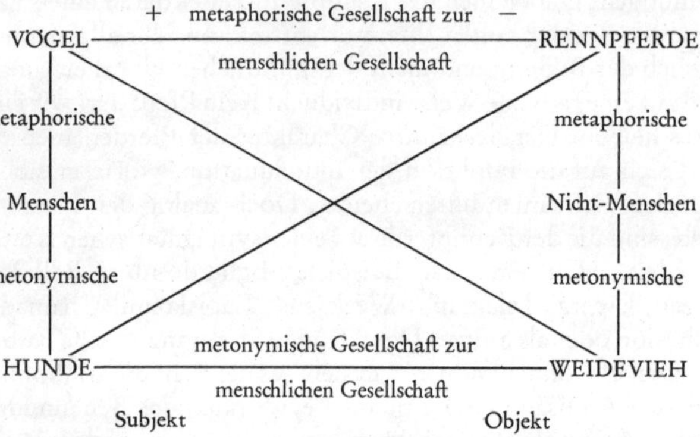


## Tierkategorien und Speiseverbote in England

Ein Beziehungsnetz anderer Art zwischen sprachlichem System und Verhaltensmuster hat Leach für die Tierkategorien in England aufgedeckt. Er konnte zeigen, daß bestimmte Verhaltens-Tabus gegenüber Tieren ihre Parallele haben in bestimmten Sprach-Tabus, daß zwischen Tier-Schimpfworten und dem rituellen Wert der betreffenden Tierkategorien ein Zusammenhang nachweisbar ist. Der rituelle Wert offenbart sich an kanonisierten Tabus, die sich bei den Tieren aufs Töten oder Verspeisen beziehen, also auf zentrale Symptome des sog. Totemismus. Das Ordnungsprinzip, nach welchem das Speiseverbot über Tiere verhängt wird, ist überdies homolog demjenigen, das über den sexuellen Tabus im menschlichen Bereich waltet.

Im Verlauf seiner Untersuchung bietet Leach eine eigene Tabu-Theorie an, die sich durch Einfachheit auszeichnet. Was tabu ist, ist heilig, wertvoll, wichtig, mächtig, gefährlich, unberührbar, schmutzig, unnennbar, in jedem Falle ambivalent. Es sind die angrenzenden Kategorien, die die größte Faszination ausüben und den stärksten Tabus unterliegen. Anders gesagt, tabuiert werden Kategorien, die nicht klar oppositionell getrennt, die doppelsinnig sind[54]. Hat man etwa drei Kategorien A, B und C vor sich, von denen A und B derart voneinaner getrennt sind, daß B = Nicht-A ist, C dagegen Teile von A und/oder B in sich enthält, so ist es die Kategorie C, die tabuiert wird. Als einen ersten universalen Fall von Tabuisierung, an dem er seine Theorie exemplifiziert, nennt Leach die menschlichen Aussscheidungen: Exkremente, Urin, Samen, Menstruationsblut, Spucke, abgeschnittene Fingernägel, Haarabfall, Schweiß und Muttermilch. Sie alle unterliegen in der einen oder anderen Weise einem Tabu. Sie sind schmutzig, erregen Ekel, aber auch geheimes Interesse[55]. Sie können mächtig sein, was ihre häufige Verwendung als magische Medizin belegt. Indem sie aus dem Körper einer Person heraustreten, stellen sie die Frage nach der Grenze des Ichs. Die Ausscheidungen bilden zur ausscheidenden Person eine angrenzende Kategorie. An vielen von ihnen haftet zur gleichen Zeit ein sprachliches Tabu: Nicht die monosyllabischen englischen Namen, sondern nur die lateinischen sind überall aussprechbar: excrements statt shit, urine statt piss, usw. Im Deutschen ist es übrigens ähnlich. Nicht in jedem sozialen Kontext ist es statthaft, populäre Ausdrücke wie Scheiße, Pisse, kalter Bauer, rote Grütze oder Rotze auszusprechen. Indem ich diese Wörter an dieser Stelle ausschreibe, breche ich im Grunde bereits ein derartiges Tabu.

Was nun die Tiere und die sie betreffenden Speiseverbote angeht, so sind es wieder vor allem die unmittelbar angrenzenden oder besonders doppeldeutigen Kategorien, die vorrangig einem Tabu unterstellt sind. Bezüglich der Speiseverbote trifft Leach zunächst eine für die Ethnologie sehr wichtige Unterscheidung. Er fordert dazu auf, zwei Formen von Speiseverboten voneinander abzuheben: 1. Bewußte Verbote, die sich auf eßbare Substanzen erstrekken, die man zwar für eßbar hält, die man aber aus rituellen oder anderen Gründen zu essen verbietet; 2. unbewußte Verbote, die

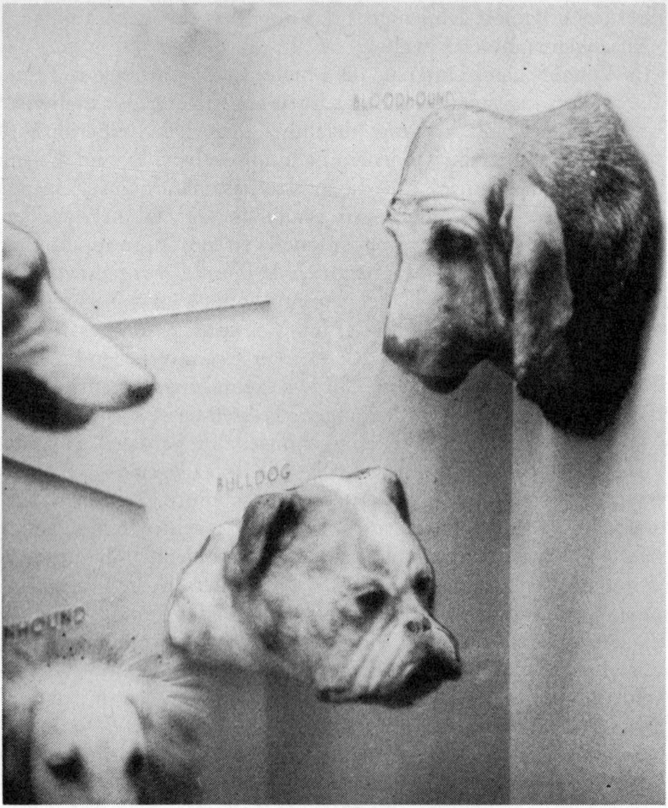


*Tabuverletzung in einem englischen Museum: die an den Menschen angrenzende Kategorie Hund, präpariert wie die entfernte Kategorie Wild (Glasvitrine im Horniman Museum, London)*

sich ebenfalls auf eßbare Substanzen beziehen, die aber innerhalb einer Kultur oder eines Sprachbereichs gar nicht für eßbar angesehen werden. Ein Blick auf die ethnographische Literatur zeigt, daß es meist die erste der beiden Formen war, der sie ihre Aufmerksamkeit schenkte, obwohl die zweite nicht weniger aufschlußreich ist. Zur Gruppe der bewußten Verbote zählen etwa das jüdische Tabu, Schweinefleisch zu essen oder dasjenige der Hindus, Rinder zu verspeisen. Ein Verbot der zweiten Art ist die Auffassung der Engländer (und anderer Europäer) von der Ungenießbarkeit des Hundes. Hunde kann man einfach nicht essen – obwohl in manchen Gesellschaften Hunde gerade deswegen gehalten werden: weil man ihr Fleisch schätzt. Das Tabu, das in England grundsätzlich auf Hundefleisch liegt, hat seine Ursache in linguistischen Kategorien, die mit ihm verknüpft sind. Der Mensch ist sich selbst am nächsten; es bedeutet das grauenvollste Sakrileg, Menschenfleisch zu essen; Mensch und Nahrung sind exklusive Gegensätze; der Hund ist des Menschen Diener und Freund; er ist eine angrenzende Kategorie zum Selbst; Hunde können daher keine Nahrung sein[56]. Die Auffassung, welche die Engländer den Fröschen entgegenbringen, liegt auf halbem Weg zwischen bewußtem und unbewußtem Verbot. Frösche zu essen ist für sie eine verdrehte und dekadente Gourmandise, die man gerade noch den Franzosen zutraut, weshalb diese gelegentlich auch als Frogs bezeichnet werden[57].

Betrachten wir nun das System der tierischen Speiseverbote der Engländer, wie es die nachstehende Tafel wiedergibt. Sie weicht von derjenigen Leachs geringfügig ab[58]:

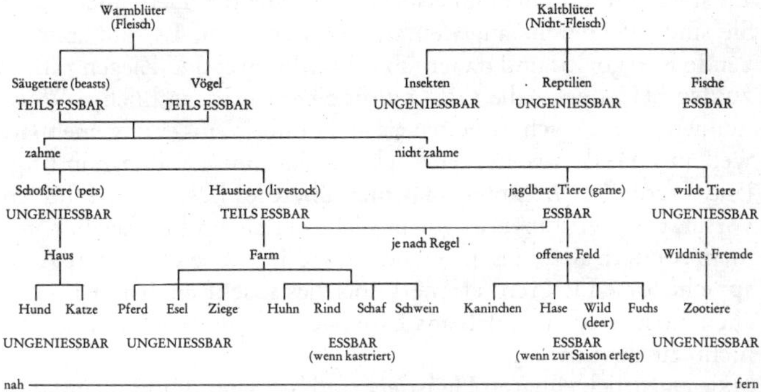


Fleisch stammt von Warmblütern, Nicht-Fleisch von Kaltblütern. Den Warmblütern fühlt sich der Mensch näher verwandt, was sich z. B. am Grad seiner emotionalen Beteiligung beim Töten offenbart. Den Begriff der Grausamkeit wenden die Engländer nur auf Vögel und Säugetiere an. Während es auf der einen Seite humane Mausefallen gibt, macht man sich nichts daraus, Hummern, die neben anderen Krustentieren grob in die Kategorie der Fische eingeordnet werden, in heißes Wasser zu werfen, um sie zu töten[59]. Säugetiere und Vögel sind beide zum Teil eßbar. Unter den Kaltblütern sind nur die Fische genießbar, dies aber grundsätzlich. Leach erwähnt eine einzige Ausnahme: den Salm, der bestimmten Restriktionen unterworfen ist, denn er ist in zweifacher Weise doppelsinnig: Er hat rotes Blut und Fleisch und lebt gleichzeitig in Süß- und Salzwasser. Reptilien und Insekten sind kategoriell tabu. Sie werden als gefährlich und feindlich eingestuft, mit Ausnahme der Biene, der eine quasi sakrale Stellung zukommt. Ein typischer Vertreter der Reptilien ist die Schlange. Sie gilt als besonders gefährlich, denn sie ist besonders abnorm: ein Landtier ohne Beine, das Eier legt und manchmal giftig ist.

Die nach zahmen und wilden unterscheidbaren Warmblüter lassen sich jeweils in zwei Untergruppen aufgliedern; auf der Seite der zahmen Tiere in Schoßtiere, die innerhalb der menschlichen Behausungen leben und in Haustiere, die gewissermaßen am Hause leben; und in Wild und wilde Tiere auf der Seite der nicht-zahmen Tiere. Schoßtiere wie Hund und Katze, die wie eine Metapher des streitenden Ehepaars Mann/Frau im Hause sich aufhalten, sind die am stärksten mit einem Speiseverbot bedachten Tiere überhaupt. Sie sind, wie bereits angedeutet, fast Menschen. Es sind angrenzende Kategorien und daher tabu. Pferde, Esel und Ziegen zählen zu den Haustieren, die nicht unmittelbar die menschlichen Wohnungen teilen. Auch sie gelten als mehr oder weniger ungenießbar, weil auch sie den Menschen noch zu nahe sind. Will man in England Pferdefleisch kaufen, das man überdies bestenfalls Hunden vorsetzt, so wird man es gewiß nicht bei einem butcher bekommen, sondern allenfalls in einer charcuterie[60]. Die verbreitete Aussprache 'orse für Pferd erinnert überdies sosehr an den menschlichen Körperteil arse, daß ans Essen von Pferdefleisch in England nicht zu denken ist.

Die eigentlich eßbaren Haustiere sind Schwein, Huhn, Rind und Schaf. Aber auch sie werden im allgemeinen nur gegessen, wenn sie entweder jung oder kastriert sind. Geflügel des Hauses, also Hühner, Enten, Gänse werden nebenbei bemerkt im System von Leach nicht berücksichtigt. Sie bilden eine analoge Reihe zu Schwein, Rind und Schaf, ohne indessen deren Restriktionen zu teilen. Die von Leach genannte Gruppe eßbarer Haustiere unterliegt einer eigentümlichen Sprachgewohnheit, die schon auf halbem Weg zum Tabu ist. Die Tiere wechseln ihre Namen, wenn sie tote Materie geworden sind, d. h. konsumierbares Fleisch. Bullock wird zu beef, calf zu veal, pig zu pork und sheep zu mutton. Es ist, als fühlte man sich schuldig gegenüber diesen Tieren und wolle, wenn man ihr Fleisch als Nahrungsmittel sieht, lieber nicht an die lebenden Arten erinnert werden.

Unter den nicht zahmen Tieren fällt eine der beiden zusammenfassenden Kategorien, nämlich die der jagdbaren Tiere (game) unter die eßbaren, vorausgesetzt man beachtet wiederum gewisse Regeln. Diesmal beziehen sie sich auf die Jagdsaison. Zu den jagdbaren Tieren zählen einige Vögel wie Moorhuhn, Rebhuhn, Fasan und Wildtaube; Kaninchen und Hasen, sowie einige Arten von Wild. Das Kaninchen und die Taube gehören dabei einer Grenzkategorie an, da sie einmal Haustiere sein können, zum anderen aber, wenn sie auf freier Wildbahn leben, zur Gruppe der nicht eßbaren pests (Landplagen) zählen. Das Kaninchen, wegen seiner notorischen Geilheit ohnehin ein obszönes Tier, hieß im Englischen des 18. Jahrhunderts cunny, was phonetisch dem unaussprechlichen cunt sehr nahe kam. Man wich daher auf den weniger anstößigen Ersatznamen rabbit aus.

Die Grenze von den eßbaren Tieren der freien Wildbahn zu den ungenießbaren, wilden und exotischen Tieren ist mit dem Fuchs erreicht. Er ist ein ungenießbares Tier der freien Wildbahn. Die Fuchsjagd wird mit einem äußerst komplizierten Jagdritual verknüpft, an dessen blutigem Ende das Abschneiden von Kopf und Schwanz des erlegten Tiers steht. Auch hier begegnet man wieder dem Phänomen des Decknamens: der Kopf (head) des Fuchses wird mask genannt, sein Schwanz (tail) brush. Der männliche Fuchs wird auch vielfach als dog bezeichnet, während die Hunde (dogs), die ihn jagen, hounds heißen. Der weibliche Fuchs heißt vixen.

Zwischen den nahen oder verhältnismäßig nahen Tieren und den wirklich fremden, die man im allgemeinen nur aus dem Zoo kennt, besteht bereits auf linguistischer Ebene ein genereller Unterschied. Während die einen in der Mehrzahl einsilbige Namen tragen, sind die Namen der zweiten vorab polysyllabisch: Sie heißen elephant, hippopotamus, rhinoceros, flamingo, crocodile, etc. Sie gelten durchgängig als ungenießbar, wohl nach dem Motto: Was der Bauer nicht kennt, das frißt er nicht. In Übereinstimmung damit sind es die monosyllabischen Tiernamen, mit denen menschliche Qualitäten umschrieben werden, eben weil die Tiere, die mit den einsilbigen Wörtern bezeichnet werden, den Menschen relativ nahe stehen. Viele von ihnen tragen den Charakter von Schimpfnamen, wie bitch (weibl. Hund), cat, pig, swine, ass, goat, cur (dog). Bei manchen schwingt ein obszöner Beiklang mit, wie bei cock = Penis, pussy = weibliches Schamhaar, ass ('orse) = Arsch[61].

Eine merkwürdig heterogene Gruppe von Tieren, was die Arten angeht, aus denen sie sich zusammensetzt, ist in die obige Tafel nicht aufgenommen worden. Es ist die Kategorie der vermin (Schädlinge). Zu ihr zählen laut Wörterbuch: Säugetiere und Vögel, die für die jagdbaren Tiere schädlich sind oder für die Ernte, sowie Füchse, Wiesel, Ratten, Mäuse, Maulwürfe, Eulen, schädliche Insekten, Flöhe, Wanzen, Läuse, parasitäre Würmer, widerliche Personen[62]. Alle Tiere dieser Mischkategorie sind streng tabuisiert.

Faßt man die voraufgegangenen Beobachtungen zusammen, so lassen sich die behandelten Tiere auf einer Achse anordnen, die ihre psycho-soziale Distanz zum Menschen wiedergibt. Aus dem Grad und der Art der Distanz läßt sich ihre Eßbarkeit ablesen.

1. Die Schoßtiere (pets), die dem Menschen am allernächsten stehen, werden in jedem Fall als ungenießbar aufgefaßt.

2. Die Haustiere, welche zum ausgedehnten Haushalt (des Bauern) zählen, aber im allgemeinen nicht die Wohnung des Menschen teilen, sind zum Teil eßbar und zwar zunehmend in dem Maße, wie sie psychologisch gesehen vom Menschen abrücken.

3. Die Tiere der freien Wildbahn, welche unter dem Schutz des Menschen, aber nicht gezähmt, sondern von den menschlichen Behausungen entfernt leben, sind durchweg eßbar, vorausgesetzt man beachtet die Tabus der Schonzeit.

4. Die wilden Tiere, die außerhalb jeder menschlichen Kontrolle stehen, werden wiederum als ungenießbar aufgefaßt.

Leach konnte nun eine zu dieser Reihe fast vollkommen homologe auf dem Gebiet der menschlichen Sexualvorschriften aufdekken. Auch sie orientiert sich an den Polen Nah und Fern.

1. Menschen, die uns als Blutsverwandte am nächsten stehen, wie Brüder und Schwestern, sind sexuell am stärksten tabuisiert.

2. Auf Menschen, die nähere oder weitläufigere Verwandte sind, haftet im allgemeinen ebenfalls ein sexuelles Tabu, das aber weitaus schwächer ist als das erstgenannte. In manchen Fällen werden sexuelle Beziehungen zwischen Personen dieses Distanzgrades sogar gebilligt.

3. Menschen, die keine Verwandten, sondern Nachbarn sind, bil-

den die eigentliche Kategorie der potentiellen Heiratspartner. Hier ist das Inzestverbot völlig aufgehoben.

4. Menschen, die Fremde oder Ausländer sind, werden in der Regel wieder als nicht heiratsfähig betrachtet, zumindest in den ländlichen Gebieten.

Wir beobachten also eine bemerkenswerte Parallelität zwischen zwei Typen von Verbotsketten, einer alimentären und einer sexuellen, die sich auf folgende Weise formalisieren lassen:

| Ego | Schwester | Kusine | Nachbarin | Fremde |
|---|---|---|---|---|
| Ego | Schoßtier | Haustier | Tier der Wildbahn | wildes Tier |
| sexuelles, alimentäres Verbot: ja: + nein: — | + | ± | — | + |

Die Ähnlichkeit der mentalen Attitüde zu beiden Reihen – sexueller und alimentärer Konsumierbarkeit – drückt sich nebenbei auch auf sprachliche Weise aus. Ein älterer juristischer Ausdruck für game war beasts of venery. Venery aber bedeutet nichts anderes als Geschlechtsverkehr, Geschlechtserguß. Und wenn jemand auf sexuelle Eroberung aus ist, so sagt man von ihm: he's hunting for a woman.

Wir stellen also fest: die englischen Speisetabus, die sich auf Tiere beziehen, sind entlang einer Achse strukturiert, deren Extrempunkte das Selbst (Ego) und das vollkommen Fremde markieren. Eine zweite Reihe von Tabus, die sich diesmal auf Heiratsrestriktionen oder allgemeiner auf sexuelle Verbote bezieht, orientiert sich entlang der gleichen Achse. Was an eßbaren Substanzen als genießbar verstanden wird und was nicht und wer an lebenden Personen als sexuell zuträglich aufgefaßt wird und wer nicht, entscheidet sich nach dem gleichen Muster, – einem Muster, das durch Kategorien des Denkens, die sich sprachlich veräußern, zustande gekommen ist.

### *Wissenschaft und konkrete Wissenschaft*

Die Grundlage des Denkens bildet der Wunsch nach Ordnung.

Auch hier ließe sich bei Adam beginnen: Im Anfang war das Chaos, und dem Chaos folgte die Tat, und auf die Tat folgte die Klassifikation, die das aus dem ungestalten Chaos Geschaffene benannte, um es als geordnet zu begreifen. So zumindest bietet sich die Abfolge des ersten Geschehens im christlich-jüdischen Genesismythos dar. Mit der Schöpfung des Lichtes geht die Benennung Tag einher, mit der des Wassers die Benennung Meer, usw. Und die erste Handlung des Menschen im Paradies ist ebenfalls der Akt der Benennung: »Denn als Gott der HERR gemacht hatte von der Erden allerley Thier auff dem Felde / vnd allerley Vogel vnter dem Himel / bracht er sie zu dem Menschen / das er sehe / wie er sie nennet / Denn wie der Mensch allerley lebendige Thier nennen würde / so solten sie heißen / Vnd der Mensch gab einem jglichen Vieh / vnd Vogel vnter dem Himmel / vnd Thier auff dem felde / seinen Namen.« (*Moses* 11, Übers.: M. Luther). Die Ausklassifizierung der Welt geht sogar der Erschaffung von Eva voraus.

Der ordnende Akt der Benennung ist der elementare Bannspruch gegen das Chaos. Selbst ein führender Theoretiker der modernen Taxonomie, der amerikanische Zoologe G. G. Simpson, sagt auf einer der ersten Seiten seines Buches über die Prinzipien wissenschaftlicher Tierklassifikationen: »Das ganze Ziel theoretischer Wissenschaft besteht darin, die begriffliche Reduktion des Chaos zum höchsten, bewußten Grad voranzutreiben . . . Alle theoretische Wissenschaft ist Ordnen . . .[63]«

Die Grundlage des klassifikatorischen Ordnens ist die Logik. Das gilt für die sog. primitiven Systeme in der gleichen Weise wie für die der modernen Wissenschaft. Was an den fremden Klassifikationen befremdet, ist der Umstand, daß ihre Logik nicht immer unmittelbar einsichtig ist. Sie taucht, wie Lévi-Strauss an einem Beispiel der Osage demonstriert, gewissermaßen erst a posteriori auf. Erst die Kenntnis einer vollständigen Kette von Verknüpfungen erlaubt den Einblick auf ihre Logik. Die Osage ordnen alle Lebewesen und unbelebten Dinge drei Grundkategorien zu, die mit dem Himmel, dem Wasser und der Erde in Verbindung stehen. Der Adler wird als ein Tier der Erde klassifiziert. Diese ungewöhnliche Zuordnung klärt sich erst auf, wenn man die ganze Kette der Verknüpfungen verfolgt. Der Adler wird mit dem Blitz assoziiert, der Blitz mit dem Feuer, das Feuer mit der Kohle und die Kohle mit der Erde. Es leuchtet daher ein, daß der Adler als einer der »Herren der Kohle« zu den Lebewesen der Erde zählt[64].

Die verbreitetsten Prinzipien der taxonomischen Ordnungen sind die der Angrenzung und Ähnlichkeit. Allein die Achsen, auf welchen sie arbeiten, sind nicht immer die gleichen und manche der eingeborenen Einteilungen arbeiten auf mehreren zugleich. Was Claudine Friedberg von den Pflanzen sagt, gilt für andere Klassifikationen sicherlich auch: »Der Unterschied zwischen eingeborenen und wissenschaftlichen Klassifikationen besteht darin, daß letztere den Standpunkt eingenommen haben, jeder Pflanze nur einen einzigen Platz zuzuweisen[65]«. Die eingeborenen Klassifikationen teilen die Pflanzen z. B. nach morphologischen Gesichtspunkten ein, nach solchen der Nützlichkeit, des Anbaus, der religiösen Funktionen, usw., ohne daß der Ethnograph von vorneherein weiß, auf welcher dieser Achsen oder am Schnittpunkt welcher Achsen gerade eine zur Debatte stehende Pflanze rangiert. Damit aber ist er keineswegs in einer hilfloseren Position als der reine Wissenschaftler. Hören wir noch einmal C. Friedberg: »Gefangen zwischen Chemie, Genetik, Ökologie, Paläontologie, usw. erscheint der moderne Taxonomiker angesichts der zahlreichen Fazetten der vegetalen Welt ebenso entwaffnet wie der Ethnobotaniker, der zu erfassen versucht, wie eine vegetale Welt organisiert ist, die der Eingeborene gleichzeitig mit seiner Erfahrung als Landwirt, seinen Nahrungsbedürfnissen, seinen Beobachtungen über Morphologie und Ökologie der Pflanzen und ihrer technischen Verwendbarkeit angeht, nicht zu sprechen von der Rolle, die sie in der Mythologie und im Ritual spielen.[66]«

Feststellungen dieser Art eröffnen für die kognitive Anthropologie oder die Ethnoscience eine Reihe von Fragen, die sich folgendermaßen formulieren lassen:

Welches genau sind in einer gegebenen Kultur die Achsen, auf denen ein Ordnungssystem errichtet ist?

Gibt es und welcher Art sind die Korrespondenzen zwischen folk Taxonomien und solchen der Wissenschaft?

Ist es möglich, von einer kulturbezogenen (emischen) zu einer kulturfreien (etischen) Behandlung der folk Klassifikationen überzugehen? Von zahlreichen folk Klassifikationen sind die eine oder andere Achse, auf denen sie sich bewegen, bekannt. Sie erlauben, die praktische oder religiöse Funktion eines Tiers oder einer Pflanze zu erklären. So weiß man z. B., daß die Dogon das Pflanzenreich in 24 (22+2) Kategorien einteilen, die wiederum geeignet sind, das Universum der Dogon zu klassifizieren. Aber man weiß nicht, wie die Dogon eine Pflanze von einer anderen unterscheiden, noch welche Beziehung die betreffende Pflanze zur übrigen Pflanzenwelt unterhält. Mit anderen Worten: Man kennt das botanische System nicht.

Seit der epochemachenden Dissertation von Conklin, in der konkret die Stellung einer jeden Pflanze aus dem botanischen Universum der Hanunóo (Philippinen) heraus definierbar wurde und in der allgemein den Eingeborenen ein längst fälliges wissenschaftliches Zeugnis ausgestellt wurde über ihr ungeheueres Wissen und das sprachliche Repertoire, dieses Wissen auszudrücken, sind eine Reihe von Arbeiten erschienen, die sich speziell den Beziehungen zugewandt haben, die zwischen folk Taxonomien und biologischen Klassifikationen zu bemerken sind.

So untersuchte R. Bulmer die Tierklassifikationen der Karam aus New Guinea, wobei er besonders auf die Größenordnungen der Kategorien achtete. Die Kategorien teilte er nicht mehr nach Stamm, Klasse, Ordnung, Familie, Gattung, Art, Varietät ein, sondern sprach von primären, sekundären, tertiären und End-Taxa (terminal taxa), von denen letztere die nicht mehr unterteilbaren Endkategorien abgeben. Bulmer zählte bei den Karam insgeamt 415 Endtaxa für Tiere, von denen 353 tatsächlich in der näheren ökologischen Umgebung der Eingeborenen vorkommen. Die Endtaxa der Karam zeichnen sich durch drei Charakteristika aus: In nahezu allen Fällen sind sie morphologisch voneinander unterscheidbar; für fast jedes Endtaxon kann das Habitat angegeben werden; die Endtaxa haben nahezu alle einen eigenen Lockruf[67]. 66 der Endtaxa lassen sich nur in eine einzige höhere Kategorie einordnen, in die Kategorie tap = »Ding, etwas«. Die restlichen 349 Endtaxa fallen in 28 benannte Gruppen, in primäre, sekundäre, usw. Taxa. Die umfangreichste dieser Kategorien, yakt, bezieht sich auf Flugvögel und Fledermäuse und schließt 181 Endtaxa ein. Die zweitgrößte, as, bezieht sich auf Frösche, kleine Beuteltiere und Nagetiere und umfaßt 35 Endtaxa. Die nächste, kum, bezieht sich auf größere Beuteltiere und andere Nager und umfaßt 30 Endtaxa. Die nächste, jong, bezieht sich auf Grillen und Grashüpfer und umfaßt 20 Endtaxa. Die restlichen Kategorien umfassen jeweils zwischen 11 und 2 Endtaxa. Für eine der zoologischen Kategorien, für die Wirbeltiere, zog Bulmer einen statistischen Vergleich zwischen den wissenschaftlichen Spezies und den eingeborenen Endtaxa. Für ca. 60 % der Fälle stellte er eine 1:1-Entsprechung fest, die restlichen 40 % waren entweder unterdifferenziert oder überdifferenziert.

Zu einem stark modifizierten Resultat kamen Berlin, Breedlove und Raven in ihrer Untersuchung der Klassifikation von Vaskularpflanzen unter den Tzeltal-sprachigen Indianern aus Tenejapa, Chiapas, Mexiko. Von den ca. 1500 botanischen Spezies der Gegend benannten die ortsansässigen Informanten in ihrer eigenen Sprache etwa 1000 Endtaxa. Von diesen deckten sich etwa 34 % mit denen der Wissenschaft, ca. 41 % waren ihr gegenüber unterdifferenziert, und die restlichen 25 % waren überdifferenziert. Hier ein paar Beispiele lexikalischer Differenzierung in beiden Benennungssystemen:

| Tzeltal Spez. Namen | botanische Klassifikation |
| --- | --- |
| 1:1-Etsprechungen | |
| balamk'in | Polymnia maculata Cav. (compositae) |
| kašlanbok | Brassica oleracea L. (Cruciferae) |
| ašuš | Allium sativum L. span.: ajos |
| íko | Ficus carica L. span.: (ígo) jhigo |
| Unterdifferenzierungen | |
| ahate es | Archibaccharis flexis Blake (compositae)<br>Gaultheria odorata Willd. (Ericaceae)<br>Ugui montana (Benth.) Berg (Myrtaceae)<br>Vaccinium leucanthum C. & S. (Ericaceae) |
| Überdifferenzierungen | |
| cahal šču il čenek'<br>k'anal šču il čenek'<br>jhk'al šlumil čenek'<br>cahal šlumil čenek'<br>sakil šlumil čenek' | Phaeseolus vulgaris L. (Leguminosae) |

Verglichen mit den Zahlen von Bulmer sind die Abweichungen der eingeborenen Endtaxa von den biologischen Spezies bei den letztgenannten Autoren erheblich höher. Die beiden Tatsachen, daß es sich um unterschiedliche Kulturen und um Pflanzen im einen und um Tiere im anderen Fall handelt, können allein nicht ausreichen, den Grad solcher Abweichung zu erklären. Vielleicht liegt er in den Ungenauigkeiten der Feldforscher.

Als wichtigstes Resultat ihrer Studie stellten Berlin, Breedlove und Raven fest, daß es eine starke positive Korrelation zwischen der kulturellen Bedeutung einer Pflanze gibt und dem Grad ihrer lexikalischen Differenziertheit. Dies ist für den Feldforscher ein einfacher Hinweis: Wo er in einem Benennungssystem auf einen hohen Grad an Differenzierung stößt, kann er einen entsprechend hohen Grad an kultureller Intensität erwarten.

Mag es in den Gebieten der Ethnobotanik und der Ethnozoologie auch weiterhin vornehmlich darum gehen, Systeme aus ihren eigenen Begriffen heraus und aus dem Verhalten der Träger der betreffenden Kulturen zu erklären, so können einem Diktum Sturtevants zufolge folk Klassifikationen letzten Endes doch nur voll verstanden werden, wenn man sie in eine kulturfreie Beschreibung übersetzen kann. »Eine emische Beschreibung sollte letztlich anzeigen, welche etischen Züge lokale Bedeutung haben«, ist der erste Schritt eines solchen Programms[70].

Der Weg, den die Ethnoscience vor sich hat, auf dem die *Pensée sauvage* und andere Untersuchungen zu primitiven Klassifikationen wichtige Auslöserfunktion übernommen haben, zeigt noch zahlreiche leere oder spärlich besetzte Felder. Studien zur Verwandtschaftsterminologie mit den Mitteln der Komponenten-Analyse, Arbeiten zur Farbenterminologie, ethnozoologische, ethnobotanische und ethnomedizinische Untersuchungen liegen zum Teil bereits vor. Ebenso Studien über die Bedeutung des Raums in interpersonalen Beziehungen (Proxemics, nach Hall) oder über die Geruchstaxonomien (so die Arbeit von Aschmann über die Geruchskategorien einer mexikanischen Population, wo 8 primäre Geruchskategorien mit eigenen Wortwurzeln unterschieden werden, die sich ihrerseits wieder in spezifische Gerüche unterteilen, für die es in europäischen Sprachen keinerlei Äquivalent gibt, so daß man sich darauf beschränken muß, Dinge zu nennen, die so riechen, wie die dort mit Worten bezeichneten Gerüche). Sieht man einmal von Lévi-Strauss ab, der sein eigenes Œuvre erklärtermaßen in den Dienst der Vereinigung von Sinnlichkeit und Intellekt gestellt hat, so fehlen Arbeiten über die verzweigten Bereiche der Wissenschaft des Konkreten fast völlig: der Organisation und Ausschöpfung der sinnlichen Welt in Ausdrücken des Sinnlichen, die keineswegs ein schlechteres Denken verraten als die Ausdrücke der begrifflichen Sprachen. Es war kein Geringerer als der spätere Präsident des Mainzer Jakobinerclubs, Georg Forster, der 1788 auf Bitten Lichtenbergs einen kleinen Traktat *»über Lekkereyen«* verfaßte und darin die Verfeinerung des Geschmackssinns als ein Resultat des Nachdenkens pries. Sinnlichkeit war für ihn ein Ausdruck revolutionärer Aufklärung, und der Weg von der Sorge für den Magen zur Sorge für den Gaumen ein Fortschritt im Denken[71]. Weshalb gerade dieser Mann in meinen Augen als die Verkörperung der ethnologischen Tätigkeit gelten kann, möchte ich in einer abschließenden Skizze dartun, ohne dabei im geringsten das Gefühl zu haben, den Blick in die Vergangenheit zu werfen.

### *Der Ethnologe als Klassifikateur*

Es gibt ein Gemälde aus der Hand des Porträtisten John Fancis Rigaud aus dem Jahre 1780, das die beiden deutschen Naturforscher Johann Reinhold Forster und dessen Sohn Georg Forster während ihrer Reise um die Welt wiedergibt, die sie, finanziert von der damaligen britischen Regierung, in den Jahren 1772-75 an Bord des von Captain James Cook kommandierten Schiffes The Resolution unternahmen. Das Thema des Bildes hat die Qualität eines Emblems.

Vater und Sohn befinden sich offensichtlich auf einer der pazifischen Inseln: Exotische Pflanzen und Bäume im Hintergrund, sowie ein einheimisches Segelboot in einer stillen Bucht setzen die geographische Stimmung der Szenerie fest. Im Vordergrund die beiden Forscher: Reinhold Forster, stehend, hält einen fremdartigen Vogel in seiner rechten Hand, den Georg Forster, sitzend, beschreibt. Eine Reihe anderer Vögel, die neben den beiden Wißbegierigen liegen, ist, wie es scheint, bereits beschrieben und katalogisiert worden. Der Blick des alten Forster fällt aus dem Bild heraus auf den Betrachter, während der Junge, zur Zeit der Darstellung etwa 18 oder 19 Jahre alt, sich intensiv auf das Exemplar der fremden Vogelgattung konzentriert. Auf seinem Schoß hält der jugendliche Wissenschaftler einen Notiz- oder Zeichenblock, auf den er das, was er sieht, überträgt. Ob er sein Sujet abzeichnet oder von ihm ein sprachliches Bild entwirft, ist aus dem Gemälde nicht eindeutig abzulesen. Man weiß: der junge Forster war ein exzellenter Zeichner. Seine 78 Pflanzenbilder in den gemeinsam mit seinem Vater herausgegebenen *Characteres Generum Plantarum quas in Insulis Maris Australis Colleg.*, London 1776, dokumentieren dies nicht weniger als die verschiedenen Abbildungen ergologischer und technologischer Kulturobjekte aus der Südsee, wie Pfeil und Bogen, Schmuck und Rohrflöte von den Neuen Hebriden, Keulen, Streitkolben, Spieße, Wurfschleudern, Kämme, Beile und Äxte aus Neu Kaledonien, die sein erstes Werk, die Reise um die Welt, illustrieren. Er war aber auch ein Meister des geschriebenen Wortes, vielleicht der einzige materialistische Poet der Ethnographie in deutscher Sprache, wofür wiederum die *Reise um die Welt* als ein einzigartiges Monument aus der Geschichte der Beschreibungsliteratur herausragt – das deutsche Brevier des Ethnologen.

Das erwähnte Gemälde faßt mit einem Wort in Szene, was als die elementare Tätigkeit der beiden großen Naturforscher – und stellvertretend für unzählige andere – gelten kann: sie klassifizieren. Die sichtbare Welt des bis dahin Unbekannten erfassen, ein Bild von ihm geben, es benennen und ihm innerhalb eines systematischen Rahmens einen Platz zuweisen – die Arbeitsgänge der klassifikatorischen Aktivität –, hat Georg Forster in vielseitiger Weise vorgeführt. Die Beschreibung und Zuweisung fremder Arten von Fauna und Flora standen im Rahmen seiner wissenschaftlichen Produktion in der gleichen Reihe wie die Behandlung anthropologischer Gegenstände: Gebräuche und Sitten, Habitat und Ökonomie, materielle Kultur und physische Erscheinung der Eingeborenen wurden von Forster mit einem klassifikatorischen Eifer behandelt, der demjenigen übergangslos entsprach, den er an den eigentlich naturwissenschaftlichen Sujets an den Tag legte. Ob er eine botanische Abhandlung über den Brodbaum (1789) verfaßte oder sich in seiner Entgegnung gegen Kant: *Noch etwas über die Menschenraßen* (1786) mit der Frage auseinandersetzte, ob diese als Spezies oder als Varietäten zu verstehen und nach welchen Prinzipien die menschlichen Rassen überhaupt gegeneinander abzuheben seien, in jedem Fall war Forsters Impetus der gleiche: einen logischen Weg zu finden, die Welt in einer Ordnung zu beschreiben. Und mit diesem Impetus wies er der Anthropologie nicht nur den Weg in eine allgemeine Naturkunde, sondern bezeugte auch ihre Verwandtschaft mit ihrem eigenen Gegenstand: Ethnologe und Eingeborener treffen sich dort, wo sie sich auf die Grundlagen ihres Denkens beziehen, aufs Klassifizieren.

# V
# Die Behandlung der Mythen

*Die Ökonomie als eine der Quellen mythischer Produktion*
*Saisonbedingte Olachenfischerei am Nass-Fluß (Tsimshian-Indianer, B. C., Kanada, s. S. 274ff.; Photo R. Maynard, ca. 1884)*

»Je n'avais pas compris que le mythe est avant tout une réalité et une néccessité de l'esprit, qu'il est le chemin de la conscience, son tapis roulant.«

Louis Aragon, *Le Paysan de Paris*

Fast alle nennenswerten Ethnologen haben sich irgendwann einmal mit den Mythen auseinandergesetzt. In der Tat formt die Mythologie einen zentralen Bereich ihres Metiers. Es widerspricht dabei nicht den Erwartungen, daß sie die Mythen von der gleichen theoretischen Warte aus behandelt haben wie zuvor andere Bereiche auch. Wer ein Kulturobjekt wie den Tomahawk als Diffusionist in die Hände nimmt, wird auch die Mythen als solcher betrachten. Von dieser Feststellung hofft das folgende Kapitel zu profitieren. Indem ich verschiedene Richtungen der Mythenforschung im Anriß vorstelle, zeichne ich zugleich die Konturen epistemologischer Standorte nach. Das gilt nicht nur für den ersten Teil, sondern ebenso für den exklusive dem Strukturalismus gewidmeten zweiten.

Nun ist es möglich, die diversen Richtungen der Mythenanalyse nach verschiedenen Gesichtspunkten anzuordnen: rein chronologisch oder nach thematischer Orientierung; hier wiederum könnte man die Symbolisten von den Funktionalisten oder die Psychologen von den Soziologen trennen. Ich habe eine andere Abfolge gewählt: Ich betrachte die Mythenschulen von der Gegenwart aus, von demjenigen theoretischen Blickpunkt, der heute maßgeblich ist. Je weiter frühere Positionen vom Strukturalismus folglich abweichen, desto weiter habe ich sie in der Erörterung von ihm abgerückt, sofern dies mit dem Fluß der Darstellung zu vereinbaren war[1]. In gewissem Sinne also ist die Abfolge qualifizierend, auf jeden Fall ist sie parteiisch.

Es war V. Bérard, einer der bekanntesten Mythologen des ausgehenden 19. Jahrhunderts, der jeder Methode ein gewisses Recht zusprach: eine jede könne zu einer Seite der Wahrheit führen, und die Vervielfältigung der Betrachtungsweisen vervollständige das Bild der Wahrheit[2]. Eine versöhnliche und optimistische Annahme. Zugunsten des Friedens im Hause der Wissenschaft verschweigt sie indes, daß es auch Positionen gibt, die die Wahrheit verfälschen. Meist sind es die, welche auf ihre Intuitionen pochen, die an die Stelle des Beweises die Mutmaßung setzen, an die Stelle der Logik die Einfühlung. Diese Verlockung scheint bei den Mythen besonders groß zu sein. Sie verlangt, auch den Widerstand zu verstärken. Die offenkundige Einseitigkeit, mit der einzelne Myththeorien bisweilen verfochten wurden, sind hierbei gar nicht einmal angesprochen. Man nimmt sie schon als einen gewohnheitsmäßigen anthropologischen Fehltritt hin; er resultiert oft aus der Sucht, den Einzelfall, den man gerade kennt, zur universalen Norm zu erheben.

## *Ältere Richtungen der Mythenforschung*

### Die Naturmythenschule: Mannhardt, Müller, Gatschet

Die Naturmythenschule von Mannhardt, Müller, Gatschet und anderen ging von einer ohne Zweifel zutreffenden Beobachtung aus, nämlich davon, daß sich viele Mythen mit der Entstehung von Naturphänomenen beschäftigen. Tatsächlich handelt die Mehrzahl der Mythen an der einen oder anderen Stelle vom Ursprung der Welt und den lebenden Wesen und toten Körpern in ihr. Bevorzugte Objekte sind die Himmelskörper: Sonne, Mond und Sterne, hervorstechende geographische Gebilde, die Elemente, die Pflanzen, Tiere und Menschen, aber auch meteorologische und jahreszeitliche Phänomene. Die Naturmythologen nun wollten die Mythen als den primitiven Versuch verstanden wissen, alle diese Phänomene zu erklären. Die Geschichte vom Mann im Mond etwa wäre demnach nichts weiter als die Erklärung der Mondkrater. Die gleiche Funktion käme nach naturmythologischer Auffassung auch der Geschichte des Mondes auf Entenjagd zu, welche sich die Matako-Indianer vom Gran Chaco erzählen. Danach ging Sonne als Ente verkleidet auf Entenjagd. Sie war sehr erfolgreich. Zurückgekehrt, gab sie ihrem Freund Mond eine der erbeuteten Enten ab. Doch da Mond diese zu alt und zäh fand, machte er sich selbst auf die Jagd. Obgleich Mond sich der gleichen Fangtechnik wie Sonne bediente, blieb er, da die Enten mittlerweile Verdacht geschöpft hatten, ohne Erfolg. Die mißtrauischen Enten forderten den ebenfalls als Ente verkleideten Mond auf, gleich ihnen sein Geschäft zu verrichten. Als sie merkten, daß seine Exkremente weitaus mehr stanken als die ihren, griffen sie ihn vereint an und quetschten ihm den Körper aus. Die heutigen Mondschatten sind die blauen Narben des Zugriffs der Enten auf seinem Bauch.

Dies nur zwei der zahllosen Beispiele über die Entstehung der Mondschatten, die trotz ihrer völligen Verschiedenheit nach Maßgabe der Naturmythenschule eine einzige und gleiche astronomische Botschaft enthalten. Warum aber dann so unterschiedliche Geschichten? Nur wegen der kulturellen Unterschiede? Verflüchtigen sich die Inhalte der Mythen, wenn sie nur der Naturerklärung dienen, nicht zu einem rein ornamentalen Wortschwall? Es heißt, die Mythen nicht ernst nehmen, wenn man sich weigert, dem zuzuhören, was sie erzählen. Mit dem gleichen Recht, wie die Naturmythologen behaupteten, die Mythen erklärten auf ihre Weise nur die Erscheinungen der Natur, ließe sich auch eine entgegengesetzte Hypothese aufstellen: die Mythen bedienten sich der Naturerscheinungen nur, um menschliche Probleme zu verschlüsseln. Genau diese These ist später von der Psychoanalyse wiederholt formuliert worden. Für Abraham waren die Naturmythen nichts weiter als die Projektion der menschlichen Phantasien an den Himmel und nach Rank und Sachs waren die astralen Mythen für die Naturmythenschule ein willkommener Anlaß, alles Anstößige ins All zu verlagern[3].

Selbstverständlich liefert die Natur in reichem Maße mythische Stoffe, aber nicht sie ist es, um die es dabei geht: die Naturphänomene sind lediglich das Mittel, mit Hilfe dessen die Mythen ein Problem der menschlichen Welt in Angriff nehmen. Dieses Mittel ist nicht physischer oder biologischer Natur, sondern logischer[4]. Es wäre unsinnig zu leugnen, daß Mythen, die von Himmelskörpern etwa handeln, sich nicht eines astronomischen Codes bedienten – das ist allzu offensichtlich – es heißt aber die Mythen einschränken, wenn man ihnen nicht einräumt, daß sie zugleich verschiedene Botschaften übermitteln, die sich überdies oft genug mehr als eines einzigen Codes bedienen[5].

### Die historische Schule: Thompson, Demetracopoulou, Boas

Die historische Schule suchte nach Ähnlichkeiten zwischen Mythen verschiedener geographischer Provenienz. Ihre erste Aufgabe sah sie darin, ein gemeinsames mythisches Verbreitungsgebiet einzugrenzen. Im Gefolge der finnischen Motivforscher war es vor allem Stith Thompson, der eine stehende Methodologie entwickelte. Sie bestand in folgenden Arbeitsphasen: Er zergliederte zuerst die mythische Erzählung in Motive und Episoden und stellte darauf bestimmte Motivgruppen zusammen. Einige davon waren: Tiermotive, Tabus, Magie, Rückkehr der Toten, Wunder, Ogern und Kannibalen, Prüfungen und Tests, der Weise und der Narr, Raub, Sieg der Schwachen, Glück, Gefangene und Flüchtlinge, Sexualität, etc.[6]. Dann übertrug Thompson die Distribution der Motive auf eine Verteilungskarte, errechnete ihre Frequenz und schuf für jeden Mythos und seine Varianten eine aus einem Mittelwert hergestellte Geschichte, die für ein bestimmtes Gebiet als mehr oder minder verbindlich angesehen wurde. Thompsons Mittelwert deckt sich im übrigen zum Teil mit der sog. Durchschnittssage von Rank wie letzterer sie im Mythos von der Geburt des Helden konzipierte. Letztes Ziel der historischen Methode war es, eine Naturgeschichte der mythischen Erzählung ex post facto zu konstruieren.

Franz Boas, auch er ein Vertreter der historischen Mythologie, drehte die Forschungsrichtung in gewissem Maße um: statt von der Gegenwart in die Vergangenheit, postulierte er, von der Gegenwart in die Zukunft zu forschen: Interessiert am Entstehungsprozeß der Mythen, forderte er dazu auf, lebende Mythen in statu nascendi zu studieren[7]. Er hoffte, mit seinen Arbeiten eine Hypothese zu bestätigen, daß nämlich Ideen, Mythen und andere Phantasieprodukte weit seltener selbständig entstehen, als daß sie durch Dissemination weitergereicht werden. Den ready-made-Adoptionen von Mythen bei benachbarten Stämmen räumte er dabei eine geringere Häufigkeit ein, als der modifizierenden Übernahme. »Es scheint, als seien mythologische Welten errichtet worden, nur um wieder eingerissen zu werden und daß neue Welten aus den Fragmenten errichtet wurden.[8]« Für die Modifikationen führte er soziale Gründe an. In dem Maße, wie Boas dem Verdacht konjekturaler Geschichtsschreibung dadurch entging, daß er nur belegte Geschichte zu Rate zog, war er auch sonst vorsichtig bei der Anwendung seiner Methode. So ließ er den Vergleich von Ähnlichkeiten zwischen Mythen nur in zusammenhängenden geographischen Arealen gelten und den linguistischen Namensvergleich als Beweismittel für Mythenentlehnung qualifizierte er als unzureichend ab.

Auch die strukturale Mythenforschung sucht oft nach Ähnlichkeiten: semantischen, linguistischen, logischen. Aber sie stellt keine historischen Fragen, die entweder ohnehin Bekanntes wiederholen oder vage Vermutungen aussprechen: »Wir suchen nicht das Warum dieser Ähnlichkeiten, sondern das Wie.[9]« Auffallenderweise hat Lévi-Strauss keine mythologische Richtung mit mehr Aufwand kritisiert, vor allem in seinen beiden letzten Bänden, als gerade die historische. Das hat Gründe, die nicht sosehr in seiner vielzitierten Geschichtsfeindlichkeit zu suchen sind. Sie liegen in folgenden Einwänden: 1. Die historische Schule zergliedere nach Belieben die Mythen in Motive, Ereignisse und Elemente, ohne nach notwendigen Beziehungen zwischen ihnen zu forschen, (10, S. 186); 2. sie handhabe diese Motive als losgelöste Glieder, ohne nach ihrer Bedeutung zu fragen, (10, S. 187 und 326)[10]; 3. sie definiere den Mythos als einen isolierten Diskurs, statt ihn als lokalen und augenblicklichen Zustand einer Transformationsgruppe zu verstehen, (11, S. 52, vor allem gegen Demetracopoulou gerichtet); 4. sie überspiele die Unsicherheiten der historischen Rekonstruktionen (10, S. 169). »Da, wo die historische Schule zufällige Verbindungen und die Spuren einer diachronischen Entwicklung zu orten sucht, haben wir ein einsichtiges System in der Synchronie entdeckt. Da, wo sie Begriffe inventarisiert, haben wir nur Beziehungen festgestellt. Da, wo sie unkenntliche Trümmer oder zufällige Anhäufungen sammelt, haben wir bezeichnende Kontraste zutage gefördert.[11]«

Trotzdem hält Lévi-Strauss die Forschungen der Historiker selbst in der Mythologie nicht für überflüssig. Sie sind als Vorarbeit oft unabdinglich, z. B. wenn es um geographische und ethnische Abgrenzungen, um historische Wanderungen, um genealogisches Material, kurz um Fakten geht, die in der einen oder anderen Weise die Mythen als Realien umgeben. Umgekehrt vermag die strukturale Mythenforschung die der Historiker zu beleben: »Denn indem sie zwischen den Mythen ungeahnte Verbindungen sichtbar macht und indem sie die Varianten in einer Ordnung einstuft, die zumindest die vorgeschriebene Richtung gewisser Passagen suggeriert, stellt sie Probleme an die Geschichte, die diese anregen, Hypothesen in Betracht zu ziehen, von denen sie vielleicht nicht geträumt hätte, und sie gibt ihr so fruchtbarere Hilfestellung, als wenn man sich darauf beschränkt hätte, schlichtweg seine Resultate zu verzeichnen.[12]«

## Die Ritustheorie: Malinowski, Preuss, Kluckhohn, Raglan, Hyman

Die verschiedenen Ritustheorien, welche seit dem Ende des vorigen Jahrhunderts von Ethnologen formuliert wurden, beruhen zumindest auf einer gemeinsamen Annahme: daß zwischen Riten und Mythen Beziehungen der Homologie bestehen. Sie alle vereinigt so oder so der Gedanke, daß die einen Abbild der anderen seien, entsprechend ihren medialen Gegebenheiten. Auch hier konnte die Frage nicht ausbleiben, welcher von beiden der ursprünglichere sei, Ritus oder Mythos. Für Bérard und Frazer war die Antwort gleichermaßen eindeutig. Der eine sah in den Mythen eine Übersetzung von vorher existierenden Riten in Bilder und visionäre Geschichten und dem anderen zufolge ging die Mythologie eindeutig aus heiligen Dramen, also Riten, hervor. Andere drehten den Spieß genau um und sahen in den Riten im Nachhinein dramatisierte Illustrationen von Mythen. Bei Preuss vereinigen sich die beiden Positionen. Er gestand ein, daß ein Mythos einen Ritus hervorrufen könne, doch sei keineswegs nachzuweisen, daß er dies immer tue. Auf der anderen Seite könne das Erzählen eines Mythos selbst eine Kulthandlung sein. So hätten beispielsweise die mythisch-religiösen Erzählungen der Cora zum Teil magisch-rituellen Charakter. Die Beziehungen von Ritus zu Mythos seien am treffendsten mit der Feststellung gekennzeichnet, daß vom Mythos die Beglaubigung des Ritus abhänge[13]. Im Mythos werde erstes Geschehen mitgeteilt, das aufgrund seiner Urzeitlichkeit außerhalb der Kritik stehe. Der Mythos schaffe somit, wie Malinowski sich ausdrückte, den Präzedenzfall[14]. Dies sei die wichtigste kulturelle Funktion der Mythen.

Doch selbst, als man die entstehungsgeschichtlichen Fragen nach der Herkunft der Mythen von den Riten oder der Riten von den Mythen vergessen hatte, blieb die Vorstellung nach einer direkten Korrespondenz erhalten. Kluckhohn erkärte sie sich aus einer gemeinsamen psychologischen Grundlage: in beiden würden elementare Bedürfnisse vorgetragen; der Mythos rationalisiere, der Ritus dramatisiere sie[15]. Andere begriffen die Riten als gelebte Mythen. Malinowski, der den Mangel an Arbeiten über die soziale Funktion der Mythen beklagte, verstand sie als die dramatisierte Entwicklung ideologischen Dogmas, was er ebensogut von den Riten hätte sagen können. Bei seinen wiederholten Bemühungen, die

Mythen in ihren sozialen, rituellen und ethischen Auswirkungen vorzustellen, verfiel er schließlich selbst ins Dogma: »Ich würde sagen, daß ein Mythos, der nicht im Ritus ausgedrückt wird, kein Mythos ist, sondern lediglich eine Altweibergeschichte.[16]«

Jensen betrachtete Kult und Mythos als gestaltete Welterkenntnis. An einem von Preuss entlehnten Beispiel versuchte er zu zeigen, daß diese Gestaltungen oft unmittelbar aufeinander abfolgen und sich in gewissem Grade verdoppeln. Die Uitoto (Südamerika) feiern zu bestimmten Gelegenheiten ein Ballspielfest. In den Nächten werden Mythen rezitiert, deren Gegenstand das Ballspiel ist. Tagsüber spielt man dann wirkliche Ballspiele, die von rituellen Handlungen begleitet werden, die Teil der Spiele selbst sind[17].

Die beiden bekanntesten Vertreter der Ritustheorie der Mythen, Lord Raglan und Hyman, wurden maßgeblich von Fontenrose kritisiert. Er nannte ihre Thesen apodiktisch[18]. Denn an keiner Stelle ihrer Arbeiten würden Mythen hinreichend detailliert analysiert und mit den angeblich entsprechenden Riten konfrontiert. In der Tat läßt sich nachweisen, daß zahlreiche Mythen keinerlei Entsprechungen im Ritus besitzen, also nicht als verwortete Riten oder rituelle Texte verstanden werden können. Das aber schließt in keiner Weise aus, daß es zwischen diesen beiden Bereichen des symbolischen Ausdrucks oft genau bestimmbare Korrespondenzen gibt. Es kommt nur darauf an, sie auch genau zu bestimmen.

Einige Versuche dieser Art hat Lévi-Strauss unternommen. In zwei Studien[19] über die Beziehungen zwischen Ritus und Mythos bei den nordamerikanischen Pawnee-Indianern mußte er zunächst feststellen, daß es eine direkte Entsprechung zwischen Mythos und Ritus nicht gibt. Es gibt keinen Mythos, der den Ritus begründet, indem er sich als dessen ideologische Projektion ausweist. Ebenso gibt es keinen Ritus, der den Mythos in Aktionsbildern illustriert. Mythos und Ritus verdoppeln sich also nicht bei den Pawnee. Dennoch sind sie einander komplementär. Sie können in dialektischer Weise zueinander in Beziehung treten. Um eine solche Dialektik zu erkennen, reicht es oftmals aber nicht, sich auf die Mythen und Riten eines einzigen Stammes zu beschränken. Man muß den Kreis der Ermittlungen erweitern. Dies hat Lévi-Strauss in einer anderen Studie[20] über die beiden Nachbarstämme der Pawnee, die Hidatsa und Mandan, unternommen. Er konnte zeigen, daß diese, seit langem schon durch eine gemeinsame Geschichte vereint, es trotzdem verstanden haben, in Mythos und Ritus ihre Gegensätze zu kultivieren, ohne die Gemeinsamkeiten zu vertuschen. Entsprechungen auf allen Ebenen ließen sich zum Beispiel für die Winterzeremonien des Zyklus der weißen Bisontin aufzeigen, und zwar sowohl zwischen Ritus und Mythos, wie zwischen beiden Stämmen, Hidatsa und Mandan. Was die andere Winterzeremonie anlangt, den Zyklus des Roten Stocks, so ergaben sich Gemeinsamkeiten bei den Riten und Unterschiede bei den Mythen. Im weiteren Verlauf seiner Arbeiten konnte Lévi-Strauss diese Verhältnisse bestätigen: Die Mythen der beiden Gruppen stehen, über die unmittelbaren Gemeinsamkeiten hinaus, in Korrelation und Opposition, in Symmetrie und Antisymmetrie zueinander. Die Riten dagegen gleichen sich. Die simple Duplikationsthese von Ritus und Mythos erwies sich als hinfällig[21].

## Die Intellektualmythologie: Langer, Cassirer, Lévy-Bruhl

Die Wortprägung Intellektualmythologie geht auf F. Langer zurück. Nach seiner Ansicht enthielt die Mythologie eine natürliche Zweiteilung. Da eine jede Vorstellung auf der einen Seite ein Objekt umfasse, aus dem sie gebildet sei, auf der anderen Seite aber ein Subjekt, das sie forme, ergebe sich unmittelbar eine Teilung der Mythologie in Objekt- und Subjektmythologie. Die naturmythische Schule betrieb danach Objektmythologie, die psychologische Richtung dagegen Subjektmythologie. Die von Langer angestrebte Intellektualmythologie sei ebenfalls Subjektmythologie. Er nannte sie die Wissenschaft von den mythischen Sinnbegriffen[22].

Es war notwendig, dies zu erwähnen, da ich den Wortsinn des Begriffs Intellektualmythologie hier abgewandelt habe. Ich benutze ihn, um solche mythologische Forschungen zusammenzufassen, die in erster Linie danach fragen, welches Denken die Mythen offenbaren.

Dabei wird einem zunächst der Name Lévy-Bruhl einfallen, der in seiner *Mythologie primitive* die Gleichgültigkeit der Primitiven hervorhob, die sie in ihren Mythen angeblich offenkundigen Widersprüchen gegenüber an den Tag legten[23]. Er sah darin den Ausdruck einer von der unseren unterschiedlichen Mentalität, die er prälogisch nannte. Als die vornehmliche Funktion der Mythen in den Köpfen der Eingeborenen sah er deren Eignung an, die Menschen an der Übernatur partizipieren zu lassen. Die *Pensée sauvage* hat demgegenüber die Auffassungen von Lévy-Bruhl mittlerweile als irrig nachgewiesen. Das Denken der Eingeborenen ist ebenso logisch wie unseres und arbeitet mit dem gleichen Erkenntnisvermögen: nicht Vermischung und Partizipation, sondern Unterscheidung und Opposition sind seine wichtigsten Kennzeichen[24]. Die Arbeiten von Lévi-Strauss könnte man in diesem Zusammenhang im übrigen auch als intellektualmythologisch bezeichnen, versuchen sie doch unentwegt die genauen Denkprozeduren der Mytho-Logik aufzudecken. Wahrscheinlich verdienen seine Arbeiten überhaupt als erste die Bezeichnung Intellektualmythologie.

Als eine Form von Intellektualmythologie lassen sich auch diejenigen Forschungen fassen, die die Entstehung der Mythen auf die Eigenheiten der Sprache zurückführen. Der erste, der dies tat, war Max Müller: »Die Mythologie ist unvermeidlich, sie ist eine inhärente Notwendigkeit der Sprache, wenn wir in der Sprache die äußere Form des Gedankens erkennen: sie ist, mit einem Wort, der dunkle Schatten, welchen die Sprache auf den Gedanken wirft und der nie verschwinden wird, solange sich Sprache und Gedanke nicht vollständig decken, was nie der Fall sein kann.[25]« Müller legte damit den Grundstein für die ein halbes Jahrhundert jüngeren Arbeiten von Cassirer. Für diesen war der Ursprung der Mythen in der Paronymie (Vieldeutigkeit) der Wörter zu suchen. Der Fluch der Zeichen, ihre Mittelbarkeit, sei die Kraft, die den Mythos hervorbringt. Mythos und Sprache vereinigten sich in der gemeinsamen Form des metaphorischen Denkens. Von allen sprachlichen Äußerungen komme demnach die Poesie dem Mythos am nächsten[26].

## Die allgemeine Mythologie: Ehrenreich

Man wird sich vielleicht fragen, weshalb ich Ehrenreich und der von ihm vertretenen allgemeinen Mythologie einen eigenen Abschnitt widme, statt ihn einfach in denjenigen über die vergleichende Mythologie einzureihen. Denn dort hätte er auf jeden Fall seinen Platz. Der Grund ist eng mit den Intentionen dieses ersten Teils des Mythenkapitels verknüpft, in dem es, wie schon angedeutet, weniger darum geht, eine nach Tendenzen und Richtungen aufgeschlüsselte kurze Geschichte der Mythenforschung zu liefern, als darum, wie jene mit der gegenwärtigen Strömung des Strukturalismus in Verbindung steht. Und eben diese Beziehungen sind zwischen Ehrenreich und Lévi-Strauss besonders bemerkenswert, einmal was ihre auffallenden Ähnlichkeiten und einmal, was ihre dann wieder scharfen Gegensätze angeht.

Zunächst zu den Ähnlichkeiten. Anders als die ursprüngliche vergleichende Mythologie von Kuhn, die, von der Sprachwissenschaft ausgehend, nach einem »mythologischen Gemeinbesitz der arischen Völker[27]« suchte, machte sich die allgemeine Mythologie von Ehrenreich die Ethnologie zur Grundlage, um eine Theorie der Bildungsprinzipien des Mythos zu erarbeiten. Ehrenreichs Forschungsgebiet waren die beiden Amerikas. Und hier machte er, sechs Jahrzehnte vor Lévi-Strauss, die Beobachtung, daß die Mythen von Nord- und Südamerika einen großen »organischen Zusammenhang[28]« bilden. Noch präziser: er fand heraus, daß das größte Maß an Ähnlichkeiten zwischen den Mythen der Nordwestküste und denen des mittleren Südamerika festzustellen sei. Lévi-Strauss hat diese Entdeckung selbst anerkannt: »Es ist Tatsache, und wir haben es nach Ehrenreich von Beginn dieses Buches an immer wieder verifiziert, daß keine Region der Neuen Welt solch verwandte Mythologien anzubieten scheint, trotz der über 10 000 km Luftlinie, die sie trennen, wie das zentrale und südliche Brasilien und die Zone zwischen den Flüssen Klamath und Frazer.[29]«

Als Erklärungen für diese erstaunlichen Affinitäten bot Ehrenreich zwei Theorien an, von denen die eine genau den wissenschaftlichen Standort seiner Zeit reflektierte, die andere über ihn hinauswies. Als zeitgerechter Kulturkreisler unterteilte Ehrenreich die beiden Kontinente in sog. Mythenkreise, von denen er in Südamerika einen Tupi-, einen Arowak- und einen karibischen Kreis unterschied. Durch mannigfaltige intertribale Kontakte seien die Mythen gewandert, oft, wie im Falle des Tupi-Idioms von einer lingua franca begünstigt. So hätten sich Mythen im Laufe der Zeit durch Entlehnung über riesige Areale ausdehnen können. Doch solcher Diffusionismus konnte Ehrenreich nicht voll befriedigen, besonders dann nicht, wenn es sich um große Ähnlichkeiten zwischen Mythen in weit entfernten Gebieten handelte, die keine oder fast keine Zwischenglieder aufzuweisen hatten. So schlug er zusätzlich vor, eine anthropologische Konstante einzuführen: eine gleiche Organisation des menschlichen Hirns führe zu ähnlichen, jeweils originären Kreationen an verschiedenen Orten. Das mythische Denken selbst dauere fort. Die Beziehungen dieser Hypothesen zu denen der pensée mythique oder pensée sauvage sind offensichtlich. Sie werden weiter unten noch deutlicher werden.

Mit Lévi-Strauss teilte Ehrenreich den Zweifel an der Rekonstruierbarkeit der ursprünglichen Version eines Mythos[30]. Das Alter einer Überlieferung sei für die mythologische Behandlung gleichgültig[31]. Andererseits bestand er darauf, wenn möglich, jede Mythenerklärung in einen ethnologisch-historischen Zusammenhang zu stellen[32]. Doch müsse sich die mythologische Wissenschaft in diesem Bereich mit Wahrscheinlichkeitsbeweisen begnügen. Wir registrieren also eine ähnliche Vorsicht gegenüber historischen Schlüssen bei beiden Forschern.

Die Verwandtschaften zwischen Mythen suchte Ehrenreich, ähnlich den Vertretern der historischen Schule, in der Verwandtschaft der Motive. So erarbeitete er für nord- und südamerikanische Mythen u. a. folgende gemeinsame Motive: das der Pfeilkette, das Symplegadenmotiv (das auch in den *Mythologiques* eine große Rolle spielt), das der Schwängerung badender Frauen und das des Austauschs von Exkrementen. Doch betrachtete Ehrenreich nicht wie jene die Motive isoliert: »Die Motive müssen nämlich wirklich identisch sein, nicht nur äußerlich ähnlich, und müssen in derselben Kombination auftreten.[33]« Mit diesem Satz ist, wie mir scheint, ein erster Schritt zur strukturalen Forderung getan, die mythischen Sequenzen in Beziehung zueinander zu sehen. Freilich verspielte Ehrenreich im gleichen Buch immer wieder den Kredit seiner Fortschrittlichkeit mit Äußerungen wie dieser: »Die wilde Philosophie begnügt sich mit der Erklärung eines einzelnen Falles, sie verzichtet auf regel- und gesetzmäßige Beziehungen.[34]« Das genaue Gegenteil hat der Strukturalismus bewiesen.

An anderer Stelle wieder erklärte Ehrenreich, daß die mythologischen Tatsachen nicht an modernen Anschauungen gemessen zu werden brauchten. Sie brauchten nur an sich selbst gemessen zu werden. Jeden Mythos gelte es zunächst wörtlich zu nehmen. Man vergleiche damit den Ausspruch von Lévi-Strauss: »Ein Mythos läßt nicht mit sich reden, man muß ihn immer nehmen, wie er ist.[35]« Dabei seien alle Mythen für die Ethnologie prinzipiell gleichwertig, was uns in die Nähe der Lévi-Straussschen Lösung der Variantenfrage führt[36]. Daraus folgernd lautete die 1. Regel der allgemeinen Mythologie von Ehrenreich: möglichst umfassend zu sein. Das schloß für ihn ein, keine scharfe Trennung zwischen Mythos und Märchen zuzulassen.

Ausgehend von einer Unterscheidung der Mythologie in Stoffe (323, Kap. VI) und Formen (323, Kap. VIII), legte Ehrenreich das Hauptgewicht seiner Forschungen auf eine Erklärung der Mytheninhalte, also der Stoffe. Die Ähnlichkeiten, die seine vergleichenden Studien zutage förderten, entstammten folglich weniger den Formen, als den manifesten Inhalten der Mythen. Weil er sich nicht eingehender mit den mythischen Formen auseinandersetzte, was nach ihm in luzider Weise die formalistische Morphologie von Propp nachholen sollte, konnte auch hier Ehrenreich zu einem Ausspruch gelangen, der seinen sonst so modern klingenden Thesen einen Mißton beimengte: »Daß die ungeheure Formenfülle der mythischen Bildungen einer Analyse nach logischen Gesichtspunkten widerstrebt, ist klar.[37]« Das, eben, war nicht klar.

## Die psychoanalytische Mythenbehandlung: Abraham, Rank, Sachs, Freud, Riklin

Im Anschluß an die bahnbrechenden Arbeiten Freuds über die Traumdeutung begann die Psychoanalyse, auch andere Bereiche der menschlichen Phantasieproduktion zu erschließen. Man hoffte, aus ihnen ungeborgene psychische Schätze ans Licht zu bringen. So knüpfte man eine Kette von sog. Speichern unbewußter Triebkräfte, die von den Träumen über die Tagträume zu den Mythen und Märchen und von diesen zur Poesie und schließlich allgemein jedem literarischen Produkt reichten. Man faßte alle diese Betätigungsfelder der menschlichen Phantasie als zusammengehörig in bezug auf die verschlüsselte Codierung seelischer Nachrichten auf. So entstanden, teils noch vor dem Ersten Weltkrieg, Abhandlungen über die Beziehungen zwischen Traum und Mythos (Abraham, Rank, Lincoln), über psychische Grundmotive[38] in Dichtung und Sage (Rank), über Wunscherfüllung und Sexualsymbolik im Märchen (Riklin), über Gemeinsamkeiten der Symbolsprache in Träumen, Märchen, Mythen, Schwänken, Witzen, Sprüchen, Liedern, poetischer und umgangssprachlicher Rede (Freud).

Wir wollen uns hier auf die Arbeiten zur Mythologie beschränken. Die größte Verwandtschaft zu den Mythen sahen Freud und sein Kreis in den Träumen: Man begriff die einen als die vergesellschaftete Form der anderen oder umgekehrt die anderen als die individuellen Ausprägungen der einen. Beide, Traum und Mythos, beinhalteten Kindheitsphantasien: Die Träume seien die infantilen Phantasieprodukte der einzelnen Person, die Mythen diejenigen der Kindheit eines Volks. »So ist der Mythos ein erhalten gebliebenes Stück aus dem infantilen Seelenleben des Volkes und der Traum der Mythos des Individuums.[39]« Die Auffassung von den Mythen als den Säkularträumen der jungen Menschheit, den entstellten Überresten von Wunschphantasien ganzer Nationen, die oft in gleicher Formulierung bei verschiedenen Wienern auftaucht und ein weiteres Mal ihre Homogenität als wissenschaftliche Gruppe bestätigt[40], impliziert eine verhängnisvolle Parallelisierung: die Gleichschaltung von Phylogenese und Ontogenese. Sie ist von der Anthropologie niemals bestätigt worden. Statt dessen hat sie zu dem grandios-grotesken wissenschaftlichen Mythos geführt: dem Mythos von der Urhorde[41] und dessen fernem Widerhall in jedem Familiendrama. Selbst wenn man bereit wäre, Träume als Produkte von Kindheitswünschen zu akzeptieren – und sei es nur figurativ –, so ist es kaum sinnvoll, auch die Mythen an den Anfang einer Entwicklung zu rücken oder als deren Rest zu begreifen. Damit begibt man sich aufs Glatteis des Kultur-Evolutionismus und leugnet letztlich die Schöpfung von Mythen in einer spätgeschichtlichen Phase. Die Fakten belegen das Gegenteil.

Trotz der irreführenden These von der Gleichung zwischen phylogenetischen und ontogenetischen Phantsieschöpfungen bietet die Psychoanalyse mit der Verbindung von Traum und Mythos als dem Ausdruck sehr ähnlicher Phänomene auf individueller und kollektiver Ebene ein überlegenswertes Konzept an. An einem Schnittpunkt vermag es den Gegensatz zwischen Einzelwesen und Kollektivität aufzuheben. Dieser liegt bei den sog. typischen Träumen, also Träumen, die immer wieder und von vielen Menschen in gleicher oder ähnlicher Weise geträumt werden. Man hat sich inzwischen darauf geeinigt – und die Psychoanalyse war eine Fürsprecherin dieser These –, daß die Mythen individuellen Ursprungs sind[42]. Und gerade zur Kategorie individueller Schöpfungen, die sozialisiert, d. h. zum Mythos werden, zählen in vielen Fällen solche typischen Träume. Nach Lincoln sollen bei den Yuma-Indianern alle Mythen nachweislich zuerst von Individuen geträumt worden sein[43]. Schöpfungen vom Ausmaß der Mythen denkt man sich aber im allgemeinen als kollektive. Doch was man kollektive Schöpfung nennt, ist entweder nur kollektiver Besitz oder das Resultat einer Serie individueller Interventionen und

Kompilationen. Eine Gruppe kann selbstverständlich ein individuelles Werk als ihr Eigentum beanspruchen, besonders dann, wenn der Name des Urhebers vergessen ist. Doch ist es damit noch längst keine kollektive Schöpfung. Es ist sogar fraglich, ob die nachträglichen Redaktionen, Umformungen und Auslassungen, die ein Mythos über sich hat ergehen lassen, als kollektive Arbeit anzusehen sind oder nicht auch wieder nur als sukzessive, individuelle Eingriffe.

Umgekehrt gibt es wiederum Beispiele, bei denen die vergesellschaftete Phantasie der Mythen den Fonds bildet, aus dem die individuelle Produktion der Träume Themen und Elemente schöpft. So erwähnt D. Eggan, daß ihr Informant, ein Hopi-Indianer, immer wieder die bei den Hopi häufige mythische Figur der Wasserschlange in seine Träume eingeflochten habe[44]. Solche Ausleihen können auch interkulturell sein: Als ich an diesem Kapitel zu schreiben begann und mich mit einigen Mythen Süd- und Nordamerikas befaßte, in denen das Symplegadenmotiv auftaucht, hatte ich selbst einen Traum, in dem – für mich zum ersten Mal überhaupt – Klappfelsen figurierten. Sie waren an der Traumlösung eines nur mich betreffenden Problems beteiligt.

Eine konsequente Folge der Einsicht in die Ähnlichkeit von Traum und Mythos war die Übertragung des psychoanalytischen Vokabulars und Instrumentariums der Traumdeutung auf die Mythenanalyse. Wie beim Traum sprach man nun auch vom manifesten und latenten Inhalt oder Sinn der Mythen. Weil der Mythos durch die in ihm geleistete Verdichtungsarbeit ebenso wie der Traum überdeterminiert sei, sei auch er grundsätzlich deutungsbedürftig. Erst eine eingehende Deutungsarbeit könne den latenten Sinn der Mythen enthüllen. Diese letzte Ansicht teilen mit der Psychoanalyse in gewissem Sinne wohl fast alle Mythologen, denn woher sonst würden sie ihre Berechtigung schöpfen, sich überhaupt auf die Mythen interpretatorisch einzulassen? Die Deutungsarbeit, so die Psychoanalytiker, lege an den Mythen ähnliche psychische Mechanismen bloß, wie man sie bereits bei den Träumen habe am Werk sehen können, darunter den Verdichtungsvorgang, die Affektverschiebung, die Personifikation psychischer Regungen, die Persönlichkeitsspaltung und vor allem die Verschlüsselung von Wünschen.

Zur Bildung der Mythen führe vor allem die Hemmung von Wunschdurchsetzung. »Die Psychoanalyse rekonstruiert also die ehemals bewußt geduldete, dann verbotene und nur in Gestalt des Mythos wieder entstellt zum Bewußtsein zugelassene Wunschdurchsetzung, deren Aufgeben den Anstoß zur Mythenbildung bot.[45]« Dieser Auffassung zufolge liegt der Mythos auf halbem Wege zwischen Verdrängung und Wunscherfüllung. Er entläßt die Verdrängung durch Ersatzbildungen in die Phantasie: in die mythischen Wunschbilder. Besonders in der Sage und im Märchen sei der Wunschcharakter dieser Ersatzbildungen auffällig: die Größenwahnträume hätten ihre Entsprechung in den Heldenfiguren der Sagen und in den Märchen könnten ganze Geschichten mit einer Wunscherfüllung in der Phantasie gleichgesetzt werden: Tischlein-deck-dich mit Abundanz; Heirat eines Prinzen mit Klassenaufstieg; das Totenhemdchen mit der Heilung seelischer Schmerzen und die Siebenmeilenstiefel mit der Überwindung physischer Insuffizienz[46].

Auch das Phänomen der sekundären Bearbeitung sei beim Mythos zu beobachten. Die von Generation zu Generation an den Mythen vorgenommenen Eingriffe funktionierten entsprechend den nachträglichen Zensuren beim Traum (Abraham). Für Rank rückten die Mythen durch die sekundären Bearbeitungen, denen sie unterliegen, in die Nähe der Tagträume, die ständig vom wachen Bewußtsein nachgesteuert werden.

In einem Aufsatz, der Psychoanalyse und Mythenanalyse miteinander vergleicht, zieht Hallowell folgende Parallelen: beide versuchen, die ungelösten Probleme aufzudecken, die sich in Träumen und Mythen unbewußt ablagern. Um diese Probleme freizulegen, ist es für beide nützlich, sich zusätzlich nach weiteren Informationsquellen umzusehen: was die Traumdeutung in der individuellen Biographie und der freien Assoziation des Analysanten finde, böte sich in der Mythenanalyse in Gestalt der Ethnographie und den Meinungen der Eingeborenen an[47].

Die vielleicht dauerhafteste Verbindung, welche die Psychoanalyse anbahnte, war die von Mythos und Neurosenlehre. Für Freud lag der Schlüssel zur Mythologie in der Neurotik[48]. Denn beide, Neurosen und Mythen, suchten auf ihre Weise die Probleme der Wunschkompensation zu lösen. Darum sei das Ziel der psychoanalytischen Mythendeutung nicht die Erklärung von Naturerscheinungen oder die Rechtfertigung von Kulten und Bräuchen, sondern das Aufdecken affektiver Strebungen, wie sie in den Träumen und den neurotischen Symptomen zum Vorschein kommen[49]. »Die mythenbildende Kraft der Menschheit ist noch nicht erloschen: Sie findet sich wieder in den psychischen Produkten der Neurosen.[50]«

Genau an dieser Stelle ist der Übergang von der Psychoanalyse zum Strukturalismus nachweislich vollzogen worden. Lévi-Strauss, der mit Kritik an früheren mythologischen Schulen nicht gerade gespart hat, hat die Freudsche auffallend wenig behelligt, wenn man von der Zurückweisung des wissenschaftlichen Mythos des Ödipuskomplexes einmal absieht. Er hat im Gegenteil selbst eine Arbeit vorgelegt, welche den Freudschen Vorschlag, Mythos und Neurose zusammen zu sehen, unmittelbar aufgreift. Er hat ihn an einem konkreten Fall durchgeführt. Zugleich wird dabei die Relation von individuellem und gesellIschaftlichem Mythos nachgezeichnet.

Die Studie handelt von einem traditionellen Mythos der Cuña-Indianer aus Panama, der von den Höllenschmerzen einer Gebärenden und deren Auflösung erzählt[51]. Der Mythos hat heilpraktische Funktionen. Er wird nämlich vom Schamanen als Beschwörungsgesang am Kindbett gebärender Frauen vorgetragen. Die Wirksamkeit dieses nachgelebten Mythos sei verbürgt. Im Vergleich mit der psychoanalytischen Praxis sieht Lévi-Strauss folgende symmetrischen Umkehrungen: Auf der einen Seite überwindet eine gebärende Eingeborene eine organische Störung, indem sie einen gesellschaftlichen Mythos – die vorgetragene Geschichte des Schamanen – auf ihre eigene Situation überträgt. Bei der Psychoanalyse überwindet auf der anderen Seite der Neurotiker einen individuellen Mythos – das Trauma seiner eigenen Geschichte –, indem er ihn seinem Analytiker mitteilt, d. h. auf ihn überträgt. Der individuelle Mythos des Neurotikers tritt aus dem Patienten heraus. Der kollektive Mythos der Eingeborenen tritt in die besprochene Frau ein. In dem einen Fall wird ein persönlicher Schatz wiedergefunden, im anderen eine kollektive Überlieferung übernommen. Für die Effizienz sind die Unterschiede der beiden Mythen ohne Belang. Was entscheidet, ist ihre Gemeinsamkeit: beide Mythen werden erlebt.

So eröffnete die angewandte Verknüpfung des Mythos mit der Neurose nicht bloß eine Analogie zwischen gesellschaftlichen und individuellen Phantasieprodukten, sondern auch eine überraschende andere: die zwischen den Praktiken des eingeborenen Schamanen und denen des hiesigen Psychoanalytikers.

Als einen Zweig der psychoanalytischen Mythenbearbeitung läßt sich die Archetypenlehre von Jung und Kerényi behandeln. Unscharf vor lauter einfühlender Tiefe ist dabei – wie die ganze Lehre – schon der von Jacob Burckhardt entlehnte Begriff des Archetyps. Er soll einmal die unerschütterlichen Elemente des Unbewußten benennen, die allerdings beständig ihre konkrete Gestalt wechseln[52]. Die Archetypen sind danach »ewig vererbte, identische Formen und Ideen ohne spezifischen Inhalt zunächst. Der spezifische Inhalt ergibt sich erst im individuellen Leben«, wie Jung in seiner Einführung zum tibetanischen Totenbuch vermerkt[53]. Dann wieder werden mit Archetypen bestimmte Formen der Einbildungskraft bezeichnet, die sich in typischen Bildern manifestieren. Diese Ambiguität von typischen Bildern mit festumrissenen Inhalten auf der einen und universalen Formelementen ohne spezifischen Inhalt auf der anderen Seite wird niemals bereinigt. Die Erzväter der Lehre sprechen es selbst aus: »Kein Archetypus läßt sich auf eine einfache Formel bringen.[54]« Statt »keine einfache Formel« könnte man auch sagen: Sie haben kein klares Konzept.

Die archetypischen Bilder oder Ideen, darüber zumindest besteht Eindeutigkeit, werden vom Jungianismus als Universalien aufgefaßt. Ihre ubiquitäre Gleichförmigkeit sei Ausdruck für Ähnlichkeit der menschlichen Seele zu allen Zeiten und an allen Orten. Die Archetypen verrieten eine beachtliche Uniformität der Strukturverhältnisse der Psyche, als deren Organe sie angesehen werden. Die Archetypen nähmen vor allem in den Mythen und Märchen, in den Träumen und in den psychotischen Phantasieprodukten unbewußt Gestalt an[55]. Die Mythen böten sich als Offenbarungen der unbewußten Seele besonders zum Studium an, weil in ihnen der kollektive Zug des Unbewußten Vorrang hat.

Nun hat aber die Ethnologie immer wieder gezeigt, daß die mythischen Themen gar nicht so konstant sind. Wenn es konstante Inhalte gibt, die eine gemeinsame Verbreitung aufweisen, dann liegt der Grund dafür entweder in ganz objektiven Eigenschaften bestimmter Lebewesen, Pflanzen oder Objekte oder in der Tatsache der Diffusion und Entlehnung. In beiden Fällen befinden sich also die Gründe für konstante Elemente außerhalb des Geistes, der sie aufnimmt. Sie haben mit anderen Worten mit dem sog. kollektiven Unbewußten nichts zu tun. Die Kollektivität des Unbewußten liegt in seiner Arbeitsweise: in der Gesamtheit der logischen Zwänge, die das Denken selbst beherrschen[56].

Mit der Archetypenlehre wurde eine andere, für die Mythologie entscheidende Frage aufgeworfen: Kommen den Elementen eines Mythos, seien dies nun einzelne Symbole oder Mytheme, Mythologeme, Motifeme und Motive[57], absolute Bedeutungen zu oder tragen sie, wie erst der Strukturalismus entschieden behauptete, zunächst nur eine Bedeutung der Stellung[58]? Anders gefragt: ist es möglich, aus den Mythen ein gemeinsames Symbollexikon zu schaffen, das für alle verbindlich wäre? Es scheint, als habe eine solche Idee z. B. Freud vorgeschwebt. Ihm kam es vor, als würden die meisten Symbole wie die feststehenden Sigel der Stenographie verwendet. Tatsächlich schlug er ein Traumbuch nach der Chiffriermethode vor[59]. Daher auch seine Bewunderung für den Ausdruck Grundsprache, den der Paranoiker Schreber geprägt hatte, um die Symbolik der Träume als eigenes Idiom zu charakterisieren[60].

Auch nach der Auffassung von Jung sind gewisse mythologische Themen, eben die Archetypen, mit genauen Bedeutungen behaftet. Solche Auffassungen haben, wie Lévi-Strauss zeigte, ihre Entsprechung in der Sprachphilosophie des 19. Jahrhunderts, derzufolge die verschiedenen Laute der Sprache eine natürliche Affinität zu diesem oder jenem Sinn aufweisen sollen. Die Absurdität dieses Gedankens erweist sich, wenn man ihn bis zu Ende spinnt: er liefe konsequenterweise darauf hinaus, daß es nur eine natürliche Sprache gibt. Aber schon die Onomatopoesie, die absichtlich nach der Einheit von Sinn und Laut strebt, geht ziemlich willkürliche Wege: die griechischen Frösche sagen brekekekekxquaxquax, die deutschen quaken nur.

Die mythischen Symbole haben, statt eines unwandelbaren Sinns, viel eher eine Ähnlichkeit mit den Homophonen. Wie bei diesen ergibt sich der Sinn erst aus dem Zusammenhang, in dem sie stehen. Als erster kritisierte Weston La Barre die Idee eines Symbollexikons, das sich vom Kontext befreien könnte: »Die Welt ist nicht eine einzige semantische Kulturregion.[61]« Die mythischen Symbole sind zunächst, wie die linguistischen Zeichen, leer. Sie füllen sich immer erst mit Sinn an, wenn sie in einem spezifischen Fall gebraucht werden. Die Entscheidung, welchen Sinn sie annehmen, hängt natürlich in gewissem Maße davon ab, wie sie sich in ihren sinnlichen Qualitäten zu dieser oder jener Bedeutung eignen.

Ein Ast mag sich wohl als Symbol für das männliche, dagegen kaum als Symbol für das weibliche Genital eignen. Das Umgekehrte gilt für ein Astloch. Aber damit erschöpfen sich bereits die Prädestinationen. Denn was kann nicht alles für einen Penis stehen? Die Psychoanalyse hat es gezeigt und die Illustrierten-Presse bläst es uns heute nach. Dabei ist die Analyse in ihrer detektivischen Besessenheit nach Sexualsymbolik oft weit über das Ziel hinausgeschossen.

Was für den semantischen Wert eines mythischen Elements von allergrößter Bedeutung ist, ist das semantische Feld, in das es jeweils eingebettet ist. Lévi-Strauss konnte wiederholt zeigen, daß sich mit der Veränderung eines semantischen Feldes auch der semantische Wert eines Elements verändert: »Es genügt uns, zeigen zu können, daß in zwei eigenen mythischen Kontexten eine Veränderung des semantischen Werts des Wassers Funktion anderer Veränderungen ist, und daß im Verlauf dieser Transformationen ständig die Regeln eines formalen Isomorphismus berücksichtigt werden.[62]« Was bedeutet dieser Satz am Beispiel? Die Bororo und die gé-sprachigen Sherente erzählen jeweils Mythen, in denen Vogelnestausheber eine Rolle spielen. Zugleich handeln diese Mythen in ausdrücklicher oder entstellter Weise vom Ursprung des Feuers und des Wassers. Für die Bororo, deren Leben in den Sümpfen des Pantanal sich zu halben Teilen im Wasser abspielte, ist das Wasser im Mythos mit dem Tode verknüpft, während das Feuer Leben bezeichnet. Bei den Sherente dagegen kehren sich die Zeichen der beiden Elemente in den entsprechenden Mythen um. Das Wasser steht für Leben und die Konnotation des Feuers ist der Tod. Sie selbst leben, im Tal des Rio Tocantins zu Hause, in der ständigen Angst vor der Trockenheit. Man könnte also, in starker Vereinfachung der viel komplexeren mythischen Sachverhalte, die Transformation des semantischen Werts des Wassers vom Stamm der Bororo (–) zum Stamm der Sherente (+) als die Funktion einer anderen Transformation bei beiden Gruppen fassen, nämlich der umgekehrt isomorphen Transformation des Feuers: Bororo (+) und Sherente (–)[63].

| | Wasser | Feuer |
|---|---|---|
| Bororo | — | + |
| Sherente | + | — |

Eine Strömung der Mythenforschung, die sich mehr der soziologischen Seite ihres Sujets widmete, war die neue vergleichende Mythologie[64]. Sie ist im Werk von Georges Dumézil gegenwärtig. Seine Arbeiten sind im Prinzip einer einzigen These von Durkheim verpflichtet, nämlich der, daß die Mythen kollektive gesellschaftliche Vorstellungen reflektieren. Mit der alten vergleichenden Mythologie, die mit vorab linguistischen Mitteln für den gesamten indoeuropäischen Raum eine gemeinsame Proto-Mythologie zu rekonstruieren hoffte, hat Dumézil kaum mehr gemein als das gleiche historische und geographische Untersuchungsgebiet: Auch seine Forschungen gelten dem indoeuropäischen Areal. In ihrer Intention laufen sie mit gewissen Zielen des Strukturalismus parallel. Sie zielen auf das Verständnis eines Systems: des Systems der sozialen Ideologie der Indoeuropäer. In den Mythen sieht Dumézil diejenige Unterlage, in die sich diese gesellschaftliche Ideologie am erkennbarsten eingeprägt hat.

Seinen Ergebnissen zufolge – und es sind die Ergebnisse, die über den Wert einer Methode das letzte Urteil fällen –, besaß die Protogesellschaft der Indoeuropäer ein dreiteiliges ideologisches System, das sich in einer tripartiten Klassenhierarchie, in einer Dreiteilung der Funktionen dieser Klassen und in einer dreigeteilten Zuordnung der Götter am auffälligsten dokumentierte. Die triadische Hierarchie der Gesellschaftsordnung war folgende: als oberstes das priesterliche Stratum; seine Aufgaben bestanden in der Aufrechterhaltung magisch-religiöser und gesetzesgebender Souveränität und Ordnung. In der Mitte das Krieger-Stratum; ihm oblag die Verteidigung der machtpolitischen Eigenständigkeit. Zuunterst das bäuerliche Stratum; es sorgte für die wirtschaftliche Subsistenz. Alle drei Strata zusammen bildeten das gesellschaftliche System. Selbst das vierteilige Kastensystem im alten Indien reflektierte diese Dreiteilung, nämlich in Gestalt der drei eigentlichen Kasten: Brāhmanas, Ksatriyas und Vaiśyas. Ihnen stand die vierte Kaste, die der Sūdras gegenüber; als wirkliche out-casts befanden sich die Sūdras auch außerhalb des Systems. Die stellvertretenden Götter der Brahmanenkaste waren Mitra und Varuna, die Götter der Ksatriyakaste Indra und die Maruta (Kriegsgötter) und die Götter der Hirten und Ackerbauern Sarasvatī und die Fruchtbarkeitsgötter.

Ähnliche Dreiteilungen wie sie die alte Literatur und Mythologie Indiens vorführte, seien, so Dumézil, auch bei den Hetitern, den Skythen, im Zoroastertum, im frühen Rom, bei den Germanen, bei den Skandinaviern und auf Island nachzuweisen. Sie alle bildeten eine einzige Struktur: die indoeuropäische Triade.

Mit seinen umfangreichen Arbeiten über diese triadische Struktur der indoeuropäischen Gesellschaft und sozialen Ideologie hat Dumézil ohne Zweifel einen dauerhaften Beitrag zur Kenntnis der Systeme geliefert. Die Mythologie beutete er dabei als einen informationsreichen Speicher und Sender des gesellschaftlichen Systems aus. Eine explizite Mythentheorie mit klar umrissenen Hypothesen ist in seinem Werk dagegen nicht enthalten[65].

### Die sozialpsychologische Analyse: Fischer, Jacobs

Die Bestrebung, die psychologische und die soziologische Ebene in der Mythenanalyse zu vereinen, wurde als theoretischer Ansatz erst sehr spät formuliert. Dabei hatte es sowohl an psychologischen wie an soziologischen Theorien nie gemangelt. Zur einen Gruppe zählen z. B. die Vertreter der Psychoanalyse und der Archetypenlehre; soziologische Theorien vertraten u. a. Durkheim, Malinowski, Raglan und Graves. 1963 endlich forderte Fischer zu einer gemeinsamen Behandlung soziologischer und psychologischer Aspekte im Studium der folktales auf. Als folktales bezeichnete er alle Formen mündlich überlieferter Geschichten mit einem dramatischen Geschehen. Darunter fallen die Mythen, die Legenden, die Märchen und die Erzählungen.

Bei jeder folktale ließen sich, so Fischer, drei Systeme von Variablen analysieren: 1. die Erzählung selbst; 2. die modale Persönlichkeit von Erzähler und Zuhörer; 3. das soziale System. Was den 1. Komplex angeht, die Erzählung selbst, so komme es in der Mythenanalyse darauf an, die Erzählstruktur der folktale aufzudekken. Sie könne nirgendwo anders als in der Erzählung selbst gefunden werden. Sie sei logischer Natur. Dieses Axiom und die weitere analytische Unterscheidung von syntagmatischen und paradigmatischen Aspekten der folktale bringt Fischer in die Nähe der strukturalen Betrachtungsweise. Die kleinste syntagmatische Einheit der folktale sei im allgemeinen der Satz, womit Fischer nur eine andere Umschreibung des Lévi-Straussschen Mythems lieferte[66]. Auch die klassische Episode begreift Fischer als eine syntagmatische Einheit. Die syntagmatische Optik achtet auf die Beziehungen zwischen aufeinanderfolgenden Segmenten der Geschichte, die paradigmatische Optik ordnet die Segmente zu verwandten Gruppen an.

Im zweiten Komplex der sozialpsychologischen Analyse – modale Persönlichkeit von Erzähler und Zuhörer – gehe es um die psychologischen Funktionen der Erzählung. Die wichtigsten dieser Funktionen seien: die von der Psychoanalyse so sehr hervorgehobene Wunscherfüllung, die Anpassung des Individuums an die Normen der Gesellschaft, die Rechtfertigung individuellen Handelns mittels der in den folktales vorgeführten gesellschaftlichen Normen und die Minderung von Angst, insbesondere in den humoristischen folktales durch den Vorgang der Abfuhr.

Der 3. Komplex schließlich gelte dem Studium der soziologischen Funktionen der folktale. Zunächst beginnt Fischer mit einer Einschränkung: kaum eine folktale liefere ein photographisch exaktes Bild der gesellschaftlichen Zustände, ebensowenig wie sie eine reine Wunschvorstellung entäußere. Doch spiele letztlich jedes mythische Thema auf einen Konflikt im wirklichen Leben an. Umgekehrt werde aber nicht auf jeden gesellschaftlichen Konflikt in einer folktale Bezug genommen. Hinter dieser Behauptung steht die Annahme, daß die Zahl der realen gesellschaftlichen Probleme die der mythischen übersteigt. Beweise dafür gibt es bisher nicht, abgesehen davon, daß es schwer sein dürfte, gesellschaftliche Probleme zu quantifizieren. Als die beiden vorrangigen soziologischen Funktionen der folktale stellte Fischer folgende heraus: einmal diene der Mythos als Modell oder Charta einer Gesellschaft. Damit griff er offensichtlich auf Malinowski zurück, der sich 1925 genau in diesem Sinne geäußert hatte: Mythen als soziologische Charta der Eingeborenen[67]. Zum anderen fördere der Mythos das Einheitsgefühl der gesellschaftlichen Gruppe, sei dies nun ein Stamm, ein Clan oder eine Linie.

Die methodologischen Thesen von Fischer waren rund 10 Jahre zuvor von Melville Jacobs bereits in die ethnographische Tat umgesetzt worden. Dieser hatte persönlich einen von einer indianischen Informantin vorgetragenen Clackamas-Chinook-Mythos aufgenommen und im ersten Teil seiner Arbeit nacherzählt. Im zweiten Teil hatte Jacobs die einzelnen Sequenzen des Mythos mit psychologischen Bemerkungen kommentiert. Sein psychologischer Kommentar unterschied sich von anderen dadurch, daß es ihm hier nicht um universale Konstanten ging, sondern darum, wie eine ganz bestimmte Gesellschaft – eben die der Chinook – gewisse in ihr auftauchende psychische Probleme in einen Mythos einbaut. Daher interpretierte Jacobs ein Thema oder Motiv nur dann, wenn er sich aus den ethnographischen Fakten vorher hatte Gewähr verschaffen können, daß die darin zum Ausdruck kommenden psychischen Implikationen bei den Chinook überhaupt denkbar waren. Auf solche Tests hat sich die Psychoanalyse zu ihrem eigenen Nachteil oft nicht eingelassen. Sie hat zum Beispiel australische Mythen so gedeutet, als seien ihre Erzähler Bürger der Wiener Gesellschaft[68].

Dem Kommentar der einzelnen Sequenzen ließ Jacobs schließlich eine psychologische Interpretation des ganzen Mythos folgen. Sein Beispiel zeigte, daß die Chinook im Mythos dem oralen Charakter den genitalen Charakter gegenüberstellen und den zweiten höher bewerten. Den einen besetzen sie mit kannibalischen Ungeheuern ohne Geschlechtsteile und ohne Anus. Den anderen vertreten die mit allen Organen ausgestatteten Menschen. Trotz ihrer Grausamkeit können die Oralwesen den Menschen nicht die kulturelle Überlegenheit streitig machen.

Die Arbeiten von Jacobs und die Forderungen von Fischer verweisen von selbst auf die Ethnographie als dem zentralen Vermittler zwischen Psychologie und Soziologie in der Mythenforschung.

## Die Morphologie: Propp

Als ein wissenschaftliches Meisterstück des russischen Formalismus wird in jüngster Zeit mehr und mehr die *Morfologija skazki* (Morphologie des Märchens), Leningrad 1928, von Vladimir Propp gepriesen. Eine Reihe von Übersetzungen bestätigen diese Entwicklung[69]. In der Tat zeugt die Studie von einer selten bündigen Klarheit und Kürze in der Handhabung des Materials, in den methodologischen Prinzipien und in den Resultaten.

Propps Morphologie unterscheidet sich indessen beträchtlich von den Arbeiten eines anderen Wissenschaftlers aus der gleichen Zeit, der für sich die Bezeichnung Literatur-Morphologe beanspruchte: André Jolles. Diesem ging es darum, eine feste Anzahl geformter sprachlicher Produkte, nämlich Legende, Sage, Mythe, Rätsel, Spruch, Kasus, Memorabile, Märchen und Witz, auf einen gemeinsamen Nenner zu bringen. Er nannte sie Einfache Formen.

Das waren für ihn jene Formen, »die sich, sozusagen ohne Zutun eines Dichters, in der Sprache selbst ereignen, an der Sprache selbst erarbeiten.[70]« Sie widerstrebten dem ewigen Gewissen der Sprache: der Schrift. Jolles' morphologische Arbeit war gewissermaßen extern: sie suchte nach Konstanten zwischen den Formen. Die von Propp war intern: sie suchte nach Konstanten innerhalb einer einzigen Form.

Die Form, der sein Interesse galt, war das Wundermärchen. Innerhalb dieser Kategorie suchte Propp zunächst in jedem einzelnen Fall sog. konstitutive Teile zu isolieren. Die isolierten konstitutiven Teile verglich er dann von Fall zu Fall miteinander. »Das Resultat dieser Arbeit wird eine Morphologie sein, d. h. eine Beschreibung der Märchen nach ihren konstitutiven Teilen und der Beziehungen dieser Teile untereinander und mit der Gesamtheit.[71]« Die grundlegenden konstitutiven Teile des Märchens sind die Funktionen oder Handlungen der Personen. Sie kennzeichnet Propp folgendermaßen: »Unter Funktion verstehen wir die Handlung einer Person, definiert unter dem Gesichtspunkt ihrer Bedeutung im Ablauf der Intrige[72].«

Die Märchen enthalten konstante und variable Werte. Konstant sind die Handlungen oder Funktionen im Märchen, variabel die unterschiedlichen Weisen, wie die Handlungen oder Funktionen ausgeübt werden. Das Augenmerk der Morphologie gilt in erster Linie den Konstanten des Märchens. »Die Frage, *was* die Personen tun, ist die einzig wichtige; *wer* was tut und *wie* er es tut, sind nur Fragen am Rande.[73]« Die doppelte Eigenschaft der Märchen, auf der einen Seite bunt, pittoresk, vielgestaltig zu wirken, auf der anderen Seite uniform und monoton, erklärt sich aus der äußerst großen Zahl der Akteure einerseits und der sehr geringen Zahl an Funktionen andererseits.

Die Grundfrage der Morphologie lautet: welche und wieviele Funktionen hat das Märchen? Die Antworten, die Propp als Resultat seiner Studien anzubieten hat, lassen sich auf vier zusammenziehen: 1. Die Funktionen sind die permanenten Elemente des Märchens, unabhängig davon, welche Personen sie ausüben (s. o.). 2. Die Zahl der Funktionen im Wundermärchen ist sehr begrenzt. 3. Die Abfolge der Funktionen ist stets identisch. 4. Was die Struktur der Funktionen anlangt, gehören alle Wundermärchen zum gleichen Typ[74].

In einer unverhältnismäßig späten, aber umfangreichen Würdi-

gung der Proppschen Arbeiten hat Lévi-Strauss die Ähnlichkeiten und Unterschiede hervorgehoben, die zwischen Formalismus und Strukturalismus auf dem Gebiet der Mythenanalyse bestehen. Die Ähnlichkeiten sind um so erstaunlicher, als Lévi-Strauss versichert, zur Zeit seines Aufsatzes über die *Struktur der Mythen* (1955) Propp noch gar nicht gekannt zu haben. Beide Forscher beginnen mit einem Inventar der Sequenzen. Nachdem sie eine syntagmatische Kette aufgestellt haben, arrangieren sie das Material in paradigmatischen Reihen an. Beide plädieren also für eine horizon-
bzw. Märchens. Beide verwenden konstant den Begriff der Transformation, um mit ihm die »offenkundige Antinomie zwischen der Beharrlichkeit der Form und der Veränderlichkeit des Inhalts zu lösen.[75]« Beide bemühen sich, die eigentümlichen Eigenschaften von Handlungseinheiten auf Oppositionspaare zurückzuführen. Beide räumen ihrem Gegenstand eine privilegierte Stellung für die Strukturanalyse ein[76]. Beide vertreten die Überzeugung, daß es letztlich nur einen Mythos, nur ein Märchen gibt. Die Gesamtheit der bekannten Fassungen begreifen beide als eine »Serie von Varianten« (Propp), die sich alle auf einen einzigen Typ beziehen.

Eine derartige Übereinstimmung im Verständnis des Gegenstandes und der Methoden, ihn zu fassen, wie die zwischen Propp und Lévi-Strauss, hat es in der neueren Mythenforschung nirgends gegeben. Dennoch bleiben zwischen ihnen die Unterschiede beträchtlich. Auch sie hat Lévi-Strauss scharf markiert. Sie erstrekken sich vor allem auf die Dichotomie zwischen Inhalt und Form. Selbst entstanden als Reaktion auf die Exzesse inhaltlichen Heruminterpretierens, hatte der Formalismus eine verständlicherweise überdeutliche Position bezogen: Er forderte und praktizierte eine absolute Trennung von Form und Inhalt, wobei er nur der Form die Möglichkeit eingestand, unmißverständlich einsehbar zu sein. So setzte er Inhalt und Form letzten Endes nur in Gegensatz, um den einen als Sujet zu verbannen. Für den Strukturalismus, so Lévi-Strauss, existiert dieser künstlich geschaffene Gegensatz nicht: »Für ihn gibt es nicht auf der einen Seite das Abstrakte und auf der anderen das Konkrete. Form und Inhalt sind gleicher Natur . . . Der Inhalt bezieht seine Realität aus seiner Struktur und das, was man Form nennt, ist die Strukturierung lokaler Strukturen, woraus der Inhalt besteht.[77]« Und an anderer Stelle: »Im Gegensatz zum Formalismus weigert sich der Strukturalismus, das Konkrete dem Abstrakten entgegenzustellen und dem zweiten einen privilegierten Wert einzugestehen. Die Form definiert sich im Gegensatz zu einem Inhalt, der ihr äußerlich ist; doch die Struktur hat keinen Inhalt: sie ist der Inhalt selbst, erfaßt in einer logischen Organisation, die als Eigenschaft des Realen verstanden wird.[78]«

Der schärfste Angriff gegen den Formalismus lautet verkürzt: er vernichte sein Objekt. Demgegenüber der Strukturalismus, der sich als die Synthese von Inhalt und Form begreift. Wir werden prüfen, ob und wie er diesem selbstgegebenen Anspruch standhält.

### *Die strukturale Analyse der Mythen: Lévi-Strauss*

Die Beschäftigung mit der strukturalen Mythenanalyse ist aus mehrerlei Gründen schwierig. Zunächst von einem rein quantitativen Gesichtspunkt aus. In den nahezu zwei Jahrzehnten, während derer Lévi-Strauss seine Aufmerksamkeit bevorzugterweise den Mythen schenkte, ist ein Opus entstanden, das in seinem Umfang nur noch schwer zu überschauen ist. Zahlreiche kleinere und größere Arbeiten, sowie 4 voluminöse Bände gelten ausschließlich dem Thema der Mythologie[79]. Die gigantischen *Mythologiques* nehmen dabei einen fast hermetischen Platz ein, nicht jedoch in dem Sinne, daß sie dem Uneingeweihten den Zutritt absolut verweigerten. Das Einlesen in die Mythologiques ist verhältnismäßig einfach, begünstigt durch die Attraktivität der erzählten Geschichten. Die Schwierigkeit liegt anderswo. Man kommt, wenn man so sagen darf, aus den Bänden nicht mehr heraus.

Das ist ein Resultat ihres Entwurfs. Die rund 2000 Seiten sind in einer Weise konzipiert, daß sie eine punktuelle Visite verbieten. Keiner der 800 vorgestellten Mythen nämlich steht für sich. Jeder ist der Beweis und das Mittel der Erhellung eines anderen oder mehrerer anderer. Sich darüber hinwegzusetzen hieße, den Grundgedanken der mächtigen Komposition negieren, demzufolge die Mythen der beiden Amerikas ein einziges, zusammenhängendes Netz von Transformationen bilden. Mit anderen Worten: die Erfahrung, die die *Mythologiques* vermitteln – die verstrikkende Reise durch ein riesiges Gewebe von Zusammenhängen –, läßt sich nur durchs Lesen nachvollziehen. Etwas anderes ist die Frage der Methode, mit der der mythische Stoff verarbeitet wurde. Sie aus dem Ganzen herauszunehmen und als Skelett zu betrachten, scheint mir weniger fragwürdig und – auf dem hier zu [...] gung stehenden Raum – möglich. Aber auch da ergeben [...] bleme, die vor allem aus der Evolution resultieren, die di[...] ten von Lévi-Strauss selbst durchgemacht haben. Die Entwicklung dieser Ansichten ist fortschreitend in dem Sinne, als die neuen Positionen Erweiterungen der alten sind. Sie bauen auf ihnen auf, annullieren sie aber nicht. Ich habe in dieser Entwicklung drei Phasen isoliert, die nicht strikt chronologisch zu verstehen sind. Die erste Phase läßt sich auf die Doppelfrage verkürzen: Was ist ein Mythos und wie ist er zu behandeln? Sie deckt sich mit dem Aufsatz: *The Structural Study of Myth.* In der zweiten Phase (bei mir S. 266 ff.) stehen die Relationen im Mittelpunkt, welche die Mythen mit der ethnographischen, vor allem der sozialen und ökonomischen Realität unterhalten. Stellvertretend für sie ist der lange Essay *La Geste d'Asdiwal.* Die dritte und bei weitem umfangreichste Phase ist durch das Studium der Mythen in erweitertem geographischen Zusammenhang gekennzeichnet. Es ist die einer wirklich komparativen Mythologie (bei mir S. 233 ff.). Die Ausdehnung des räumlichen Rahmens aber ist in dieser Phase eng verbunden mit dem Verständnis der Mythen als einem weitgespannten Netz logischer Transformationen. Diese Auffassung breitet sich über die ganzen *Mythologiques* hin aus. Ich werde mich bemühen, die zentralen Punkte der drei genannten Phasen hinlänglich herauszuarbeiten, bevor ich zur Kritik an der strukturalen Mythenforschung übergehe.

## Die Analyse des einzelnen Mythos

Im Jahre 1955 erschien die erste größere Arbeit von Lévi-Strauss zum Thema Mythologie. Unausgesprochen warf der Aufsatz zwei Fragen auf: Welcher Natur ist der Mythos und mit welchen analytischen Handgriffen ist er im einzelnen zu bearbeiten, will man ihn verstehen? Da diese Fragen stets die Grundlage bilden für alle weiteren, die man an die Mythen richten kann, seien sie zuerst behandelt. Die Kürze der Erörterung reflektiert die Bekanntheit des Gesagten.

### Der Mythos als sprachliches Gebilde

Alle Mythen sind, ungeachtet der Spannweite, die man ihrer Definition einräumt, zuallererst linguistische Gebilde. Sie sind, wie im alle der mündlichen Überlieferungen, selbst aus Sprache gemacht. Aber auch die visuellen Mythen, die in unseren Gesellschaften zunehmend die anderen verdrängen, sprechen eine Sprache: sie enthalten einen Code, in dem sie abgefaßt sind und sie enthalten eine Botschaft, die sie übermitteln wollen. Sie alle stellen für sich Systeme von Mitteilungen dar[80]. Erweitert man derart den Begriff des sprachlichen Gebildes, so löst sich von alleine eine Schwierigkeit, die sich aus den unterschiedlichen Auffassungen über die Spannweite des Mythosbegriffs ergeben könnte. Die im übrigen keineswegs einander ausschließenden Pole dieser Auffassungen repräsentieren exemplarisch Barthes und Lévi-Strauss. Wie bekannt faßt die Ethnologie – und mit ihr Lévi-Strauss – die Mythen eng: es sind orale Traditionen vornehmlich eingeborener Gesellschaften. Bei Barthes dagegen läßt sich der Mythos weder durch sein Sujet, noch durch sein Medium festlegen. Er ist eine Aussage, deren Träger neben dem mündlichen, nicht nur der schriftliche Diskurs sein kann; auch visuelle Darstellungen im Film, in der Photographie, im Bild, sowie Erscheinungen des Alltagslebens können die Qualitäten eines Mythos annehmen.

Den mythischen Mitteilungen ist gemein, daß sie sich gleichzeitig auf zwei Ebenen bewegen: zunächst auf einer – wenn es sich um Wort oder Schrift handelt – rein sprachlichen, der Ebene der Objektsprache. Über diese lagert sich eine zweite Ebene, die den Mythos als ein sekundäres semiologisches System begründet. Die zweite Ebene überschreitet die unmittelbar sprachliche, sie ist metasprachlich. »Der Mythos ist Sprache; aber eine Sprache, die auf einem sehr hohen Niveau arbeitet und wo der Sinn es erreicht, wenn man so sagen darf, vom linguistischen Fundament, auf dem er zu rollen begonnen hatte, abzuheben.[81]«

### Die konstitutiven Einheiten des Mythos

Wie andere linguistische Gebilde auch läßt sich der Mythos nach Lévi-Strauss in konstitutive Einheiten zerlegen. Bei der Sprache sind dies die Phoneme, Morpheme und Semanteme. Im Mythos sind die konstitutiven Einheiten auf dem Niveau des Satzes zu suchen. Lévi-Strauss unterteilte sie in Themen und Sequenzen, je nachdem, ob man sie in synchronischer oder in diachronischer Weise liest. Im besagten Aufsatz über die *Struktur der Mythen* nennt er die konstitutiven Einheiten auch Mytheme, eine Bezeichnung, die in späteren Schriften selten wiederkehrt. Der erste

Schritt der Mythenanalyse bestehe nun darin, die aufeinander abfolgenden, nacherzählten Ereignisse zu derartigen konstitutiven Einheiten zusammenzuziehen, aus denen sich Sätze bilden lassen. Dies ist nicht nur, wie L. Sebag behauptet, eine Maßnahme der operativen Ökonomie. Es ist selbst ein Schritt zum Strukturgesetz des Mythos hin.

Im Ödipusmythos beispielsweise sind die vom Mythologen isolierten konstitutiven Einheiten u. a.: Kadmos tötet den Drachen/Ödipus vernichtet die Sphinx/Ödipus tötet seinen Vater Laios/Ödipus heiratet seine Mutter Jokaste. Jede konstitutive Einheit des Mythos muß ernstgenommen werden, auch wenn sie aus sich heraus keinen Sinn zu ergeben scheint. In der Tat tragen die konstitutiven Einheiten isoliert nicht unbedingt eine bezeichnende Funktion, sie entsteht oft erst im paradigmatischen Arrangement, in der Beziehung, die sie zu anderen konstitutiven Einheiten unterhalten. Die vertikalen Säulen konstitutiver Einheiten werden auch Beziehungsbündel genannt. Durch das Anordnen der konstitutiven Sätze des Mythos in syntagmatische Ketten und paradigmatische Reihen wird eine der Orchesterpartitur vergleichbare Lesung der mythischen Geschichte möglich: man kann sie horizontal lesen und das zeitliche Nacheinander der konstitutiven Einheiten verfolgen, man kann sie aber auch vertikal lesen, wobei dann die konstitutiven Einheiten als synchronische Beziehungsbündel erkennbar werden.

Veranschaulichen wir uns das bisher Gesagte an einem Schema[82]. Ein Mythos bestehe aus n Elementen, wobei jeder neue Buchstabe eine neue konstitutive Einheit vertritt und jeder mit einem Strichzeichen wiederkehrende Buchstabe eine bereits dagewesene konstitutive Einheit, bzw. eine solche, die zu einer bereits dagewesenen in paradigmatischer Beziehung steht. Die erste Abfolge der Buchstaben entspreche dem Mythos so, wie er Episode für Episode erzählt wird, etwa: A B D E J A' C D' F H J' B' C' E' G K A" D" G' H' K' B" D''' E" H" J" A''' C" E''' K". Die hohe Zahl der hier hypothetisch angenommenen Elemente sollte nicht befremden. L. Sebag z. B. zählte bei seiner Analyse des Ursprungsmythos der Acoma-Indianer 31 abgeschlossene Sequenzen, und es gibt Mythen, die sicherlich noch mehr haben[83]. Das zweite Buchstabenarrangement führt eine Ordnung vor, die das Ergebnis des analytischen Eingriffs ist:

Von links nach rechts und Zeile für Zeile gelesen, deckt sich das

| | | | | | | | | | |
|---|---|---|---|---|---|---|---|---|---|
| A | B | | D | E | | | | J | |
| A′ | | C | D′ | | F | | H | J′ | |
| | B′ | C′ | | E′ | | G | | | K |
| A″ | | | D″ | | | G′ | H′ | | K′ |
| | B″ | | D‴ | E″ | | | H″ | J″ | |
| A‴ | | C″ | | E‴ | | | | | K″ |

neue Arrangement ganz mit der anfänglichen Buchstabenfolge. Liest man hingegen in vertikaler Weise von Kolumne zu Kolumne, so treten die Beziehungsbündel hervor, also die As, Bs, Cs . . . Ks. Sie betonen den synchronischen Aspekt des Mythos, der bei einer einfachen Nacherzählung nur als schwaches Muster sich dem Gedächtnis einzuprägen vermag, da er ja diachronisch aufgelöst ist. Der oben angedeutete Vergleich mit der Orchesterpartitur wird nun verständlicher. Der erzählte Mythos gleicht einer Partitur, deren vertikal angeordnete Instrumentalstimmen in eine einzige fortlaufende melodische Reihe, also horizontal umgeschrieben worden sind. Als vom Forscher manipulierter Mythos hingegen gleicht er einer Orchesterpartitur, wie wir sie kennen: das Arrangement gibt gleichzeitig den Melodienlauf und die synchrone Tätigkeit wieder, die die Instrumente ausführen[84]. »Wie bei einer Melodie, die ihrem eigenen Laufe folgt, während jede Note im Augenblick, da man sie hört, die Serie ihrer Nebentöne wachruft, so korrespondiert zu jedem Stadium der Transformation, die als eine Folge von Zuständen betrachtet wird, eine Gesamtheit übereinandergelegter mythischer Elemente, die untereinander einen Akkord bilden.[85]« In immer wieder ähnlichen Bildern hat Lévi-Strauss versucht, die Struktur der Mythen zu beschreiben. Eines davon war der Vergleich mit dem Faltblatt. Jede Schicht eines Faltblatts vertritt hierbei ein mythisches Element. Und ein Mythos setzt sich dann aus einer gewissen Anzahl solcher Faltblattschichten zusammen, die, einzeln hintereinandergestellt, in der Summe der Zeichnungen, die sie aufweisen, die Struktur des betreffenden Mythos aufscheinen lassen.[86]. Wie immer aber die Metaphern – ich selbst ziehe den Partiturenvergleich vor –, Ziel jeder Isolation konstitutiver Einheiten des Mythos ist es, dem Mythos immanente, ihn bezeichnende Korrelationen und Oppositionen aufzudecken, anders ausgedrückt: logische Beziehungen zwischen den Elementen aufzufinden. Was nun die vertikalen Beziehungsbündel betrifft, so konnte Sebag in seinem posthum veröffentlichten Buch *L'invention du monde chez les Indiens Pueblo* zeigen, daß die Modifikation eines Elementes A von einem zu einem zweiten Mythos auch die Modifikation der Elemente A', A", und A''' nach sich zieht. Das Verschwinden eines Elements bewirkt auch das Verschwinden der übrigen, in paradigmatischer Beziehung zu ihm stehenden Elemente. Verschwinden sie hingegen nicht, so darf man folgern, daß sie eine neue Funktion in einem neuen System übernommen haben.

Die Verwandtschaft zwischen Mythos und Musik

Die Ähnlichkeiten zwischen mythischen und musikalischen Gebilden erschöpfen sich indessen nicht mit der Möglichkeit, sie ähnlich anzuordnen, wenn man sie transkribiert. Die Möglichkeit ähnlicher Anordnung ist vielmehr ein Ausdruck für eine tiefergreifende Verwandtschaft. Die Ouverture zu *le cru et le cuit* beschäftigt sich eingehend mit dieser Affinität. Hier nur dies: Mythos und Musik sind beides Sprachen, die, um sich zu verwirklichen, in einer zeitlichen Dimension ablaufen müssen. Gleichzeitig aber verhalten sie sich wie Maschinen, die dazu bestimmt sind, die Zeitlichkeit aufzuheben. Die Zeit hat mit anderen Worten in Mythos und Musik einen doppelten Charakter, einen externen und einen internen: einmal ist sie historisch und objektiv, als Verlauf des Vortrags; zum anderen bewirkt sie beim Zuhörer einen psychischen Effekt, der ihn aus der Zeitlichkeit zu befreien scheint, mittels Wirkungen, die auf Wiederholungen, Verzögerungen, Überraschungen beruhen. In beiden Fällen kann man überdies die gleiche Umkehrung der Beziehung zwischen Sender und Empfänger beobachten: . . . »denn es ist letzten Endes der Zweitgenannte, der sich durch die Botschaft des Ersten als bezeichnet entdeckt. Die Musik lebt in mir, ich höre mich durch sie. Der Mythos und das musikalische Werk erscheinen so als die Dirigenten eines Orchesters, dessen schweigende Ausführende die Zuhörer sind.[87]« Beide, Mythos und Musik, setzen bei denen, die sie hören, gemeinsame mentale Aktivitäten in Bewegung, die ihre Ursache in einer gemeinsamen Organisation des menschlichen Gehirns haben. »Im Fall der Musik haftet die Struktur, in gewisser Weise vom Sinn gelöst, am Ton; im Fall der Mythologie haftet die Struktur, vom Ton gelöst, am Sinn.[88]« Aus der Affinität zwischen Mythos und Musik, an der Lévi-Strauss die ganzen Jahre seiner Mythenstudien hindurch festgehalten hat, leitet er schließlich sogar eine ziemlich exklusive These ab, die sich auf die Gebiete bezieht, in denen seiner Ansicht nach in

Zukunft am ehesten Erfolge mit strukturalen Forschungen zu erwarten sind. Er nennt vier für die strukturale Analyse geeignete Bereiche: die mathematischen Wesen, die natürlichen Sprachen, die musikalischen und die mythischen Werke[89].«

## Die mythische Spirale

Für den praktischen Verlauf der strukturalen Mythenanalyse wählte Lévi-Strauss mehrmals das Bild der Spirale. »Wenn unser Unternehmen so abläuft, wie wir es uns wünschen, wird es sich nicht auf einer linearen Achse entwickeln, sondern spiralenförmig: Der regelmäßige Rückgriff auf alte Resultate und das Aufgreifen neuer Objekte müssen es erlauben, die Kenntnis zu vertiefen, deren Rudimente zumindest vorher erworben wurden.« Und: »Die mythische Deduktion weist stets einen dialektischen Zug auf: sie schreitet nicht im Kreise, sondern spiralenförmig fort. Wenn man glaubt, sich am Ausgangspunkt wiederzufinden, so ist man es niemals ganz und absolut, sondern nur in einer bestimmten Weise. Es wäre genauer zu sagen, man passiere vertikal den Ort, von dem man ausgegangen ist.[90]« Angesichts solcher Feststellungen drängt sich die Frage auf, ob eine direkte Korrespondenz zwischen der Gestalt des Objekts der Untersuchung und der Gestalt der Untersuchung selbst vorhanden ist, also zwischen dem Aufbau des Mythos und dem seiner Behandlung. Zwar macht Lévi-Strauss unmißverständlich auf den Unterschied aufmerksam, den das Vorgehen des Analysten vom Mythos trennt[91], doch widerspricht er meines Erachtens damit in gewisser Weise dem, was er selbst vorführt. Kehren wir nochmals zu den beiden Schemata der hypothetischen mythischen Geschichte zurück, wie wir sie weiter oben kennengelernt haben. Das erste von ihnen repräsentiert in bestimmter Hinsicht den Mythos selbst, nämlich so, wie er Stück für Stück in der zeitlichen Abfolge erzählt wird. Danach liefe er, will man meinen, linear ab. Das zweite Schema gibt den Mythos unter dem Zugriff des Interpreten wieder. Es zeigt das Resultat seiner Tätigkeit. Und genau dieses Schema läßt sich unmittelbar in eine Spirale umdeuten. Die Kolumnenpunkte A, A', A'' . . . B, B' usw. nähmen dann auf der Spirale diejenigen Stellen ein, die jeweils vom ersten Auftauchen im Zentrum an in gerader Linie übereinander wiederkehren, also in radialer Linie. Und es hieße den Gegensatz zwischen Analyse und Gegenstand künstlich fördern, wenn man bei dieser Feststellung Halt machte. Denn das gefertigte

Schema des Interpreten ist schließlich nicht dessen willkürliche Erfindung. Wenn es überhaupt einen Sinn haben soll, dann muß es mit dem Objekt seiner Untersuchung in einer erkennbaren Beziehung stehen. Und in der Tat können die A, A', A" . . . B, B' usw. im paradigmatischen Arrangement nur erscheinen, weil sie im Mythos selbst vorkommen. Das bedeutet übertragen: Die Spirale des analytischen Vorgehens muß im Mythos bereits angelegt sein, auch wenn sie dem Zuhörer nicht als solche eingeht. Schließlich ist sie nur eines der möglichen Bilder. Aber gibt es nicht auch unmögliche Bilder? Der Zuhörer wird vielleicht nicht anders reagieren als der Leser Prousts bei den immer wiederkehrenden Beschreibungen der Weißdornhecken. Wenn also die Gestalt der Untersuchung von der Gestalt des Objekts auf einem oberflächlichen Niveau abzuweichen scheint, dann nur deshalb, weil die eine die verdeckten Linien der anderen mit vollem Stift auszeichnet. Wie anders wäre schließlich die Äußerung von Lévi-Strauss zu verstehen, daß seine *Mythologiques* am Ende einem großen Mythos ähneln[92], wenn nicht in der Weise, daß er damit gerade die Verwandtschaft zwischen Vorlage und Untersuchung hervorheben wollte?

Ein zusätzliches, wenn auch rein oberflächenhaftes Belegstück für die Ähnlichkeit zwischen Mythenforschung und Mythos habe ich an einer anderen, ganz unerwarteten Stelle gefunden: in den theoretischen Schriften von Eisenstein (1938)[93]. In einer Notiz spricht der Regisseur von bestimmten piktographischen Erzählungen und Legenden nordamerikanischer Indianer, die diese auf Bison- und andere Felle malen. Die Abfolge der bildlich erzählten Ereignisse nimmt dabei unzweifelhaft die Form einer Spirale an: (siehe umseitige Skizze und Abbildung).

Was Lévi-Strauss also als den Weg des Mythenforschers beschrieb, die spiralenförmige Bewegung der Analyse, praktizierten gewisse nordamerikanische Bildmythen auf ganz direkte und materielle Weise: die Sequenz der Bilder ergab ebenfalls eine Spirale. Diese bemerkenswerten Entsprechungen sollten indes nicht zur Annahme einer Konsubstantialität zwischen Methode und Sujet auffordern. Das wäre Verführung zum Analogiezauber.

### Armatur Code Botschaft

Was nun der Mythos im einzelnen mitteilt, läßt sich nur im einzelnen Fall beantworten. Wir werden weiter unten die Gelegenheit haben, konkrete Mythen im Detail zu verfolgen. Die Deutung

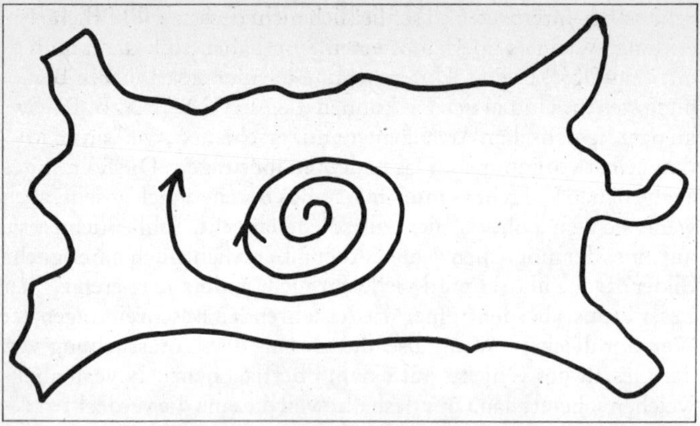

*Eisensteins Skizze*

*Bemaltes Elchlederfell; Darstellungen zum Sonnentanz; Shoshoni gegen Ende des 19. Jahrh.; Maler: George Waskhakie. Foto: Courtesy of the Museum of the American Indian, Heye Foundation*

kann nicht von außen an den Mythos herangetragen werden: »Sie muß sich aus den Mythen selbst oder aus dem ethnographischen Kontext ergeben.[94]« Gleichwohl lassen sich einige allgemeine Überlegungen anstellen. Vorweg die Unterscheidung zwischen Armatur, Code und Botschaft eines Mythos. Unter Armatur – dem Gerüst oder der Einkleidung – eines Mythos versteht Greimas den »strukturellen Status des Mythos in seiner Eigenschaft als Erklärung«[95]. Ich muß gestehen, diese Definition selbst nicht verstanden zu haben. Lévi-Strauss nennt Armatur die unveränderliche Gesamtheit von Eigenschaften, die zwei oder mehrere Mythen miteinander teilen[96]. Bis zu einem gewissen Grade decken sich mit dem Begriff Armatur die Axiome und Postulate eines Mythos, die seinen Code definieren. Wir werden weiter unten die Gelegenheit haben, zwei solcher Armaturen kennenzulernen. Mehr Aufmerksamkeit als der Armatur der Mythen wurde den Wechselbeziehungen geschenkt, die Code und Botschaft miteinander unterhalten. Mit Code bezeichnet man das Ausdrucksmittel, in dem eine Botschaft vorgetragen wird. Es ist gewissermaßen die Sprache, in der der Mythos spricht. Als die wichtigsten Codes der meisten amerikanischen Mythen haben sich der kulinarische, der akustische und der vestiäre Code erwiesen. Wichtige andere sind der kosmologische, der soziologische oder der technoökonomische Code. Die einzelnen Codes werden nicht im gleichen Ausmaß beansprucht. Vom Gesichtspunkt ihrer operativen Nützlichkeit aus sind sie hierarchisch gestuft. So ist der akustische Code imstande, für soziologische, ökonomische und kosmologische Botschaften eine gemeinsame Sprache anzubieten. Das gleiche gilt in etwas eingeschränkter Weise für den kulinarischen Code. Seine Stärke liegt, wenn man so sagen darf, in seiner sinnlichen Universalität. Diese Codes, die meist anderes oder mehr meinen, als sie zu sagen scheinen, werden im übrigen nicht nur in den Mythen verwendet. Wiederholt ist etwa bei Lévi-Strauss von der Sprache der Küche die Rede, die sich bis in den ganz realen Bereich der Speisezubereitung und -abfolge hinein kundtut. Die Botschaft schließlich ist der Inhalt oder die besondere Bedeutung eines Mythos[97]. Code und Botschaft zweier oder mehrere Mythen derselben oder unterschiedlicher Populationen können in folgenden Korrelationen zueinander auftauchen:

Code und Botschaft gleichen oder ähneln sich in beiden Fällen;
die Codes sind ähnlich, aber die Botschaften unterscheiden sich;

die Codes divergieren, und doch sind die Botschaften die gleichen;

Code und Botschaft divergieren in beiden Fällen.

Alle diese Möglichkeiten werden von den Mythen in der Praxis wahrgenommen[98]. Man würde allerdings die Situation übermäßig vereinfachen, wenn man von Code und Botschaft für jeden Fall nur im Singular spräche. In seinem letzten mythologischen Werk hat Lévi-Strauss die vielfältige Verschränkung der Ebenen, der Aussageformen und Bedeutungen folgendermaßen zusammenfassend angedeutet: »Der Mythos läßt sich weder auf einen für sich genommenen Code zurückführen, noch resultiert er aus der Addition mehrerer Codes. Man müßte vielmehr sagen, daß eine Gruppe von Mythen aus sich heraus einen Code von einer Potenz bildet, die höher ist als die eines jeden einzelnen, dessen sie sich bedient, um multiple Botschaften zu chiffrieren. Als ein wahrhafter ›Intercode‹ – wenn man uns diesen Neologismus durchgehen läßt – gestattet er die gegenseitige Umkehrbarkeit dieser Botschaften nach Regeln, deren Repertoire den unterschiedlichen Systemen immanent bleibt, die durch sein Verfahren eine globale und von ihrer eigenen abgehobene Bedeutung hervortreten lassen.[99]«

### Der Mythos als Gesamtheit seiner Fassungen

Ich sagte zu Beginn dieses Kapitels, daß die strukturale Mythenforschung mit der Analyse des einzelnen Mythos ihren Anfang nahm. Aber bald schon ging sie über diesen engen Rahmen hinaus. Die Erweiterung des Feldes setzte eigentlich schon in dieser ersten Phase ein: mit der Variantenfrage. Der alte Streit der Mythologen nach der Urfassung eines Mythos wurde bereits 1955 von Lévi-Strauss auf eine elegante Weise gelöst, indem er einen Mythos mit der Gesamtheit seiner Fassungen gleichsetzte. Die Gesamtheit der Versionen ist nicht als ein Destillat, sondern als ein Nebeneinander aufzufassen, das jeder Fassung die gleiche Berechtigung einräumt. Ein derartiges Verständnis der Mythen schränkt unmittelbar das Wuchern des Eklektizismus ein. Denn wenn ein Mythos als die Gesamtheit seiner Fassungen begriffen wird, muß ihnen allen die gleiche Aufmerksamkeit geschenkt werden. Das bedeutet freilich nicht, daß alle Versionen gleich ergiebig seien. Die demokratische Haltung bezieht sich nur auf die Vorlese. In seinem letzten Buch hat Lévi-Strauss die Problematik der Varianten noch einmal aufgegriffen und dem Gegensatz Original/Kopie eine dialektische Wendung gegeben: »Genau gesagt, gibt es niemals einen Originaltext: jeder Mythos ist von Natur aus eine Übersetzung, er hat seinen Ursprung in einem anderen Mythos . . . Von einem empirischen Gesichtspunkt aus gesehen ist jeder Mythos zugleich ursprünglich in bezug auf sich selbst und abgeleitet in bezug auf andere Mythen.[100]« Diese Sätze sind, so einfach sie klingen, von immenser Tragweite. Vor allem der erste leitet auf direktem Wege zum zentralen Thema der strukturalen Mythenforschung der letzten zehn Jahre über: zu den Mythen als zusammenhängenden Transformationssystemen.

## Die Regeln der Transformation im mythischen System

### Der Transformationsbegriff

Für den Strukturalismus wurde der Transformationsbegriff von dem englischen Biologen D'Arcy Wentworth Thompson entlehnt. Die letzten Seiten der *Mythologiques* nehmen in Anerkennung dieser Tatsache wiederholt Bezug auf Thompsons Werk *On Growth and Form*[101]. Der englische Biologe benutzte den Begriff vornehmlich zur Bezeichnung zoologischer Metamorphosen. Man könnte folglich sagen, Lévi-Strauss habe den besagten Begriff aus der Domäne der Natur, wo er von lebendigen Formen handelt, herausgenommen und auf die Domäne der Kultur, die der gemachten Formen übertragen, vorab auf die Mythen.

Ein anderer und von der Materie her verwandter Forscher, der sich des Transformationsbegriffes bediente, war V. Propp. Einer seiner Aufsätze trug ihn sogar im Titel: *Die Transformationen des Wundermärchens*[102]. Propp suchte die Transformationen von Märchen vor allem in deren Elementen. Als Gründe für die Modifikationen gab er meist externe an. Er nannte eine Reihe von Modifikationstypen: die Reduktion, die Amplifikation, die Deformation, die Inversion, die Verstärkung und Abschwächung, die Substitution, die Assimilation, u. a.[103]. Die Muster der Transformationen von Märchenelementen und schließlich ganzen Märchen glaubte Propp aus den paradigmatischen Anordnungen ablesen zu können, was ihn ein weiteres Mal als einen Vorläufer heutiger Auffassungen ausweist[104].

Daß die Mythen naturgemäß transformatorischen Charakters sind, hat beim ersten Hinschauen nichts besonders Verwunderliches an sich. Sie sind, erzählt und immer wieder neu erzählt, ständiger Umwandlung ausgesetzt. Und dies nicht nur, weil sie mündlich weitergegeben werden. Das ist noch die geringste Determinante für ihre Verwandlungen. Nicht selten haben Beobachter mit Staunen das ihnen unfaßliche Erinnerungsvermögen bei schriftlosen Populationen registriert und sich an den orthodoxen Streitereien um den Buchstaben der wortgetreuen Rezitation bei Eingeborenen erbaut. Der Grund für die Umwandlungen liegt also nicht in der Art der Weitergabe. Schließlich gibt es auch schriftlich tradierte Werke, die in mehr als geringfügig voneinander abweichenden Lesarten vorliegen. Jedes Erzählen eines Mythos ist für sich schon in gewissem Maße eine Deutung. Wenn ein Interpret dieses Detail wegläßt, jenes ausmalt, ein drittes hinzufügt, so gebärdet er sich unmittelbar als mehr oder minder wissentlicher Manipulateur von Sinn. Die Veränderungen, denen die Mythen durch wiederholten Vortrag ausgeliefert sind, entstammen demnach einer Absicht; das neue und im Vergleich zu einem alten abweichende Erzählen eines Mythos ist stets die Ausrichtung der Botschaft nach neuen Bedürfnissen. Dies geschieht oft ganz unmerklich. Oft aber ist ein Mythos auch die genaue Umkehrung eines anderen und zwar in solch systematischer Perfektion, daß man sich unmittelbar an das von Lévi-Strauss zitierte Wortspiel erinnert fühlt: dire – conte redire – contredire[105]. Die Mythen sind, wenn man so will, ein Mittel des Widerspruchs – gegen sich selbst und andere Fassungen oder gegen andere Mythen.

### Räumliche und zeitliche Ausdehnung der Transformation

Bevor ich auf die Frage eingehe, was beim Mythos denn im einzelnen umgewandelt werde, mag es nützlich sein zu erfahren, in welchen räumlichen und zeitlichen Dimensionen die Transformation sich abwickelt. Den engsten Rahmen für die mythische Transformation setzt der einzelne Mythos fest mit seinen Varianten innerhalb einer einzigen Population. Das Feld dehnt sich aus, wenn der gleiche Mythos auch bei Nachbarstämmen bekannt ist, wo er sich den dortigen soziologischen, ökonomischen und geographischen Gegebenheiten anpaßt. Diese Expansion des Feldes verbleibt jedoch im Rahmen offensichtlicher historischer Kontakte.

Solche Kontakte können auch dann noch nachweisbar sein, wenn es einem Mythos gelingt, sich in weite geographische oder zeitliche Räume vorzuschieben, wie die Beispiele des Genesis- und des Ödipusmythos belegen. Der eine hat sich im Gefolge der christlichen

Mission bis in alle Winkel der Erde ausbreiten können. Dabei veränderte er zahllose Male sein Gesicht. Der Reichtum der Verwandlungen offenbart sich oft auf engstem Raum. So konnte beispielsweise Maybury-Lewis vier divergierende Fassungen des christlichen Genesis-Mythos allein beim Stamm der Sherente in Zentralbrasilien aufnehmen, die jeweils unterschiedliche eingeborene Absichten integrierten[106]. Und beim Ödipusmythos denke man nur an die zeitliche Ausdehnung, die von den alten Griechen bis zu den modernen Psychoanalytikern reicht. Schließlich kann es Beziehungen zwischen Mythen geben, deren Besitzer in keinem dokumentarisch belegten Zusammenhang miteinander stehen. Hierfür bieten die *Mythologiques* zahlreiche Beispiele. Einerseits werden Mythen südamerikanischer Populationen miteinander verglichen, die vollkommen verschiedene Sprachen reden, die unter gegensätzlichen ökologischen Bedingungen leben und deren soziale Organisation keine Ähnlichkeiten verbindet. Zum anderen stehen Mythen beider Hemisphären einander gegenüber, eine Tatsache, die aus sich heraus bereits den Gedanken an eine nachbarliche Entlehnung ausschließt. Die Karte auf S. 242 f. deutet Beispiele dieser Art an, der Abschnitt S. 230 ff. erörtert sie. Gewiß mag man auch in diesen Fällen sagen: die Indianer Süd- und Nordamerikas entstammen einem gemeinsamen Stock; sie gehören letztlich zu den gleichen Wellen von Einwanderungen, die sich vor Tausenden von Jahren von Asien ausgehend auf die beiden Halbkugeln des amerikanischen Kontinents entluden. Und weshalb sollen die Nachfahren dieser ursprünglichen Immigranten nicht die Mythen und Traditionen ihrer Urahnen zumindest soweit beibehalten haben, daß über alle Nötigungen zur Modifikation hinweg noch gemeinsame Züge erkennbar geblieben sind? Das ist sicher richtig, aber heißt es nicht das Fernglas umdrehen, wenn man sich so dem Problem nähert? Denn was die geschichtliche Perspektive vorweg zu dieser erstaunlichen Dichte des mythischen Kosmos in Amerika zu sagen hätte, weiß man eben schon vorher. Es sind Allgemeinheiten, die nichts aufklären. Flicht man dagegen zunächst aus den zahllosen Fäden, die die einzelnen Mythen oder isolierten Mythengruppen darstellen, ein Muster, das ein überschaubares Bild ergibt und das einem Vorgehen seine Existenz verdankt, das in jedem seiner Schritte überprüfbar ist, dann erhält die historische Fragestellung allererst eine konkrete Aufgabe.

Die Grenze des formalen Vergleichs von Mythen ist indessen dort erreicht, wo zwischen den zu vergleichenden Objekten ein historischer Zusammenhang, sei er direkt oder indirekt, nachweislich nicht mehr möglich ist. Wie groß die formale Verlockung auch sein mag, hier dreht die komparative Methode im Leerlauf. Entgegen seinen eigenen Ankündigungen zu Beginn der *Mythologiques*[107] führt Lévi-Strauss aber auch auf dieser Ebene ein paar Mythenvergleiche durch. In *Le cru et le cuit* vergleicht er einen Mythos über den Ursprung der Pleiaden (M 132), den die nordamerikanischen Wyandot-Indianer erzählen, mit einem Mythos über die Konstellation des Skorpions, der auf Hervey (Cook Inseln) in Polynesien zu Hause ist[108]. Und in *Du miel aux cendres* werden Mythen miteinander verglichen, denen das Motiv des greinenden Kindes gemein ist. Sie stammen aus Amazonien (M 86a), von den Tukuna (M 304 und 310) und – aus Japan (M 311)[109]. Für den letzten Vergleich entschuldigt sich Lévi-Strauss allerdings. Er nennt ihn einen Seitensprung, der mit einer angemessenen Anwendung der strukturalen Methode unvereinbar sei. Dieser Seitensprung erfülle jedoch eine Funktion: die der Abkürzung eines Wegs, der auf der umständlicheren, orthodoxen Route zum gleichen Ziele führe. Wie dem auch sei, grundsätzlich läßt Lévi-Strauss keinen Zweifel daran, daß der Vergleich von Mythen seine Begrenzungen hat. Sie werden am entschiedensten von der Geographie und der Geschichte abgesteckt.

### Die Funktionen des Mythenvergleichs

Wenn man von Transformation spricht, dann setzt das implizit zwei Dinge als gegeben voraus, eine Sache, die sich aus einer anderen umwandelt und eine, die die andere ist. Zur Transformation gehören also mindestens zwei miteinander vergleichbare Sachen. In der Tat ist eine zentrale Aktivität der strukturalen Mythologie das Vergleichen.

Der Vergleich ist auf verschiedenen Niveaus unterschiedlicher Größenordnung möglich. Zunächst kann der Vergleich im Inneren eines einzigen Mythos stattfinden, wie ich an anderer Stelle bereits angedeutet habe. In diesem Falle geht man, um es nochmals zu rekapitulieren, gewissermaßen mit der Schere vor. Man zerschneidet eine vollständige syntagmatische Kette und zerlegt sie in ihre konstitutiven Teile. Diese Segmente werden dann in einer Weise übereinandergelegt, daß sie eine paradigmatische Anordnung erlauben, aus der die wiederkehrenden Variationen zum gleichen Thema hervortreten. Man vergleicht in diesem Falle also isolierte Teile eines einzigen Mythos miteinander. »Das andere Verfahren, welches das erste ergänzt, besteht darin, eine syntagmatische Kette in ihrer Gesamtheit, d. h. einen vollständigen Mythos, über andere Mythen oder Segmente von Mythen zu legen. Es handelt sich folglich jedesmal darum, eine syntagmatische Kette durch ein paradigmatisches Ensemble zu ersetzen, wobei der Unterschied im ersten Fall darin besteht, daß das Ensemble aus der Kette extrahiert wird und im zweiten Fall darin, daß die Kette es ist, die inkorporiert wird. Aber ob das Ensemble mit Stücken der Kette ausgestattet ist oder ob die Kette darin selbst einen Platz als Stück einnimmt – das Prinzip bleibt das gleiche. Zwei syntagmatische Ketten oder Fragmente einer einzigen Kette, die, für sich genommen, keinen sicheren Sinn ergäben, erhalten einen solchen durch die simple Tatsache, daß sie Gegensätze bilden. Und weil die Bedeutung in dem Augenblick auftaucht, da man das Paar konstituiert hat, existierte sie vorher nur verborgen, doch gegenwärtig in jedem Mythos oder Fragment eines Mythos nach Art eines trägen Restes. Die Bedeutung liegt ganz und gar in der dynamischen Beziehung, die zugleich mehrere Mythen oder Teile eines einzigen Mythos stützt und unter deren Wirkung diese Mythen und diese Teile zur rationalen Existenz befördert werden und sich gemeinsam als die gegenüberstellbaren Paare einer einzigen Gruppe von Transformationen erfüllen. [110]«

Das zweite Verfahren bringt also zwei oder mehrere Mythen miteinander in Verbindung. Hier freilich gilt es, verschiedene Grade an Komplexität zu unterscheiden. Den idealen Endpunkt auf der einen Seite der Skala bilden gesamte Mythen in allen ihren Einzelteilen, das simpelste Extrem auf der anderen Seite ist mit einem einzelnen Terminus erreicht, wie etwa dem gemeinsamen Namen eines Helden in zwei Mythen. Zwischen diesen Extremen spielen sich in praxi alle intermythischen Vergleiche ab. Jeder Vergleich setzt eine Reihe von Manipulationen voraus, die unumgänglich sind, die es aber lohnt, sich zu vergegenwärtigen. Als erstes: Der Mythenvergleich ist fast nie auf dem wortwörtlichen Niveau möglich, auf dem Niveau der Erzählung. Jede Sequenz, die ich mit einer anderen vergleichen möchte, muß sprachlich derart umgeformt werden, daß die Vergleichspunkte allererst auf einem gemeinsamen Nenner Platz nehmen können. Ich muß, mit anderen Worten, für die Mythen, die ich vergleiche, vorweg eine gemeinsame Sprache schaffen, die die des Interpreten ist. Das bedeutet, der Akt des

Vergleichens ist bereits das Resultat einer Abstraktion. Ähnliches gilt auch für die Auswahl. So detailreich ein Vergleich auch aussehen mag, es sind immer andere Details in der mythischen Erzählung vorhanden, die vorher ausgesiebt wurden. Auf die Probleme der interpretatorischen Abstraktion werden wir noch stoßen, nachdem wir uns ein Beispiel aus den *Mythologiques* aus der Nähe angesehen haben.

Zudem kommt die Frage nach der Größenordnung der Teile, die ich miteinander vergleiche. Als einen ersten Versuch, die Beziehungen zu graduieren, die ausgesprochen oder unausgesprochen in den *Mythologiques* geknüpft werden, sind die Bemühungen des Mathematikers Richard zu werten[111]. Er unterteilt die mythischen Beziehungstypen nach den beiden Kriterien der Komplexität und dem Abstraktionsgrad des interpretatorischen Eingriffs, der über die mythischen Elemente ergangen ist, bevor sie vergleichbar werden. Richard zufolge lassen sich sechs Beziehungstypen gegeneinander abgrenzen, von denen nur zwei vom Mythenforscher nicht zuvor interpretatorisch vorbearbeitet sind, nämlich die Episoden- und die Botschaftsbeziehung. Die übrigen vier, aufgezählt in der Reihenfolge ihrer abnehmenden Komplexität, nämlich: Systembeziehung, Codebeziehung, Themenbeziehung und Motivbeziehung, unterliegen zuvor der Deutung oder genauer gesagt der sprachlichen Reduktion auf Schlüsselbegriffe. Die Übergänge von einem Typus zum nächsten sind, wie Richard ausdrücklich hervorhebt, so fließend, daß nicht jedes Mythenstück unzweideutig abzuordnen wäre. Darin aber liegt auch schon die Schwäche einer solchen Typologie. Immerhin aber macht sie darauf aufmerksam, daß die zwischen Mythen verglichenen Stücke nicht alle von der gleichen Größenordnung sind.

Um den Vergleich mythischer Sequenzen zu erleichtern und übersichtlicher zu gestalten, entwickelte Lévi-Strauss ein Hilfsmittel, das schon wegen seiner Häufigkeit genauer betrachtet zu werden lohnt, zugleich aber auch, weil es den Schritt von der mythischen Geschichte selbst zur Konzeptualisierung des Interpreten spiegelt, also den Akt der Manipulation. Es handelt sich um die synoptischen Operationstafeln, die in den ersten Bänden der *Mythologiques* sehr häufig, später in zunehmendem Maße seltener, am Schluß überhaupt nicht mehr das Bild der Szene beherrschen. Die abnehmende Häufigkeit der synoptischen Operationstafeln, die jeden Mythos oder Teil eines Mythos in verdichteter Form neu fassen und ihn zugleich einem anderen konfrontieren, erklärt Lévi-Strauss mit dem geringer werdenden didaktischen Wert, den sie für den eingeübten Exekutanten seiner mythischen Werke besitzen. Wie dem auch sei, sie erfüllen auf übersichtliche Weise die drei Hauptaufgaben des mythischen Vergleichs. Der strukturale Vergleich zwischen Mythen dient:

1. dazu, das semantische Feld zu bestimmen, in dem ein Begriff steht;

2. dazu, unverständliche Einzelheiten eines Mythos mittels anderer Mythen zu erhellen;

3. dazu, isomorphe Beziehungen zwischen Mythen aufzudecken.

Die wichtigste und umfassendste dieser drei Aufgaben ist die letztgenannte. Die beiden ersten sind zum Teil nur ihr Beiprodukt. Einige Beispiele sollen das Gesagte illustrieren.

Zu 1.: Im Bororo-Mythos vom Ursprung des Feuers (M 55) ist das Nagetier Prea (caria aperea) der Begleiter des Affen. Es ist ein starrköpfiges und unvorsichtiges Tier, vom Schicksal heimgesucht. Seine Gefräßigkeit bringt ihm den Tod. Bei den ehemals südlichen Nachbarn der Bororo, den Ofaié, ist dasselbe Tier und ebenfalls in einem Mythos vom Ursprung des Feuers (M 56) ein dreister und schlauer Akteur, den das Schicksal begünstigt. Es gelingt ihm, trotz seiner Unscheinbarkeit, eine große Tat, nämlich vom Jaguar das Feuer zu stehlen und zusammen mit der Kochkunst den Menschen zu bringen, eine Funktion, die im entsprechenden Bororo-Mythos eben dem Affen zufällt, den der Prea dort nur ein Stück weit begleitet.

Der Bororo-Mythos weist somit nicht nur die semantische Position des Prea in seine relativen Schranken, er hilft zugleich, die semantischen Konturen des Affen zu profilieren. Er steht zwischen Jaguar und Mensch. Wie der Mensch bildet der Affe zum Jaguar einen Gegensatz und wie der Jaguar ist er der Herr des Feuers, das den Menschen anfangs noch unbekannt ist. Der Affe ist halb aus den Zügen des einen und halb aus denen des anderen zusammengesetzt. Ein dritter Mythos, bei den Tukuna zu Hause (M 60), verflicht die beiden Aspekte unmittelbar in eins. Dort nimmt der Herr der Affen menschliche Gestalt an, zugleich wird betont, daß er vom Geschlecht der Jaguare abstammt. Der mythologische Prea der Ofaié hält gegenüber dem Jaguar der Gé (M 7/12) und dem Affen der Bororo eine Mittelstellung inne. Bei den Gé-Stämmen ist der Herr des Feuers der Jaguar, das er sub specie naturae besitzt. Der Affe der Bororo erwirbt das Feuer sub specie culturae: er erfindet die Technik, Feuer zu machen. Der Prea der Ofaié schließlich stiehlt zunächst das Feuer sub specie naturae, verliert es darauf und erwirbt es am Ende erneut sub specie culturae: durch den Jaguar, der ihm die Feuerquirltechnik beibringt[112].

So treten aus mehreren Mythen unterschiedlicher Stämme die semantischen Konturen dreier Tiere (Affe, Jaguar, Prea) hervor, die, würde man sie isoliert betrachten, den trügerischen Eindruck fixer Bilder erweckten; ihre systematische Verwendung als *variable Sinnträger* bliebe dabei unerkannt. Die zweite Aufgabe des strukturalen Mythenvergleichs erfordert, um erfüllt werden zu können, ein Axiom, das in einer Formulierung von Lévi-Strauss wie selbstverständlich eingeschlossen ist: »Wenn daher ein Aspekt eines bestimmten Mythos uneinsichtig erscheint, ist es eine legitime Methode, ihn hypothetisch und vorläufig als eine Transformation des homologen Aspekts eines anderen Mythos zu betrachten.[113]« Genau das aber setzt voraus, daß die Felder, auf denen die einzelnen Begriffe sich bewegen, ähnlich sind. Erst wenn man diese Vorbedingung einräumt, ist der Weg dafür offen, unverständliche Einzelheiten eines Mythos aus kontextuell vergleichbaren Umgebungen anderer Mythen zu erklären, wie etwa im folgenden Fall. In einer Kayapo-Version des Mythos vom Ursprung des Feuers (M 8) sieht ein vorbeilaufender Jaguar den Schatten des Helden, der auf einem Baume sitzt und kurz vor dem Hungertod steht. Der Jaguar sucht überall nach der Person, die zu dem Schatten gehört. Bevor er schließlich den Helden auf dem Baum entdeckt, verschließt er beim Blick in die Höhe mit der Tatze sein Maul.

Dieses Detail ragt aus dem Mythos besonders heraus, da es scheinbar keine Motivation besitzt. Es steht wie ein Überschuß in der Erzählung. In der Tat kann es vom Kayapo-Mythos selbst nicht aufgehellt werden. Erst der Bororo-Mythos vom Ursprung des Feuers (M 55) vermag auf die in der Kayapo-Version befremdende Einzelheit ein Licht zu werfen. Dort nämlich wird der Held der Geschichte, ein Affe, von einem Jaguar verfolgt; in letzter Not kann er sich auf einen Baum retten. Der Verfolger aber verharrt unter dem Baum, bis sich die Kraftreserven des Affen erschöpft haben und ihm nur noch die Möglichkeit bleibt, sich vom Baume fallen zu lassen. Kurz bevor er diese letzte Maßnahme ergreift, fordert er den Jaguar auf, sein Maul zu öffnen, damit er geradenwegs in den

Schlund des Verfolgers stürze. Gesagt, getan. Doch nicht er, wie sich der Jaguar das ausgemalt hatte, profitiert von der Aktion, sondern das Opfer, der Affe. Denn statt ein willkommenes Fressen zu sein, wird der Affe im Bauch des Kannibalen zum Anlaß einer Katastrophe. Zuerst verursacht er der Bestie schreckliche Magenschmerzen, am Ende schlitzt er das Tier sogar von innen auf und zieht ihm das Fell ab, das er sich als Zeichen des Sieges umhängt. Mit dieser Schilderung wird das scheinbar unmotivierte Verschließen des Jaguar-Mauls in der Kayapo-Version mit einem Male verständlich. Der Vergleich mit einem anderen Mythos einer anderen Population füllt die blanke Stelle aus: Als habe der Kayapo-Jaguar gewußt, was ihm blüht, wenn er unvorsichtigerweise mit offenem Maul in den Himmel blickt, macht er sich die schlechte Erfahrung seines Bororo-Genossen zunutze und ergreift die einzig wirksame Schutzmaßnahme in dieser Situation: er verschließt mit der Tatze sein Maul.

Um die dritte Aufgabe zu illustrieren, die der Mythenvergleich erfüllt, nämlich nachzuweisen, daß zwischen Mythen Beziehungen der Isomorphie bestehen können, habe ich ein Beispiel gewählt, das in den *Mythologiques* eine vorrangige Stellung einnimmt und das selbst eingehender Kritik unterworfen wurde, der wir uns weiter unten zuwenden werden (S. 300). In *Du miel aux cendres* vergleicht Lévi-Strauss den Mythos der gé-sprachigen Gruppen vom Ursprung des Feuers, der im gleichen Rang zum eigentlichen Referenzmythos in allen vier Bänden der *Mythologiques* gegenwärtig ist, mit einem Warrau-Mythos (M 273), der von einem unter die Jaguare geratenen Mädchen handelt. Ich gebe zunächst die beiden Mythen in Nacherzählung wieder. Ich halte mich dabei an die Originalquellen. Die Präsentation der Nacherzählung hat zur Aufgabe, den Abstraktionsschritt zu den synoptischen Operationstafeln, die ich anschließend folgen lasse, dem Leser unmittelbar vor Augen zu führen. Von den verschiedenen Gé-Fassungen, die vom Feuermythos existieren, habe ich aus praktischen Gründen die Sherente-Fassung ausgewählt. Fehlende Details, von denen anschließend die Rede ist, habe ich in [Klammern] eingefügt.

*Gé: Mythos vom Urpsrung des Feuers (Version: Sherente)* M 12

Zu einer Zeit, da den Sherente das Feuer noch unbekannt ist, begibt sich ein Mann in Begleitung seines jüngeren Schwagers in den Wald, um junge Araras in einem hohlen Baum aus ihrem Nest zu holen. Als Leiter lehnt er einen Pfahl an den Baum und läßt den Jungen hinaufklettern. Obwohl sich tatsächlich junge Vögel im Nest befinden, behauptet der Junge, es gäbe nur Eier. Doch der Mann weiß es besser. Da nimmt der Junge einen weißen Stein aus seinem Mund und zeigt ihn dem Mann unter dem Baum, der ihn auffordert, ihn herunterzuwerfen. Der Junge befolgt den Befehl. Im Flug verwandelt sich der Stein in ein Ei, das auf dem Boden zerschlägt. [In den Kayapo-Varianten bricht der von oben herabgeworfene Stein, der in einer Fassung (M 7) anfangs ein Ei ist, dem unten stehenden Schwager die Hand.] Der Mann entbricht in Zorn, stößt die Leiter um und läßt den Jungen allein in der Baumkrone zurück.

Dort verweilt er fünf Tage lang. [Einigen Versionen des Mythos zufolge verzehrt der Junge in seinem Baumexil seine eigenen Exkremente (M 7/8) und trinkt seinen eigenen Urin (M 8); anderen zufolge wird er ganz mit Vogelkot bedeckt (M 9/11), den später der rettende Jaguar entfernt (M 9).] Schließlich kommt ein Jaguar vorbei, dem der Junge seine Geschichte erzählt. Darauf fordert der Jaguar ihn auf, zuerst die jungen Araras herunterzuwerfen und dann selbst zu springen. Der Junge tut, wie ihm befohlen und der Jaguar fängt ihn knurrend mit seinen Vordertatzen auf, was dem Jungen schreckliche Angst bereitet. Doch nichts widerfährt ihm. Heil auf der Erde angekommen, trägt der Jaguar den dürstenden Jungen auf seinen Schultern zu einer Wasserstelle. Doch darf er das Wasser nicht trinken, da es dem Urubu gehört. An der zweiten Wasserstelle wiederholt sich das Spiel, diesmal gehört sie kleinen Vögeln. An der dritten schließlich trinkt der Junge ohne Rücksicht, bis kein Wasser mehr vorhanden ist, was den Besitzer, den Jacare (caiman niger), sehr empört.

Der Jaguar bringt den Jungen nun zu sich nach Hause und bietet ihm geröstetes Fleisch an, denn er hat Feuer, das an dem einen Ende eines langen Baumstammes brennt. [Die Mythen M 7/9 geben die genaue Gattung des Baumes an: Es ist der Stamm des jatoba-Baumes (hymenea)]. Die Frau des Jaguar [ursprünglich eine Indianerin, Version M 7] mokiert sich über die Dürre und Häßlichkeit des Jungen. Als sich der Jaguar wieder auf die Jagd begibt, ergreift die Frau den Jungen zwischen den Tatzen und knurrt. Der Junge schreit vor Angst auf, doch die Frau behauptet, nur zu scherzen. [Außerdem bietet sie ihrem Adoptivkind nur altes, zähes Fleisch und Blätter zu essen an (M 7), oder sie fletscht, wenn er

Hunger zeigt, lediglich mit den Zähnen (M 9)]. Bei der Rückkehr des Jaguars berichtet der Junge von den üblen Spielen, die die Frau mit ihm getrieben hat, woraufhin der Jaguar seine Gattin ausschilt.

Der Junge bleibt bei den Jaguaren und wird fett. Von seinem Adoptivvater erhält er Pfeil und Bogen, sowie Schmuckstücke. Außerdem deponiert der Jaguar für seinen Schützling zwei Körbe mit geröstetem Fleisch in einem Versteck, nicht weit vom Heimatdorf des Jungen entfernt. Bevor der Junge wieder fortgeht, instruiert ihn der Jaguar, wie er den mörderischen Nachstellungen der Jaguarfrau entgehen könne. Er solle, wenn sie ihm folgt, auf einen Baum klettern und ihr aus dieser Position einen Pfeil durch den Nacken schießen. So geschieht es, und die Jaguarfrau stirbt durch einen Pfeilschuß des Helden.

Während er noch bei seinen Fleischkörben steht, hört der Held Leute kommen. Es sind seine beiden Brüder, die er nach der Mutter fragt. Die beiden laufen davon und berichten von ihrer Begegnung mit dem für tot gehaltenen Bruder. Die Mutter glaubt ihnen nicht. Trotzdem geht sie mit ihnen zu der Stelle, wo sie den Vermißten angetroffen hatten. Doch diesmal hält er sich versteckt. Erst als das aikmã-Fest der Toten gefeiert wird, begibt er sich ins Dorf, wo er von der Mutter unter Tränen empfangen wird. Anschließend läßt der Junge die Körbe mit Fleisch holen und man verwundert sich darüber, daß es geröstet ist. Einem jeden, der ihn nach der Technik des Röstens fragt, entgegnet er, das Fleisch sei an der Sonne geröstet. Er bleibt bei dieser Aussage, bis ihn sein Onkel nach dem Geheimnis fragt, dem er es schließlich anvertraut.

Die Indianer vereinbaren eine Expedition zur Wohnstatt des Jaguars [nach einer Sitzung im Männerhaus, an der der heimgekehrte Held teilnimmt; Version: Turner], um den ganzen brennenden Baumstamm abzutransportieren. Als der Jaguar die Menschenmenge kommen hört, zieht er sich zurück. Das Mutum und das Wasserhuhn, beides ausgezeichnete Renner, ergreifen den Baumstamm und laufen mit ihm davon. Doch das Jacu (penelope marail) pickt die sprühenden Funken auf, woher es übrigens seinen roten Kropf hat. Auf diese Weise kommt das Feuer ins Dorf der Indianer[114]. [Eine Kayapo-Fassung von Turner spezifiziert, daß der brennende Holzklotz auf den Zentralplatz des Dorfes getragen werde, wo sich die Frauen separat das Feuer für ihren eigenen Herd holen.][115]

*Warrau: Das gestohlene Kind* M 273

Ein Mann geht auf die Jagd; seine Frau und sein Töchterchen, das eben erst laufen lernt, bleiben zu Hause zurück. Beim Einbruch der Nacht macht sich die Frau daran, ihrem Mann das Abendessen zu bereiten. Da das Kind sie dabei wegen seines dauernden Geschreis stört, ist sie froh, daß sich die alte Großmutter des Babys annimmt. Nachdem sie das Essen fertig hat, geht die Frau zur Großmutter, um ihre Tochter wieder abzuholen. »Welches Kind?«, fragt die Alte. Da merkt die Frau, daß sie auf den Trick eines Jaguars hereingefallen ist, der sich als Großmutter verkleidet hatte, um das Kind zu rauben. Dem zurückgekehrten Gatten erzählt die Frau das Unglück, woraufhin sich die beiden gemeinsam auf die Suche machen, doch vergebens: das Kind bleibt verschwunden und das Ereignis gerät in Vergessenheit.

Ein paar Jahre später kommen dem Ehepaar auf unerklärliche Weise nacheinander verschiedene Gegenstände abhanden: Perlen und Halsketten, Baumwollbänder, ite (mauritia)-Stärke, ein Rindenschurz, Töpfe und Eimer. Ohne daß sie es ahnen, ist es der Jaguar, der sich nachts heranschleicht und all diese Dinge für ihre Tochter stiehlt, die bei ihm aufgewachsen ist und nun im Begriff steht, eine junge Dame zu werden. Er hat sie wie eine eigene Verwandte umhegt und reichlich mit Fleisch genährt. Wenn sie ihre Tage bekommt, leckt er ihr das Menstruationsblut ab und da er noch immer ein Jaguar ist, tut er, was Jaguare und Hunde lieben: er schnuppert an ihrem Geschlechtsorgan. Die beiden Brüder des Jaguars folgen seinem Beispiel. Das Mädchen empfindet dieses Verhalten als recht befremdend. Sie beschließt, die Jaguare zu verlassen und nach Hause zurückzukehren. Daher fragt sie wie beiläufig ihren Pflegevater, wie weit man von ihrem elterlichen Hause entfernt sei. Und dem Argwohn des Jaguars begegnet sie mit der Erklärung, daß er alt sei und bald sterben könnte. Sie wisse nicht, was dann mit ihr geschehen werde. Daher sei es gut zu wissen, wohin sie sich im Ernstfalle wenden könne. Dem Jaguar leuchtet dieses Argument ein, da er fürchtet, nach seinem Ableben könnten seine Brüder sich an dem Mädchen vergreifen und sie in Stücke reißen. So gibt er ihr den Wohnsitz der Eltern preis.

Das Mädchen aber wartet von nun an nur noch auf eine günstige Gelegenheit zu verschwinden, denn sie ist es leid, immer allein in den Tiefen des Urwalds zu sein. Zu diesem Zweck setzt sie den größten Kochtopf aufs Feuer, füllt ihn mit allen möglichen Nahrungsmitteln und läßt ihn kochen. Dann bittet sie den Jaguar, ihn vom Feuer zu heben. Der Jaguar ergreift mit seinen Tatzen den Topf, und genau im rechten Augenblick kippt das Mädchen den kochenden Inhalt über das Gesicht des überraschten Tiers. Der Jaguar stürzt zu Boden, jault laut auf und stirbt. Die beiden Brüder, die das Gebrüll hören, witzeln in ihrer Unwissenheit: »Oho, der Alte treibt's wieder mit seinem Mädchen«, was natürlich nicht stimmt, denn er hat mit ihr niemals intime Beziehungen gehabt.

Das Mädchen ist mittlerweile in ihr Heimatdorf zurückgekehrt. Dort wird sie als die lange Zeit Vermißte erkannt. Doch bevor sie sich darauf einläßt, lang und breit ihre Geschichte zu erzählen, treibt sie die Dörfler eiligst dazu an, vor den beiden Jaguaren zu fliehen, die sicher bald kommen werden, um Rache zu nehmen. Man löst also die Hängematten, allgemeines Zeichen des Aufbruchs. Ein Vetter, der sich von seinem Schleifstein nicht trennen mag, packt ihn in seine Hängematte, legt sie zusammen und wirft sie, ohne im Augenblick an den Inhalt zu denken, wie gewöhnlich über die Schultern. Von dem schweren Gewicht überrascht, bricht sich der Betroffene das Rückgrat und stirbt. Die anderen lassen in der Eile die Leiche zurück[116].

Dies die beiden Geschichten in den von den Ethnographen aufgezeichneten Nacherzählungen. Lassen wir nun den Vergleich in Form einer Operationstafel folgen, die in ihrer synoptischen Eigenschaft die bestehenden Isomorphiebeziehungen mit einem Blick überschaubar machen soll.

| | | | | | |
|---|---|---|---|---|---|
| M7/12 Gé | 1. | Ein Schwager (△, angeheiratet) | gestört von | einem Jungen | verläßt diese(n) |
| M273 Warrau | | Eine Mutter (○, blutsverwandt) | | einem Mädchen | |

| | | | | | |
|---|---|---|---|---|---|
| M7/12 | so glaubt er, endgültig. | 2. | Den Jungen adoptiert | ein Jaguar; | dieser entfernt |
| M273 | so glaubt sie, einstweilig. | | Das Mädchen raubt | | dieser begehrt |

| | | | | |
|---|---|---|---|---|
| M7/12<br><br>M273 | den Unrat | den externen, von dem sich der Junge ernährt hat<br><br>den internen, mit dem das Mädchen ihn ernährt | 3. | der Jaguar seinerseits ernährt das Kind mit Fleisch |

| | | | |
|---|---|---|---|
| M7/12 | und gibt ihm Kulturgüter, die die Menschen nicht besitzen.<br><br>und stiehlt den Menschen Kulturgüter, die er nicht besitzt. | 4. | Die menschliche Gattin des Jaguars<br><br>Die menschliche Frau, nicht Gattin des Jaguars |

| | | |
|---|---|---|
| M7/12<br><br>M273 | benutzt das gekochte Fleisch zu mörderischen Zwecken | indem sie es dem Jungen verweigert.<br><br>indem sie es an den Jaguar verschwnedet. |

| | | | | |
|---|---|---|---|---|
| M7/12 | 5. | Tod der Frau des Jaguars<br><br>Tod des Jaguars | Rückkehr ins Dorf; dessen Bewohner | besuchen<br><br>fliehen | die Jaguare. |

| | | | | |
|---|---|---|---|---|
| M7/12<br><br>M273 | 6.[117] | Die Menschen erhalten das gekochte tierische Fleisch<br><br>Die Jaguare erhalten das rohe menschliche Fleisch | dank | eines glühenden Holzscheits, den freiwillig Tiere aufladen, aufgrund der Festigkeit ihres Rückgrats<br><br>eines »anzufeuchtenden« Steins, den unfreiwillig ein Mensch auflädt, der sich aufgrund seiner Unfestigkeit das Rückgrat bricht |

Wir sehen: In dieser Weise präsentiert, weisen die beiden Mythen, trotz der unterschiedlichen Geschichten, die sie erzählen, eine Reihe von Entsprechungen auf, die in dieser Anzahl kaum noch nach Zufall aussehen. M 7/12 und M 273 stehen zueinander in einer Beziehung strikter Symmetrie, zumindest was die Teile angeht, die miteinander verglichen werden. In beiden Mythen spielt die Küche eine Rolle. In den Gé-Mythen verbindet sie Mensch und Jaguar miteinander, die überdies eine Allianzverbindung unterhalten. Im Warrau-Mythos erfüllt dagegen die Küche gleich zweimal eine trennende Funktion: Die Mutter wird durch ihre Aufgabe, das Essen zu bereiten, von ihrem Kind getrennt; das Kind seinerseits schafft sich später seinen Adoptivvater Jaguar vom Leibe, indem es sich absichtlich als ungeschickte Köchin ausweist, die einen Kochkessel umkippt. In beiden Mythen stehen die Beziehungen zwischen einem Menschen und einem Jaguar im Vordergrund, die sehr eng sind. In beiden Fällen ist es der Mensch, der von tierischer Liebe überhäuft wird, ohne sich angemessen zu revanchieren. Im Gegenteil: jedesmal zahlt er die Wohltätigkeiten des Raubtiers mit Handlungen zurück, die dem Tier schaden.

Zugleich aber läßt sich nicht übersehen, daß beide Mythen eine recht andere Geschichte erzählen. Der Gé-Mythos handelt von einem Vogelnestausheber, der auf einem Baum ausgesetzt wird; den ein Jaguar rettet und adoptiert; der bei seinen tierischen Pflegeeltern gute und schlechte Erfahrungen sammelt und schließlich vom Jaguar das Küchenfeuer entlehnt und den Menschen bringt. Wenig davon im Warrau-Mythos, der von einem plärrenden Mädchen handelt, das ein verkleideter Jaguar raubt, der es aufzieht und nährt; das ihm dafür orale Geschlechtsbeziehungen einräumt, bis es ihm gelingt, sich seines Ziehvaters zu entledigen und zu den Seinen zurückzukehren. Man kann also festhalten: In dem Maße, wie sich die beiden vorgestellten Mythen entsprechen, in dem Maße sind sie sich auch fremd. Aber es wäre sicherlich eine unsinnige Forderung, wollte man den Transformationsbegriff nur auf jene raren Fälle beschränken, wo Mythen sich – Einzelheit um Einzelheit – wiederholen. Zwischen Reduplikation und Fremdheit liegt eine weite Spanne möglicher Entsprechungen. Im ersten Fall hätte man am Ende nichts weiter festgestellt, als die banale Tatsache, daß es sich um identische Mythen handelt. Gerade das will die strukturale Mythenanalyse nicht. Ihr geht es vielmehr darum, Gemeinsamkeiten selbst dort aufzuzeigen, wo scheinbar nur Unterschiede bestehen. Diese können sich im einzelnen auf ganz geringe Details beschränken. Aber in ein umfassendes System von Beziehungen gebracht, das schließlich Verknüpfungen zwischen einer großen Anzahl von Mythen offenbart, haben auch diese Details einen Wert als Beweisstücke für Kohärenz, den sie isoliert nicht haben können. Es ist daher wichtig, auch diejenigen Beziehungen kennenzulernen, die der Feuer-Mythos und der Mythos vom greinenden Mädchen zu anderen Mythen Süd- und, wie wir sehen werden, Nordamerikas den *Mythologiques* zufolge unterhalten.

Die Transformationsreihe des Feuer-Mythos der Gé

Die Episode des Vogelnestaushebers verbindet eine ganze Reihe nicht nur brasilianischer, sondern auch nordwestamerikanischer Mythen miteinander. Zunächst freilich ist sie in allen Varianten des Gé-Mythos vom Ursprung des Feuers enthalten[118]. Sodann ist sie ein wesentlicher Bestandteil des Referenz-Mythos M 1 (Bororo), der den Ursprung des Wassers zum Ziele hat. Folgende Züge sind in beiden Mythen identisch: Ein Junge wird aufgefordert – Araras auszuheben – die sich in der Höhe eines Baumes oder Felsens befinden; – er klettert nach oben – und wird dort allein zurückgelassen; – nach einiger Zeit der Entbehrungen – wird er von hilfreichen Tieren gerettet. In umgewandelter und verkürzter Form kehrt die Episode vom Vogelnestausheber wieder in den Mythen M 22, M 23 und M 24 der Matako, Tobo-Pilaga und Tereno, die vom Ursprung der Jaguare, bzw. vom Ursprung des Tabaks handeln. In diesen Fällen besteigt statt eines Schwagers ein Ehegatte auf Drängen seiner glutomanischen Frau einen Baum, um Papageien auszuheben, die die gierige Gattin befriedigen sollen. Was also bleibt, ist die Teilepisode vom Jäger, der in der Höhe Vögel jagt, während auf ihn in der Tiefe ein Ungeheur wartet. In einem amazonischen Mythos M 149 klettert ein Arara-Jäger auf einen Baum, wo ihn ein Gespenst in eine Kröte verwandelt. Eine Tacana-Version des Mythos vom Vogelnestausheber M 300 beginnt mit einem Verwandtenkonflikt, der die gleichen Beteiligten ins Spiel bringt wie die Gé-Fassungen: In beiden Fällen sind es Schwäger (Gatte einer Frau und Brüder dieser Frau), die sich des anderen Parts entledigen wollen. Nur werden diesmal die Rollen vertauscht: Nicht den jungen Schwager läßt der Gatte der Frau auf den Baum steigen, im Tacana-Mythos sind es die Brüder der Frau, die den Gatten, der ein erbärmlicher Jäger ist, den Baum zur Arara-Jagd besteigen lassen. Hier und in der erweiterten Tacana-Fassung M 303 sind die Araras gleichzeitig gefährliche Schlangen (ha-bacua = Boa constrictor-Papagei), Zwitterwesen, die den isolierten Baumkletterer zu fressen trachten. Und statt des Jaguars kommt dem Helden ein Waldgeist zu Hilfe. Alle Rollen der Baumszene wechseln folglich von der Gé-Fassung zur Tacana-Fassung ihre Akteure: Bruder der Frau/Gatte der Frau (Baumkletterer); guter Jäger/schlechter Jäger (Held); Vögel/Schlangenvögel (Jagdobjekt); Jaguar/Schlange (potentielles Ungeheuer); Jaguar/Waldgeist (Retter).

Der unter zahlreichen Stämmen Nordamerikas verbreitete Zyklus der Sternengattin M 425-438 weist mit dem Zyklus des Vogelnestaushebers gleiche oder ähnliche Situationen auf. Hier sind es statt eines Mannes zwei Frauen, die isoliert zwischen Himmel und Erde auf einem Baum sitzen, unter dem mehr oder minder hilfreiche Tiere vorbeistreichen. Eine der beiden weiblichen Protagonistinnen befindet sich gleich dem südamerikanischen Jungen im Alter der Pubertät (M 425-430). Aber auch der Zyklus des Vogelnestaushebers selbst findet sich auf der nördlichen Hemisphäre wieder: in einem ziemlich genau abgrenzbaren Gebiet des Nordwestens zwischen Klamath und Frazer River. Es sind an die 30 Stämme, die den Mythos in zahlreichen Varianten erzählen, auf die hier aus verschiedenen Gründen nicht eingegangen werden kann. Das Resümee einer Variante gebe ich auf S. 260 ff. (Klamath M 530).

Die Geschichte vom Vogelnestausheber trägt in einer Reihe von Beispielen die gleiche Botschaft, nämlich den Ursprung des Feuers zu erklären. Das Feuer ist es auch, das mythische Zyklen, die eine andere Botschaft tragen (den Ursprung der Wildschweine oder den Ursprung des Tabaks), zu einer größeren Einheit verbindet. Der Kreis schließt sich folgendermaßen: In den Tupi-Mythen vom Ursprung der Wildschweine gehen diese aus dem Tabakrauch hervor, einem destruktiven Feuer, das um ein Indianerdorf gelegt wird.

Die Wildschweine sind die gefragten Lieferanten besten Fleisches. Damit nun die Menschen das Fleisch in einer angemessenen Weise verzehren können, d. h. gekocht und nicht roh, bedürfen sie des Küchenfeuers, das einer von ihnen, ein Vogelnestausheber, in M 7/12 beim Herrn des konstruktiven Feuers, bei Jaguar erwirbt. Schließlich verbrennt ein anderer Vogelnestausheber in den Chako-Mythen vom Ursprung des Tabaks M 23/26 den Leichnam eines allzu gefährlich gewordenen Jaguars, aus dessen Asche der Tabak wächst (destruktives und konstruktives Feuer)[119]. Zwischen dem Jaguar und den Wildschweinen besteht im gleichen Mythenkomplex noch eine andere Beziehung. Während der Jaguar der Gé-Mythen den wohlgesonnenen Schwager verkörpert, offenbaren sich die Wildschweine der Tupi-Mythen als übelwollende Schwäger. Der eine verhält sich korrekt: Dafür, daß er von den Menschen eine Frau empfangen hat, bietet er ihnen als Gegengabe Kulturgüter, darunter das Küchenfeuer. Die anderen dagegen verweigern den menschlichen Verwandten die Nahrung. Der Bororo-Mythos über den Ursprung des Feuers (M 55) unterhält zu dem der Gé-

Gruppen eine Beziehung strikter Symmetrie, wie aus der Operationstafel auf S. 141 von *le cru et le cuit* ersichtlich. Es sei hier nur vermerkt, daß in der Bororo-Geschichte an die Stelle des menschlichen Helden ein Affe tritt, der im Zuge einer Jaguar-Begegnung das Feuer erwirbt. Aber statt es vom Jaguar als dem Herrn des Feuers übermittelt zu bekommen, macht sich der Bororo-Affe, nachdem er den Jaguar mehrmals der Lächerlichkeit ausgesetzt hat, indem er ihn dem virtuellen Feuer der untergehenden Sonne hat nachjagen lassen, selbst zum Herrn des Feuers: er erfindet den Feuerquirl. In den Tupi-Mythen (M 66/68) zum gleichen Sujet sind die ehemaligen Herren des Küchenfeuers die Geier (Urubu), die sich aber mittlerweile von Verfaultem ernähren. Der in den Gé-Mythen inhärente Gegensatz von Roh und Gekocht, den sinnlichen Ausdrücken des Gegensatzes zwischen Natur und Kultur, verschiebt sich hier auf die Achse: Roh/Verfault.

Eine vollständige Transformation auf der Ebene des Codes läßt sich in dieser Hinsicht beobachten, wenn man zu den nordamerikanischen Versionen des Mythos vom Vogelnestausheber übergeht, wie sie von den Klamath bis zu den nördlichen Salish hin bekannt sind. Anders als in Südamerika, wo der Gegensatz – oder Übergang – von Natur zur Kultur mittels eines alimentären Codes ausgedrückt wird, bedienen sich die nordamerikanischen Mythen eines vestiären Codes, um den gleichen Gegensatz zu repräsentieren: des Oppositionspaares Nackt und Bekleidet. Am deutlichsten wird dies in den Fassungen der Nez Percé (M 602a-h), die den Helden gleich zu Anfang als prächtigen Herrn des Feuers vorstellen, dessen auffällig schöne Kleidung man rühmt und der auf Befehl seines Vaters den Baum erst besteigen darf, nachdem er sich aller seiner Kleider entledigt hat. Nicht ohne Hintergedanken: In den Besitz der Kleider seines Sohnes geraten, hofft der Vater mit diesen auch die Frauen desselben in seinen Besitz zu bringen. Der Sohn indessen ist während seiner Isolation in der Baumkrone auf die unterste Stufe der Menschheit verwiesen: Frierend und nackt – eine größere Distanz zur Kultur ist nicht denkbar[120]. Wir können also für die Übertragung des konzeptuellen Gegensatzes von Natur und Kultur in einen perzeptiven Code eine Transformation feststellen, die sich beim Übergang von den süd- zu den nordamerikanischen Mythen auf folgende Art darstellen läßt: (S. 233 oben).

Dieser Gegensatz spiegelt sich im übrigen in den Titeln des ersten und letzten Bandes der *Mythologiques, le cru et le cuit* und

| | Südamerika | Nordamerika |
|---|---|---|
| Natur | roh | nackt |
| Kultur | gekocht | bekleidet |
| Code | alimentär | vestiär |

*l'homme nu.* Nicht nur spannen sie inhaltlich den gleichen Bogen nach, den die Mythen selbst zwischen beiden Hemisphären ziehen, nämlich u. a. die gleiche Opposition zwischen Natur und Kultur mittels unterschiedlicher Begriffe zu erfassen – mit solchen der Küche in Südamerika und solchen der Kleidung in Nordamerika –, die Titel geben diese Verbindung auch auf ästhetische Weise wieder: über den akustischen Weg des Reims, der zwischen cru und nu besteht, den ersten und letzten Wörtern der Tetralogie. Nicht nur hier erweisen sich die *Mythologiques* als der Entwurf eines wissenschaftlichen Gesamtkunstwerks. Die Feuermythen der Gé stellen über Roh und Gekocht hinaus noch einen zweiten Gegensatz her, den zwischen der verfaulten und der verbrannten Welt. Die erste resultiert aus der Trennung, die zweite aus der Verbindung zwischen Himmel und Erde. In einem Mythos vom Ursprung des Haarausfalls, der bei den Araucan der Pampa zu Hause ist (M 424), verkörpern diese beiden Welten die Schlangenmonstern caicai und tenten.

Die Verbindung zwischen Himmel und Erde, welche Hitze, Feuer und Brand verursacht und die die Gé-Mythen durch eine Baumbesteigung versinnbildlichen, hat nebenbei bemerkt eine Entsprechung im Ritual der Sherente. Während des Hauptfestes dieses Gé-Stammes, dem Großen Fasten, das für den Sonnengott veranstaltet wird, errichten die Indianer auf einem Zeremonialplatz außerhalb des Dorfes einen ca. 10 m hohen Pfahl, den sie »die Straße zum Himmel« nennen (saikurzé). Jeder versucht ihn zu umarmen, bevor ein designierter Offiziant ihn emporklettert. Auf der Spitze des Mastes angekommen, ruft der Mann aus: »waptokwa (Sonnengott), gib uns Feuer![121]«

Eine auffallende Ähnlichkeit zum Großen Fasten der Sherente weist auf der nördlichen Halbkugel die Sonnentanz-Zeremonie der Arapaho und anderer Plains Indians auf. In beiden Fällen handelt es sich um das wichtigste Fest des Stammes, an dem möglichst alle erwachsenen Mitglieder teilnehmen; hier wie dort fasten die Partizipienten mehrere Tage lang; hier wie dort markiert ein Pfahl das Zentrum des Geschehens, der den Weg von der Erde zum Himmel versinnbildlicht. Um diesen Pfahl führen die Plains Indians Tänze auf, die sie mit Pfeifen begleiten, um den Schrei des Donnervogels nachzuahmen. Die Sherente ihrerseits errichten den Pfahl erst, nachdem sie zwei schwarze Wespen gesehen und ihr pfeifendes Singen vernommen haben. Der nordamerikanische Ritus seinerseits hat Entsprechungen in den Stachelschweinmythen der Arapaho (M 425-428)[122].

Eine Detail für Detail systematische Inversion des Feuer-Mythos bietet die Parintintin-Geschichte vom Ursprung der Farben der Vögel (M 179)[123]. Sie entleiht vom Zyklus des Vogelnestaushebers den ganzen Code, um eine andere Botschaft zu übermitteln. Statt des Ursprungs des Küchenfeuers erklärt sie den Ursprung der Farben der Vögel.

Die Botschaft bleibt die gleiche, aber der plot verlagert sich, wenn man von den Gé-Mythen zu denen Guayanas übergeht, die von den Zwillingsbrüdern Pia und Macunaima handeln. Dort, in den Mythen M 264 und 266 der Cariben und der Macushi, erobern die Helden, die als die großen Erfinder und Kulturbringer vorgestellt werden, das Feuer oder genauer gesagt, dessen Produktionstechnik von einem Frosch, nachdem ihre Mutter von einem Jaguar auf kannibalische Weise verspeist wurde. Bei den Gé, man erinert sich, ist der Herr des Feuers und des gekochten Fleisches der Jaguar, zu einer Zeit, da die Menschen noch rohes Fleisch essen. Und der einzige Akteur mit kannibalischen Gelüsten ist die [menschliche] Gattin des Jaguars.

Eine Reihe anderer Mythen verbindet sich mit dem Gé-Mythos vom Ursprung des Feuers durch das gemeinsame Thema des Benehmens eines Gastes bei seinen Gastgebern, spezieller durch das Thema der Tischsitten. Das zum Thema der guten Tischsitten gehörige Motiv der Eßgeräusche ist gleich mehrmals Gegenstand der mythischen Reflexion. In der Timbira-Variante des Feuermythos (M 10) gibt der Held der Geschichte beim Verzehren des knusprigen Fleisches vom Grill laute Eßgeräusche von sich, die seine Jaguar-Gastgeberin aufs äußerste empören. In einem Tukuna-Mythos M 53 umgekehrt, erreicht der Held das Wohlwollen seiner Jaguar-Gastgeber dadurch, daß er bei einem vollkommen verwürzten Essen nicht die geringsten Anzeichen des Schmerzes in Form von Geräuschen äußert. In einem Arapaho-Mythos (M 428), der im übrigen ganze Sequenzen des Timbira-Mythos umkehrt[124], sowie in einem Mythos der Mandan-Indianer (M 460), treten jeweils zwei Heldinnen auf, die als Gäste bei den Gestirnen aufgefordert werden, ihre Tischsitten unter Beweis zu stellen. Die menschliche Besucherin speist mit großem Appetit und unter lautem Schmatzen, was den Gastgebern wohl im Ohre klingt. Ihre Rivalin dagegen, eine Kröte, kann, da sie keine Zähne hat, beim Essen keine Geräusche von sich geben, was sie dem Spott der himmlischen Gastgeber aussetzt.

Man kann also feststellen, daß die beiden Amerikas in ihren Mythen gegensätzliche Tischsitten vorschreiben. In den südamerikanischen Mythen gilt es, am Tische des Jaguars, dem Herrn des konstruktiven und irdischen Feuers, möglichst geräuschlos die Speisen einzunehmen; die nordamerikanischen Mythen der Plains Indians demgegenüber schreiben am Tische von Sonne, dem Herrn des destruktiven und himmlischen Feuers, möglichst geräuschvolles Essen vor. Dabei steht in beiden Fällen die Vorschrift zur Art der vorgesetzten Speise im Widerspruch: Beim knusprigen Braten vom Rost (Südamerika) wird lautloses Kauen erwartet, bei den gekochten Eingeweiden (Nordamerika) dagegen deutlich vernehmbares.

Die Tischsitten der amerikanischen Indianermythen bilden folglich einen offenen Code, flexibel für die Botschaften, die er jeweils aufnehmen möchte. Bis nicht vor allzu langer Zeit waren übrigens auch die europäischen Tischsitten keineswegs einseitig genormt, wie u. a. eine Quelle des 16. Jahrhunderts, zitiert im Werk von A. Franklin: *La vie privée d'autrefois. les repas,* Paris 1889, 201f. beweist[125]. Danach kaute man in Deutschland mit geschlossenem Mund, in Italien mit leicht geöffnetem Mund und in Frankreich mit halb geöffnetem und gerundetem Mund; und was die anderen taten, war, wie gewohnt, im eigenen Lande verpönt.

Im Mythos vom Ursprung des Feuers ist es die Jaguar-Frau, die sich über ihren Gast mokiert. Da der Jaguar den Helden adoptiert hat, ist die Ordnungshüterin folglich seine Adoptivmutter. In jeder Hinsicht erweist sie sich als strenge Person, als *Rabenmutter*. Dieses Motiv kehrt wieder in Verbindung mit dem Thema der störenden Geräusche am häuslichen Herd in einem Chehalis-Mythos der Salish-Gruppe (M 805), wo ein junger Mann nach langer Abwesenheit im Hause seines Vaters Sonne einen Besuch abstattet. Entgegen den Anweisungen legt der Sohn solches Holz aufs Feuer, das prasselnde Geräusche von sich gibt, obwohl man ihm gesagt hat, daß dies die Mutter nicht ertragen könne. Doch da sie sich ständig von ihm abwendet, will er um jeden Preis ihre Aufmerksamkeit erzwingen. Und als das Holz im Feuer zu prasseln beginnt, wendet sie sich tatsächlich mit einer brüsken Geste um und – da sie Blitz und Donner in einer Person ist – erschlägt ihren Sohn auf der Stelle mit einem Blick. Da der Held der Gé-Mythen sich von seiner *Rabenmutter* ständig malträtiert und nicht nur wegen seines geräuschvollen Essens kritisiert fühlt, tötet er sie schließlich, indem er sie durchbohrt. Der Held eines Irokesenmythos (M 772a) umgekehrt durchbohrt sich bei einem Jagdunfall selbst mit einem Pfeil, nachdem er den ewigen Quälereien seiner Schwiegermutter, er solle für sie doch endlich einmal zartes Bärenfleisch von der Jagd heimbringen, nachgegeben hat. Die sich mokierende Gastgeberin kehrt noch einmal wieder in einem Menomini-Mythos (M 495), in dem der Protagonist die freundliche Sonne und den übelwollenden Mond besucht. Wie die Gattin des Jaguars in M 10 stört sich hier die Hausherrin, diesmal die Schwester des Gastgebers, am Aussehen des Neuankömmlings. Naserümpfend bekrittelt sie die Häßlichkeit seiner durchsichtigen und zusammengewickelten Eingeweide. In beiden Fällen ist es der Hausherr selbst, einmal Sonne, einmal Jaguar, der sich zwischen die Streitenden stellt, wobei er für den fremden Kontrahenten Partei ergreift.

Das Thema des kurzen Lebens verbindet die Apinayé-Version M 9 des Feuermythos sowohl mit einem benachbarten Mythos der Karaja M 70, wie mit dem nordamerikanischen Mythos M 561 der Klikitat. In M 9 werden dem Helden vor seiner Rückkehr zu den Menschen von Jaguar Ratschläge erteilt, darunter der, nicht auf den süßen Ruf des faulen Baumes zu antworten. Der Held aber befolgt diesen Rat nicht und bringt so das kurze Leben unter die Menschen, die andernfalls so alt wie der Stein hätten werden können, auf den allein zu reagieren dem Helden erlaubt war. Der Karaja-Mythos bringt diese Episode in fast identischen Begriffen: Von Geräuschen verlockt, stoßen der Held und seine Begleiter während einer Expedition in unbekanntes Gebiet auf einen lieblichen und fruchtbaren Landstrich, der alle Vorteile des angenehmen Lebens bietet, die Anlaß sein könnten, hierher überzusiedeln. Allein, der Held weigert sich, weil in der reizvollen Gegend auch tote Bäume stehen. Er weiß, sie sind die Anzeichen des kurzen Lebens. Und in der Tat ereilt alle diejenigen seiner Nachfahren, die entgegen seinen Warnungen in den lieblichen Landstrich umgesiedelt sind, ein früher Tod. Eine mit M 9 gemeinsame Armatur weist der Klikitat-Mythos M 561 auf, der ebenfalls vom Ursprung des kurzen Lebens handelt[126]. In beiden hat der Held zunächst drei Begegnungen, in denen etwas ausgetauscht wird: In M 9 trifft der Held auf einen Stein, auf trockenes und auf verfaultes Holz, mit denen er jeweils Nachrichten austauscht. In M 561 begegnet der Held einem Grizzly, einem anderen Bären und einem Puma, mit denen er Zähne austauscht. In einer vierten Begegnung wendet der Held beide Male mit einem Mittel eine Gefahr ab, das er aus seiner ersten Begegnung her besitzt. So vermag der Held des Apinayé-Mythos ein Ungeheuer, das ihm nach dem Leben trachtet, dadurch zu täuschen, daß er ihm statt seines eigenen Körpers einen Stein zurückläßt. Und der Klikitat-Held begegnet am Ende einer Fischotter, der er statt seiner eigenen Zähne die eines Grizzly zurückläßt, womit er sich selbst täuscht. Der Stein des südamerikanischen Mythos ist ein metaphorischer Ausdruck des Kannibalismus, die Zähne des nordamerikanischen ein metonymischer. Den einen hinterläßt der Held einem Ungeheuer, die anderen entzieht er einem Ungeheuer. Und doch kann der Held in keinem der Fälle die Tatsache des kurzen Lebens verändern.

Die Episode des Helden, der seinen eigenen Körper als Beute eines Ungeheuers durch einen Stein ersetzt, taucht in quasi identischen Begriffen in einem Mythos (M 14) der Guarani-Mbya aus Paraguay wieder auf. In beiden Fällen hat ein Ungeheuer einen guten Fang gemacht: Es trägt in seiner Kiepe sowohl Coatis wie einen Menschen als Beute heim. Unterwegs aber gelingt es dem Helden, das Ungeheuer zu täuschen, die Kiepe zu verlassen und statt seiner einen Stein hineinzulegen, ein Betrug, der erst vor den enttäuschten Jungen des Ungeheuers ans Licht kommt.

Das Thema des gleichgültigen Gatten verbindet auf direkte Weise drei Mythen miteinander. Im Feuer-Mythos der Gé tötet der Held, nachdem ein Jaguar ihn adoptiert hat und er fortgesetzte Angriffe seiner Stiefmutter über sich hat ergehen lassen müssen, diese mit einem Pfeil, den er zuvor vom Gatten des Opfers empfangen hatte. Statt dem Helden zu zürnen oder ihn seinerseits zu töten, verhält sich der Jaguar beim Hören der Nachricht vom Tod seiner Gattin gleichgültig. Dies entspricht genau dem Verhalten eines anderen Jaguars in einem Ofaié-Shavante-Mythos (M 14). Dort lebt eine Frau, die einen Jaguar geheiratet hat und der die Menschen reichlich mit Fleisch versorgt, im Dorf der Indianer. Als sie sich jedoch allmählich selbst in eine Wildkatze verwandelt, wird die Frau von ihrer Großmutter aus Angst getötet. Alle fürchten daraufhin die Rache des Jaguars. Vorsichtig unterbreitet man ihm den Vorschlag einer Kompensation in Gestalt einer Ersatzfrau. Doch der Jaguar nimmt die Nachricht leicht und verläßt mit freundlicher Miene das Dorf. In einem nordamerikanischen Mythos (M 499) der Ojibwa ist es eine Heldin, die nach mehreren Abenteuern ins Haus des himmlischen Ehepaars Sonne und Mond gerät. Von ihrem Retter Sonne wird sie zuvorkommend behandelt, von Sonnes Gattin Mond dagegen schlecht. Trotz der Zurechtweisungen durch Sonne setzt Mond die schlechte Behandlung des Gastes fort, bis die Heldin Mond tötet, nachdem sie sich zuvor vergewissert hat, daß Sonne ihre Gattin nicht mehr liebt. Und wirklich zeigt Sonne sich über die Tat erleichtert; sie bietet der Mörderin den Platz der Ermordeten an.

Der paradigmatische Rahmen des Themas vom gleichgültigen Gatten, der im übrigen in allen Fällen zugleich Retter der Heldenfigur ist, läßt sich erweitern, wenn man das Thema mit dem des empfindlichen Fährmanns in Zusammenhang bringt, der in Gestalt eines Wassermonstrums in mehreren Mythen Nordamerikas eine Rolle spielt, in M 460 (Mandan), M 469 (Mandan, Omaha, Hidatsa) M 503 (Mandan, Hidatsa) und in M 766-769 (Cree, Ojibwa, Montagnais, Dakota). Man braucht nämlich den Abstieg des Helden vom Baum, den er ohne Hilfe des Jaguars nicht schafft, nur als eine Art vertikalen Transports zu begreifen, und die Verwandlung des gleichmütigen Retters in einen empfindlichen wird aus der Inversion heraus logisch einleuchtend. Sowohl die sensiblen Wassermonstren Nordamerikas, wie das hilfreiche Krokodil eines Kraho-Mythos (M 139), das sich von seinem Passagier masochistisch Schmähungen erbittet, sind Transporteure auf einer horizontalen Achse. Die Verlagerung der Achse des Transports wird also begleitet von einer Verlagerung des Charakters des Transporteurs.

In Verbindung mit dem rettenden Transport stehen zwei weitere Themen, die zwischen Nord- und Südamerika transformatorische Beziehungen erlauben, das Thema des indirekten Ritts und das der vom Passagier abverlangten Gegenleistung. In einer Kayapo-Version des Feuermythos (M 8) willigt der Held erst dann ein, auf dem Rücken seines Retters zu reiten, wenn zwischen beiden, gewissermaßen als Kissen, ein dritter Akteur eingeschaltet ist. So nimmt der Held auf einem Wildschwein Platz, das auf der Schulter des Transporteurs Jaguar liegt. Ähnlich verhält es sich in einem Menomini-Mythos (M 495), wo der Held auf einem Bären Platz nimmt, der auf dem Rücken des Transporteurs Sonne sitzet.

Das Thema der Gegenleistung für angebotene Hilfe verbindet die Gé-Mythen M 7/12 mit einem Ojibwa-Mythos (M 447) von den Central Plains. Diese Verbindung vollzieht sich auf symmetrische Weise. Der Gé-Held, isoliert auf einem Baume sitzend, von dem er nicht mehr herunter kann und von Vogeldreck beschmutzt, erhält vom Jaguar Hilfe, nachdem er ihm als Gegenleistung Vogelküken aus einem Nest vom Baum herab zum Fraß hingeworfen hat. Die Heldinnen des Ojibwa-Mythos, die wie nistende Vögel auf einem Baum festsitzen, versprechen ihrem Retter, einem Carcajou, eine sexuelle Gegenleistung an, nämlich sich selbst. Doch statt das Versprechen einzuhalten, beschmutzen sie ihn nur mit Unrat, nämlich ihrem eigenen Urin, Unrat, von dem der Gé-Held durch seinen Retter befreit wird. Abgerundet wird diese Symmetrie durch die Tatsache, daß der südamerikanische Retter Jaguar Herr des Küchenfeuers und des gekochten Fleisches ist, während der nordamerikanische Retter Carcajou zum Opfer des Küchenfeuers wird, er, der Herr des rohen Fleisches ist.

Schließlich finden wir auf der Ebene des Motivs Beziehungen, die von den südamerikanischen Mythen vom Ursprung des Küchenfeuers zu nordamerikanischen Mythen hinführen. So verbindet das Motiv des gezielten Steinwurfs die Kayapo-Mythen M 7/8 mit einem Okanagon- und einem Sanpoil-Mythos, M 733a und M 737. Im einen wie im anderen Fall geht der Eroberung oder Wiedererlangung des Küchenfeuers ein gezielter Steinwurf voraus. In den Gé-Mythen wirft der in der Baumkrone sitzende Junge statt Vogeleier einen Stein auf seinen Schwager nieder und verletzt ihn; in den nordamerikanischen Fassungen tötet, bzw. verletzt der Held mit glühenden Backsteinen wilde Tiere, die er, in Schmer verpackt, nach ihnen wirft.

Die Intrige des südamerikanischen Vogelnestaushebers kommt ins Rollen durch einen Inzest, den ein Junge an seiner Mutter begeht. Doch ist dies der Mythos vom Ursprung des himmlischen und destruktiven Wassers, der Referenz-Mythos (M 1) also und nicht der Mythos vom Ursprung des irdischen und konstruktiven Feuers (M 7/12). Ihm fehlt das Inzestmotiv. Da aber beide in einer sehr engen transformatorischen Beziehung zueinander stehen, ist es nicht verwunderlich, daß das Motiv des Inzests in Nordamerika tatsächlich in einem Mythos vom Ursprung des irdischen Feuers wiederkehrt, in M 550 (Atsugewi), der dem Frau-Taucher-Zyklus zugehört. In diesem Mythos verführt Luchs seine Schwester Frau Taucher, die aus Empörung über das Vergehen das gemeinsame Haus in Flammen setzt.

Die einzelnen Beispiele an Transformationen, die wir bis hierher an einer Kette aufgereiht haben, hatten alle ihren Bezugspunkt im Feuer-Mythos der Gé. Aber auch zum Warrau-Mythos (M 273), mit dem wir anfangs, um die strukturale Methode zu exemplifizieren, den Vergleich eingeleitet hatten, werden in den *Mythologiques* einige Transformationen geliefert. Zunächst die Umwandlung im Tukuna-Mythos (M 245), der wie jener von einem greinenden Mädchen handelt, das von seiner Mutter verlassen ist. Das Kind wird ebenfalls von einem Tier entführt und aufgezogen, diesmal von einem Frosch, statt von einem Jaguar. Schließlich kehrt das Mädchen zu den Seinen zurück, wo es sich ausschließlich von menschlichem Knochenmark ernährt. Lévi-Strauss sieht darin eine Umwandlung des menschlichen Menstruationsbluts, mit dem sich im Warrau-Mythos der Jaguar ernährt.

In einem Tereno-Mythos vom Ursprung des Tabaks (M 24) versucht eine Frau, die sich später in einen Jaguar verwandelt, ihren Gatten mit Menstruationsblut zu vergiften. Im gleichen Mythos kommt auch der Honig vor, der aber schädlich ist, da der honigsammelnde Gatte ihn mit Schlangenembryos versetzt hat. Der Honig ist Unrat. Für den Jaguar in M 273 dagegen ist der Unrat – das Menstruationsblut – Honig, d. h. eine Delikatesse. Eine weitere Umkehrung besteht darin, daß der Jaguar, um das Mädchen zu rauben, sich zuerst in eine Frau verwandelt. Die Beziehungen von Honig und Menstruationsblut ergeben sich dadurch, daß die zweite der beiden Flüssigkeiten von einer sexuellen Konnotation in eine alimentäre übertragen wird. In einem anderen Mythos der Warrau (M 235) werden die beiden Codes in der umgekehrten Richtung vertauscht: Zwei Schwestern sind in ihren Schwager verliebt, sie wollen ihn, wie man so sagt, vernaschen. Sein Name ist Honig und er stammt von den Bienen ab. Doch müssen sie, da er auf ihre sexuellen Ambitionen nicht anspricht, auf alimentärer Ebene verbleiben, d. h. sich mit dem Honig zufrieden geben, den der Held für sie erntet.

Das Motiv des greinenden Mädchens findet sich schließlich in einem Tukuna-Mythos wieder, in M 310; dort hat ein Jaguar die Gewohnheit, weinende Kinder zu rauben. Auch er verkleidet sich zu diesem Zweck als Frau, doch diesmal als Mutter, statt als Großmutter wie in M 273. Der Tukuna-Jaguar raubt die Kinder jedoch nicht, um sie aufzuziehen, sondern um sie zu verspeisen. Statt des Kontaktes mit dem Menstruationsblut sucht er den Kontakt mit einem anderen Unrat, mit den Abgasen. Er tötet die weinenden Kinder mit seinen Fürzen, indem er sie zwingt, ihre Nasen an seinen After zu halten.

Bis in diese hintersten Details hinein reicht das ungeheure System von Transformationen, das die *Mythologiques* in den vier voluminösen Bänden ausleuchten. Wir haben hier, statt einer Kette mit über 800 Gliedern zu folgen, nur die Verbindungen eines einzigen Mythos nachgezeichnet, der allerdings zusammen mit seiner ersten Transformation, dem Referenz-Mythos (M 1) eine Schlüsselstellung in dem riesigen Mythennetz einnimmt. Denn mit der Eroberung des Feuers, die aus einer vorhergegangenen Auseinandersetzung resultiert, schließt sich in der Tat der große Kreis des behandelten panamerikanischen Systems. In den südamerikanischen Mythen spielt sich der Konflikt in sehr kleinen Dimensionen ab: im Referenzmythos auf familialer Ebene, in Form einer Auseinandersetzung zwischen Vater und Sohn im Anschluß an einen Inzest; ähnlich in den Feuermythen der Gé, wo er innerhalb der Grenzen des Dorfes verbleibt, in Gestalt einer Auseinandersetzung zwischen zwei Schwägern. In den nordamerianischen Mythen dagegen erreicht er, etwa im Mythos M 804 der Quinault, bisweilen Ausmaße, die ganze Welten gegeneinander aufbringen. Die Bewohner der Erde verlieren an die Bewohner des Himmels zwei Frauen, von denen die eine bei dem Versuch, vom Himmel wieder auf die Erde zurückzukehren, das Leben einbüßt. Dies ist der Anlaß für die Bewohner der Erde, gegen die des Himmels einen Feldzug anzutreten. Nach mehreren Schlachten mit wechselndem Kriegsglück erobern die Bewohner der Erde im Himmel das Feuer, und die Kommunikation zwischen den beiden Welten hat damit ein Ende. In Sterne verwandelte Menschen und das Küchenfeuer sind nun die einzigen Zeugen einer einstigen Vereinigung. Wie groß aber die Unterschiede im Ausmaß des Konflikts sein mögen, zwischen den nord- und südamerikanischen Versionen ergibt sich eine soziologische Analogie: die zwischen feindlichen Stämmen und Heiratsverwandten. Die bescheidenere Skala der südamerikanischen Fassung

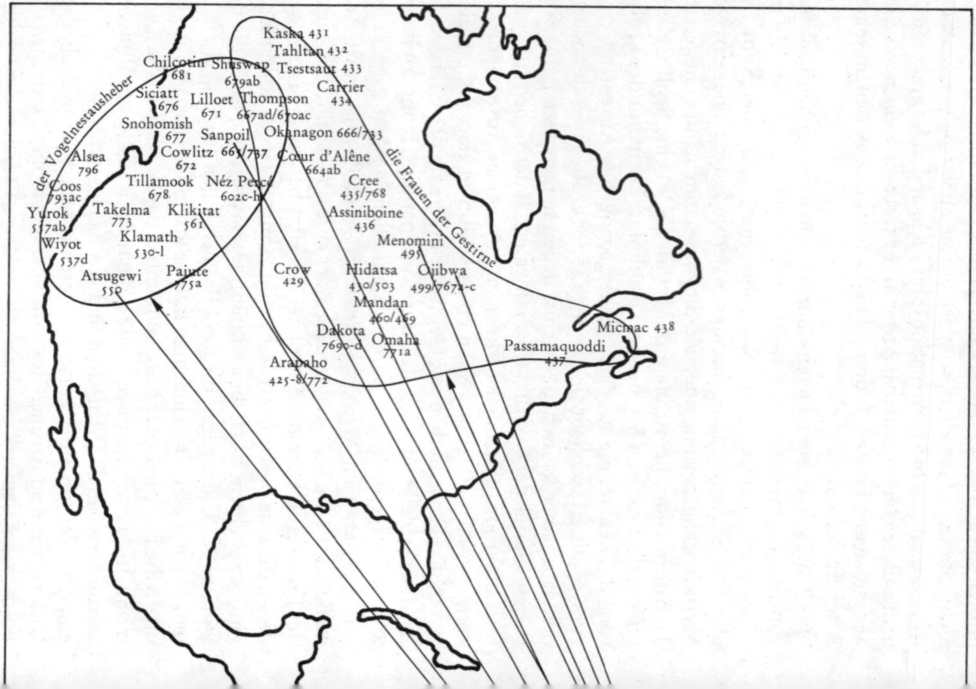
der Vogelnestausheber
die Frauen der Gestirne
Kaska 431
Tahltan 432
Tsetsaut 433
Carrier 434
Chilcotin 681
Shuswap 679ab
Siciatt 676
Lilloet 671
Thompson 667ad/670ac
Snohomish 677
Sanpoil 665/737
Okanagon 666/733
Alsea 796
Cowlitz 672
Cœur d'Alêne 664ab
Coos 793ac
Tillamook 678
Néz Percé 602c-h
Cree 435/768
Yurok 557ab
Takelma 773
Klikitat 561
Assiniboine 436
Wiyot 537d
Klamath 530-l
Menomini 495
Atsugewi 550
Paiute 775a
Crow 429
Hidatsa 430/503
Ojibwa 499/767a-c
Mandan 460/469
Dakota 769c-d
Omaha 771a
Micmac 438
Passamaquoddi 437
Arapaho 425-8/772

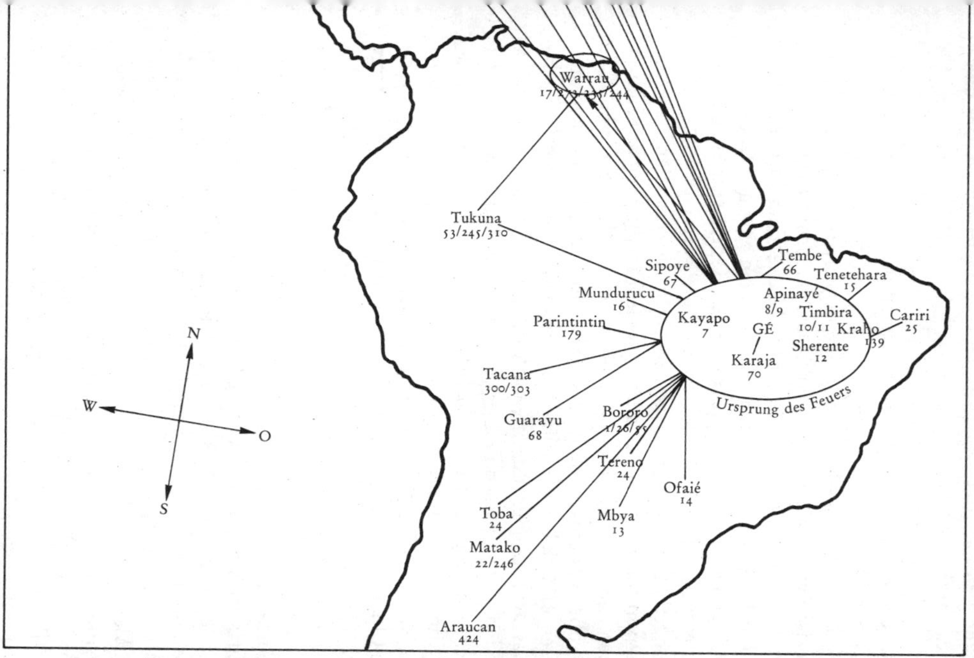


*Der Feuermythos der Gé-Indianer und seine Transformationen in Nord- und Südamerika*

zeigt sich noch an einer anderen Einzelheit: statt der Heldinnen im nordamerikanischen Fall, die sogleich von der Erde in den Himmel gelangen, schafft der südamerikanische Held nur ein Stück des Wegs: er bleibt auf der Spitze des Felsens oder in der Krone eines Baumes zurück.

Dieser etwas längere Exkurs in die Details der nord- und südamerikanischen Mythologie, wie sie in atemloser Abfolge und verwirrender Fülle in den *Mythologiques* ausgebreitet werden, diente mehrerlei Zwecken. Zunächst wollte ich an einem einzigen Fall demonstrieren, welche Ausmaße die mythische Transformation besitzt. Die beigefügte Karte erlaubt mit einem einzigen Blick einen Eindruck davon. Zu diesem quantitativen Aspekt tritt ein qualitativer hinzu. Es galt, im konkreten Fall die Formen und Größenordnungen der Isomorphiebeziehungen vorzustellen, welche Mythen miteinander unterhalten. Die Isomorphie reicht in ihren Formen von direkten Verdoppelungen und durchgängigen Homologien über systematische Inversionen und strikte Symmetrien bis zu losen und sicherlich zufälligen Entsprechungen. Sie ist nachweisbar im einzelnen Begriff, im Motiv, im Thema, in einzelnen Episoden und in ganzen Folgen von Episoden. Will man zwischen Mythen eine solche Isomorphiebeziehung erkennen, so ist es nahezu immer notwendig, das unmittelbar erzählerische Niveau zu verlassen und sich auf ein abstrakteres zu begeben, wie die synoptischen Operationstafeln unzweideutig belegen. Dieser Schritt birgt jedoch Gefahren, die immer zu Lasten des Analysten gehen. Als erstes das der Verfälschung des Erzählten. Wenn ich einen Mythos oder eine seiner Episoden auf ein abstrakteres Niveau kompensiere, ist es möglich, daß ich dabei gewisse Einzelheiten auslasse, die für sein Verständnis wichtig sein können, deren Übernahme mich aber daran hindern könnte, ihn als ein komparables Ganzes vorzuführen. Auslassungen dieser Art dienen dann in erster Linie mir, dem Interpreten und seinen Intentionen, weniger dem Mythos. Als zweites stellt sich die Frage: Wie ist die Abstraktion selbst zu formulieren? Von der Formulierung nämlich hängt es ab, welche Art der Beziehung man in einem Vergleich wahrnimmt. Hier zwei Illustrationen: Im Parintintin-Mythos vom Ursprung der Farben der Vögel (M 179) heben zwei gleichaltrige Greise, die durch Freundschaft liiert sind, Adlernester aus. In der hiermit verglichenen Stelle im Feuermythos der (Gé M 7/12) heben zwei junge

Männer ungleichen Alters, die durch affine Bande liiert sind, Araranester aus. Auf dieser Ebene der Formulierung sind die Entsprechungen beider Mythensequenzen die von Inversionen: Adlernester/Araranester; Freundschaftsbeziehung/Verwandtschaftsbeziehung; gleichaltrig/ungleichaltrig; alt/jung. Gehe ich jedoch in der Abstraktion einen Schritt weiter und formuliere folgendermaßen: Zwei miteinander liierte Männer heben Vogelnester aus – dann verschwinden die Gegensätze mit einem Mal und die Sequenzen werden identisch. Oder: In einem Tereno-Mythos vom Ursprung des Tabaks (M 24) hat ein Mann eine Jaguar-Gattin. Im entsprechenden Abschnitt eines Bororo-Mythos (M 27), ebenfalls vom Ursprung des Tabaks handelnd, hat eine Frau einen Schlangen-Sohn. Wiederum eine Inversion: Mann/Frau; Jaguar/Schlange; Gattin/-Sohn. Begebe ich mich dagegen erneut auf eine abstraktere Stufe, so kann ich ganz einfach sagen: Ein Mensch hat einen tierischen Verwandten – und wieder gelange ich zu einer vollkommenen Reduplikation. Man könnte sich natürlich in Fällen dieser Art strikt die Regel zu eigen machen, immer auf der konkretesten Ebene zu vergleichen, die der Mythos zuläßt. Aber dann, wie wir im kritischen Teil sehen werden, gibt es eben oft nichts mehr miteinander zu vergleichen.

Schließlich veranschaulicht der obige Exkurs, auf was der Mythenvergleich letzten Endes abzielt. Statt jedem Mythos eine Autonomie einzuräumen, die ihn zu einem beliebigen Produkt wildwuchernder Phantasie stempelte, versucht der strukturale Vergleich einen anderen Beweis anzutreten. Indem er auf allen erdenklichen Ebenen Verbindungen zwischen mehreren Mythen verifiziert, entreißt er die mythischen Produkte der willkürlichen Schöpfung. Der strukturale Vergleich verdankt seine Existenz einer Absicht, nämlich nachzuweisen, daß die konstitutiven Einheiten eines Mythos mit anderen Einheiten rationale Paare bilden, statt auf sich selbst beschränkt zu sein.

Die kanonischen Beziehungssätze

$$Fx(a) : Fy(b) \simeq Fx(b) : Fa\text{-}l(y)$$

$$[Mz \underset{(f)}{\longrightarrow} Mx] \simeq [Mx \underset{(f)}{\longrightarrow} My]$$

$$[A \underset{(f)}{\longrightarrow} B \underset{(f)}{\longrightarrow} N] \simeq [A' \underset{(f)}{\longrightarrow} B' \underset{(f)}{\longrightarrow} N']$$

Im Verlauf seiner zwanzigjährigen Mythenforschung hat Lévi-Strauss vereinzelt die Ergebnisse seiner Untersuchungen in Form kanonischer Lehrsätze zu formalisieren versucht. Diese wollen wir hier zusammentragen und diskutieren.

Die Lehrsätze verweisen ausnahmslos auf Beziehungen, die zwischen den Mythen aufzufinden sind. Damit ist bereits ein weiteres Mal angedeutet, daß kein Mythos und kein Element eines Mythos für sich selbst betrachtet, sondern daß deren Bedeutung nur innerhalb der Kombination von Mythen und Elementen gesucht werden kann. Aber auch ein ganzes mythisches System, das in eine Anzahl von Mythen zerfällt, die sich gegenseitig transformieren, ist nicht in sich geschlossen: Jedes mythische System verweist auf andere Systeme, die es mitdeterminieren und die ihrerseits von ihm mitbestimmt werden[127]. Wenn diese Hypothese zutrifft, dann ist die Mythenanalyse nie abschließbar. Sie gleicht der Arbeit der Penelope: »Jeder Fortschritt gibt neue Hoffnung, die durch eine neue Schwierigkeit von der Lösung abgehalten wird. Die Akte ist nie abgeschlossen.[128]« Denn selbst wenn man den Kreis aller Systeme, die sich eins hinter dem anderen abheben, abgeschritten hätte, wäre die Arbeit noch nicht beendet. Jedes System nämlich kann gleichzeitig auf mehrere andere Systeme Bezug nehmen. Aus diesen komplizierten Bedingungen ergeben sich zwei elementare Schwierigkeiten für die Untersuchung. Wo soll man anfangen und in welche Richtung soll man sich wenden? Der Ausgangspunkt muß unabdingbar nach dem Zufall gewählt werden. Im Grunde eignet sich daher jeder Mythos zu dem, was Lévi-Strauss den Referenzmythos nennt. Man wird bei einer so groß angelegten Arbeit wie den *Mythologiques* sicherlich nicht mit einem kurzen und mitteilungsarmen Mythos die Recherche eröffnen, sondern mit einem solchen beginnen, der viele Perspektiven und mehrdimensionale Relationen zu anderen Mythen verspricht. Doch ändert dies letzten Endes nichts an der Beliebigkeit des Starts. Dasselbe gilt für den nächsten Schritt, für die Entscheidung, welcher Aspekt mit homologen Aspekten anderer Mythen als erstes verglichen werden soll. Erst die folgenden Orientierungen erlauben es, daß man sich an eine Regel hält, nämlich daran, immer der gleichen Richtung zu folgen, da man sich nicht auf allen Schichten zugleich bewegen kann[129]. Diese Beschränkungen sind allerdings nur virtuell; sie beziehen sich auf die zeitliche Organisation der mythologischen Arbeit.

Wo aber weisen die Mythen hin, wenn sie zwar eine Richtung, doch kein Ziel andeuten? Die Antwort, die Lévi-Strauss hierfür vorschlägt, ist meines Erachtens ebenso eloquent wie unbefriedigend: »Gleichermaßen verweist jede Matrix auf eine weitere, jeder Mythos auf andere Mythen. Und wenn man fragt, auf welches letzte Bezeichnete diese Bedeutungen verweisen, von denen eins das andere bezeichnet . . . so lautet die einzige Antwort, die dieses Buch vorschlägt: die Mythen bezeichnen den Geist, der sie mittels der Welt hervorbringt, deren Teil er selbst ist. So können zugleich die Mythen selbst durch den Geist erzeugt werden, der sie verursacht, wie durch die Mythen ein Bild der Welt, das bereits in die Architektur des Geistes eingeritzt ist.[130]« Selbstverständlich ist die Organisation des menschlichen Hirns das letzte Signifikat der mythischen Produkte. Doch ist diese Feststellung nichts besonderes, da sie auf alle geistigen Kreationen der Menschen zutrifft. Aber nicht das Allgemeine des Geistes, sondern das Spezifische der mythischen Gebilde ist das, worum es in diesem Falle geht. Ihm hat Lévi-Strauss mit seinen formalisierten Beziehungssätzen eine für sein Werk verbindlichere Referenz erwiesen, als mit Verallgemeinerungen vom obigen Typ. Den Beziehungssätzen soll daher als nächstes unsere Aufmerksamkeit gelten.

Der erste Lehrsatz ist ein Resultat des Aufsatzes *La structure des mythes* aus dem Jahre 1955. Er kehrte 11 Jahre später in *Du miel aux cendres* in leicht veränderter Schreibung wieder und bekundete so die beharrliche Kontinuität der Lévi-Strauss'schen Mythologie[131]:

$$fx(a) : fy(b) :: fx(b) : f(a\text{-}1)\ (y)$$

Anfangs wurde der Geltungsbereich der Formel auf zwei Situationen innerhalb eines einzigen Mythos eingeschränkt, der allerdings als die Gesamtheit seiner Fassungen definiert wurde. Später konnte sie Beziehungen des von ihr benannten Typs zwischen allen Mythen erfassen, die ein gemeinsames System bilden.

Die Formel drückt ganz allgemein eine Äquivalenzrelation ($\simeq$ oder ::) aus, die zwischen zwei mythischen Situationen besteht. Eine Äquivalenzrelation ist die Eigenschaft zweier Gruppen, isomorph zu sein ($G^1 \simeq G^2$). In jeder der Situationen sind mindestens zwei Ausdrücke (a und b) gegeben, sowie zwei Funktionen (x und y) eben dieser Ausdrücke. Beide Situationen sind durch eine Inversion sowohl der Ausdrücke wie der Beziehungen definiert. Die

Anwendbarkeit der Formel hat zwei Bedingungen: 1. muß einer der Ausdrücke durch sein Gegenteil (a durch a-1 oder b durch b-1) ersetzt werden; 2. muß sich eine korrelative Inversion zwischen dem Funktionswert und dem Ausdruckswert zweier Elemente (in der Formel y und a) ergeben[132].

Wie sieht die Formel nun aus, wenn wir sie auf ein konkretes Beispiel anwenden? In einer größeren Anzahl von Mythen, die aus so unterschiedlichen Gruppen wie den guayanischen, den tupi- und den gé-sprachigen Populationen stammen, spielen drei Tiere eine bevorzugte Rolle, die mehrerlei Beziehungen zueinander unterhalten. Die Tiere sind die Biene, der Jaguar und der Frosch. In den Mythen der Warrau ist die Biene weiblichen Geschlechts die Herrin des Honigs; der Herr des Honigs bei den gé-sprachigen Tenetehara und Tembe dagegen ist der männliche Jaguar[133]. Bei diesen Stämmen sind es nämlich die Jaguare, die den wilden Honig ernten und mit ausführlichen Riten, Tänzen und Gesängen das Fest des Honigs zu feiern wissen. Ändert sich das Geschlecht der Warrau-Biene, so wird sie zum Herrn der Jagd. Diese Eigenschaft kommt in dem Arawak-Mythos von Adaba dem männlichen Frosch zu[134]. Er ist ein so guter Jäger, daß drei Brüder ihn bitten, ihre Schwestern zu heiraten. Im ganzen Gebiet Guayanas werden die epidermischen Ausscheidungen des Laubfroschs von den Jägern als magische Salben verwendet. Der Frosch Cunawaru haust in hohlen Bäumen, in denen er aus dem Harz des breu branco (protium heptaphyllum) zylindrische Zellen zu einem Nest zusammenbaut. In diese Zellen legt er seine Eier. Das Harz wird nach Volksglauben von dem Frosch selbst ausgeschieden. Den Indianern dient es beim Fischfang und bei der Jagd als Talisman.

Aus diesen offenbaren Ähnlichkeiten zwischen Frosch und Biene – beide nisten in hohlen Bäumen; beide bauen Nester aus Zellen, in die sie ihre Eier legen; beider Zellen setzen sich aus einer aromatischen Substanz zusammen (Harz und Wachs), die von den Tieren selbst sekretiert wird, (wirklich oder imaginiert); beide sind die Herren der Jagd; – hat, so Lévi-Strauss, die südamerikanische Mythologie einen Schluß gezogen: sie hat die beiden Tiere zu einem korrelativen Oppositionspaar gemacht, nicht zuletzt, weil sie sich in anderer Hinsicht umkehren. So ist dem Frosch die Feuchtigkeit zugeschrieben, der Biene die Trockenheit[135]. Überall im tropischen Amerika kündigt der Schrei des Frosches die Regenzeit an. In einem Warrau-Mythos vermögen demgegenüber einfache Wassertropfen auf dem Körper der Biene wie Feuer zu brennen[136]. Die Fröschin als Herrin des himmlischen Wassers – sie ist die Ankündigerin des Regens – nimmt nun auch zum Jaguar eine komplementäre Rolle an, da dieser in den Mythen der gé-sprachigen Stämme wie den Kayapo, Apinayé, Timbira und Sherente als der Herr des irdischen Feuers vorgestellt wird. Es nimmt daher kein Wunder, daß in einem Cariben-Mythos (M 264) ein scheinbar ethnozoologisches Paradox auftaucht: Eine Frau sucht bei einer Fröschin Obdach, deren Sohn ein grausamer Jaguar ist.

Aus den semantischen Andeutungen, die wir für die mythischen Tiere der Biene (a), des Jaguars (b) und des Frosches (y) geliefert haben, läßt sich bereits die obige Formel mit konkretem Stoff füllen. Es genügt, wenn wir für fx = Herr(in) des Honigs einsetzen, für fy = Herr des irdischen Feuers und für f (b-1) = Herrin des himmlischen Wassers (also das Gegenteil von Herr des irdischen Feuers), um im gewählten Beispiel die kanonische Äquivalenzrelation verifizieren zu können:

Herrin des Honigs
Biene (Warrau) :
Herr des himmlischen Feuers
(Jaguar (Gé-Gruppen) ::
Herr des Honigs
Jaguar (Tupi) :
Herrin des himmlischen Wassers
Fröschin (Cariben)

Wir sehen: Wenn sich die Beziehungsformel vom ersten Typ auch an höchst reale und sinnliche Eigenschaften und Erscheinungen hält, so ist das Gebiet, auf dem sie in dieser Form Gültigkeit hat, doch sehr ausgedehnt. Die Äquivalenzrelation, die Frosch, Jaguar und Biene in Beziehung setzt, schöpft ihr Material aus einem Gebiet, das mehr als die Hälfte des südamerikanischen Kontinents umfaßt.

Das Ensemble der Mythen, die hier zu einer kohärenten Gruppe von Transformationen zusammengefaßt ist (Jaguar, Frosch und Biene betreffend), zählt genau gesagt 42 Varianten, von M 233–M274. Es bringt so weit entfernte Stämme wie die Warrau, Cariben, Arawak, Macushi, Vapidiana (Guayana), die Tukuna, Cubeo, Mundurucu (Amazonien), die Gé-Gruppen (Zentral-Brasilien), die Tacana (Bolivien) und die Matako (Argentinien) in einen gemeinsamen Zusammenhang. Lévi-Strauss gliederte die

Transformationen in 6 Variationen, die jeweils den Charakter eines Ausschließlichkeitssatzes annehmen. Formalisiert sehen die Umwandlungen folgendermaßen aus, wobei→ für Transformation und ⟷ für »nur wenn« stehen.

1. Variation: [Biene → Biene] ↔ [○ → △]
2. Variation: [△ → △] ↔ [Biene → Frosch]
3. Variation: [Frosch → Frosch] ↔ [△ → ○]
4. Variation: [○ → ○] ↔ [Frosch → Jaguar]
5. Variation: [Jaguar → Jaguar] ↔ [○ → △]
6. Variation: [Jaguar → Jaguar] ↔ [△ → ○][137]

Anders gesagt: Jede Variation bringt zwei Variablen ins Spiel, die Gattung des tierischen Protagonisten und sein Geschlecht. Zwischen diesen besteht von Variation zu Variation ein exklusiver Modus der Umwandlung. Entweder bleibt in zwei aufeinanderfolgenden Mythen die Gattung des Tiers erhalten, während das Geschlecht sich umkehrt, oder das Geschlecht bleibt erhalten, während die Gattung sich wandelt. Es muß allerdings vermerkt werden, daß die letzte Gleichung nicht vom gleichen Typ ist wie die anderen. Sie regrediert den Prozeß. Denn statt den Weg frei zu machen für die Umwandlung in eine neue Tiergattung, macht sie lediglich diejenige rückgängig, die ihr unmittelbar voraufging. Auf der anderen Seite rundet sie von ihrem Inhalt her den Kreis der Gruppe ab: Die 6. Variation erzählt die gleiche Geschichte wie die 1., mit dem einzigen Unterschied, daß aus der Protagonistin Biene ein weiblicher Jaguar geworden ist[138].

Der zweite kanonische Lehrsatz:

$$[\text{Mz} \underset{(f)}{\longrightarrow} \text{Mx}] \sim [\text{Mx} \underset{(f)}{\longrightarrow} \text{My}]$$

begegnet uns zum ersten Mal im vierten Teil von *Le cru et le cuit*[139]. Allgemein ausgedrückt besagt er folgendes: Gegeben seien zunächst zwei Mythen Mx und My, von denen man nachweisen kann, daß der eine eine Transformation des anderen darstellt, also $\text{Mx} \underset{(f)}{\rightarrow} \text{My}$. Die Formel behauptet nun, daß unter der Voraussetzung: My = Mx es einen dritten Mythos Mz gebe, der, als eine Funktion von My (Mz = My) bekannt, wieder auf den ersten Mythos Mx zurückführe, also $\text{Mz} \underset{(f)}{\rightarrow} \text{Mx}$. In eine Frage umgewandelt, stellt der Lehrsatz folgendes Problem zur Debatte: Gibt es einen

Mythos Mz, dessen Beziehung zu Mx analog derjenigen von Mx zu My ist[140]?

Anhand eines Bororo-Mythos und zweier Sherente-Mythen konnte Lévi-Strauss die Frage positiv beantworten. Die Demonstration bestand zunächst darin aufzuzeigen, daß ein Sherente-Mythos vom Ursprung des Feuers (My) die Transformation eines Bororo-Mythos vom Ursprung des Wassers (Mx) darstellt. Sodann wurde entwickelt, wie ein zweiter Sherente-Mythos (Mz) wieder auf den Bororo-Mythos zurückführte, denn er handelt wie er vom Ursprung des Wassers, und es erlaubte, die Beziehung der formalen Isomorphie herzustellen. Hier die Schritte im einzelnen:

Obwohl der Bororo-Mythos vom Ursprung des himmlischen Wassers – er handelt ausdrücklich von der Entstehung des Sturms und des Regens – offensichtlich ein anderes Thema behandelt als der Sherente-Mythos vom Ursprung des irdischen Feuers (der Küche), gibt es, wie auch wir schon mehrmals betont haben, zwischen beiden doch eine Anzahl systematischer Entsprechungen. Beiden Mythen gemeinsam ist das zentrale Motiv: die Episode vom Vogelnestausheber, der nach einem Streit mit einem affinen Verwandten eine Zeitlang zwischen Himmel und Erde ausgesetzt wird, nachdem er auf einen Baum gestiegen ist, von dem er nicht mehr herunter kann. Sodann findet in beiden Mythen die Verwendung von Pfeil und Bogen Erwähnung, wichtigen Kulturgütern. Schließlich führt der Held beider Mythen die Seinen für eine gewisse Zeit hinters Licht: der Bororo-Held, indem er sich als Eidechse verkleidet; der Sherente-Held, indem er den Leuten seines Stammes weismacht, das gebratene Fleisch von Jaguar sei ohne Verwendung von Feuer nur an der Sonne geröstet. Was das Feuer und andere Entsprechungen angeht, so kehren sich die beiden Mythen um. Im Bororo-Mythos verliert die menschliche Gesellschaft mit der Ankunft des himmlischen Wassers das Küchenfeuer, das sie vorher besaß: Wind und Regen löschen alle Herdfeuer im Dorf mit Ausnahme desjenigen des Helden, der auf diese Weise zum alleinigen Herrn des Feuers avanciert, eine Position, die im Sherente-Mythos der Jaguar innehat. So ist der Bororo-Held dem Sherente-Jaguar kongruent. Umgekehrt gerät in den Gé-Mythen, von denen die Sherente-Version ja nur eine Variante darstellt, die Gesellschaft in den Besitz des Feuers, das sie vorher nicht kannte, wobei das irdische Wasser verschwindet. Der Bororo-Held ist der leibliche Sohn eines Menschen, der Gé-Held der Adoptivsohn eines Jaguars. In der Bororo-Fassung tötet schließlich der Held als Hirsch verkleidet seinen wirklichen Vater, obwohl solches Verhalten der Natur des Hirsches widerspricht. In der Sherente-Fassung tötet der Jaguar seinen falschen Sohn, auch wenn das seiner Natur als Fleischfresser entspräche, nicht. Die beiden Mythen thematisieren zusammengefaßt den Gegensatz von Feuer und Wasser, der in der südamerikanischen Mythologie eine dominante Rolle spielt und folgendermaßen wiedergegeben werden kann:

$$\text{Feuer} = \text{Wasser}\ (-1)$$

Das Wasser ist, wie der Bororo-Mythos belegt, das Anti-Feuer. Der Bororo-Mythos vom Ursprung des himmlischen Wassers ist die Travestie eines Mythos vom Ursprung des Feuers.

Die inversen Beziehungen, die zwischen dem Bororo-Mythos und dem Sherente-Mythos bestehen, haben auf soziologischer und ökologischer Ebene Entsprechungen. Die Gesellschaft der Bororo ist matrilinear und matrilokal organisiert, die der Sherente patrilokal und patrilinear. Bei den Bororo, die in den Sümpfen gewissermaßen unter dem Zeichen des Wassers leben, steht das Wasser für Tod. Das Feuer dagegen evoziert Leben. Bei den Sherente ist die Situation genau umgekehrt: Meistens der Trockenheit ausgesetzt, ist für sie das Wasser eine Wohltat, das Feuer dagegen erinnert an den Tod[141].

Soviel zu den beiden Mythen, die in der Formel die eine Seite der Isomorphiebeziehung ausmachen. Folgen wir nun denen der anderen Seite. Der Referenzmythos bleibt entsprechend der Formel der gleiche, der zweite Mz = M 124 ist neu. Er soll, wie die Behauptung lautet, mit einigen Transformationen den Referenzmythos wiederherstellen. Auch in diesem Fall werden direkte Entsprechungen von systematischen Inversionen abgelöst.

Beide Mythen handeln vom Ursprung des Wassers: des Regens im Falle Mx, also des himmlischen Wassers – und des chthonischen Wassers, das aus der Erde quillt, im Falle Mz. In beiden Mythen überquert der Held das Wasser, um Instrumente zu holen: Der Bororo-Held beschafft die liturgischen Musikinstrumente, der Sherente-Held holt jenseits des Wassers einen Pfeil, also ein Jagdinstrument. Beide Mythen beginnen mit einer identischen Ausgangsposition, einem gewaltsamen Inzest an der Mutter. Im Bororo-Mythos wird er von einem noch nicht initiierten Sohn im Wald begangen, im Sherente-Mythos rächt sich der Vater mit Hilfe des Wassers, im anderen rächen sich die Söhne mit Hilfe des Feuers. Der

Bororo-Sohn entkommt dem Tod dank Rettern in Gestalt von Ururbu-Geiern, den Feinden des Küchenfeuers; die Sherente-Eltern entkommen dem Tod in Gestalt von Sperbern, den Freunden des Küchenfeuers. Schließlich kommt in beiden Fällen dem Helden ein Verwandter zu Hilfe: die menschliche Großmutter im einen, der tierische Onkel im anderen Fall. Nachdem er eine vom Dorf entfernte Felswand erklommen hat, leidet der Bororo-Held Hunger; vom Dorf entfernt, leidet der Sherente-Held Durst. Beide bedienen sich nacheinander zweier Linderungsmittel, eines vegetarischen und nützlichen, das aber knapp ist und eines nicht vegetarischen und schädlichen, das reichlich vorhanden ist. Darüber hinaus tötet der Bororo-Held Eidechsen, um seinen Hunger zu stillen; wiederholt begegnet der Sherente-Held einem Krokodil, das von einer Eidechse abstammt, die er getötet hat. Der Mythos Mx spielt sich hauptsächlich auf der Erde ab, der Mythos Mz auf dem Wasser. Da nun dem mythischen Denken der Indianer zufolge die Eidechse das erdenhafte Gegenstück zum aquatischen Krokodil verkörpert, verwundert es nicht, daß der eine Mythos den Helden zu einem Echsenjäger, der andere das Krokodil zu einem Heldenjäger macht.

Ein vergleichbar gegenteiliges Verhalten offenbart sich zwischen Mensch und Tier auch, wenn wir die beiden Sherente-Mythen gegeneinanderhalten. In My zeigt sich der Held gegenüber dem Jaguar freundlich, der ihm sogar seine Hilfe anbietet. In Mz widerstrebt der Held dem Krokodil, das ihm seine Hilfe verweigert. Diese Umkehrung der reziproken Attitüden wird noch verständlicher, wenn wir uns zwei Dinge vor Augen halten: Einmal gilt bei den Sherente das Krokodil als der Herr des Wassers, im Gegensatz zum Jaguar, der Herr des Feuers ist. Zum anderen hatten wir bereits erfahren, daß das Wasser allgemein als das strikte Gegenteil des Feuers konzipiert wird. Es ist daher nur kohärent, wenn in einem Mythos vom Ursprung des Wassers dessen Repräsentant gegenüber dem Helden eine entgegengesetzte Haltung annimmt zu der, die in einem Mythos vom Ursprung des Feuers dessen Repräsentant an den Tag legt. Angesichts all dieser bis ins kleinste Detail reichenden Entsprechungen läßt sich folglich für die drei als Beispiel angeführten Mythen die in der Formel ausgedrückte Isomorphiebeziehung nachweisen: Ein von den Bororo erzählter Mythos vom Ursprung des Wassers transformiert einen Sherente-Mythos vom Ursprung des Feuers, wie seinerseits ein Mythos vom Ursprung des Wassers der zweiten Gruppe wieder den Ausgangsmythos transformiert. Die Beziehung von Mz = M 124 (Sherente, Wasser) zu Mx = M1 (Bororo, Wasser) ist analog der Beziehung von Mx = M1 (Bororo, Wasser) zu My = M12 (Sherente, Feuer).

Doch ist dies noch längst nicht alles. Zu Beginn von *Du miel aux cendres* konnte Lévi-Strauss zeigen[142], indem er die Resultate des ersten Bandes der *Mythologiques* resümierte, daß der System-Charakter der behandelten Mythen erheblich weiterreicht. In der Tat bilden die Mythen vom Ursprung des Wassers (Bororo, M 1) des Feuers und der Küche (Gé, M 7/12), des Fleisches (Tupi, M 15/16) und des Schmucks (Bororo, M 20) eine zyklische Gesamtheit, in der auf drei Achsen Transformationen stattfinden, die am Ende zum Ausgangspunkt zurückführen. Auf der ersten Achse, fortan S-1, setzt ein Bororo-Mythos vom Ursprung des Wassers (M 1) einen Gé-Mythos vom Ursprung des Feuers (M 12), fortan S 1, um, wobei das Wasser die Eigenschaft des Anti-Feuers annimmt, siehe obige Erörterung. Auf der zweiten Achse, S 2, transformiert den genannten Mythos vom Ursprung des Feuers ein anderer vom Ursprung der Wildschweine, der in zwei Versionen bei den tupi-sprachigen Stämmen der Tenetehara und der Munducuru vorkommt (M 15/16). Der Mythos vom Ursprung der Wildschweine ist, da diese Tiere nach dem Geschmack der Eingeborenen das beste Wild, also das Fleisch par excellence abgeben, zugleich ein Mythos vom Ursprung des Fleisches. Der Feuer-Mythos handelt somit vom Mittel der kulinarischen Tätigkeit, der Wildschweinmythos von ihrer Materie. An anderen Stellen wiederum[143] wird die Transformation auf der dritten Achse vorgeführt, weiter unten als S-2, die von den Tupi zu den Bororo zurückführt und das System in einem ersten Gang abrundet. Danach stellt der Bororo-Mythos vom Ursprung der Kulturgüter (M 20) und speziell des Schmucks, der also jenseits der kulturellen Leistung des Kochens angesiedelt ist, eine Transformation desjenigen dar, der unmittelbar diesseits von ihr zu finden ist: eben des Mythos vom Ursprung des Fleisches (M 15/16). Im Mythos vom Ursprung der Kulturgüter, S-2 (M 20), spielt das Verbrennen eine besondere Rolle, die der im mythischen System vom Ursprung des Fleisches S 2 (M 15/16) homolog ist. Das Verbrennen verursacht in beiden Fällen eine Metamorphose, deren Produkt das Ziel des betreffenden Mythos ist. In M 20 verbrennen sich die Helden selbst auf einem Scheiterhaufen. Kaum haben sie Feuer gefangen, verwandeln sie sich in verschiedene Arten von Vögeln, deren Federn der Herstellung des Federschmucks dienen, welcher einen ultrakulinarischen Zug hat. Ihre Verwandlung steht also am Anfang des Kulturguts Schmuck. In den Mythen der Tupi vom Ursprung des Fleisches (M 15/16) auf der anderen Seite führt das Verbrennen von Federn und Tabak zur Entstehung des Wildschweinfleisches, das infrakulinarisch ist. S-2 läßt den Code von S 2 unangetastet, dafür aber verändert es die Botschaft: Ursprung der Kulturgüter statt eines Nahrungsmittels.

Wir hörten, daß das Auftauchen der Wildschweine in S 2 vom Federn- und Tabakfeuer verursacht wurde. Der Held des betreffenden Mythos (M 16), der sich von seinen Schwägern, die seinen Sohn verhöhnt haben, beleidigt fühlt, beschließt, sich an diesen zu rächen. Er läßt um das Lager seiner Beleidiger eine Federnwand ziehen und entzünden. Zugleich schwängert er es mit Tabakwolken, die seine Feinde so sehr betäuben, daß sie nichts mehr richtig verstehen: Statt der Aufforderung zu folgen, ihre Mahlzeit einzunehmen, verstehen sie, sie sollten kopulieren. Und während sie die beim Liebesakt üblichen Grunzlaute ausstoßen, verwandeln sie sich in Wildschweine. So erscheint in S 2 der Tabak als ein instrumentaler Ausdruck, als das Mittel, dessen Ziel das geschätzte Fleisch der Wildschweine ist[144].

Auf der anderen Seite des mythologischen Ensembles, von dem hier die Rede ist, spielt sich Lévi-Strauss zufolge ein vollkommen gleichartiger Prozeß ab. Dort erscheint als das Mittel des Ursprungs des Schmucks der Honig, der im Einklang mit dem Denken der Eingeborenen immer wieder als Gegenstück des Tabaks hervorgehoben wird. Im Bororo-Mythos vom Ursprung der Kulturgüter (M 20) leben die Brüder des Bokordi-Clans anfangs ein fröhliches Leben in ihren Flaum- und Federhütten. Sie bekommen alles, was sie brauchen, von ihrem Schwager, so auch den Honig, auf den sie versessen sind. Einmal geschieht es, daß der Schwager den Brüdern dicken und zähflüssigen Honig liefert, da er mitten in der Honigernte mit seiner Frau kopuliert hat. Die Brüder sind beleidigt und verlassen ihre Hütten. Sie begeben sich auf die Suche nach einem ganz bestimmten Stein, der als das technische Instrument zum Aufbrechen der Palmennüsse und der Muscheln dient, mit anderen Worten: der Herstellung des Schmucks[145]. Kurz, der Honig vermittelt die [Instrumente zur] Herstellung des Schmucks. Diese Entdeckungen veranlaßten Lévi-Strauss zu der doppelten

Folgerung, hinter dem System S 2 und S-2 jeweils noch ein weiteres, S 3 und S-3 zu vermuten, Systeme, die ihrerseits den Honig und den Tabak nicht mehr zum Mittler haben, sondern zum Ziel. Denn wenn eingangs der Ursprung der Küche, S 1, notwendigerweise die Existenz des Fleisches, S 2, voraussetzte – das Kochen bedarf einer Materie, die zu kochen ist –, so bedarf auch der Tabak, der als das Mittel erkannt wurde, um den Ursprung der Wildschweine zu erklären, eines mythischen Systems, S 3, das seine Existenz begründet, also Mythen vom Ursprung des Tabaks. Auf der anderen Seite das gleiche: ein mythisches System, das sich zum Ziel setzt, den Ursprung des Schmucks zu erklären, indem es sich des Honigs als eines Mittlers bedient, fordert ein weiteres System, S-3, heraus, in dem die Existenz des Honigs begründet wird.

Solche Mythen gibt es. Von einer Reihe südamerikanischer Stämme sind Mythen vom Ursprung des Tabaks überliefert: von den Toba-Pilaga (M 23), den Tereno (M 24), den Cariri (M 25), den Bororo (M 26/27), den Iranxe/Münkü (M 191), den Cariben (M 320, 336), den Warrau (M 327/328), den Arekuna (M 334) und den Arawak (M 335), um nur die zu nennen, die in den *Mythologiques* Erwähnung finden. Honigmythen, wenn auch nicht immer von seinem Ursprung handelnd, sind nicht weniger zahlreich: Tenetehara (M 188), Tembe (M 189), Ofaié (M 192), Caduveo (M 192a), Toba (M 208, 210, 211, 212, 213, 301), Matako (M 214, 215, 216, 217, 218, 222), Kraho (M 225), Arawak (M 253), Warrau (M 233b) und Vapidiana (M 265). Der Demonstration, daß sie nämlich integrative Systeme (S 3 und S-3) im behandelten Zusammenhang bilden, dienten jeweils zwei: der Toba-Pilaga-Mythos (M 23) und der Tereno-Mythos (M 24) vom Ursprung des Tabaks sowie der Tenetehara-Mythos (M 188) und der Tembe-Mythos (M 189) vom Ursprung des Honigfestes. Diese Mythen erfüllen aber nicht nur die gestellte Forderung, die beiden Materien Honig und Tabak zu erklären, sie schließen zugleich das Mega-System ab, indem sie ihrerseits das Ausgangssystem S 1, bzw. S-1, wiederherstellen. Das System S 3 (Ursprung des Tabaks) reproduziert bezüglich des Inhalts ebenso das System S 1 (Ursprung der Küche), wie das System S-3 (Ursprung des Honigfestes) dies tut, wenn auch auf symmetrische Weise[147].

S 3 reproduziert S 1, auch wenn es den Ursprung des Tabaks erklärt. Wie dieses handelt es vom Jaguar: Ein Vogelnestausheber befindet sich im Schach eines männlichen oder weiblichen Jaguars, der mal freundlich, mal feindlich gesonnen ist. Nach einiger gemeinsam verbrachten Zeit gehen Mensch und Jaguar eine Allianz ein: Der Jaguar wird entweder zum Schwager oder zur Gattin. In beiden Fällen spielt das Feuer eine zentrale Rolle. In S 1 ist es konstruktiv. Es ist das Mittel, um Fleisch zu grillen. In S 3 ist es destruktiv. Es verbrennt den Jaguar, aus dessen Asche die Tabakpflanze erwächst[148]. Stellt man die ganze Serie S 1, S 2, S 3 unter dem Gesichtspunkt der Wirkung des Feuers nebeneinander, so zeigt sich, daß das Tabakfeuer von S 2 eine mittlere Stellung zwischen dem konstruktiven Feuer der Küche und dem destruktiven Feuer des Scheiterhaufens einnimmt: In S 1 ist der Jaguar das Mittel des Küchenfeuers; in S 2 ist das Tabakfeuer das Mittel der Wildschweine[149]; in S 3 ist der Scheiterhaufen das Mittel des Tabaks, der aus der Asche des Jaguars erwächst. Ebenso wie S 3 reproduziert S-3 (Ursprung des Honigfestes) auf seine Weise S 1. In beiden Fällen sind die auftauchenden Jaguare Kulturbringer: In S-3 sind sie die Herren des Honigfestes, in S 1 die Herren des Küchenfeuers. Vor allen Menschen wissen die Jaguare eine kulturelle Tätigkeit auszuüben: In S-3 ernten sie den wilden Honig, der während des Honigfestes verwendet wird. Das Fest zeichnet sich durch ein kompliziertes Ritual mit kodifizierten Tänzen und Gesängen aus. Es ist Ausdruck hoher Kultur. In S 1 praktizieren die Jaguare als erste die höchste Form der Nahrungszubereitung: das Kochen. In S 1 sind die Menschen gegenüber den Jaguaren Geber von Frauen, in S-3 sind sie Nehmer von Frauen. In M 7 ist der Jaguar mit einer Indianerin verheiratet, in M 188 heiratet der Held eine Jaguartochter. In beiden Geschichten läßt sich eine auffällige Gleichgültigkeit gegenüber einem Mordfall registrieren: Der Mord, den der Held von S 1 an seiner böswilligen Adoptivmutter begeht, geschieht im Einvernehmen des Jaguars, dem Gatten des Opfers. In S-3 läßt sich der Held, dessen Bruder von einem Jaguar getötet wurde, leicht davon überzeugen, daß die Tat gerechtfertigt war.

Ich fasse die verbindenden Charakteristika, seien sie direkt oder invers, der System Küche, Tabak und Honig zusammen: Alle drei Systeme beginnen mit einer identischen Handlung: Ein Vogelnestausheber klettert auf einen Baum oder Felsen, um Araras oder Papageien zu fangen. Am Fuße des Baums oder Felsens halten sich Jaguare auf, einer oder mehrere. In S 1 und S 3 fressen die Jaguare die ausgehobenen Vögel, in S-3 verspeist sie der Ausheber. In allen drei Fällen ist oder wird der Jaguar ein alliierter Verwandter: In S 1 ist er der Gatte einer menschlichen Frau, in S 3 ist er eine anfangs menschliche Gattin und in S-3 ist er der Vater einer Jaguargattin. Die Beziehungen selbst, die zwischen Mensch und Jaguar bestehen, sind in allen drei Systemen ambivalent: In S 1 kommen zwei Jaguare vor, ein männlicher und ein weiblicher. Der männliche Jaguar verhält sich zu dem einzigen Menschen freundlich, der weibliche feindlich. In S-3 verhält sich der einzig vorkommende Jaguar gegenüber den beiden auftretenden Menschen in entgegengesetzter Weise: Den einen tötet er, dem anderen bietet er seine Tochter zur Frau. In S 3, wo nur ein Mann und ein Jaguar vorkommen, wird das positive und negative Verhalten diachronisch aufgelöst: Anfangs eine friedfertige menschliche Gattin, verwandelt sich der Jaguar am Ende der Intrige in eine kannibalische Bestie.

Das *mythische System der Systeme,* das auf dem südamerikanischen Kontinent die Gesamtheiten Küche, Schmuck, Fleisch, Honig und Tabak vereinigt, hat die nachweisbare Eigenschaft, auf allen vergleichbaren Ebenen Beziehungen identischer oder symmetrischer Entsprechungen zu offenbaren. Die linke der beiden folgenden Skizzen faßt diese Beziehungen schematisiert zusammen, wobei die sich gegenseitig transformierenden Systeme mit Linien verknüpft sind:

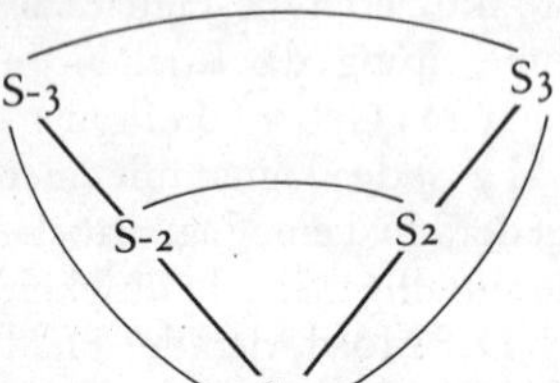


*die südamerikanische Armatur*

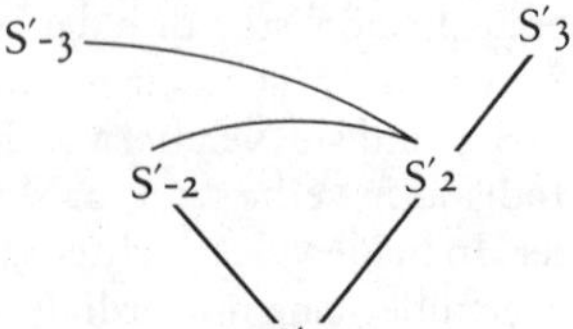


*die nordamerikanische Armatur*

Die rechte Skizze ist einem Mythenensemble auf dem nordamerikanischen Kontinent gewidmet, dessen Armatur diejenige des südamerikanischen Mythenensembles fast genau wiederholt. So sensationell dies klingen mag: Wenn man sich erlaubt, einige geringfügige Veränderungen vorzunehmen, so läßt sich eine Gesamtheit von Mythen, die einer Anzahl von Stämmen des amerikanischen Nordwestens zugehören, genau in das Gerüst einpassen, das für eine weitverstreute Menge von Mythen Gültigkeit hat, die mehrere tausend Kilometer weiter südlich ihre Heimat haben.

Hier nun die vollständigen Armaturen der Mythen beider Hemisphären der Neuen Welt, wie sie von Lévi-Strauss erarbeitet wurden. Ich habe das Lévi-Strauss'sche Schema aufgelöst und zum einfacheren Verständnis erweitert[150]. (Die Armaturen: s. folgende Seite).

Zunächst stellen wir fest, daß sich das System S-3 vom Süden zum Norden Amerikas hin verwandelt: Aus dem System Honig wird auf der nördlichen Halbkugel das System Salz. Dies hat eine einfache ökologische Erklärung: In den nordwestlichen Gebieten gibt es keine Bienen[151]. Aber die beiden Systeme sind weniger voneinander entfernt, als man glauben möchte. Nicht nur tritt das Salz als das Gegenteil des Zuckers (Honigs) auf, – in gewissem Sinn gehören beide zur gleichen Kategorie, der des Gewürzes. Auf der anderen Seite fehlt das System Tabak, oder es ist nur in Andeutung vorhanden. Das meint nicht, im Nordwesten Amerikas gäbe es keine Mythen vom Ursprung des Tabaks. Im Gegenteil: eine Reihe von ihnen sind in die *Mythologiques* selbst eingegangen (s. S. 30, Fußn. 2). Welch exzeptionelle Bedeutung darüber hinaus dem Tabak sowohl als Konsumgut wie als Mittel zukommt, mit der übernatürlichen Welt in Verbindung zu treten, belegt die nordamerikanische Ethnographie in sehr vielen Beispielen. Wenn vom System Tabak in *L'homme nu* gewissermaßen nur der Schatten auftritt, so deshalb, weil die ihn betreffenden Mythen nicht unmittelbar dem Gerüst zuzurechnen sind, um das es in der vorliegenden Debatte geht. Schließlich vollzieht sich als letzte Abweichung im System Schmuck eine geringfügige Veränderung, wenn man von den süd- zu den nordamerikanischen Mythen überwechselt: Im Süden besteht der Schmuck aus Muschelketten, im Norden aus den Borsten des Stachelschweins, einem Tier, das dem tropischen Amerika unbekannt ist[152].

Verfolgen wir nun die Entsprechungen in der Armatur der Mythen beider Amerikas ein wenig genauer. Im dritten Band der *Mythologiques* wurde erstmals der systematische Versuch unternommen, eine Gruppe nordamerikanischer Mythen in die gleiche transformatorische Reihe zu stellen, in der eine Gruppe südamerikanischer erschien, nämlich den Zyklus der Sternengattinnen dem des Vogelnestaushebers zu assimilieren[153]. Der vierte Band stützte

das mythische System der Systeme

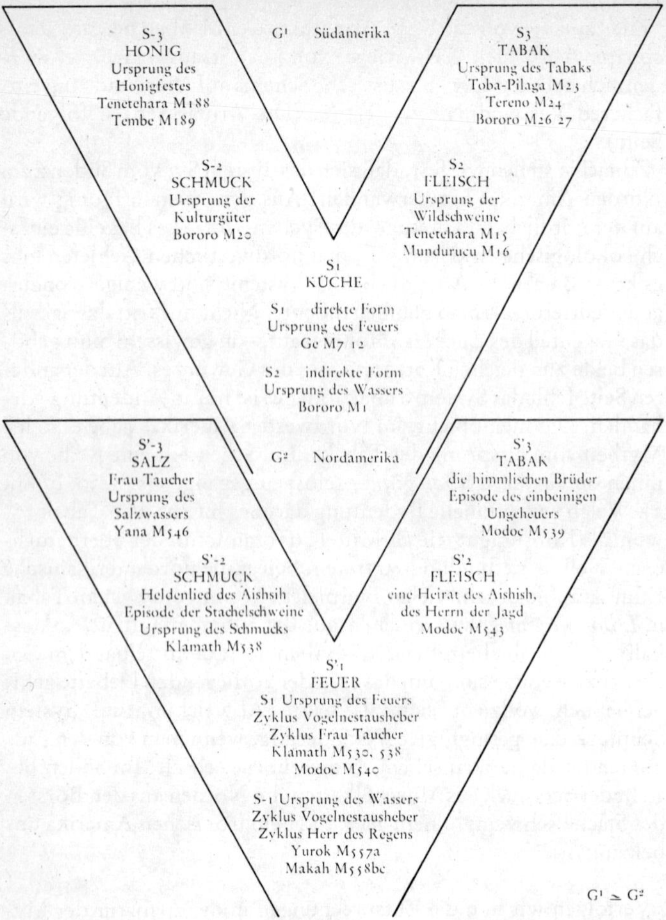

diesen Versuch, indem er nachwies, daß die Geschichte vom Vogelnestausheber selbst bei zahlreichen Populationen Nordwest-Amerikas zu Hause ist[154].

Ich will an einem Beispiel das Maß der Verwandtschaft demonstrieren, das die gleiche Geschichte in den beiden Hemisphären aufzuweisen hat. Ich wähle hierzu den Mythos M 530 der Klamath-Indianer, dem im Norden etwa die gleiche Position zukommt, wie dem Referenzmythos (M 1) der Bororo im Süden. Die beiden Mythen stehen zueinander in einem Verhältnis fast vollkommener Symmetrie, d. h. sie kehren sich gegenseitig systematisch um. Der südamerikanische Referenzmythos beginnt mit einem Inzest an der Gattin des Vaters; der nordamerikanische Mythos erzählt einen Inzest an der Gattin des Sohnes. Der Held von M 1, der seine Mutter vergewaltigt, ist noch im Alter der Pubertät: Er besitzt noch keinen Penisbeutel, er ist nackt. Der andere Held von M 530 hat keine Mutter mehr, er ist erwachsen und besitzt zahlreiche Frauen; er sticht hervor durch seine glänzende Erscheinung, seine Schönheit und seine reichen Gewänder. Der Inzest an der Mutter im Bororo-Mythos ist übersetzbar als die Weigerung, aus der vorpubertären Phase der Obhut der Frauen in die Erwachsenen-Phase überzutreten, die durch den Eintritt ins Männerhaus markiert wird. Der Klamath-Held ist ganz Mann, er ist ökonomisch wie sexuell selbständig.

In beiden Fällen isoliert der Vater des Helden seinen Sohn auf dem Gipfel eines Felsens oder Baumes, nachdem er ihn aufgefordert hat, dort Vogelnester auszuheben. Im einen Fall sind es die Nester früchtefressender Araras, im anderen die von Adlern, also von Raubvögeln. In beiden Fällen leidet der Held in seiner Höheneinsamkeit Hunger und Durst. Er ist von Schmutz besudelt. Er magert ab, bis er von fliegenden Tieren gerettet wird: in der südamerikanischen Version von männlichen und kannibalischen Geiern, in der nordamerikanischen von weiblichen und friedfertigen Schmetterlingen. Die tierischen Retter des Helden erweisen ihm in beiden Fällen ihre Gastfreundschaft: Sie nähren ihn, sie säubern ihn, sie pflegen ihn.

Wieder auf der Erde vollzieht der eine Held seine Rache mit Unterstützung seines kleineren Bruders, der andere mit der seines kleinen Sohnes. Der schuldige Vater kommt im einen Fall durch Feuer, im anderen durch Wasser um. Der Bororo-Mythos endet damit, daß der Held zur Bestrafung seines Dorfes einen Regen hervorruft, der alle Feuer löscht, außer seinem eigenen. So geht er aus der Geschichte als zweifacher Monopolherr hervor, als Herr des himmlischen Wassers und als Herr des irdischen Feuers. Umgekehrt läßt im Klamath-Mythos der Vater des Helden, um diesen zu bestrafen, vom Himmel einen Feuerguß auf die Erde niedergehen, dem einzig der Held entgeht. Denn er versteht es, den Feuerguß in einen See zu verwandeln, der alle Hütten außer der seinen unter Wasser setzt. »So wandelt sich ein Regenguß, der alle Feuer außer einem löscht (M 1) hier [in Nordamerika] um in einen Feuerguß, der alle Herdstellen überschwemmt außer einer. Und während das Wasser in M 1 die Funktion des Anti-Feuers übernimmt, übernimmt in M 530-31 das Feuer die Funktion des Wassers.[155]« Tatsächlich ist der Gegensatz von Feuer und Wasser in Nordamerika ebenso vorhanden wie in Südamerika, wo sich ja ein Mythos vom Ursprung des Feuers (M 7/12) umwandeln ließ in einen solchen vom Ursprung des Wassers (M 1). Im Nordwesten enthüllt sich die Geschichte von Frau Taucher im Zentrum ihrer Verbreitung (Modoc M 540) und die ihr symmetrische Geschichte vom Vogelnestausheber (Klamath M 530) als Mythos vom Ursprung des Feuers. Dieselbe Geschichte vom Vogelnestausheber wandelt sich an der Peripherie um in einen Mythos vom Ursprung des Wassers (Yurok M 557a: Ursprung des Nebels und Makah M 558bc: Ursprung des Regens).

Ein anderer Mythos der Klamath (M 538), der die gleiche Armatur verwendet wie die südamerikanischen Mythen über den Ursprung des Küchenfeuers S 1, dient hier, zumindest in einer seiner Episoden, der Erklärung der Herkunft des Schmucks S'-2. Es ist die Heldengeschichte des Kulturheroen Aishish, der nach einer strapaziösen Aussetzung auf einem Baum krank und schwach auf die Erde zurückkehrt. Dort begegnet ihm ein Rudel von Stachelschweinen, die seinen Zustand ausnutzen und ihm auf dem Körper herumtanzen. Sobald er wieder bei Kräften ist, tötet der Held die dreisten Tiere und stellt aus ihren Borsten Halsbänder her, die er seinen Frauen schenkt. Außerdem verschönert er Mokassins und Ohrgehänge mit den Stachelschweinborsten.

In einer Teilversion des Mythos vom Helden Aishish, die eine seiner Heiraten zum Gegenstand hat und bei den Modoc erzählt wird, (M 543), kehrt die Episode mit den Stachelschweinen und dem daraus resultierenden Ursprung des Schmucks wieder. Der Mythos aber stellt zugleich den Helden als den Herrn der Jagd vor:

Immer wieder wird er als einzigartiger Jäger gepriesen. Weil er soviel Wild anzuschaffen weiß, ist er der begehrteste Heiratskandidat. Anders gesagt: Die beiden Themen vom Ursprung des Schmucks und vom Ursprung des Fleisches, denen die südamerikanischen Geschichten zwei mythische Komplexe widmen, werden im nordwestlichen Amerika in einem einzigen Mythos abgehandelt. Wieder ein anderer Mythos der Modoc (M 540) aus dem Frau-Taucher-Zyklus verbindet sogar drei der inzwischen bekannten Systeme miteinander. Darin ist Frau Taucher im Besitz des destruktiven Feuers, S' 1. Nachdem ihre Verwandten sie hartnäckig daran gehindert haben, ihre Liebe zu ihrem jüngsten, an Schönheit herausragenden Bruder zu verwirklichen, entfacht sie einen vernichtenden Weltenbrand. Die Herzen ihrer Opfer reiht Frau Taucher zu einer Halskette auf, einer Art Anti-Schmuck, S'-2. Als sie ihrerseits von ihrer jüngeren Schwester getötet wird, verwandelt sich ihr Leib in eine Art Anti-Fleisch: Das Fleisch von Frau Taucher schmeckt so abscheulich, daß die Menschen, die davon kosten, es gleich wieder ausspucken, S' 2. Die Verbindungen zwischen den Systemen Fleisch und Schmuck sind somit in der nordamerikanischen Mythologie in zweifacher Weise bestätigt.

Wie nun sieht es mit den Verbindungen zu den Systemen Salz und Tabak aus? Ein Yana-Mythos (M 546), in dessen Zentrum wieder einmal Frau Taucher steht, handelt vom Ursprung des Salzes. Einer der Protagonisten, von dem nach einem Massaker nur noch Augen und Skelett übriggeblieben sind, muß dermaßen weinen, daß aus seinen Tränen eine permanente salzige Quelle entsteht. Regelmäßig begeben sich Hirsche an diese Quelle, um sich an ihr zu laben. Der Ort wird so zu einem geeigneten Jagdgrund. Das Salz, S'-3, spielt in diesem Mythos folglich das Mittel einer vereinfachten Jagd, d. h. es verbindet sich mit dem System Fleisch. S' 2. Im Modoc-Mythos M 539 von den himmlischen Brüdern begegnen in einer kurzen Episode die beiden Helden der Geschichte einem einbeinigen Ungeheuer, dem egoistischen Herrn der Jagd. Dieses Ungeheuer trägt stets erjagtes Wildbret bei sich, das es jedoch seinen Gästen verweigert. Statt dessen fordert es zu seiner Besänftigung (in einer anderen Version) von diesen Tabak. Da die Helden weder Pfeife, noch Drillbohrer, noch Tabak bei sich tragen, geraten sie mit dem Ungeheuer in Händel. Aus diesen und weiteren Versionen des Mythos wird ersichtlich, daß das Fehlen des Tabaks oder seiner Accessoires den handelnden Personen einen zweiten Mangel einbringt: durch den Verlust des Jagdglücks den von Fleisch. In einem Mythos der Shuswap wird der Tabakbaum mit Hilfe eines Gerätes gefällt, das der Herstellung der steinernen Jagdpfeile dient. Diese Jagdpfeile enthalten ein giftiges Mineral. Sie haben also eine dem Tabak verwandte Eigenschaft, denn auch er ist giftig. Durch Berührung mit dem Gerät zur Herstellung der steinernen Jagdpfeile jedoch wird laut Mythos die toxische Wirkung des Tabaks gemildert.

Neben den Mythen erlaubt auch die Ethnographie des Nordwestens, eine Verbindung zwischen Fleisch (bzw. Jagd) und Tabak herzustellen. Bei den Jagdzeremonien und bei der Jagd selbst pflegten die Schamanen der Atsugewi ständig Tabak zu rauchen. Und während sie durch den Rauch eine transzendentale Verbindung knüpften, baten sie die Berge, den Jägern großzügig ihre Kinder, d. h. die Hirsche freizugeben.

Trotz ihres stenogrammhaften Ausmaßes hoffe ich, daß die obigen Andeutungen einen ersten Geschmack vermittelt haben von der Tragweite des Transformationsbegriffs, der, wie wir sahen, anfangs im Bereich eines einzigen Mythos und seiner Varianten als ein zentrales Moment der mythischen Produktion erkannt wurde, der aber dann auch in Mythen benachbarter Stämme und schließlich über ganze Kontinente hin sich als das einzig wirksame Mittel etablierte, von einem Mythos zum nächsten ebenso überzugehen, wie dann von einem System zum nächsten. Mit anderen Worten: Die Isomorphiebeziehungen zwischen Mythen erreichten Etappe um Etappe immer größere Dimensionen.

Das Neuartige in den vergleichenden Mythenstudien von Lévi-Strauss liegt folglich nicht sosehr darin, daß er die mannigfaltigen inhaltlichen Ähnlichkeiten hervorgekehrt hat, die, um den illustresten Fall zu nennen, zwischen den Mythen des Nordwestens der USA und denen Zentralbrasiliens nachweislich existieren – denn das hatte schon mehr als ein halbes Jahrhundert vor ihm Ehrenreich getan –, sondern darin, daß sich auch die Beziehungen der Mythen untereinander von einer Hemisphäre zur anderen ähneln. »Wiederholt hat man feststellen können, daß, wenn es im tropischen Amerika einen Mythos B gibt, der einen Mythos A transformiert und einen Mythos C, der seinerseits B transformiert, es reicht, daß in jener nördlichen Region westlich der Rockies ein Mythos A' existiert, der A homolog ist, um zunächst deduzieren und darauf verifizieren zu können, daß dieser Mythos A' einen Mythos B' impliziert, der ihn auf die gleiche Weise transformiert, wie B auf der anderen Hemisphäre A transformierte. Das gleiche Phänomen wiederholt sich für C und C', und man kann die Reihe gelegentlich noch verlängern.[156]«

Es ist dies die Beschreibung des dritten kanonischen Lehrsatzes, dem ich die verkürzte Form gegeben habe:

$$[A \underset{(f)}{\longrightarrow} B \underset{(f)}{\longrightarrow} C] \sim [A' \underset{(f)}{\longrightarrow} B' \underset{(f)}{\longrightarrow} C']$$

In den nord- und südamerikanischen Mythenkomplexen, die von der Küche und dem Feuer im Zentrum zum Ursprung des Schmucks, des Fleisches, des Tabaks und des Honigs (oder Salzes) übergehen, nimmt dieser dritte Lehrsatz exemplarische Gestalt an. Denn in der gleichen Weise, wie in Südamerika das System Feuer das System Fleisch und dieses das System Tabak auf der einen und das System Schmuck und dieses das System Honig auf der anderen Seite transformiert, so transformieren sich gegenseitig auch die entsprechenden Systeme der nordwestamerikanischen Mythen. Der Transformationsbegriff gelangt hier an seine räumliche Grenze. Zugleich aber wird auch eine andere Grenze erreicht, die diesmal statt eines Endpunktes einen Anfang markiert. Die neueren Ergebnisse der strukturalen Mythenanalyse kündigen nämlich das Nahen einer wissenschaftlichen Anthropologie an und zwar in dem Sinne, daß zum ersten Mal in der Geschichte der Mythologie überhaupt der Versuch unternommen wird, Hypothesen derart zu formulieren, daß eine Vorhersage möglich wird für das, was sich notwendigerweise abspielen muß. Wie schon dem Studium der elementaren Verwandtschaftsstrukturen liegt dem monumentalen Experiment der *Mythologiques*, das in den kanonischen Lehrsätzen seinen verdichtetsten Ausdruck findet, ein gleicher wissenschaftlicher Antrieb zugrunde: zwischen Begriffen notwendige Beziehungen zu entdecken. Da ihr dies in einigen Fällen gelungen zu sein scheint, darf die strukturale Mythenforschung neben den schon exakten Wissenschaften einen Rang beanspruchen, der keiner Mythenschule vor ihr berechtigtermaßen zukommt.

## Die Dialektik von Mythos und ethnographischer Realität

Die Mythen sind keine Schöpfungen aus dem Nichts. Wie andere

Phantasieprodukte beziehen sie ihre Inhalte aus einem vorgegebenen Material, dessen sie sich in mehr oder minder fertigen Blöcken bedienen. Dieses Material können, wie wir hörten, andere Mythen abgeben, die diese variieren, wiederholen oder kommentieren, in jedem Falle: reflektieren. Und die anderen Mythen sind Transformationen wieder anderer Mythen, usw. Doch ist dies nur die eine Seite. Denn irgendwo muß es ein Material geben, aus dem sie sich speisen, das außerhalb ihrer selbst liegt. Es entstammt dem gewaltigen Reservoir, das ich grob die ethnographische Realität nenne. Zur ethnographischen Realität zählen eine Reihe mehr oder weniger isolierbarer Ebenen: eine geographische, astronomische, meteorologische, botanische, zoologische, ökologische, ökonomische, technologische, ergologische, soziologische, religiöse, kosmologische und eine philosophische Schicht, um die wichtigsten zu nennen. Der folgende Abschnitt beschäftigt sich mit der Beschaffenheit der Beziehungen, die die Mythen mit diesen unterschiedlichen Ebenen unterhalten.

Unter den Mythenforschern, die solchen Beziehungen nachgegangen sind, dominieren vereinfacht gesagt zwei Ansichten. Da diese sich meines Erachtens nicht widersprechen, trotz der Polemiken der einen gegen die andere, halte ich es für unangebracht, sie gegeneinander auszuspielen. Doch die Gedanken, die von ihnen aus weiterführen, zielen in andere Richtungen. Aus diesem Grunde allein scheint es mir nützlich, sie einander zu konfrontieren. Die beiden Ansichten unterscheiden sich, kurz, in den politischen Konsequenzen, die man aus ihnen ziehen kann, von denen die eine konservativ ist, die andere dagegen semioklastisch. Hauptvertreter der einen Ansicht war Franz Boas. Ihm folgten andere Anthropologen der amerikanischen Schule nach (z. B. Kroeber). Die andere verkörpert Lévi-Strauss. In der Gegenüberstellung der beiden Positionen werde ich herauszufinden versuchen, in welchem Grade sie die Gegebenheiten auszuschöpfen verstanden, mit anderen Worten: ihnen gerecht wurden. Der Vergleich wird durch den Umstand begünstigt, daß beide Forscher ihre Demonstration an einem identischen Material durchführten, nämlich an einem Mythos der Tsimshian-Indianer, der Geschichte des Asdiwal.

## Abbild und Umkehrung der Realität in einem Mythos der Tsimshian-Indianer

Das voluminöse Werk *Tsimshian Mythology* von Boas, Resultat zweier Jahrzehnte umfassender Studien der Indianer-Mythen von der kanadischen Pazifikküste, bewegt sich in seinem Kern um eine einzige Frage: wieviel von einer ethnographisch belegbaren Kultur geht tatsächlich in ihre Mythen über? Man kann sie auch anders herum stellen: Bilden die Mythen die Realität soweit ab, daß sie als Quellen für die Ethnographie zu verwerten sind? Das Ergebnis war artikuliert und eindeutig. Für Boas sind die Mythen eine Art ethnographischer Autobiographie des Stammes: »Es ist offenkundig, daß in den Geschichten eines Volkes diejenigen Ereignisse des Alltagslebens, die für es Bedeutung haben, entweder zufällig oder als Grundlage des plots auftauchen. Die meisten Hinweise auf den Lebensstil eines Volkes werden eine genaue Widerspiegelung ihrer tatsächlichen Gewohnheiten sein.[157]« Vor allem den Bereich des sozialen Lebens sieht Boas immer wieder in den Mythen abgebildet. Lange Abschnitte seines Buches lesen sich daher wie eine ethnographische Monographie, deren Hauptgewicht auf dem soziologischen Aspekt ruht. Dabei sind sie nichts weiter, als direkte Extrakte aus den Mythen[158]. Dennoch haben die überaus zahlreichen Beispiele von Deckungsgleichheit zwischen mythologischen und ethnographischen Einzelheiten, die Boas zu Beweisstücken einer riesigen Akte versammelte, ihn nicht zu einer völlig einseitigen Beurteilung seines Materials verleitet. Wiederholt mußte er einräumen, daß Mythos und Realität sich nicht immer verdoppeln: »Doch andere Elemente der folklore geben Ideen wieder, die den täglichen Erfahrungen widersprechen.[159]«

An dieser Stelle liegt der Übergang zu der Position von Lévi-Strauss. Denn während Boas den Schwerpunkt seines Arguments auf die direkt homologen Beziehungen zwischen den Fakten der Ethnographie und denen des Mythos setzte, gilt Lévi-Strauss' Augenmerk vor allem den Unterschieden zwischen beiden Bereichen. Ihn interessieren in erster Linie die beiden Fragen, wie diese Unterschiede aussehen und weshalb die Mythenproduzenten sich überhaupt entschließen, sie herzustellen. Für ihn sind die Widersprüche zwischen mythischer und alltäglicher Realität nicht zufällig. Sie tragen, gerade weil sie sich wie nach den Regeln der Logik abspielen, einen, wenn auch unbewußt, intentionalen Zug. Die Mythen zielen darauf ab, wenn sie ein umgekehrtes Bild der Wirklichkeit liefern, diese zu kritisieren. Das ist eine Möglichkeit. Darüber hinaus sind sie anderen Mythen in dialektischer Weise verpflichtet, was sie gelegentlich zwingt, den realen Kontext, in dem sie stehen, zu verbiegen, statt ihn im Spiegelbild zu repräsentieren[160]. Anders ausgedrückt: Die Stellung eines Mythos innerhalb eines kohärenten Ensembles anderer Mythen determiniert seinen Inhalt mitunter mehr, als der ethnographische Boden, aus dem er kommt[161]. Wie schon in anderem Zusammenhang fand Lévi-Strauss auch hier in Propp einen verbündeten Vorläufer. Nach Ansicht des russischen Formalisten nämlich wird der Anteil des täglichen Lebens (der ethnographischen Realität) an der Kreation von Mythen weit überschätzt. Nicht selten sei die Suche nach einer Korrespondenz zwischen mythischer und sozialer Realität irrelevant. Dagegen räumt Propp ein, daß zahlreiche Transformationen im Märchen nur auf dem Hintergrund gesellschaftlicher Umwälzungen zu verstehen sind[162].

Unterziehen wir nun das in allgemeinen Begriffen Gesagte, wie sonst auch, dem Test am konkreten Beispiel.

Die Geschichte des Asdiwal ist ein Mythos der Tsimshian-Indianer, die zusammen mit einer Anzahl anderer Ethnien der kanadischen Nordwestküste wie den Tlingit, Haida, Bella Coola, Kwakiutl, Salish und Nootka eine lose miteinander verknüpfte Gruppe bilden. Die nötigen ethnographischen Details über die Tsimshian werde ich im Verlauf der Konfrontation mit der mythischen Erzählung einflechten. Hier zunächst der Mythos, den ich in einer eigenen Nacherzählung wiedergebe, da diejenige von Lévi-Strauss bemerkenswerterweise eine Reihe von Einzelheiten ausläßt, die in unserem Zusammenhang als wichtige Belegstücke dienen. Schärfer ausgedrückt: Was folgt, soll nicht schon einer Manipulation ausgeliefert sein, die sich durch die Auswahl des Nacherzählten ergibt[163].

*Tsimshian: Die Geschichte des Asdiwal*

Es ist tiefer Winter und am Skeena herrscht eine Hungersnot, die bereits zahlreiche Menschenleben gefordert hat. Eine Häuptlingsfrau hat ihren Mann verloren, und ihrer Tochter, die im Dorf ihres Gatten weiter flußab lebt, ist es ebenso ergangen. Beide beschließen gleichzeitig, sich auf halbem Wege zu treffen in der Hoffnung, gemeinsam dem Hungertod begegnen zu können. So reisen die alte Frau auf dem vereisten Flußbett nach Westen, ihre Tochter nach Osten.

Ihre Begegnung ist von Trauer und Hunger überschattet. Doch sie geben nicht auf. Am Ufer errichten sie unter einem großen

Baum ihr Lager, indem sie eine Hütte aus Ästen bauen. Nachdem sie als einzige magere Kost eine verfaulte Hagebutte geteilt und ein Feuer entzündet haben, schlafen sie ein. Gegen Mitternacht besucht ein schöner Fremder die junge Witwe und verbringt die Nacht mit ihr. Sein Name ist Hatsenas, ein den Tsimshian glückverheißender Vogelname. Tatsächlich wendet sich am nächsten Tag, nachdem der Fremde wieder verschwunden ist, das Schicksal der beiden Frauen: Von Tag zu Tag stoßen sie beim Rindesammeln auf größeres Wild, zunächst auf Eichhörnchen, dann auf ein Birkenhuhn, ein Stachelschwein, einen Biber, eine Bergziege, einen Grizzly-Bären, ein Caribou. Die Fleischvorräte der beiden Frauen wachsen an, bald hängen ganze Räume voll mit Trockenfleisch. Als sich herausstellt, daß Hatsenas es ist, der die Frauen so reichlich mit Nahrungsmitteln versorgt, wird dieser gern als Gatte der jungen Frau akzeptiert. Bald gebiert sie einen Sohn, den der Vater sehr liebt. Mit einem Eingriff beschleunigt er das Wachstum des Jungen. Bevor er die Seinen wieder verläßt, übergibt Hatsenas seinem Sohn eine vollständige Jagdausrüstung: Pfeil und Bogen, einen Köcher, eine Lanze, einen Jagdhut, einen Stock, einen Korb, ein Paar Schneeteller und einen Regenschutz aus Rinde, Objekte, die sich später als magisch herausstellen: Sie helfen dem Helden, jede Situation zu meistern, außerdem machen sie ihn zu einem unfehlbaren Jäger, dessen Ruhm sich bis ins Tierreich herumspricht. Als die Mutter (die Großmutter des Helden) stirbt, veranstaltet die jüngere Frau einen großen potlatch, in dessen Verlauf sie öffentlich den von ihrem Gatten ausgewählten Namen ihres Sohnes proklamiert: Asdiwal. Daraufhin kehren Mutter und Sohn ins ursprüngliche Dorf der verstorbenen Alten zurück, nach Gitsalsert, Canyon.

Eines Wintertags wird in der Nähe des Dorfes ein großer weißer Bär gesichtet, den niemand erlegen kann. Asdiwal macht sich auf, ihn zu verfolgen. Immer im gleichen Abstand zueinander legen Jäger und Wild eine endlose Strecke zurück. Sie überqueren Berge und Flüsse bis zu einer Himmelsleiter, die sie emporklettern. Oben angekommen stoßen sie auf eine in Blüte stehende Prärie, in deren Mitte ein großes Haus steht. Hier verwandelt sich der weiße Bär in eine schöne Frau, den Abendstern. Die beiden beschließen zu heiraten, da auch Sonne, der Vater von Abendstern, einwilligt. Doch unterzieht dieser seinen Schwiegersohn noch einer Kette gefährlicher Prüfungen, bei denen er alles daran setzt, den Helden zu töten. Vergeblich. Denn dank seiner magischen Hilfsmittel und des Beistands seines eigenen Vaters, der in den schwierigsten Situationen zur Stelle ist, geht Asdiwal aus jeder Prüfung als Sieger hervor: Auf der Jagd in einem nebeligen Gebirge bezwingt er die Schamanengemeinde der feindlichen Bergziegen. Seine Beute breitet er auf einer Matte vor seinem Schwiegervater aus. Beim Wasserholen an einer Quelle, deren Felsen hinter dem Eintretenden zuschnappen, stirbt statt seiner der Sklave von Sonne. Ebenso beim Holzfällen: Der wieder zum Leben erweckte Sklave wird von einem Baum erschlagen, der Asdiwal beim Fällen hätte treffen sollen. Schließlich übersteht er sogar den Aufenthalt in einem glühenden Backofen, dank einiger Eisstücke, die ihm sein Vater zugesteckt hat. Nachdem Asdiwal die Überlegenheit seiner Zauberkräfte unter Beweis gestellt hat, wird er von Sonne akzeptiert und sogar liebgewonnen. Nach einiger Zeit glücklichen Zusammenlebens mit seinen himmlischen Verwandten zieht es Asdiwal nach seiner irdischen Heimat zurück. Sein Heimweh findet Verständnis. Sonne weiht seinen Schwiegersohn kurz in die Sternenkunde ein und seiner Tochter befiehlt er, ihren Gatten zu den Menschen zurückzuführen. Die beiden brechen auf und indem sie auf Sonnenstrahlen hinuntergleiten, gelangen sie genau hinter dem Haus von Asdiwals Mutter zur Erde. Diese ist über die Rückkehr des Totgeglaubten derart beglückt, daß sie zu seinem Empfang einen potlatch gibt, obwohl es wieder Winter ist und es an Lebensmitteln mangelt. Während des Festes verleiht sie Asdiwal einen Häuptlingsnamen: Waxayek (= potlatch-Geber).

Während ihres irdischen Aufenthaltes überwacht Abendstern eifersüchtig ihren Gatten und als er sie eines Tages mit einem schönen Mädchen tatsächlich betrügt, verläßt sie ihn voller Groll. Der Gatte, der sie nicht aufgeben möchte, folgt ihr bis an die Spitze der Himmelsleiter, in der Hoffnung, sie umstimmen zu können. Doch Abendstern bleibt hart. Sie läßt ihn sogar zu Tode stürzen. Im Haus des Vaters angekommen, bereut sie die Tat. Sonne erweckt daher Asdiwal wieder zum Leben: Er fischt dessen Gebeine mit einem Netz von der Erde auf und streicht viermal mit einer Feder über sie. Erneut verleben die drei gemeinsam eine glückliche Zeit, bis Asdiwal wieder das Heimweh packt. Und wieder kehrt er mit Abendstern auf die Erde zurück. Doch diesmal trennen sie sich, am Dorfrand angekommen, für immer.

Da seine Mutter mittlerweile verstorben ist, beschließt Asdiwal, auf Reisen zu gehen. Er wendet sich westwärts, indem er den Skeena hinabfährt. In der Ortschaft Ginaxangioget heiratet er beiläufig eine Häuptlingstochter. Freundlich wird Asdiwal im Hause des Häuptlings und seiner vier Schwäger aufgenommen. Man begibt sich gemeinsam auf Bergziegenjagd und hier erweist sich Asdiwal als der unfehlbare Jäger, der er ist. Gegen Ende des Winters verläßt die ganze Sippschaft den Wohnort, um nordwärts zum Nass-Fluß zu gelangen, gerade zur rechten Zeit, um am Olachen-Fischfang teilzunehmen. Man reist auf dem Seeweg, eine Anzahl von Kanus benutzend. In Metlakatla, wo man den Häuptling zurückläßt, macht die Verwandtschaftsgruppe Zwischenstation. Desgleichen in Ksemaksen, wo man wegen ungünstiger Winde gezwungen ist, länger zu campieren. Dort trüben sich die anfangs so guten Beziehungen im Verlauf eines Disputs über die Vorzüge der beiden Formen der Jagd. Die Schwäger favorisieren die Seefischerei, Asdiwal die Jagd im Gebirge. Man beschließt, die gegenteiligen Ansichten durch einen Jagdkontest zu prüfen. Am frühen Morgen bricht man auf, Asdiwal geht ins Gebirge, seine Schwäger stechen in See. Dank seiner magischen Objekte gelingt Asdiwal eine sehr ertragreiche Jagd. Er erlegt vier Bären, die er zum Camp zurückschleppt. Doch das Camp ist verlassen. Da seine Schwäger auf dem Meer nichts gefangen haben, schämen sie sich ihrer Niederlage. Aus Furcht vor der Konfrontation mit dem Sieger haben sie sich daher samt ihrer Schwester vorzeitig davongemacht. Asdiwal bleibt alleine zurück.

Doch bald schon kann er sich einer anderen Stammesgruppe anschließen, die aus Gitxala kommt. Auch sie befindet sich auf dem Weg zum Olachen-Fang am Nass-Fluß. Die Gruppe besteht wiederum aus vier Brüdern und einer Schwester, die der Held umgehend heiratet. Nach einer erfolgreichen Saison im Fischfang folgt Asdiwal seinen neuen Verwandten nach Laxalan, wo er sich mit seiner Frau niederläßt. Hier wird sein Sohn geboren. Sein Ruhm als großartiger Jäger setzt sich auch an seiner neuen Wohnstatt durch. Eines Tages im Winter kommt die Rede auf die Seelöwenjagd und die Schwierigkeiten, bei hohem Seegang auf die Kliffs zu klettern. Asdiwal brüstet sich vor seinen Schwägern, daß dies für ihn mit seinen Schneetellern kein Problem sei. Man beschließt eine Vorführung seiner Behauptung und begibt sich mit vier Kanus auf See. Tatsächlich erklimmt Asdiwal vogelgleich ein Kliff und erlegt mit seinen magischen Jagdinstrumenten zahlreiche Seelöwen. Beschämt steuern die vier Schwäger einer nach dem anderen an Land; den Helden lassen sie ohne Nahrung und Feuer zurück. In Wind und Sturm verbringt er zwei Tage auf dem Felsen, bis ihn eine kleine Maus zur Unterwasser-Residenz ihres Großvaters einlädt. Durch ein winziges Erdloch gelangen die beiden auf die Spitze einer Leiter, die sie hinabsteigen. An ihrem Grund befindet sich die Stadt der Seelöwen. Asdiwal wird ins Haus des Häuptlings geführt. Beim Anblick der Seelöwen fällt ihm auf, daß sie alle mit Pfeilen gespickt sind, worunter sie sehr leiden. Es sind die Pfeile, die er selbst auf dem Kliff abgeschossen hatte. Nun zieht er sie aus jedem der Tiere wieder heraus. Da sie selbst glaubten, Opfer einer Epidemie zu sein, feiern sie den Gast als einen ausgezeichneten Heiler. Hochgeehrt verbringt er einige Zeit im Reiche der Seelöwen, bis ihn die Sehnsucht nach Frau und Kind ergreift. Dem Häuptling der Seelöwen erzählt er davon. Dieser bietet ihm nacheinander eine Reihe von Seelöwenbäuchen als Transportmittel an, die sich alle als unbrauchbar erweisen, weil sie von den Löchern, die seine Pfeile gebohrt haben, her leck sind. Schließlich gelangt der Held im Bauch des Häuptlings sicher an Land, wo er seine treue Gattin und seinen Sohn vorfindet.

Nach dem glücklichen Wiedersehen bittet er die Frau, im Camp ihrer Brüder seinen Gerätekasten mit Axt und Hammer abzuholen, was ihr – den jüngsten Bruder ausgenommen – ohne Aufsehen gelingt. Nun fällt Asdiwal eine Zeder, aus deren Stamm er zwei Killerwale schnitzt, denn er ist ein Meister dieses Handwerks. Die Killerwale färbt er mit schwarzer Kohle ein und ihre Bäuche bestreicht er mit Leim. Dann setzt er sie in einem See aus, wo sie zu schwimmen und zu tauchen beginnen. Doch sie sterben. Er wiederholt das Experiment mit zahlreichen Baumarten. Schließlich glückt es ihm mit dem Holz der gelben Zeder, freilich nicht ohne rituelle Unterstützung seiner Frau, die dem Feuer Nahrungsmittel, Fett, Tabak, Daunen und roten Ocker opfert. Diesmal setzt er die hölzernen Killerwale im Meer aus. Er beauftragt sie, die Boote der fischenden Schwäger eins nach dem anderen mit ihren Flossenschlägen zu zerschmettern. Die Tiere führen den Auftrag ihres Schöpfers fast vollständig aus: mit Ausnahme des jüngsten Bruders erleiden alle Schwäger Schiffbruch und ertrinken. Asdiwal bleibt noch ein Jahr bei Frau und Kind, bis ihn ein letztes Mal das Heimweh ergreift.

Allein besteigt er ein Kanu und steuert zurück zum Skeena, seiner

Heimat. Im Ort Ginadaos siedelt er sich endgültig an. Zum Auftakt veranstaltet er einen großen potlatch. Dabei nimmt er einen neuen Häuptlingsnamen an: der Steinschleuderer. In Ginadaos besucht ihn sein ältester, nun schon erwachsener Sohn aus erster Ehe. Ihm vermacht Asdiwal seine magischen Pfeile und seinen Bogen. Sein Sohn schenkt ihm dafür einen kleinen Jagdhund. Dann trennen sie sich. Als der Winter naht, geht Asdiwal auf Ziegenjagd ins Gebirge. Unterwegs merkt er zu seinem großen Verdruß, daß er seine Schneeteller vergessen hat, die ihm stets aus allen schwierigen Lagen herausgeholfen hatten. Diesmal kann er weder vor noch zurück. In diesem Moment kommt sein eigener Vater vorbei, mit dem Asdiwal fortgeht. Sein Körper jedoch bleibt an Ort und Stelle zurück und mit ihm sein Jagdhund und seine Lanze. Sie werden zu Stein. Noch heute, Generationen später, kann man den steinernen Asdiwal, seinen Hund und seine Lanze auf dem Berg, oberhalb des Sees von Ginadaos, erkennen.

Soweit die Nacherzählung. Untersuchen wir nun aus der Nähe die Beziehungen, die der Mythos mit der physischen Umgebung der Tsimshian, ihrer materiellen Kultur, ihrer ökonomischen und gesellschaftlichen Organisation, sowie ihren weltanschaulichen Vorstellungen unterhält.

Der geographische Rahmen der Handlung ist mit dem Lebensraum der Tsimshian identisch, die zur Zeit Boas' einen Verband aus drei lokalen Stammesgruppen bildeten, den Gitskan, die am Oberlauf des Skeena siedelten; den Niska, die am Nass wohnten; und den eigentlichen Tsimshian – von denen die obige Mythenvariante stammt –, die zwischen Nass- und Skeena-Fluß, zwischen Küste und Binnenland hin- und herpendelten, entsprechend den Jahreszeiten und den durch sie bedingten wirtschaftlichen Aktivitäten. Orte und Flüsse, die der Mythos nennt, sind Orte und Flüsse, die es auf der geographischen Karte gibt. Die beiden Hauptflüsse des Tsimshian-Gebietes, siehe beiliegende Karte, Nass und Skeena, werden im Mythos wiederholt namentlich genannt. Es sind nicht nur die wichtigsten Transportwege, Küste und Binnenland miteinander verbindend, aus ihnen ziehen die Indianer die grundlegenden Substanzen ihrer alimentären Existenz: den Salm und den candlefish (Olachen). Nicht weniger real sind die Ortschaften, die Asdiwal im Verlauf der Geschichte aufsucht. Der Mythos erwähnt Gitsalsert, Canyon, Ginadaos am Skeena, La-

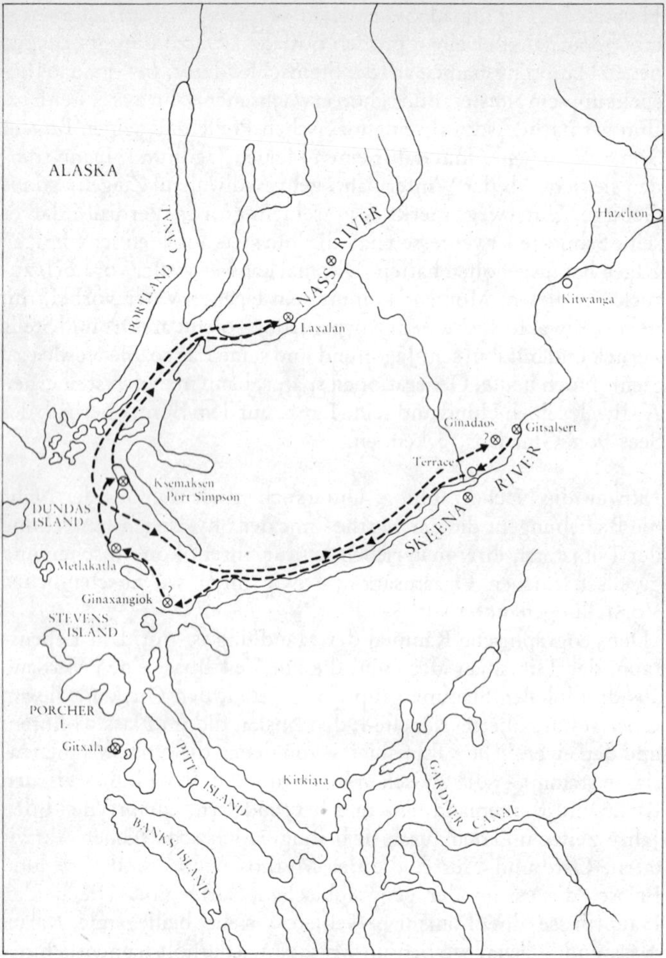


*Wohngebiet der Tsimshian*

Reiseweg des mythischen Helden Asdiwal
Tsimshian Ortschaften
Tsimshian Orte, im Mythos erwähnt

xalan und Olachen Place am Nass, Metlakatla und Ksemaksen an der Küste und Gitxala auf Dolphin Island. Der letztgenannte Ort (Gitxala = Kanal-Leute) ist nach Garfield zugleich der Name einer lokalen Stammesgruppe[164]. Einzig die Ortschaft Ginaxangiok (Variante: Ginaxangioget), wo der Held zum zweiten Mal heiratet, ist nicht mit Sicherheit zu lokalisieren.

Die Ereignisse des Mythos stecken gewissermaßen in großen Zügen das Terrain der Tsimshian trigonometrisch ab. Schematisiert sehen die Lokalveränderungen des Helden folgendermaßen aus: Beginnend im Osten wendet er sich am Skeena entlang nach Westen bis zur Küste, die er vom Süden zum Norden hin abfährt, bis zum Nass. Nach Beendigung seines dortigen Aufenthalts macht er sich wieder südwärts auf, um am Ende wieder von Westen nach Osten an seinen Ausgangspunkt zurückzukehren. Eine Richtungsoszillation O-W-O wird moduliert durch eine zweite: S-N-S.

Neben die irdische Geographie, von der wir gesehen haben, daß sie im Mythos die Realität detailreich spiegelt, können wir das Bild einer Weltraum-Topographie stellen, die freilich mit keiner Wirklichkeit korrespondiert, die aber über die kosmologischen Vorstellungen der Tsimshian Aufschluß gibt. Fünf Visiten in der übernatürlichen Welt finden im Mythos statt: Hatsenas, der mysteriöse Vater des Helden, kommt aus dem atmosphärischen Himmel nieder zu den Frauen auf die Erde. Vom Osten aus, seiner Heimat, besucht Asdiwal durch Vermittlung von Abendstern, seiner ersten Gattin, den empyräischen Himmel, nämlich die Sonne, und kehrt darauf auf die Erde zurück. Ein zweiter Besuch bei Sonne schließt sich an. Vom Westen aus besucht der Held durch Vermittlung einer Maus die unterirdische Welt, das Königreich der Seelöwen. Beide außerirdischen Länder können von der Erde aus nur mit einer Leiter erreicht werden, von denen die eine naturgemäß nach oben, die andere nach unten führt. Schließlich kehrt der Held nach Osten zurück. Auf halbem Weg zwischen Tal und Berg stirbt er; sein Geist folgt seinem Vater. Daraus ergibt sich ein kosmologisches Schema, das folgendermaßen aussieht[165]: (siehe Seite 276).

Was die ökonomische Seite angeht, so ist festzustellen, daß die mythischen Hinweise nicht weniger die realen Aktivitäten und deren Variationen reflektieren, als die geographischen Fakten, die jene teilweise mitbestimmen. Das Wirtschaftsleben der Tsimshian

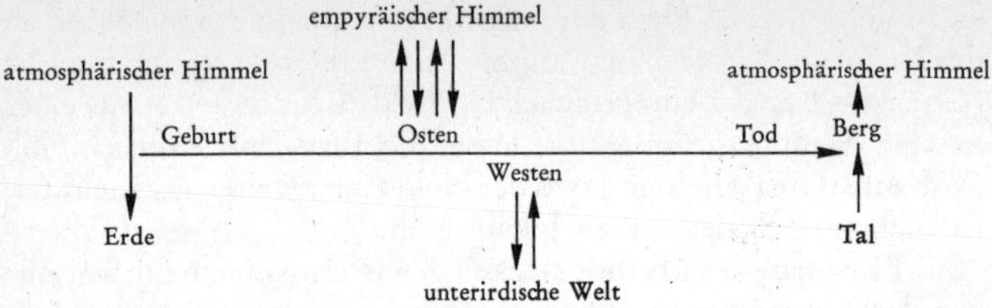


läßt sich durch einen jahreszyklischen Ablauf kennzeichnen, der entsprechend dem Wohnort der lokalen Gruppen leicht variiert. Ich beschreibe hier denjenigen der eigentlichen Tsimshian, also der Gruppen, die am unteren und mittleren Skeena ihre Wintersiedlungen hatten, da auch der mythische Held dieser Gegend entstammt.

Grundnahrungsmittel der Tsimshian und Quelle der ökonomischen Stabilität war der Olachen-Fisch (auch Eulachon oder candlefish), eine Spezies der Stint-Familie. Dieser überaus ölhaltige Fisch ist an der ganzen pazifischen Nordwestküste zu Hause, doch in riesigen Schwärmen erscheint er vor allem im Nass-Fluß gegen Ende des Winters, Februar/Anfang März. Dorthin begaben sich zu besagtem Zeitpunkt mit ihren ganzen Familien nicht nur die umliegenden Bewohner, sondern auch solche Gruppen, die ihren heimischen Wohnsitz am Skeena hatten. Jede einzelne Gruppe besaß ihre eigenen Jagdgründe. In den ca. sechs Wochen seines runs wurde der Olachen mit konzentriertem Einsatz gefangen und verarbeitet. Ein einzelner Haushalt benötigte etwa 5 bis 10 Tonnen Fisch, um über den Winter zu kommen. Es gab mehrere Methoden, den Olachen zu fangen: vom Kanu aus mit Fischharken; mit Pfählen und Netzen auf dem noch gefrorenen Fluß; mit Reusen; mit Fischfallen und mit Knüppeln. Das Fangen der Fische war Aufgabe der Männer, ihre mit besonderen Zeremonien verknüpfte Verarbeitung Aufgabe der Frauen. Zum Trocknen wurde der Fisch auf Leinen aufgehängt. Das Öl extrahierte man mit Hebelpressen – zeremoniellerweise preßten Frauen die Fische gegen ihre nackten Brüste. Da das Öl sehr vitamin- und proteinhaltig ist, kam es bei allen Mahlzeiten auf den Tisch: Getrockneter Salm, Heilbutt, Muscheln, Laich und selbst Beeren und Kuchen wurden in das Olachen-Öl getaucht. Im getrockneten Zustand diente der Fisch ob seiner Ölhaltigkeit auch als Kerze, daher candlefish[166]. Für die

Tsimshian, die unter den Ethnien des Nordwestens auf den Olachen fast eine Art Monopol besaßen, bedeutete er die Grundlage des Wohlstands.

Nach Beendigung der candlefish-Saison gegen Anfang April begaben sich die Tsimshian für kurze Zeit zurück in ihre Wintersiedlungen, bevor sie zur Salmfischerei im Skeena in den Monaten Juni/Juli aufbrachen. Der Salm war das zweitwichtigste Nahrungsmittel. Ebenso hoch entwickelt war unter den Küstenbewohnern die Jagd auf See-Säugetiere, vor allem auf Seehunde und Seelöwen. Zwei Techniken kamen dabei bevorzugterweise zur Anwendung: einmal vom Kanu aus mit der Harpune auf offener See oder mit Speeren und Knüppeln auf den felsigen Lagerplätzen der Tiere. Die eine Technik beanspruchte mehrere Teilnehmer, die andere wurde von jeweils einem Jäger ausgeübt. Im Anschluß an die Salm-Saison ließen sich die Tsimshian in Jagdcamps im Gebirge nieder, wo sie Bergziegen, Pelztiere (Füchse, Marder, Bären, Nerz und Biber) und Wild (Caribou) jagten. Man jagte mit Fallen, Speeren, Pfeil und Bogen in Begleitung von Jagdhunden. Die Gebirgsjagd von den provisorischen Jagdcamps aus füllte die meiste Zeit des Herbstes. Im Dezember kehrte man wieder in die festen Wintersiedlungen zurück, von wo aus gelegentlich individuell durchgeführte Winterjagden auf Schneetellern unternommen wurden. Die vegetarische Nahrung der Tsimshian bestand fast ausschließlich in Beerenfrüchten. Das Sammeln von Früchten und Beeren (von Holzäpfeln, Hagebutten, Kirschen, Johannisbeeren, Heidelbeeren, Salmbeeren, Salalbeeren und Seifenbeeren) in den Sommermonaten war exklusive den Frauen vorbehalten. Der Mythos spielt auf diesen Typ geschlechtsbedingter Arbeitsteilung einmal kurz an: Die beiden vom Hunger gepeinigten Frauen zu Beginn der Geschichte teilen sich eine verfaulte Beere, die eine von ihnen gesammelt hat.

Trotz der reichen Ressourcen an Olachen und Salm, der vielfältigen Jagdaktivitäten im Gebirge und der Reserven an getrockneten Beeren und Wurzeln hatten die Tsimshian einen gefürchteten Feind: den Hunger. Fast regelmäßig brachen gegen Ende des Winters Hungersnöte aus, deren Ursache oft weniger ein naturbedingter Mangel an Vorräten war, als umgekehrt der verschwenderische Umgang mit ihnen: anläßlich der manchmal maßlosen potlatch-Feste. Besonders stark wurden die Binnlandbewohner von solchen Hungersnöten heimgesucht, dann nämlich, wenn sie durch heftige

Schneefälle von den Küstenbewohnern abgeschnitten wurden, deren Lebensmittelquellen wegen des milderen Seeklimas nie ganz versiegten. Leitmotivisch beschwört der Mythos das zyklische Drama des Hungers: Er beginnt mit einer tragischen Hungerkatastrophe und endet mit seiner Umkehrung, einer ertragreichen Jagd. Zwischendurch klingt das Thema wiederholt explizit an[167]. Der Hunger (und seine Bekämpfung), scheint es, treibt den Fortlauf der Geschichte an.

Der Mythos geht alle Stationen des saisonbedingten Lebenswandels der Tsimshian, der wie Mauss sich ausdrückte: variations saisonnières, einzeln durch, indem er den Helden nacheinander in ihnen allen agieren läßt: Winterjagd im Landesinnern auf Bären und Bergziegen, Olachen-Fischerei am Nass während des Frühjahrs, Salmfischerei am Skeena im Sommer, Herbstjagd im Gebirge und Hochseefischerei im Winter, insbesondere die Seelöwenjagd auf Felsenriffs und wieder Winterjagd im Landesinnern – der ganze Fächer der jahreszeitlichen Aktivitäten entfaltet sich im Mythos. Dieser mit den entsprechenden Ortswechseln verknüpfte Jahreszyklus im ökonomischen Leben der Tsimshian wird im Mythos zeitlupenhaft gestreckt. Was sich in Wirklichkeit in einem einzigen Jahresablauf abspielt, dauert im Mythos viele Jahre. Der wirtschaftliche Jahreszyklus dehnt sich auf die Länge eines ganzen Lebens aus, das des Helden Asdiwal.

Den Bereich der materiellen Kultur spiegelt der Mythos wiederholt mit der Erwähnung bestimmter Gegenstände. So wird die komplette Jagdausrüstung des Helden vorgestellt: s. S. 269 f. Die Jagdobjekte werden im Mythos mythisiert: Sie haben magische Wirkungen. Die für den Fischfang nötige Ausrüstung ist weniger detailreich abgebildet. Wir hören von Kanus, von Fallen, Netzen und Harpunen. Der Mythos steht dem Binnenland offensichtlich näher als der See, auch wenn er zu halben Teilen am Wasser spielt. An Haushaltsgeräten werden aufgeführt: Hammer, Axt, eine Gerätekiste, Körbe und Matten. Neben der Beschreibungen der Jagdtechniken erwähnt der Mythos schließlich die Schnitzerei. Asdiwal verfertigt aus zahlreichen Holzarten Killerwale. Wie die bekannten Totempfähle deutlich genug bekunden, waren die Tsimshian Meister der Holzschnitzerei.

Die Beziehungen des Mythos zu den soziologischen Aspekten der Tsimshian-Gesellschaft sind komplexer, als die einfache Abbild-Theorie erlauben möchte. Vor allem sind sie umfangreicher, als Lévi-Strauss und Boas zusammen dargestellt haben. Weder der eine noch der andere hat den Mythos unter dem Gesichtspunkt der sozialen Organisation voll ausgeschöpft.

Zunächst zum Komplex der gesellschaftlichen Stratifikation. Die Tsimshian waren in vier matrilineare und exogame Clans eingeteilt, die unabhängig von der dreiteiligen regionalen Stammesformation – Niska, Tsimshian, Gitskan – über das ganze Gebiet verbreitet waren. Diese Clans – Adler, Rabe, Wolf und Killerwal – unterteilten sich weiter in Linien, Abstammungsgruppen und schließlich in Haushalte. Eine der Abstammungsgruppen wird im Mythos mit Namen genannt: die Gitxala, die wegen ihrer Fremdheit besonders auffallen und von denen der Held eine Frau bezieht. Neben der Einteilung in grundsätzlich gleichwertige Clans war die Tsimshian-Gesellschaft hierarchisch geschichtet. Sie wies eine strikte Stratifikation in hereditäre, bilaterale Kasten auf, deren oberste die ›wirklichen Menschen‹ waren, die Kaste der Häuptlinge. Ihr folgten in der Rangordnung nach unten der Kleinadel und die Gemeinen. Letztere unterschieden sich von den über ihnen stehenden Gruppen vor allem dadurch, daß sie keinen Zugang zu den verschiedenen Geheimbünden hatten.

Zuunterst rangierten die Sklaven, deren soziale Bedeutung nicht sosehr in ihrem Wert als aktuelle Arbeitskraft lag, als darin, daß sie lebendige Beweise des Reichtums darstellten. Die Sklaven waren ausgesprochene Prunkstücke, deren Besitz Prestige schuf. So wurden sie gelegentlich wie andere Objekte des Ansehens, wie z. B. die berühmten Kupferschilde, verschwendet. Um seinen Reichtum und seine Überlegenheit zu dokumentieren und um seinen Ruhm zu mehren, tötete mitunter anläßlich eines potlatch-Festes ein Sklavenbesitzer einen seiner Sklaven. Auf der anderen Seite wird die persönliche Behandlung der Sklaven in der Literatur als besonders mild beschrieben. Wenn sie auch nicht aus eigenen Stücken ihren Stand verlassen konnten, es sei denn man kaufte sie los, so konnten die Sklaven doch von ihren Herren gewisse Privilegien erlangen, wie das, am potlatch teilzunehmen. Ein solcher bevorzugter Sklave scheint der im Mythos erwähnte zu sein. Er steht seinem Herrn, dem himmlischen Häuptling Sonne so nahe, daß dieser bei der Nachricht vom Tod seines Dieners »schwer am Herzen« wird und beschließt, ihn mit übernatürlichen Mitteln wieder zum Leben zu erwecken. Zu diesem Zweck sammelt der Häuptling eigenhändig die Knochen des Verstorbenen in einem Netz und rearrangiert sie auf einem Brett in ihrer natürlichen Ordnung. Die Tochter des Häuptlings muß daraufhin über die Knochen des toten Sklaven steigen, wodurch er wieder aufersteht[168]. In der Lévi-Straussschen Behandlung des Asdiwal-Mythos findet das Thema der Sklavenhalterei keinerlei Beachtung und auch Boas, der wenigstens bei anderen Mythen dieses Thema anschneidet, kommentiert die lange Sklavenepisode der vorliegenden Geschichte mit keinem Wort[169].

Häuptlinge und ihre Familien, insbesondere deren Töchter (Prinzessinnen), werden im Mythos etliche Male im Zusammenhang mit ihrer gesellschaftlichen Stellung angeführt. Wir können somit ein Echo der verzweigten Klassenschichtung bei den Tsimshian im Mythos deutlich vernehmen. Andere Bereiche der Gesellschaftsordnung verdoppeln sich demgegenüber keineswegs in der mythischen Dimension. Sie nehmen im Mythos bisweilen den Zug einer fast gezielten Umkehrung an. So widersprechen sich z. B. das im Mythos angedeutete und das in Wirklichkeit praktizierte Erbrecht. Die mythische Regel hat eindeutig einen paternalen Einschlag. Der Held Asdiwal vererbt seine Jagdgründe und seine Jagdausrüstung seinem eigenen Sohn. Reziprok dazu schenkt der Sohn dem Vater Jagdhunde. In einer zweiten Version des Asdiwal-Mythos ist dieselbe Regel gleich über zwei Generationen hin zu verfolgen. Das übernatürliche Wesen Houx vererbt sein Eigentum seinem Sohn, der dieses wiederum seinem Sohn weitervererbt.

Dem läuft das tatsächlich praktizierte Erbrecht der Tsimshian entgegen: In den matrilinearen Clans gingen Rang und Besitz vom mütterlichen Onkel auf den schwesterlichen Sohn über. Zum Eigentum, das auf diese Weise weitergegeben wurde, zählte man Häuser und Geräte, Badestellen, Jagd- und Fischgründe, Namen, Mythen und Lieder, sowie Clanabzeichen (crests). Mit anderen Worten: Das Erbrecht stand in Übereinstimmung mit der matrilinearen Abstammung, es hatte einen maternalen Zug. Der Clanname, der für die Erfüllung des Exogamiegebotes unabdingbar war, wurde ebenfalls in der mütterlichen Linie weitergegeben. Ehen mit Mitgliedern anderer Stämme, die keine Clannamen hatten, waren je nach Geschlecht problematisch oder nicht. War es der Mann, der keinen Clannamen besaß, so bedeutete dies kein Hindernis: Es war ja der Name der Frau, den die Kinder erben würden. Ehen mit Frauen ohne Clanbezeichnungen dagegen waren gesellschaftlich kaum akzeptabel. Sie konnten nur mit Hilfe eines Tricks legalisiert werden: Ein Mann, dessen Frau keiner Clangruppe angehörte, mußte seine eigenen Kinder als Neffen und Nichten adoptieren, um ihnen einen Platz im gesellschaftlichen System zu ermöglichen. So nämlich erhielten sie den Clannamen ihrer väterlichen Tanten[170]. Der Widerspruch im Erbrecht zwischen Praktik und Mythos fiel Boas bereits auf, er registrierte ihn als eine Art Unebenheit[171]. Lévi-Strauss erwähnt ihn sehr beiläufig in einem einzigen Satz[172].

Dem praktizierten Erbrecht der Tsimshian kohärent war der bevorzugte Heiratstyp. Als soziales Ideal galt die Heirat mit der Tochter des Mutterbruders, also die matrilaterale cross-cousin-Heirat. In Wirklichkeit war dieser Heiratstyp nach dem Zeugnis von Garfield nicht sehr häufig, höchstens beim Adel[173]. Doch leuchtet ein, daß er angesichts des Erbrechts erstrebenswert war: Denn wenn ein junger Mann ohnehin den Besitz seines mütterlichen Onkels erbte, dann war es nur günstig, daß er auch dessen Tochter erbte, d. h. heiratete. So konnten einerseits die besonderen Beziehungen zwischen Onkel und Neffen auch nach des letzteren Heirat unverändert weiterbestehen, zum anderen blieben alle Güter dichter beisammen. Im Mythos nun heiratet in einer der Versionen der Sohn des Helden, namens Waux, tatsächlich eine matrilaterale Kreuzkusine – unter der Voraussetzung, daß man ein Possessiv-Pronomen der Boas'schen Übersetzung als einen Druckfehler akzeptiert. Im Text heißt es, daß die Mutter von Waux, die Gattin des Asdiwal, kurz vor ihrem Tode ihren Sohn bittet, ihr einen letzten Wunsch zu erfüllen und eine ihrer (!) Kusinen zu heiraten. Liest man statt ihrer: seiner, was aus einer Reihe von Gründen sinnvoller ist[174], so bedeutet dies eine dem sozialen Heiratsideal der Tsimshian konforme Heirat auf mythischem Niveau. Diese anfangs glückliche Heirat stellt sich am Ende als fatal heraus: Die Kommunikation zwischen den beiden Ehepartnern bricht derart zusammen, daß aus einem Mißverständnis der Tod der Frau resultiert.

Man könnte also sagen, die Heirat des Asdiwal-Sohnes reflektiere den tatsächlichen präferentiellen Heiratstyp der Tsimshian, aber mit Abstrichen. Was die verschiedenen Ehen des Helden selbst angeht, so springen sie alle drei aus der Norm. In keinem der Fälle heiratet der Protagonist eine seiner matrilateralen Kreuzkusinen. Im Gegenteil, sie alle sind vollkommene Fremde: Die erste Gattin, Abendstern, stammt nicht einmal von der Erde, die beiden anderen sind Mitglieder betontermaßen fremder Stämme. Statt ein gesellschaftliches Muster zu erfüllen, trifft Asdiwal die Auswahl seiner Ehepartner nach der augenblicklichen Willkür seiner amourösen Inklinationen. Um diesen Widerspruch zur Realität zu vervollständigen, ist es vielleicht nützlich, sich kurz einem anderen Mythos der Tsimshian zuzuwenden, der ihn auf extreme Weise illustriert.

Die Geschichte von der Prinzessin, die ihren Vetter verschmähte[175], hebt an mit der Feststellung, daß unter Häuptlingsfamilien schon in mythischen Zeiten die Heirat von Vetter und maternaler Kusine Brauch war. In der Geschichte hat ein Häuptling eine wunderschöne Tochter und seine Schwester einen ebenso schönen Sohn. »Alle Leute des Dorfes freuten sich, den Prinzen und die Prinzessin aufwachsen zu sehen, und man erwartete, daß sie bald heiraten würden.[176]« Doch es kommt anders. Der Prinz verliebt sich in seine Kusine, die ihn indessen verhöhnt und erniedrigt: Sie fordert von ihm, sich zum Beweis seiner Liebe das Gesicht zu entstellen. Als er dies tut, lacht sie ihn aus. Der Prinz zieht vor Scham in die Fremde. Beim König Pest kann er seine Schönheit wiedererlangen, und da er noch anziehender geworden ist als früher, verliebt sich nach seiner Rückkehr nun seine Kusine in ihn. Doch er zahlt mit gleicher Münze zurück: Jetzt verlangt er von ihr, sich zu entstellen, und als sie dies tut, weist er sie endgültig ab. Die Prinzessin stirbt auf der Suche nach der verlorenen Schönheit allein in der Fremde.

Diese negative Liebesgeschichte läßt sich deuten als ein Porträt der Ängste vor dem realen System. Denn in dem Maße, wie die Heirat mit der maternalen Kreuzkusine als klassisches Modell des verallgemeinerten Tauschs es allen vorhandenen Gruppen erlaubt, am Kreislauf der matrimonialen Kommunikation teilzunehmen, in dem Maße birgt es zugleich die Gefahr der Ungleichheit, nämlich dann, wenn der Zyklus des Frauentauschs nicht geschlossen wird[177]. Der Mythos nun kritisiert die Spannungen, welche die Praxis mit ihren feudalistischen Tendenzen hinterläßt, indem er sie entweder als schockierende Fratze vorführt oder, wie im Fall der Asdiwal-Geschichte, ihr Gegenbild zeichnet. »Die Mythen suchen nicht die Realität nachzuzeichnen, sondern den Kompromiß zu rechtfertigen, aus dem sie besteht, weil die extremen Positionen im Mythos nur vorgestellt sind, um sie als unhaltbar aufzuzeigen.[178]« Die Mythen stehen mit anderen Worten zur sozialen Realität in einer dialektischen Beziehung. Im Beispiel der Tsimshian wird das System der matrilateralen cross-cousin-Heirat von den Mythen nicht getreu repetiert, eben weil die Furcht, im Akkumulationsprozeß des indirekten Frauentauschs schlecht abzuschneiden, latent allgemein gegenwärtig ist. Und auf der symbolischen Ebene, wo er agiert, kann sich der Mythos die Freiheit erlauben, für die Zeit der Erzählung die gelebten Widersprüche entweder beiseite zu schieben oder sie überdeutlich werden zu lassen.

Folgerichtig zur Umkehrung der Praxis im Erbrecht, im Heiratstyp und, wie sich bald zeigen wird, in der Maritalresidenz stellt der Mythos an einem zentralen Punkt auch das System der Haltungen auf den Kopf. Wie ich bereits andeutete, war bei den Tsimshian die Beziehung zwischen einem Mann und den Kindern seiner Schwester sehr eng. Zahlreiche Mythen spiegeln diesen Sachverhalt[179]. Dementgegen kehren andere Mythen die Beziehung zwischen mütterlichem Onkel und Neffen ins Negative um. Ein Beispiel liefert die 1916-Version des Asdiwal-Mythos. Darin zieht der zweite Sohn von Asdiwal, Waux, den eine ungewöhnliche Anhänglichkeit an seinen Vater kennzeichnet, als seine Zeit dafür gekommen ist, nur unter allergrößtem Widerstand mit seinem Onkel fort[180]. In Übereinstimmung mit dem allgemeinen Beziehungsgesetz des Verwandtschaftsatoms[181], demzufolge einer positiven Onkel/-Neffen-Beziehung eine negative Vater/Sohn-Beziehung entspricht (Tsimshian-Realität), ergibt sich aus der mythischen Umkehrung der Vorzeichen von positiv in negativ in der Onkel/Neffen-Beziehung eine korrelative Umkehrung in der Vater/Sohn-Beziehung von negativ in positiv. Diesen wichtigen Gesichtspunkt ließ Lévi-Strauss unberücksichtigt, obwohl doch er es war, der das elementare Beziehungsgesetz im System der Haltungen formulierte.

Eine dem Heiratstyp analoge Ambiguität in der Beziehung zwischen Mythos und Wirklichkeit weist die Residenz auf. Allgemeine Regel unter den Tsimshian war die Übersiedlung eines jung verheirateten Paares an den Ort des Gatten. Die Maritalresidenz war somit virilokal. Doch ist dies nur eine Station innerhalb eines wechselreichen Lebenszyklus, der zumindest vier markierte Etappen aufweist. Ein Tsimshian-Indianer begann diesen Zyklus als Baby und Kind im elterlichen (patri- und matrilokalen) Haushalt. Seine weitere Erziehung wurde ihm im Haushalt seines mütterlichen Onkels zuteil, zu dem wie gesagt eine besonders enge Verbindung bestand (avunculokale Periode). Nach der Heirat – im Idealfall mit der Tochter ebendieses Onkels – kehrte der Mann zusammen mit seiner Frau in den elterlichen Haushalt zurück (virilokale Periode). Zum Antritt seines Erbes siedelte der Mann schließlich mit seiner Familie endgültig über in den Haushalt seines mütterlichen Onkels (avunculokale, bzw. uxorilokale Periode). Sein Sohn – und hier beginnt der Zyklus der nächsten Generation – wiederum befand sich zuerst bei ihm und seiner Gattin (parentolokale Periode). So sehen wir uns einem ständig wechselndem Hin und Her der Residenz gegenüber, das selbst als ein äußeres Zeichen von Spannungen gewertet werden kann, die zwischen den durch Heirat miteinander verknüpften Linien bestanden. Über diese Tradition lagern sich rezentere Praktiken, von denen Garfield berichtet. In jüngerer Zeit sei zunehmend ein Trend zur neolokalen Maritalresidenz zu registrieren und zwar aus einem ökonomischen Grund: Um die hohen Kosten für Heiratsgeschenke und potlatch-Festlichkeiten zu umgehen, zögen es junge Paare heutzutage vor, gleich einen fremden Wohnort aufzusuchen[182]. All dies vermag jedoch nicht den deutlich virilokalen Zug zu verwischen, den die erste Phase der Maritalresidenz bei den Tsimshian herkömmlicherweise kennzeichnete[183].

Wie sieht es im Mythos aus? Die Informationen, welche die Asdiwal-story anbietet, fallen in zwei entgegengesetzte Rubriken. Was die weiblichen Protagonistinnen angeht, so ist die Maritalresidenz der klassischen Praxis konform: Sie ist virilokal. Eine Frau begegnet nach langer Trennung ihrer Tochter auf neutralem Boden. Beide kommen von ihrem Wohnsitz, dem Ort ihrer Gatten. Und auch in anderen Mythen, wo Frauen übernatürliche Wesen heiraten, ziehen diese gewöhnlich zu ihren Gatten. Später kehren sie in der Regel in ihr elterliches Dorf zurück. In der Begegnung der beiden Frauen im Mythos auf halbem Weg zwischen den Dörfern ihrer verstorbenen Gatten sieht Lévi-Strauss im übrigen die Wiederherstellung der matrilokalen Residenz. Dem kann ich mich nicht anschließen. Ich sehe in dieser Begegnung nur das, was sie ist: den Anfang einer neolokalen Periode für die beiden Frauen. Den Wohnorten der weiblichen Akteure widersprechen die der männlichen. Sie sind durchweg uxorilokal. Hatsenas, der Vater des Helden, wohnt bei seiner Frau. Asdiwals Heirat mit der himmlischen Frau Abendstern findet bei Sonne, Abendsterns Vater statt. Ebenso führt der Held seine beiden irdischen Ehen im Hause seiner Frauen. Im Lande der Pelzleute wohnt er mit seinen Schwägern zusammen, ebenso später mit den Gitxala am Kanal. Am Ende triumphiert in gewissem Sinn die Virilokalität: Vor seinem Tod kehrt Asdiwal in seine ursprüngliche Heimat zurück, allerdings ohne seine Frau. Daher ist diese Form von Virilokalität unvollständig. Der Mythos drückt bezüglich des Wohnsitzes die gleiche Wahrheit aus wie die Praxis, nur, um Ausdrücke von Lévi-Strauss zu verwenden, im Negativ oder upside down[184]. Die gelebte Wirklichkeit der Tsimshian spielte sich zwischen den beiden magnetischen Polen ab, dem väterlichen Haus und dem des Mutterbruders. Jedem der Pole wurde in festgelegten Lebensphasen gleicher Tribut gezollt. Der Mythos illustriert diese Dualität auf zweifache Weise: einmal, indem auch er das Hin und Her zwischen den Polen vorführt, nur teilweise in entgegengesetzter Richtung zur Realität (die Wohnsequenz des Helden: patrilokal/avunculokal/avunculokal/patrilokal – die der Realität: patrilokal/avunculokal/patrilokal/avunculokal); zum anderen, indem er weibliche und männliche Praktiken in Opposition setzt.

Im Verlauf der mythischen Geschichte heiratet der Held Asdiwal dreimal. Dieser Art sukzessiver Polygynie steht die echte oder synchrone Form der Polygynie gegenüber, die bei den Tsimshian besonders unter den Häuptlingen verbreitet war[185]. Weder Boas, der wenigstens am Beispiel anderer Geschichten der mythischen Polygamie Rechnung trägt, noch Lévi-Strauss vermerken diesen Tatbestand.

Eine große Rolle im sozialen Leben der Tsimshian spielte die Namensgebung. Die Bekanntgabe eines Namens war gewöhnlich ein herausragendes gesellschaftliches Ereignis, verbunden mit einem aufwendigen potlatch. Wir hörten bereits, daß Namen als Besitz der Linien betrachtet wurden. Der Name eines Kindes wurde gewöhnlich von seinen maternalen Verwandten oder von der Schwester des Vaters ausgesucht. Die öffentliche Bekanntmachung war ein Vorrecht der väterlichen Linie. Meistens waren es der Bruder oder die Schwester des Vaters, die den Namen des Kindes proklamierten. Manchmal übernahm, wenn das Kind hoher Abstammung war, der Häuptling die Verkündigung des Namens, ungeachtet der Frage, ob zwischen beiden eine Verwandtschaft bestand. Diese besondere Ehrung führte zu einem Prestigegewinn für das Kind, dessen Früchte es oft erst Jahre später genießen würde[186].

Im Asdiwal-Mythos sehen die Dinge anders aus. Der Held nimmt im Verlauf seines Lebens drei verschiedene Namen an, die auf ebenso viele Arten proklamiert werden. Der erste Name wird öffentlich bekanntgegeben, nachdem der übernatürliche Vater des Helden die Menschen wieder verlassen hat und Asdiwal bereits dem Kindesalter entwachsen ist. Als Anlaß, den vom Vater ausgesuchten Namen bekanntzumachen, benutzt die Mutter des Helden die Totenfeier ihrer eigenen Mutter, die sie mit einem potlatch begeht. Es ist dies die genaue Umkehrung der Praxis: Statt eines Repräsentanten der mütterlichen Seite wählt im Mythos betontermaßen einer der väterlichen den Namen aus, die Proklamation hingegen wird von einem Vertreter der mütterlichen, statt von einem der väterlichen Seite vollzogen. Die Umkehrung wird im Proklamationspart beibehalten, als Asdiwal seinen zweiten Namen bekommt, diesmal den eines Häuptlings. Von seiner Himmelsreise mit seiner schönen Frau, dem Abendstern, zu den Seinen zurückgekehrt, erhält Asdiwal den Namen Waxayek (potlatch-Geber). Auch diesmal wird er ihm von seiner Mutter im Verlauf eines potlatchs verliehen, die den Namen sowohl auswählt (Entsprechung der Regel) wie proklamiert (Umkehrung der Regel). An späterer Stelle gibt Asdiwal allen Tsimshian-Häuptlingen selbst einen potlatch, in der betonten Absicht, auf diese Weise seinen Häuptlingsnamen Waxayek in aller Munde zu tragen. Dies ist bereits der Übergang zur dritten Form der Namensgebung. Als der Held gegen Ende der Geschichte in seine ursprüngliche Heimat zurückkehrt, gibt er erneut einen großen potlatch. Diesmal verleiht er sich selbst einen neuen Häuptlingsnamen, nämlich Dahukdzan (der Steinschleuderer). Wir sehen also: Die drei Fälle, in denen im Mythos eine Namensgebung durchgeführt wird, weichen nicht bloß voneinander stufenweise ab, sondern auch von dem entsprechenden Brauch in der Realität, dessen Abbild sie scheinbar sind.

Was sie hingegen ungebrochen reflektieren, ist das Gewicht, das die Tsimshian der Namensgebung beimessen und dem sozialen Rahmen, innerhalb dessen sie sich abwickelte. Zu wissen, daß einem Indianer im Verlauf seines Lebens mehrere Namen übertragen wurden, und zu wissen, wer diese Handlungen ausübte, sind für den Ethnographen ohne Zweifel wichtige Informationen. Doch bleiben derlei Fakten Hülsenwissen ohne die Kenntnis ihres Sinns. Dieser lag vor allem in der öffentlichen Veranstaltung begründet, dem mit der Namensgebung verknüpften potlatch. Das Fest der zeremoniellen Güterverteilung, wie man den potlatch am neutralsten benennen könnte, war nicht nur der Anlaß für ein prahlerisches statement der Überlegenheit dessen, der ihn gab, indem er massenweise materielle Güter verteilte oder einfach verschleuderte – die Bedeutung des potlatch lag zugleich in der Gelegenheit, die sie bot, Ereignisse öffentlich zu machen, die für den sozialen Status des Individuums von Wichtigkeit waren[187].

Ein solches Ereignis und zwar allererster Ordnung war das Namensfest. Die Bekanntgabe des Namens war in gewissem Sinn mit der gleichzeitigen Verteilung von Gütern im großen Stil die Premiere einer Person, Ruhm und Ansehen zu etablieren. An Festen dieser Art nahm, wenn reiche, d. h. angesehene Leute sie veranstalteten, oft der ganze Stamm, teil; mitunter partizipierten sogar mehrere Stämme. Der Grad der Öffentlichkeit definierte den Grad des Prestiges, das eine solche Veranstaltung schuf, deren Vorbereitung bisweilen Jahre in Anspruch nahm. Und hier genau ist der Mythos ein sinngetreuer Reflektor der sozialen Realität. Mehrfach in der Geschichte von Asdiwal werden potlatch-Feste beschrieben, auf denen jemand öffentlich einen Namen proklamiert. Und in jedem der Fälle wird ausdrücklich darauf hingewiesen, wozu diese Veranstaltungen ausschließlich dienen: zur Mehrung von Ruhm und Prestige desjenigen, dessen Name gefeiert wird. Dies wurde von Boas deutlich erkannt. Wiederholt hob er die Verflechtung von Öffentlichkeit, Ansehen, Namen, Namensgebung und potlatch hervor, wie sich nicht nur im aktuellen Leben der Tsimshian, sondern auch in deren Mythen manifestierte[188]. Lévi-Strauss hingegen schweigt sich über diesen wichtigen Komplex unbegreiflicherweise aus.

Über die religiösen Vorstellungen und Praktiken der Tsimshian verrät der Mythos verhältnismäßig wenig. In die Kosmologie werden wir eingeführt durch die außerirdischen Reisen des Helden zur blühenden Prärie des Himmels und ins subterrane Reich der Seelöwen. Wir hören von übermenschlichen Wesen und Kräften: Weder Asdiwals Vater, noch seine erste Gattin, noch deren Vater sind normale Sterbliche. Sie alle besitzen übernatürliche Kräfte, an denen auch der Held mittels seiner magischen Instrumente teilhat. In einer längeren Passage des Mythos schließlich wird auf schamanistische Praktiken angespielt. Weder Boas noch Lévi-Strauss gehen in irgendeiner Weise auf sie ein. Mary Douglas vermerkt kritisch diesen Mangel in der Arbeit des Franzosen. Leider bleiben ihre eigenen Empfehlungen fragwürdig, die nicht, wie man den Eindruck haben soll, aus der schamanistischen Episode des Mythos sich entwickeln[189].

Douglas zufolge reflektiere der Mythos naturgetreu die ambivalente Haltung, welche die Tsimshian dem erfolgreichen Schamanen gegenüber an den Tag legen. Asdiwal, »der große Schamane«, wird von seinen Schwägern argwöhnisch und neidisch überwacht und schließlich im Stich gelassen. Dieses Verhalten im Mythos sei der direkte Ausdruck solcher Ambivalenz. Gegen diese Interpretation sprechen zwei Dinge: Erstens wird im Mythos Asdiwal kein einziges Mal als Schamane angesprochen. Die Tatsache, daß er ein ausgezeichneter Jäger ist, der mit übernatürlichen Mitteln sein Handwerk ausübt, dürfte kaum ausreichen, ihn als Schamanen auszuweisen. Genau: Er ist Jäger, nicht Schamane. Mißgunst und Eifersucht der Schwäger gelten folglich einem Jäger und keinem Schamanen. Zum anderen muß gegen Douglas' Vorschlag ein ethnographischer Sachverhalt geltend gemacht werden. Nicht der Schamane war es, zu dem die Tsimshian eine ambivalente Haltung einnahmen, sondern der schwarzmagische Zauberer. Beide Funktionen waren deutlich gegeneinander abgegrenzt, was bereits aus dem Umstand hervorgeht, daß man für jede einen eigenen Terminus hatte. Der Schamane hieß halait, der Schwarzmagier haldawit. Die Aufgaben des einen bestanden vor allem in der Heilung von Krankheiten und in der Vorhersage der Zukunft. Der Schamane arbeitete zum Wohle der Gesellschaft. Weshalb ihn also fürchten? Der Zauberer demgegenüber konnte dank seiner schwarzmagischen Potenzen jedem nach Belieben Schaden zufügen. Vor ihm hatte man folglich Angst. Trotzdem könnte die Schamanismus-Stelle im Mythos mit einer realen Praxis in Verbindung stehen. Während einer seiner himmlischen Prüfungen, die sein Schwiegervater ihm auferlegt, begegnet Asdiwal einem Ziegen-Schamanen, von dessen Trommelschlägen sich der Held angezogen fühlt. Der Schamane tanzt gerade einen ekstatischen Kreistanz vor, um die Zukunft zu erfahren. Dabei vollführt er Riesensprünge über ein Feuer[190]. Im Verlauf der realen schamanistischen Zeremonie semhalaid tanzte, genau wie im Mythos, der Schamane mit einer Maske und einem Tierfell bekleidet, um ein Feuer[191].

Soviel zur Geschichte des Asdiwal und den Beziehungen zwischen Mythos und ethnographischer Realität. Wir sahen, daß diese zahlreich sind; zahlreicher, als Lévi-Strauss und selbst Boas aufgezeigt haben. Es kommt nur darauf an, alle mythischen Details sorgfältig zu lesen und sie mit der Gesamtheit des ethnographischen Wissens zu vergleichen. In vielen Fällen spiegelt der Mythos direkt die Realität, aus der er seinen Stoff entleiht: Er wird ihr Doppelgänger und ihr Apologet. Er sagt auf ideologischem Podest in Worten noch einmal das, was in der Realität als Faktum bereits existiert. Auf sozialem und ökonomischem Sektor ist der wiederholende Mythos ein Resultat des Handelns, sein nachvollziehendes Sprachrohr. Zugleich ist er Determinante des Handelns: Als normative Kraft nimmt er zukünftiges Verhalten vorweg, das sich dann in den Bahnen des Gehabten abspielt[192]. Der Mythos kann aber auch andere Lösungen als die bekannten vorschlagen. Nicht selten widerspricht er der gelebten Realität. Bisweilen kehrt er sie sogar systematisch um: Er wird zur kritischen Instanz. Diese Kritik kann sich der Mythos erlauben, da er die Probleme der Gesellschaft auf symbolischer Ebene zu lösen versucht. Ohnehin wird die mythische Kritik fast immer auf verschlüsselte Weise ausgesprochen.

## Mythos und Ideologie

Die bejahenden und verweigernden Funktionen des Mythos schließen einander nicht aus. Ein einziger Mythos kann Impulse der Rechtfertigung ebenso abgeben wie solche der Kritik. Er bleibt politisch nach allen Seiten hin offen. Die Behauptung schränkt sich allerdings ein, wenn man sich die Definition aneignet, die Barthes dem Mythos gibt. Wenn er von Mythen spricht, so meint er die der bürgerlichen Gesellschaft[193]. Dies ist ein erster Unterschied zur ethnologischen Sprachpraxis. Die Mythen, welche die Ethnologie behandelt, sind ausschließlich verbale Gebilde. Die Barthesschen hingegen können vielerlei Formen annehmen. Sie können praktisch überall dort entstehen, wo sich das Bürgertum manifestiert: verbal – in der Presse, in der Literatur, in der Umgangssprache; visuell – in der Photographie, im Film, im Fernsehen; und in allen denkbaren kulturellen Errungenschaften und Einrichtungen: dem Haus, der Küche, der Heirat, der Familie, der Diplomatie, usw. Dies ist ein zweiter Unterschied: die mediale Ubiquität der bürgerlichen Mythen. Es gibt im Grunde nicht einen einzigen Bereich der bürgerlichen Kultur, der nicht von einer mythischen Patina überzogen wäre.

Im westlichen Mythos der Gegenwart äußert sich das Selbstverständnis der Bourgeoisie. Er ist Träger ihrer Ideologie. Er versucht, die bestehenden Verhältnisse zu perpetuieren, indem er sie ihres geschichtlichen Charakters beraubt und zur Natur erklärt. Der Bürgermythos tut, als gäbe es die Geschichte nicht. Dabei ist er nichts weiter, als eine ihrer Ausscheidungen. Ideologisch verzerrt kann man die Geschichte aus ihm entziffern. Marx hat darauf in der Deutschen Ideologie hingewiesen: ». . . auf die Geschichte der Menschen werden wir indes einzugehen haben, da fast die ganze Ideologie sich entweder auf eine verdrehte Auffassung dieser Geschichte oder auf eine gänzliche Abstraktion von ihr reduziert. Die Ideologie selbst ist nur eine der Seiten dieser Geschichte.[194]«

Die mythische Aussage ist zugleich Nachricht wie sprichworthafte Feststellung. Darin liegt ein weiterer Unterschied zum Eingeborenen-Mythos. Der bürgerliche Mythos ist statisch, er will eigentlich nichts Neues, er akklamiert und zementiert. Der Eingeborenen-Mythos hingegen vermag gelegentlich aus sich herauszugehen. Er wird dann, wie Luc de Heusch sich ausdrückt, zur Poesie der Freiheit[195]. Diesen revolutionären Zug teilen die Mythen mit einer Gruppe westlicher Phantasieprodukte, die man natürlich ebenfalls als mythische Schöpfungen behandeln kann: jene Kreationen der Kunst und Literatur, die auf dem symbolischen Niveau bewußt als utopische Modelle konzipiert wurden oder die, indem sie einfach eine neue Form anboten, alte in Frage stellten. Die Geschichte der Verbote solcher Werke offenbart das Maß ihrer Sprengkraft, ihre Gefahr für die Stabilität der herrschenden Ordnung.

Nach Barthes ist der bürgerliche Mythos – darin dem Eingeborenen-Mythos verwandt – ein metasprachliches Gebilde. Stets verläßt er, um sein eigenes Niveau zu erreichen, die Ebene der Objektsprache, die die Dinge spricht und errichtet über ihr ein sekundäres semiologisches Gebäude, das die Dinge, von denen er spricht, nur benutzt, um etwas anderes auszusagen. Er ist gestohlene und dann verändert wieder zurückgegebene Sprache. Und genau hier liegt, so Barthes, der Unterschied zwischen der politischen Linken und der Rechten. Die Sprache der Revolution sei ihrer Intention nach Objektsprache, welche die Meta-Ebene streicht. Die Sprache der Bourgeoisie dagegen bewege sich stets auf dem metasprachlichen Niveau. Natürlich gebe es auch linke Mythen, wie etwa den Stalinkult, aber solche Tendenzen seien im

Grunde regressive Entlehnungen aus der bürgerlichen Kultur.

Der Mythos, wie Barthes ihn begreift, gehört somit ins reaktionäre Lager. Das hat Folgen für den Mythenforscher. Der Ethnologe begegnet seinem Gegenstand mit Respekt, bisweilen mit Zuneigung. Auf jeden Fall kann er ihn ohne negative Partizipation behandeln. Der Analytiker des bürgerlichen Mythos demgegenüber ist stets ein Betroffener. Er muß sich wehren. Seine Haltung zum Mythos ist sarkastisch. Seine Analysen erreichen die Dimension einer politischen Handlung, vorausgesetzt er ist nicht selbst ein Reaktionär: Der Analytiker der bürgerlichen Mythologie ist Semioklast[196]. Denn das Ziel seiner Untersuchungen ist nicht bloß, den Mythos auseinanderzunehmen, sondern ihn zu zerschlagen. Bescheidener ausgedrückt: dem Mythos seine Wirksamkeit zu nehmen, indem man genau zeigt, wie er komponiert ist. Auf diese Weise nimmt der Mythologe teil an der Destruktion der bestehenden Gesellschaftsordnung.

## Die Mytho-Logik und andere Formen des Denkens

### Die binären Oppositionen

Ich habe bisher einen von der strukturalen Analyse immer wieder hervorgehobenen Aspekt der Mythenforschung ausgeklammert: die Natur des mythischen Denkens sowie die Ähnlichkeiten und Unterschiede zwischen diesem und anderen Formen des Denkens. Die Abstinenz hat ihre Gründe. Einmal tragen Aussagen über das mythische Denken oder die Logik der Mythen einen Grad von Allgemeinheit, der erst am Ende der Ausführungen über spezielle Mythen und die Verfahren, sie zu analysieren, erreicht werden kann. Sodann wollte ich es vermeiden, Bemerkungen über die Analysetechniken mit solchen über das Wesen der Mythen zu kontaminieren. Schließlich scheinen mir die allgemein anthropologischen Folgerungen über die Mythen weniger bemerkenswert als die einzelnen Studien. Die einen zielen auf ein Inventar der mentalen Begrenzungen, wie sie die Mythen nebst anderen geistigen Produkten abstecken, die anderen beschränken sich auf eine Anatomie, die die Gesamtheit der Funktionen eines Systems, eben des mythischen bloßlegt.

Das Grundproblem des mythischen Denkens und seiner Entstehung vermischt sich nach Lévi-Strauss mit dem des Denkens überhaupt. Für beide gibt es eine konstitutive Erfahrung, die Erfahrung einer Opposition: Zu dem Selbst tritt der oder das Andere hinzu; er (es) wird als Opposition erfaßt[197]. Diese Erfahrung inauguriert das Sehen weiterer Oppositionen, die meist ebenfalls binärer Natur sind. So photographiert das Auge nicht bloß naturgetreu die Objekte der sichtbaren Welt ab, es codiert sie gleichzeitig in ein System solcher binärer Oppositionen. Das Gehirn nimmt nicht einfach figürliche Bilder der Außenwelt auf, es teilt die Objekte sofort nach Anwesenheit oder Abwesenheit bestimmter Eigenschaften ein: von Farbe, Bewegung, Bewegungsrichtung, Formentyp[198]. Genauso verfährt das mythische Denken, das sich seine Mytheme nach deren Eignung auswählt, bestimmte binäre Oppositionen zuzulassen. Unter den Tieren z. B., die in den Mythen oft als kleinste sinngebende Einheiten auftauchen (Zoeme), eignen sich einige offensichtlich besser als andere, den Pol oder Gegenpol einer Opposition zu bilden, durch die Tatsache etwa, daß in ihrem Aussehen oder in ihrem Verhalten leichter objektivierbare Eigenschaften vorhanden sind[199].

Weder der Inhalt noch die Zahl der Oppositionen, die das mythische Denken ins Spiel bringt, sind von einer Population zur nächsten konstant. Konstant ist nur die Form[200]. Als eine Logik der sinnlichen Qualitäten hat die Mythologie der südamerikanischen Indianer z. B. folgende Oppositionen verwirklicht: Roh/Gekocht, Geräuchert/Gesotten, Verfault/Verbrannt, Trocken/Feucht, Lang/Kurz, Länglich/Rund, Mager/Fett, Laut/Leise, Schnell/Langsam, ohne damit eine verbindliche Charta festzulegen. Denn manche Kategorien werden bisweilen in Unterkategorien unterteilt, die dann ebenso wichtige Gegensätze ausdrücken wie die Oberkategorien[201].

Die binären Oppositionen, die das mythische Denken zur Vermittlung seiner Botschaften regelmäßig herstellt, sind im Grunde elementare Mechanismen, mit deren Hilfe überhaupt erst die Ausübung des Denkens ermöglicht wird. Denn um eine Sache in ihrer Eigenheit zu erfassen, bedarf ich vorher ihrer Abgrenzung gegen andere Sachen. Die einfachste Form der Abgrenzung ist die binäre Opposition. Sie ist das ökonomischste Mittel der Unterscheidung, daher ihre Universalität. Hier ein illustres Beispiel aus der europäischen Literatur, das nicht zufällig als Motto über dem letzten Kapitel (vor dem Finale) der *Mythologiques* steht, einem Kapitel, das ausschließlich den binären Oppositionen gewidmet ist, insbesondere denen aus der Tierwelt. Das Zitat, das von niemand anderem als Rabelais stammt, zeigt in modellhafter Weise, wie die mythische – und jede andere – Logik arbeitet: »Diese logikalische Regel, wohl verstanden, nehmet nun die zwei Gegenteil Freud und Trauer, dann auch die beiden Weiß und Schwarz: denn sie stehen sich physikalisch entgegen. Wenn demnach Schwarz Leid anzeigt, wird mit vollem Recht Weiß Freud bedeuten.[202]«

So kurz es ist, das Beispiel demonstriert gleich mehrere Etappen der Beziehungslogik. Zunächst führt es zwei voneinander unabhängige Codes ein – einen der sinnlichen Qualitäten: die Farben weiß und schwarz und einen der psychischen Regungen: Freude und Trauer. Diese werden nun in einer Weise aufeinander bezogen, daß der Farbcode den Gefühlscode vertritt. Entscheidend ist dabei der erste Schritt der Korrelativierung. Er ist willkürlich: Man kann mit Trauer ebenso weiß verbinden wie schwarz, was die Fakten beweisen. Die schwarze Kleidung einer europäischen Witwe, auch wenn sie lacht, bedeutet: Sie ist in Trauer. Und das weiße Kleid der Braut, mag ihr auch noch so wenig danach zumute sein, bezeichnet Freude. In Südostasien oder in China demgegenüber ist die Farbe der Trauer weiß. Hier wird also wieder einmal sinnfällig, was de Saussure l'arbitraire du signe nannte. Das aber gilt nicht mehr für den zweiten Begriff. Steht der erste einmal in seiner Bezeichnungsfunktion fest, ist der zweite nicht mehr frei: Er kann nur noch das Gegenteil bezeichnen. Schließlich gibt das Rabelais'sche Beispiel einen Hinweis darauf, daß ein Oppositionspaar, einmal etabliert, die Herstellung anderer auf der gleichen dualen Achse herausfordert. Vielleicht das gewaltigste Netz einer solchen dualistischen Aufteilung der Welt ist die chinesische yin-yang-Philosophie. Aber auch die *Bibel* ist reich an Beispielen von zweiteiliger Gegenüberstellung[203]. Schon der Beginn des ersten Buches Moses, der Genesisbericht, (I-V), liest sich wie ein illustrierter Traktat über binäre Oppositionen. Die ersten Schöpfungsakte sind Akte binärer Scheidungen: Himmel und Erde, Licht und Finsternis, Tag und Nacht, Morgen und Abend, trockenes Land und feuchtes Meer, großes Licht (Sonne) und kleines Licht (Mond), Tiere des Wassers (Fische) und Tiere der Luft (Vögel), Vieh und Gewürm, Mann und Frau.

### Mythisches Denken und Bastelei – zwischen Perzept und Konzept

Das mythische Denken hat unter den zeitgenössischen Aktivitäten einen nahen Verwandten: die Bastelei (bricolage)[204]. Beide bedienen sich eines Materials, das vor seiner augenblicklichen Verwendung bereits eine Aufgabe erfüllte, das heißt einen Sinn besaß. Im Falle des Mythos ist dies die Sprache, die Ereignisse und Dinge benennt und die Benennungen zu festen Zeichen werden läßt. Auf der mythischen Ebene aber werden die Bedeutungen der sprachlichen Zeichen zu einfachen Bezeichnenden. Beim Bastler ist es der gespeicherte Abfall hergestellter und dann abgestellter Objekte, mit denen man »immer noch etwas anfangen kann«, wie der stehende Ausdruck der Bastlermentalität lautet. Die Bestandteile des Mythos wie die der Bastelei sind also Reste aus einem anderen Zeichensystem. Sie unterliegen daher einer Vorbedeutung. Das Repertoire ist in beiden Fällen begrenzt, die Freiheit eingeschränkt. Mythos und Bastelei bewegen sich beide auf halbem Weg zwischen Bild und Idee, zwischen Perzept und Konzept. Ihre Domäne ist das Zeichen.

Obwohl das mythische Denken – gleich der Bastelei – in seinen Kreationen nie mehr bewerkstelligt als ein neues Arrangement bereits bestehender Elemente, deren Natur als solche unverändert bleibt, so tendiert es doch in anderer Hinsicht hin zu einer anderen Aktivität, nämlich zur wissenschaftlichen. Mit dieser hat es gemein, mittels Analogien und Vergleichen zu arbeiten, die letzten Endes zur algebraischen Abstraktion hinführen. »Wenn dieser Zug zur Abstraktion dem mythischen Denken zugerechnet werden kann, statt ihn, wie man uns vielleicht vorhalten könnte, der Reflexion des Mythologen beimessen zu müssen, so wird man beistimmen, daß wir an dem Punkt angelangt sind, wo das mythische Denken sich selbst überschreitet und jenseits der noch an die konkrete Erfahrung gehefteten Bilder eine Welt von Konzepten beschaut, die von diesem Dienst losgelöst sind und deren Beziehungen sich frei bestimmen: nicht mehr durch Bezug auf eine externe Realität, sondern entsprechend den Affinitäten und Unvereinbarkeiten, die sie zueinander in der Architektur des Geistes offenbaren.[205]« Diese Sätze enthalten das Vermächtnis der Lévi-Straussschen Forschungen zur Frage nach der Natur des mythischen Denkens: Das mythische Denken ist nicht losgelöst von anderen Formen des Denkens. Es bildet nicht eine eigene oder gar niedere Kategorie. Wenn auch mehr den sinnlichen Qualitäten und den Bildern verhaftet als etwa das mathematische Denken, das sich dank seiner eigenen Sprache, seiner Zeichen und Symbole, fast ausschließlich im Bereich der Konzepte aufhält, so ist in der pensée mythique doch die gleiche Logik am Werk wie in jeder anderen Denkweise. Der Mensch hat immer gleich gut gedacht[206].

## Kritiken an der strukturalen Mythenforschung

### Allgemeine Einwände

Es konnte nicht ausbleiben, daß ein so komplexes und umfangreiches Œuvre wie die mythologischen Arbeiten von Lévi-Strauss von verschiedenen Seiten her ein kritisches Echo gefunden hat. Eine Anzahl dieser Einwände hat der Kritisierte im Finale seines letzten Mythenbandes selbst aufgegriffen und mit teils scharfen Repliken kommentiert. Ich werde mich zunächst diesen Punkten zuwenden und dann alle die behandeln, auf die Lévi-Strauss sich nicht eingelassen hat. Es wird sich herausstellen, daß die einzig profunde Kritik nicht von der Seite derjenigen stammt, die sich mit einer pauschalen Verdammnis des Strukturalismus den Mund vollgenommen haben, sondern von denen, die scheinbar nur Einzelheiten bemängeln, also nicht von Philosophen und Epocherichtern, sondern von Leuten, denen die Materie selbst das Argument liefert, von Ethnologen.

Man kann die Kritiken an der strukturalen Mythologie, zu denen Lévi-Strauss sich selbst geäußert hat[207], grob in drei Gruppen einteilen: in Textkritik, in methodologische und in philosophische Einwände. Die erste Gruppe rekurriert vor allem auf zwei Vorwürfe: 1. Die Mythen, mit denen sich die *Mythologiques* befassen, seien nicht im Original gelesen worden, sondern in Gestalt von Nacherzählungen in europäischen Sprachen. 2. Die Wiedergabe dieser Nacherzählungen sei nicht direkt, sondern in Form unbefragter Kurzfassungen erfolgt. Die Arbeit des Mythologen errichte folglich auf brüchigen Pfeilern ihr interpretatorisches Gebäude: auf zwei sukzessiven Eingriffen, von denen es schwer sei zu entscheiden, inwieweit sie bereits das Original verkrüppeln und nur die Absichten des Interpreten vertreten.

Beide Vorwürfe basieren auf Tatsachen. Keiner der Mythen, von denen die *Mythologiques* handeln, ist im Original wiedergegeben worden, keiner wurde im Original aufgenommen und wohl kaum einer im Original gelesen. Im Original heißt hier: in der Sprache des Stammes, bei dem ein Mythos zu Hause ist. Zwischen den

Präsentationen der Mythen à la Lévi-Strauss und – um nur zwei Fälle älterer Schule zu nennen, die vorbildlich sind – denen von Preuss oder Sapir liegt in der Tat eine beträchtliche Distanz. Doch bleiben wir bei den Absichten. Sind es nicht zwei grundverschiedene Dinge, ob ein Ethnograph die detailgerechten Resultate seiner eingegrenzten Feldarbeit vorlegt, zu denen z. B. einige exakt transkribierte Mythentexte zählen mögen, oder ob ein vergleichender Ethnologe hunderte von Mythen assembliert mit der Ambition nachzuweisen, daß unter ihnen Gemeinsamkeiten bestehen, auf die vorher niemand gestoßen war? Und an diesem Unterschied sollte man die Frage nach dem Original messen. Denn es wäre in jeder Hinsicht absurd, wollte man bei der Vielfältigkeit der Sprachen, in denen die in den *Mythologiques* vorgestellten Mythen abgefaßt sind, die Forderung aufrechterhalten, sie alle hätten zuerst im Original studiert werden müssen. Diese Aufgabe könnte kein Spezialist im Laufe eines Lebens realisieren. Außerdem beteuert Lévi-Strauss, überall dort Originaltranskriptionen herangezogen zu haben, wo ihm lexikalische Hilfsmittel zur Verfügung standen. Man sollte im übrigen nicht vergessen, daß viele der Eingeborenenmythen ohnehin nur in einer Übersetzung tradiert sind. Es wird niemand im Ernst einen Augenblick lang daran zweifeln, was besser ist: ein Mythos, der direkt bei einem eingeborenen Informanten aufgenommen wurde und nun transkribiert, übersetzt und mit lokalen ethnographischen Kommentaren versehen vorliegt oder die simple Paraphrase eines solchen Mythos in einer westlichen Sprache. Aber vom Idealfall zu den vorhandenen Quellen klafft oft ein weiter Spalt, den man nicht dadurch schließt, daß man sich über ihn erregt.

Die Arbeiten von Lévi-Strauss enthalten zudem zwei Überlegungen, die das Fehlen von Originalen weniger schmerzlich erscheinen lassen. Einmal betont er, daß der Mythos wesentlich durch die Geschichte geprägt sei, die in ihm erzählt wird und weniger durch seine sprachliche Form oder literarische Gattung. Eine Übersetzung könne daher immer die essentiellen Züge eines Mythos selbst vermitteln. Zum anderen sei, wenn man dem mythischen System seinen grundlegenden transformatorischen Charakter einräumt, ohnehin jeder Mythos bereits die Übersetzung eines anderen. Mag das letzte Argument gegen die allzu offensichtlichen Vorteile eines Textes in der Originalsprache nichts ausrichten, so erlauben die beiden Erwägungen immerhin, die textkritischen Vorwürfe einzuschränken: Solange die redaktionelle Verkürzung eines Mythos auf ein übersetztes Resümee das Ergebnis einer kritischen Durchsicht vollständiger Quellen ist und nur den Zweck erfüllt, Herr über die Masse des Materials zu bleiben, solange ist sie, wenn sie sich zudem selbst kenntlich macht, zulässig. Dient sie dagegen bereits einer analytischen Aufgabe, so ist sie unmittelbar mit Vorsicht zu behandeln. Zu entscheiden, welcher Zustand wann erreicht ist, kann nur am einzelnen Beispiel ermessen werden. Die Kritik der ideologischen Redaktion wurde bisher gegen Lévi-Strauss noch nicht mit Erfolg erhoben. Die einzigen Ansätze dazu bieten die bislang unveröffentlichten Arbeiten von Terence Turner, auf die ich weiter unten zu sprechen komme.

Den Übergang von der Textkritik zu den methodologischen Einwänden bildet der Vorwurf, Lévi-Strauss habe die Mythen in einer ethnozentrischen Weise umformuliert. Sicherlich sind damit nicht so sehr die eigentlichen Übersetzungen angesprochen als die aus den Nacherzählungen abstrahierten synoptischen Operationstafeln und die quasi logisch-mathematischen Formeln. In dem Maße, wie solche Umformulierungen das vorgegebene Material entstellen, in dem Maße sind sie fraglich. Vergegenwärtigt man sich jedoch, daß die Beziehungen zwischen Realität und Modell für die Mythen in der gleichen Weise gelten können wie etwa für den Bereich der sozialen Organisation, dann rücken die abstrahierenden Umformulierungen in einen ihnen gebührlichen Rahmen: Sie avancieren zu einem Mittel, Erkenntnisse auszusprechen, die auf der realen Ebene der wortwörtlichen Fassung nur tautologisch sagbar sind (etwa: das Rohe ist das Rohe und das Gekochte ist das Gekochte, statt: das Rohe ist ein sinnlicher Ausdruck des Mythos für das Konzept ›Natur‹ und das Gekochte ein sinnlicher Ausdruck für das Konzept ›Kultur‹.) Nach Ansicht von Lévi-Strauss ist es letztlich sogar gefährlich und unhistorisch, grundlegend verschiedene Typen des Denkens gegeneinander ausspielen zu wollen, eine Position, aus der der letztgenannte Einwand ableitbar ist.

Im Zusammenhang mit der Umformulierung der Mythen steht der Vorwurf, Lévi-Strauss habe leichtfertig mathematische Symbole verwendet, um mythische Beziehungen festzuhalten. Nun, schon in der Ouverture zu den *Mythologiques* warnt der Beschuldigte seine Leser davor, die Verwendung mathematischer Symbole allzu ernst zu nehmen. Für ihn sind sie lediglich eine Art stenographischer Kurzzeichen, die mit langen Worten bereits Gesagtes zusammenfassen. Sie sind nicht als strenge Mittel der Demonstration zu verstehen. Diese Zurückhaltung hat indessen ihre Ursache nicht in einem grundsätzlichen Argwohn gegen die Verwendung exakter Symbole für soziale Tatbestände. Das Gegenteil ist der Fall. Die geübte Vorsicht resultiert aus Hochachtung vor ihnen. Gerade weil es nicht möglich ist oder noch nicht möglich ist, die konstitutiven Einheiten der Mythen exakt als Begriffe und dann als Beziehungen festzulegen, wäre es voreilig, sie bereits mit einer scharfen mathematischen Sprache auszurüsten. Eine von Logikern ausgearbeitete Theorie der Kategorien, die hier eine wesentliche Voraussetzung schaffen könnte, beginnt sich eben erst anzubahnen (Lorrain)[208].

Dem Vorwurf, daß sich die Impotenz der strukturalen Methode in der von Buch zu Buch zunehmenden Vernachlässigung der synoptischen Operationstafeln selbst dokumentiere, begegnet Lévi-Strauss mit dem Hinweis, daß diese Hilfsmittel keine Beweismittel, sondern lediglich Gedächtnisstützen sind. Sobald sich ihr didaktischer Wert erschöpft habe, könne man ohne sie auskommen. Virtuell seien sie in jedem mythischen Vergleich gegenwärtig.

Was das mythische System anlangt, so scheint es in den Äußerungen von Lévi-Strauss selbst einen Widerspruch zu geben. Einmal wird behauptet, die Mythen und in ihrer Folge auch ihre Analyse seien unabschließbar; jeder Mythos verweise auf einen anderen, usw. ad infinitum. Zum anderen aber bildeten die Mythen in sich geschlossene Systeme. Die Antwort auf diesen scheinbar ungelösten Widerspruch sieht Lévi-Strauss in folgender Unterscheidung: zwischen parole und langue des Mythos. Der Diskurs (die parole oder Rede) des Mythos sei stets offen und unabschließbar, doch seine Sprache (langue) forme ein geschlossenes System[209].

Die philosophischen Einwände gegen die strukturale Mythenforschung, auf die Lévi-Strauss selbst geantwortet hat, werden gewöhnlich im humanistischen Canto vorgetragen. Da ist von der Abschaffung des Menschen die Rede, von der Liquidierung des Individuums, von der Zerstörung der lebendigen Substanz des Mythos und deren Umwandlung in eine tote Form, von einer Vernachlässigung des Gefühlslebens, kurz, von einer enthumanisierten, kalten, szientifischen Einstellung. Hinter solchen Vorwürfen verbirgt sich nach Ansicht von Lévi-Strauss nichts weiter als ein nostalgischer Mystizismus, der zu dem Sinn, der vorführbar ist und vom Verstand registrierbar, noch weitere Tiefgründigkeiten vermutet, die er aber selbst nicht benennen kann. Doch die Mythen erweisen keine transzendentalen Gefälligkeiten[210], an die sich die eigenen vagen Sehnsüchte einfach anhängen ließen.

Ernster als solcherlei Anwürfe sind die Kritiken zu nehmen, die von ethnologischer Seite stammen. Auf sie hat sich seltsamerweise Lévi-Strauss so gut wie nicht eingelassen, der seine Repliken ohnehin auf einem sehr allgemeinen Niveau abwickelte. Genau das allgemeine Niveau aber wurde wiederholt zum Stein des Anstoßes bei Leuten, die gewohnt sind, auf der Stufe des Konkreten zu arbeiten. So warf D. H. Salman die Frage auf, ob es überhaupt statthaft sei, von einzelnen Mythen, die jeweils Teil eines genau umgrenzten sozialen, ökonomischen und geographischen Milieus sind, zum Begriff des Mythos schlechthin zu abstrahieren. Für Salman gibt es *den* Mythos nicht. Für ihn gibt es nur Mythen[211]. Es ist dies eine kulturrelativistische Position, die, konsequent durchgehalten, eine jede verallgemeinerte Aussage über das mythische Denken unterbindet. Ähnlich, wenn auch weniger strikt, argumentieren Leach und Kirk. Ihre Attacke gilt der »Architektur des menschlichen Geistes«, die nach Lévi-Strauss sich im mythischen Material besonders deutlich offenbare. Leach kann sich mit dem menschlichen Geist nicht anfreunden, weil er für ihn eine metaphysische Größe darstellt, ähnlich dem Hegelschen Geist oder dem Durkheimschen Kollektivbewußtsein[212]. Kirk seinerseits bezweifelt, daß es die letzte Bedeutung der Mythen sein solle, etwas über das Funktionieren des menschlichen Geistes auszusagen. Er sähe gern Ambitionen in dieser Richtung aus dem Programm der strukturalen Mythenanalyse gestrichen[213]. Ich glaube, über die Wichtigkeit anthropologischer Universalien oder Konstanten läßt sich streiten. Viele von ihnen erinnern in der Tat an philosophische Gemeinplätze. Und wenn wirklich die ungezählten Einzelanalysen und Vergleiche, die Schlag auf Schlag in den Mythologiques einander ablösen, nur dem Nachweis dienten, daß die Mythen den Geist bedeuten, der sie hervorbringt, dann wäre dieser Truismus eines solchen Aufwands nicht wert. Aber so liegen die Dinge eben nicht. Die allgemeinen anthropologischen Folgerungen sind nur die Endsätze sehr spezieller Aussagen. Man kann sie sich zu eigen machen oder nicht – sie stehen den konkreten Ergebnissen nicht im Wege, da sie erst nach ihnen auftauchen. Ich persönlich fühle mich durch sie nur wenig bereichert.

Andere Kritiken richten sich auf den Transformationsbegriff. Nach Salman und Sperber ist die Transformation eine Erfindung des Forschers: Sie stecke nicht in den Mythen, sondern nur im Hirn dessen, der über ihnen brütet. Das mag insofern zutreffen, als die Leute, die einen Mythos erzählen, wohl selten ahnen können, zu welchen anderen Mythen anderer Populationen er Entsprechungen aufweist. Damit ist aber nicht gesagt, daß solche Entsprechungen nicht tatsächlich existierten. Doch Kritiken dieser Art zielen weiter. In ihnen wird grundsätzlich die Nützlichkeit des Transformationsbegriffs angezweifelt, zumindest auf größerem geographischen Terrain. Denn selbst wenn die in den *Mythologiques* vom Forscher demonstrierten Umwandlungen nachvollziehbar sind – auf dem abstrakten Niveau wo sie vorgeführt werden –, sagen sie, so die Verlängerung dieser Kritik, über die umgewandelten Mythen selbst nichts aus[214]. Zugegeben, wenn man seine ganze analytische Kraft auf die einzige Bemühung verspitzt, formalen Isomorphien auf die Spur zu kommen, dann läßt man unabdingbar wichtige Fragen unbehandelt, etwa die nach der gesellschaftlichen Funktion eines Mythos; aber verbirgt sich hinter der Tatsache, daß ein Mythos einen anderen transformiert, nicht selbst schon eine gesellschaftliche Funktion? Es läßt sich unschwer belegen, daß manch ein Mythos einen anderen umwandelt, weil er anderen politischen oder ideologischen Zielen dienen soll.

Ein wirkliches Problem ergibt sich meines Erachtens erst aus folgender Überlegung: Wenn tatsächlich jeder Mythos unwiderruflich auf einen nächsten verweist, wie kann man ihn dann noch auf die Bedeutung beschränken, die in ihm selbst liegt? Anders ausgedrückt: Welche Berechtigung bleibt der Einzelanalyse, wenn der transformatorische Charakter des mythischen Systems erwiesen ist? Die Kontradiktion läßt sich auch umkehren: Wenn man glaubt, nachweisen zu können, daß ein einziger Mythos voll und ganz aus sich selbst und seinem ethnographischen Kontext heraus erklärbar sei, wozu braucht man dann noch den Transformationsbegriff als Brücke zwischen den Mythen? Ich vermute, daß künftige Auseinandersetzungen um die strukturale Methode, denen es wirklich darum geht, Fortschritte in der Praxis der Mythenanalyse zu machen, an dieser Frage einhaken müssen. In der Arbeit von T. Turner zeichnet sich dies bereits ab. Ihr gelten daher die abschließenden Erwägungen dieses Kapitels. Doch zuvor zu der Kritik der beiden Makarius, die es ebenfalls verdient, ernstgenommen zu werden von Leuten, für die es selbstverständlich ist, daß jedes Urteil nach konkreten Belegen verlangt.

### Die Frage der Genauigkeit: Makarius

Die Mythenkritik der beiden Makarius erfüllt in ihrer Anlage voll die Erwartungen, die sich an einen einwandfreien Disput knüpfen. Die Exposition der Kritik ist vom minuziösen Detail bis zum weltanschaulichen Konzept hin gestuft und zwar in einer Weise, daß jeder verallgemeinerte Einwand auf einem zuvor vorgetragenen konkreteren fußt. So leiten die beiden Autoren ihre Attacke gegen Lévi-Strauss damit ein, die Analyse eines einzelnen Falls mit dem Nachweis textlicher Ungenauigkeiten und falscher Deutung zu entkräften. Aus ihrer Dokumentation der Verfälschung leiten sie sodann die Kritik an den Methoden der Analyse ab, die schließlich in einem allgemeinen Angriff auf das strukturalistische Verständnis von Sachverhalten mündet. Mit einem Wort: Der Entwurf der kritischen Abhandlung ist vorbildlich. Allein, ihre Durchführung ist es nicht. Damit aber steht und fällt das ganze Argument. Es ist daher angebracht, die Kritik der beiden Makarius selbst einem kritischen Blick zu unterziehen. Der Fall, an dem sie ihre Beweisführung ausgebreitet haben, ist dem Leser bereits bekannt. Es ist der Vergleich der beiden südamerikanischen Mythen M 7/12 (Gé) und M 273 (Warrau), die ich auf den Seiten 223 ff. und 225 ff. einzeln vorgestellt habe und deren komparatives Schema auf Seite 227 f. nachgezeichnet wurde. Es gilt, die dort vorübergehend suspendierten Fäden wieder aufzunehmen.

In ihrem ersten Arbeitsgang nehmen R. + L. Makarius die in dem komparativen Operationsschema verwendeten Begriffe vor, von denen sie nachzuweisen versuchen, daß sie die mythische Erzählung an den entscheidenden Stellen ungenau oder entstellend wiedergeben, in der erklärten Absicht, die nur scheinbaren Analogien zwischen dem Feuer-Mythos der Gé und dem Warrau-Mythos vom greinenden Mädchen allererst herzustellen. Sie versuchen also zu dokumentieren, daß die Umschrift des Mythos unter der Hand des Interpreten es ist, durch die Beziehungen von Wiederholung, von Inversion, von Symmetrie oder Opposition sichtbar werden und nicht der Mythos selbst. Hier ihre Argumente.

Die 1. Untereinheit des Lévi-Straussschen Vergleichsschemas (s. S. 227) ist die einzige, welche die Autoren unkritisiert passieren lassen. In der 2. dagegen greifen sie gleich mehrere Punkte an. In der Lévi-Straussschen Formulierung der Gé-Einheit heißt es, daß der Jaguar den externen Unrat des Jungen entferne, von dem dieser sich ernährt habe. So umformuliert sei es möglich, die Symmetrie zur entsprechenden Warrau-Einheit herzustellen, nämlich: Der Jaguar begehre den internen Unrat des Mädchens, mit dem sie ihn ernähre. Es gelte aber, im ersten Mythos zwei Arten von Unrat zu unterscheiden: den Vogelmist (einen externen Unrat) und die Exkremente des Jungen (einen internen Unrat, beides aus der Sicht des Jungen). Der eine bedecke den Jungen tatsächlich während seines Exils in der Baumkrone; ihn entferne später der Jaguar. Von diesem externen Unrat jedoch ernähre sich der Junge in seiner Notlage keineswegs, sondern von seinen eigenen Exkrementen. Diese Kritik trifft zu: In keiner der Mythos-Varianten ist davon die Rede, daß der Jaguar den Jungen von seinen eigenen Exkrementen befreie, ebenso in keiner davon, daß der Junge Vogelmist verzehre. Entweder sprechen die Varianten von Vogelmist; dann beschmutzt dieser den Jungen und der Jaguar übernimmt die reinigende Aufgabe. Oder sie sprechen von des Jungen eigenen Ausscheidungen; dann nimmt er sie zu sich. Eine Amalgamierung der beiden Arten von Ausscheidungen, wie Lévi-Strauss sie mittels seiner Formulierungen vornimmt[215], ist daher nicht zulässig.

Im Warrau-Teil der 2. Einheit kritisieren die Autoren die in der Lévi-Straussschen Umformulierung hypostasierte Gleichsetzung von Menstruationsblut und Nahrung. Denn, so heißt es im Schema, das Mädchen ernähre den Jaguar mit ihrem Menstruationsblut, während die wörtliche Fassung doch davon spreche, daß das Tier das Blut selbst lecke. Tatsächlich ist im Mythos der Jaguar der Agent, im Schema das Mädchen. Außerdem sei die Leckszene nicht unter dem Geschichtspunkt der Ernährung aufzufassen, sondern als die Verletzung eines sexuellen Tabus. Aber gerade das ist es, was Lévi-Strauss keineswegs entgangen ist, wenn er dem Sinn nach von der Verschiebung einer sexuellen Handlung auf eine alimentäre Ebene spricht[216]. Unbestreitbar bleibt, daß der Jaguar das Menstruationsblut des Mädchens zu sich nimmt, egal, ob er es leckt oder sie ihn damit ernährt. Wir gelangen hier an die Grenze der Wortklauberei; läßt sich doch die ganze Einheit in einer Weise umformulieren, die nichts von ihrem Parallelismus und ihren Umkehrungen einbüßt und doch die berechtigten Einwände voll berücksichtigt, etwa so:

| | | | |
|---|---|---|---|
| der Jaguar | entfernt | Unrat | den externen, der auf den Jungen gefallen ist |
| | begehrt | | den internen, der aus dem Mädchen herausgetreten ist |

| | | |
|---|---|---|
| Gelegentlich nimmt der | Junge seine eigenen | Ausscheidungen zu sich |
| | Jaguar fremde | |

Die Kritik der 3. Einheit reduziert sich auf eine Umstellung des konsekutiven Ablaufs von Handlungen. Im Warrau-Teil des Schemas heißt es, daß der Jaguar für das bei ihm lebende Kind den Menschen Kulturgüter stiehlt, die er nicht besitzt. Herr und Frau Makarius wollen die Stelle umarrangiert wissen, nämlich: daß der Jaguar dem Mädchen Kulturgüter gibt, die er nicht besitzt und die er deswegen bei den Menschen gestohlen hat. Die Aufgabe, die eine solche für sich genommen unbegreifliche Umstellung erfüllen soll, ist klar: Sie soll die bei Lévi-Strauss auftretende Opposition zwischen den parallelen Gliedern Geben (Gé) und Stehlen (Warrau) zunichte machen. Dies mag ihr gelingen, wobei man sich allerdings fragt, ob nicht beide Vorschläge – der von Lévi-Strauss und der von Makarius – gemessen am Original, gleiche Berechtigung beanspruchen dürfen. Was der Einwand hingegen nicht zunichte machen kann, ist der vollkommene Parallelismus zwischen den in Frage stehenden Einheiten beider Mythen: In beiden Fällen versorgt der Jaguar das von ihm adoptierte Kind nicht nur mit Nahrungsmitteln, sondern auch mit Kulturgütern.

In der 4. Einheit sind es wieder zwei Punkte, an denen das Autorenpaar Anstoß nimmt. Von den fraglichen Episoden beider Mythen heißt es nach Lévi-Strauss, daß gekochtes Fleisch zu mörderischen Zwecken verwendet werde. Die Gé-Mythen vom Ursprung des Küchenfeuers lieferten jedoch keinen Anhaltspunkt zu einer solchen Aussage. Tatsächlich liefern sie mehrere Anhaltspunkte, wenn man sich der Mühe unterzieht, die einzelnen Versionen aufzufächern. In keiner der Fassungen erhält der Junge von seiner Jaguar-Stiefmutter das beste Fleisch, das im Hause ist. Er bekommt zähes und altes Fleisch oder Wildbret statt Tapir-Fleisch, oder er bekommt gar nichts. In den Fällen, wo er leer ausgeht, läßt sich die Weigerung als Wunsch auslegen, ihn auszuhungern. In den Fällen, wo die mörderische Absicht des Aushungerns nicht vorliegt, d. h. wo der Junge Fleisch bekommt, ist seine Versorgung durch die Jaguarfrau stets von bedrohlichen Gesten begleitet, die den Jungen jedesmal in Todesängste versetzen: Entweder fletscht die Alte auf seine Bitten, ihm Fleisch zu geben, gefährlich mit den Zähnen oder sie knurrt und faucht und zeigt ihre Krallen oder sie zerkratzt ihm das Gesicht. Mag das Verhältnis zwischen Jungen und Jaguarfrau für ihn auch in keinem der Fälle tödlich ausgehen, so ist er doch niemals ganz außer Lebensgefahr, wenn er sich ihr nähert in der Absicht, etwas zu essen zu bekommen. Genau das aber drückt der Lévi-Strauss-Satz des Schemas aus.

Was den Warrau-Teil der zur Debatte stehenden Einheit anlangt, so sei es wieder eine Ungenauigkeit, die den Eindruck einer Entsprechung hervorrufe. Aus dem Mythos selbst sei nämlich nicht zu ersehen, ob das Mädchen ausgerechnet Fleisch an den Jaguar verschwende. Tatsächlich heißt es im Mythos, daß sie in ihrem größten Kessel einen sehr varietätsreichen Eintopf gekocht habe, der dann über dem Jaguar verschüttet wird. Die Erzählung nennt namentlich keine der zahlreichen Zutaten, also auch kein Fleisch. Aber an einer früher erwähnten Stelle des gleichen Mythos wird ausdrücklich auf die Abundanz an Fleisch am Tische von Jaguar hingewiesen. Weshalb soll es dann in einem reichen pot-pourri fehlen? Doch selbst wenn um pedantischer Worttreue willen keine Einigkeit über Fleisch oder nicht erzielt werden kann, so bleibt für beide Mythen verbindlich, daß zu mörderischen Zwecken Gekochtes verwendet wird.

In der 5. Einheit bemängeln die Autoren eine Manipulation im Schema, die dadurch entsteht, daß Lévi-Strauss den Besuch bei Jaguar, statt wie im Gé-Mythos in den Singular, in den Plural setzt, um so eine Harmonisierung zu der Flucht vor den Jaguaren (Plural) im Warrau-Mythos zu ermöglichen. In Wirklichkeit kommt es natürlich nicht darauf an, ob die Menschen einen Jaguar oder die Jaguare besuchen, sondern auf die Inversion der Handlung in beiden mythischen Episoden: Im einen Fall besuchen die Menschen am Ende einen Jaguar, genauer: sie suchen seine Wohnstatt auf, im anderen Fall fliehen sie vor Jaguaren.

In der 6. und letzten Einheit sind es wieder mehrere Punkte, in denen die beiden Makarius eine strukturalisierende Manipulation wahrnehmen. Zunächst der Gegensatz: glühender Holzscheit (Gé)/»anzufeuchtender« Stein (Warrau), ein Gegensatz, in dem Lévi-Strauss denjenigen von Feuer/Wasser wiederzuerkennen glaubt. Tatsache ist, daß der Warrau-Mythos einfach von einem Schleifstein spricht; daß er anzufeuchten sei, ist eine bewußte Interpolation von Lévi-Strauss: Das Gerundivum steht darum in Anführungsstrichen. Nun kommt sein Einschub nicht von ungefähr. Er rekurriert auf die ethnographisch belegte Praxis, Schleifsteine vor Benutzung anzufeuchten[217]. Es bleibt allerdings eine methodologisch offene Frage, ob es in einer Mythenanalyse zulässig ist, die Ethnographie sprechen zu lassen, wo der Mythos schweigt und dann sich so zu verhalten, als habe der Mythos gesprochen. Viel wichtiger als der Streitpunkt: Stein oder anzufeuchtender Stein scheint mir die metaphorische Bedeutung zu sein, die sich in südamerikanischen Mythen gelegentlich mit dem Begriff Stein verknüpft: Er steht für menschliches Fleisch[218]. Der glühende Holzscheit des anderen Mythos demgegenüber ist das Mittel, Fleisch zu grillen. So verkörpert die Opposition Stein/Holzscheit, wenn sie überhaupt einen Sinn ergibt, den Gegensatz zwischen dem Material kannibalischer Eßgewohnheit (menschliches Fleisch = Stein) und dem Mittel höchst kultivierter Eßgewohnheit (glühender Holzscheit grillt Fleisch).

Im synthetischen Operationsschema heißt es weiter, ein Mensch habe den Schleifstein unfreiwillig oder unwillentlich (involontairement) aufgeladen und dabei wegen der Unfestigkeit des Rückgrats (échine trop faible) das Leben eingebüßt. In Korrespondenz dazu hätten im Gé-Mythos hilfreiche Tiere freiwillig den glühenden Holzscheit aufgeladen und ihn dank der Festigkeit (solidité) ihres Rückgrats abtransportiert. Mit Recht wenden sich die beiden Makarius hier gegen die Verbiegung der mythischen Erzählung. Denn in Übereinstimmung mit dem Warrau-Mythos lädt der emigrierende Vetter seinen geliebten Schleifstein ebenso willentlich auf, wie ein jeder, der etwas mitnehmen möchte. Außerdem bricht er sich nicht das Rückgrat weil er zu schwach, sondern weil er im Augenblick unaufmerksam ist.

Nun ein Wort zu den »hilfreichen« Tieren im Feuer-Mythos der Gé-Gruppen: Es trifft zu, daß in einigen Varianten des Mythos am Schluß Tiere erwähnt werden, die eine Funktion im Zusammenhang mit dem Abtransport des Feuers übernehmen. Doch ist dies keineswegs in allen Varianten so: Weder M 7 noch M 11 erwähnen solche Tiere. Im M 8 sind es die Indianer selbst, die sich in Tiere verwandeln[219]. In M 10 steht nur ein Tier auf der Seite der Menschen, eine Kröte. Verbleiben M 9 und M 12, wo jeweils drei Tiere am Ende der Geschichte vorkommen: Tapir, Jahu und Jacu in M 9 und Mutum, Wasserhuhn und Jacu in M 12. In M 9 gehen tatsächlich alle drei den Menschen zu Händen, in M 12 dagegen ist dies keineswegs so klar, wie Lévi-Strauss stillschweigend annimmt. Als die Indianer in großer Zahl zum Lager des Jaguars kommen, zieht sich dieser zurück. Das Mutum und das Wasserhuhn ergreifen den glühenden Baumstamm und rennen mit ihm fort. Doch in welche Richtung? Wenn sie die hilfreichen Tiere der Menschen wären, wie Lévi-Strauss behauptet, brauchten sie nicht fortzulaufen, und die Funktion des Jacu, nämlich die absprühenden Funken aufzupikken, wäre überflüssig. Anders, wenn die beiden erstgenannten Tiere zum Jaguar halten und für ihn das Feuer in Sicherheit zu bringen trachten: Dann ist der Jacu äußerst wichtig: Die Funken, die er aufpickt, sind der winzige Rest des Feuers, das die Menschen dem Jaguar abzutrotzen vermögen. Einzig der Tapir aus (M 8 und M 9) lädt sich den glühenden Holzklotz auf, *um* ihn den Menschen zu bringen. Ob freiwillig oder nicht, erfahren wir nicht. Wenn es sich bei ihm um einen verwandelten Menschen handelt, wie die Fassung von Métraux ausdrücklich betont[220], dann tut er dies gewiß freiwillig. Ist er nur ein hilfreiches Tier, dann wird seine Einstellung so freiwillig sein, wie die von Haustieren oder Dienern gewöhnlich ist. Von der Festigkeit seines Rückgrats ist im Mythos an keiner Stelle die Rede, auch wenn die Version von Métraux hervorhebt, daß es der stärkste der Indianer war, der sich in einen Tapir verwandelte. Damit aber werden mindestens zwei der drei Oppositionen im letzten Teil der 6. Einheit hinfällig. Sie weiter aufrechterhalten zu wollen, hieße nur, denen die Kritik zu erleichtern, die in jeder strukturalen Gegenüberstellung einen ideologischen Eingriff vermuten.

Schließlich greifen R. + L. Makarius auch den ersten Teil der 6. Einheit an. Ihr Argument besagt, daß der Satz: Die Jaguare erhalten das rohe, menschliche Fleisch – konstruiert als Entsprechung des inversen Satzes: Die Menschen erhalten das gekochte, tierische Fleisch, der Botschaft des Gé-Mythos – der mythisierenden Imagination des Forschers entspringe[221]. Da der Mythos kurz vor der Stelle abbreche, wo die rachedürstigen Brüder des von dem Mädchen heimtückisch getöteten Jaguars in das Indianer-Dorf einfallen, sei das Ende offen und nur die eingebildete Weiterführung der Geschichte durch den Interpreten erlaube die vage Mutmaßung, daß sie den im Dorf zurückgelassenen menschlichen Leichnam dann auch verspeisen würden. Ihr Argument glauben sie mit einer voraufgegangenen Szene des Mythos verstärken zu können, wo es heißt, daß der alte Jaguar seinen Brüdern zutraue (denselben wie in der Schlußphase), sie könnten bei seinem Ableben das adoptierte Mädchen in Stücke reißen. In Stücke reißen (to tear her up) – so sagt der Mythos, und das sei doch Beleg genug, daß sie nicht unbedingt vorhätten, sie zu verspeisen. Als ob das eine unter Raubtieren gepflogene Alternative sei: Statt das Opfer zu verspeisen es nur zu zerreißen und dann liegen zu lassen! Man fragt sich, wer hier der eigenen mythisierenden Einbildung folgt. Sicherlich mag man die rigorose Position einnehmen, daß nur im Mythos auslegbar sei, was wortwörtlich in ihm angelegt ist. Dann ist der Satz: Die Jaguare erhalten das rohe, menschliche Fleisch in der Tat nicht statthaft. Doch wäre dies eine gewaltige Einschränkung der Interpretation. Zudem wissen wir, daß in keiner Form der menschlichen Rede der Sinn sich auf das manifest Ausgesprochene beschränkt. Im Gegenteil, oft wählt sie gerade das Mittel der Aussparung, um das zu sagen, was sie nicht ausspricht.

Fassen wir zusammen, was von der textlichen, der Mythos/Schema-Kritik der beiden Makarius übrigbleibt. Sie selbst beanspruchen, nachgewiesen zu haben, daß die strukturale Analyse nur mittels Ungenauigkeiten und verfälschender Interpretationen funktionsfähig sei[222]. Ihrer Analyse zufolge sei von den 6 Einheiten des Vergleichsschemas, das den Warrau-Mythos (M 273) und den Gé-Mythos (M 7/12) zum Gegenstand hat, nur eine einzige aus der Erzählung heraus zu rechtfertigen, die erste und diese nur mit Einschränkungen[223]. Ich bin demgegenüber zu einem genau entgegengesetzten Resultat gekommen: Von den 6 Einheiten des Vergleichsschemas ist nur eine nicht zu rechtfertigen, die letzte und dies wiederum mit Einschränkungen. Bei allen übrigen Einheiten ließ sich belegen, daß die in ihnen demonstrierten Entsprechungen beider Mythen, seien sie wiederholender oder widersprechender Natur, sehr wohl ihren direkten Ursprung in der mythischen Erzählung selbst haben.

Indem ich dieses Resultat verzeichne, möchte ich zugleich hervorheben, daß ich eine Kritik vom Typ Makarius trotz ihres aktuellen Fehlschlags für die einzig ernst zu nehmende Form der Auseinandersetzung halte. Sie sucht ihren Gegner dort auf, wo er mit konkreten Belegen zu fassen ist. Sie hat verstanden, daß die Ideologie ihre Bakterien zuerst in den kleinsten Ritzen der Details ansetzt. Wir haben gesehen, daß es der Makarius-Kritik an einzelnen Stellen gelang, ihren Gegner festzunageln. Inwieweit das zu einer grundsätzlichen Erschütterung der strukturalen Methode reicht, mag der Leser selbst entscheiden.

Als eine Erschütterung der strukturalen Analyse aber war erklärtermaßen die Arbeit von Makarius gedacht. Denn sie schloß an die Textuntersuchungen eine Reihe von Attacken gegen die Methodik der strukturalen Mythenforschung und einige ihrer Prinzipien an. Aus den textlichen Vergehen von Lévi-Strauss destillierten die beiden Autoren eine Anzahl methodischer Verbote, die sich wie folgt zusammenfassen lassen: 1. Es sei unstatthaft, Mythen weiterzuspinnen[224]. Das, soweit mir bekannt, einzige Beispiel in den 800 Mythen der *Mythologiques*, das sich dieses Eingriffs schuldig macht, haben wir bereits kennengelernt, nämlich das Ende von M 273. Grund und Ausmaß dieses Eingriffs habe ich dargelegt. Bestandteil des 1. Tabus ist das 2. Es sei nicht zu rechtfertigen, Dinge in einen Mythos hineinzudeuten, die nicht Schwarz auf Weiß in ihm vorkommen (siehe dazu obige Darstellung). 3. Es sei überflüssig, Mythen einer Population mit solchen einer anderen erklären zu wollen, wenn die erste diese Erklärung bereits liefert[225]. Ich glaube, die Aufhellung eines Mythos durch andere, vorausgesetzt man hält diese Möglichkeit überhaupt für denkbar, kann nie weit genug getrieben werden. 4. Korrespondenz und Widerspruch zwischen Mythen seien nicht in ihrer logischen Struktur zu suchen, sondern im ähnlichen oder widersprüchlichen Inhalt gelebter Erfahrung[226]. Daraus ergebe sich 5., daß die Analyse nicht mittels vom Forscher induzierter Oppositionen unternommen werden könne, sondern nur mittels der Ethnographie. Oppositionen könne man schließlich überall herstellen[227]. Es genüge, zwischen zwei Begriffen eine gemeinsame Achse zu finden, und schon ließen sie sich als Gegensätze auffassen. Das ist sicher richtig, spricht aber nicht gegen sie. Die Tatsache einer Opposition sagt noch nichts aus über ihre spezielle Beschaffenheit. Auf die besondere Beschaffenheit einer Opposition aber kommt es schließlich an, unabhängig davon, ob der Interpret es ist, der sie aus einem Mythos oder einer Kombination von Mythen herausliest, oder ob der Mythos sie selbst unverhüllt offenbart. In jedem Fall ist die Opposition ein Mittel zum Objekt und nicht das Objekt selbst. Wenn Barthes einen Aperçu über den Catch schreibt, dann wählt er das Boxen nicht als dessen Gegenstück, *um* ein Oppositionspaar herzustellen. Er stellt dieses besondere Oppositionspaar her, um mittels der Gegenüberstellung entsprechender, doch gegensätzlicher Eigenschaften jedes der beiden Phänomene schärfer hervortreten zu lassen[228]. Die Wahl des Gegenstücks ist nicht beliebig. Dem Catch ließe sich kaum das Radrennen gegenüberstellen, wohl aber das Ringen. Die Wahl ist also auch nicht unabdingbar festzulegen; wo die Oppositionspaare bereits aus dem Material hervorgehen, erübrigt sich die Frage nach der Wahl.

Er ist eine kuriose Tatsache, daß die beiden Makarius gegen alle von ihnen erhobenen Verbote in der Studie, wo sie sie aufgestellt haben, unmittelbar selbst verstießen. So haben auch sie es 1. unternommen, den abrupt endenden Mythos M 273 selbstätig zu Ende zu spinnen: Sie lassen die Indianer das Dorf eiligst verlassen, nicht weil diese Angst vor der Rache der Jaguare haben (Lévi-Strauss), sondern weil sie die Unreinheit des zurückgekehrten Mädchens fürchten[229]. Die Unreinheit des Mädchens ist eine Fiktion der Autoren. Sie mutmaßen sie aus der Tatsache, daß der Jaguar an ihren Geschlechtsorgangen geleckt und geschnuppert hat. Doch wer außer dem Mädchen und dem Jaguar sollte von einer solchen Handlung wissen? Angenommen, das Mädchen hätte den Dorfbewohnern davon erzählt – der Mythos läßt darüber nichts verlauten –, dann wüßte man noch längst nicht, ob ein solches Ereignis das Mädchen unrein macht. Angenommen, es wäre unrein geworden, wer gibt die Gewähr dafür, daß die Indianer eine Unreinheit dieser Art fürchten? Und angenommen sie fürchteten sie, dann fragt man sich, weshalb dann das Mädchen mit den Indianern flieht. Die Indianer hätten doch angesichts dieses höchst hypothetischen Falles, viel einfacher und realistischer reagieren können, als mit der ganzen Stammesgruppe zu fliehen: Sie hätten dem Mädchen die Wiederaufnahme in die Stammesgruppe verweigern können, wenn sie sich so vor der Beschmutzung des Mädchens gefürchtet hätten, wie die beiden Makarius suggerieren. Hier und an anderer Stelle geben die Autoren 2. eine Interpretation, die auf der wörtlichen Ebene des Mythos nicht angelegt ist. So mutmaßen sie etwa, daß der Schwager den Helden im Gé-Mythos auf einem Baume aussetzt, weil er den möglichen Inzest des Jungen mit dessen Schwester, seiner Frau, fürchte. Eine solche Furcht sollte man nicht unterschätzen. Sie mag aus rein ethnographischen Erwägungen sogar latent vorhanden sein, auch wenn man weiß, daß junge Gé-Indianer ohnehin vor ihrer Geschlechtsreife den Haushalt ihrer Schwester (oder Mutter) bereits verlassen haben. Doch liefert keine der Mythosvarianten selbst eine einzige Andeutung für eine derartige Annahme. 3. Wiederholt erklären die beiden Autoren einen Mythos mittels anderer Mythen anderer Populationen, ja sie tun kaum etwas anderes: Die Geschichte vom greinenden Mädchen der Warrau vergleichen sie mit ähnlichen Geschichten der Menomini, der Cashinawa und der Tukuna, die Geschichte vom Vogelnestausheber (Gé) mit solchen der Dené Peaux-de-Lièvre, der Arapaho und der Yurok[230]. Die Funktion des mythischen Tiers Jaguar, das in den südamerikanischen Gé- und Warrau-Mythen zur Debatte steht, versuchen sie mittels der Funktionen eines anderen mythischen Tiers (des Coyote) nordamerikanischer Mythen und Traditionen zu erhellen: Sie rufen Shoshoni-, Maidu- und Wishram-Mythen sowie Oglala-, Apache- und Yahi-Vorstellungen als Belegstücke herbei, um ein Bild von Natur und mythischer Funktion des Coyote zu entwerfen[231]. Was die Autoren 4. unter dem realen Kontext eines Mythos oder der gelebten Erfahrung verstehen, die es nach ihrer Ansicht allein zu befragen gilt, wenn man einen Mythos richtig interpretieren will, verraten sie an keiner einzigen Stelle. Denn nirgends breiten sie irgendwelches ethnographisches Material aus, das behilflich sein könnte, den Gé- oder den Warrau-Mythos besser zu begreifen. So praktizieren sie genau das, was sie fälschlicherweise Lévi-Strauss unterschieben: Ihre Deutung ist von der ethnographischen Erfahrung losgelöst, sie schwebt im leeren Raum. Die einzigen ethnographischen Andeutungen, die sie machen, etwa über das Blut-Tabu, sind entweder ganz allgemeiner Natur, abstrahiert von der konkreten Erfahrung, oder sie beziehen sich auf Populationen, die mit denen nichts zu tun haben, von denen die Mythen stammen[232]. Darüber hinaus mag man überlegen, ob nicht die logische Struktur eines Mythos, gegen die die Autoren die gelebte Erfahrung ins Feld führen, selbst Teil, Determinante und Reflex eben dieser gelebten Erfahrung ist. Statt ihre Mytheninterpretation durch ethnographische Unterlagen mit einer breiteren Basis zu versehen, wie sie selbst fordern, warten die beiden Autoren 5. mit einer Reihe von Oppositionen auf, die sie beim Vergleich der beiden verhandelten Mythen selbst entdeckt haben, eine Aktivität, der sie ansonsten nur mit Geringschätzung begegnen. Die Zusammenfassung ihrer eigenen Interpretation ist einzig von Oppositionen bestimmt: Gé/Warrau: Junge/Mädchen; Kulturheros und Tabuverletzer/Inkarnation der Unreinheit; Aussparung der Tabu-Verletzung/Vorführung der Tabu-Verletzung; Belohnung/Bestrafung; Erfolg des Jaguars/Scheitern des Jaguars; Rückkehr mit reichen Geschenken/Rückkehr mit leeren Händen; happy ending/tragischer Todesfall[233]. Wie ernst müssen die Autoren ihre negativen methodischen Regeln nehmen, wenn sie wenige Sätze nach ihrer Proklamation schon gegen sie verstoßen!

Schließlich wendet sich die Arbeit *des jaguars et des hommes* gegen mindestens zwei der Grundpositionen der strukturalen Anthropologie: gegen das Prinzip der Reziprozität und gegen die Analogie zwischen Sprache und Mythos. Was die letztere angeht, so gründen die beiden Kritiker ihr Argument auf eine vermeintlich allzu dichte Parallelisierung zwischen den konstitutiven Grundeinheiten der Sprache und des Mythos, den Phonemen und den Mythemen bei Lévi-Strauss. Sie weisen darauf hin, daß sich die Phoneme qualitativ ebenso von den Mythemen unterscheiden wie die Wörter von den Mythen. Die Phoneme sind frei von Bedeutung, die Mytheme dagegen sind bereits von Bedeutung besetzt[234]. Die Bedeutung des Wortes als einer rein phonetischen Gesamtheit kann demzufolge, da es aus Elementen besteht, die keinen Sinn tragen, nur arbiträr sein; die des Mythos kann es aus dem gleichen Grunde nicht, da die Mytheme, die ihn bilden, selbst bereits Sinn führen. Der Widerspruch in der Analogie zwischen linguistischem Zeichen und Mythos ergibt sich daher aus der Beliebigkeit des einen und der Festgelegtheit des anderen. Nun war es aber Lévi-Strauss selbst, der eine strikte Gleichsetzung von Phonemen und Mythemen ablehnte: »Wir wissen, daß sie [die Mytheme] weder den Phonemen, noch den Morphemen noch den Semantemen assimilierbar sind . . .[235]« Für ihn bestand die Analogie zwischen Sprache und Mythos vor allem in der Einsicht, daß beide aus konstitutiven Einheiten zusammengesetzt sind. Und gegen diese Feststellung wird niemand mehr polemisieren können. Sie ist auch für Makarius ein fait accompli. Gewiß bleibt ein kritischer Punkt erhalten: die Äußerung von Lévi-Strauss, daß der Sinn des Mythos nicht aus seinen isolierten Elementen, sondern nur aus ihrer Kombination resultieren könne[236]. Sie macht nämlich nicht hinreichend deutlich, daß es im Mythos stets zwei, wenn nicht drei Arten von Sinn gibt: erstens, den Sinn der isolierten Einheiten, dann, den Sinn mehrerer Einheiten, die gegenüberstellbar sind und schließlich den Sinn des ganzen Mythos, seine Botschaft.

Im gleichen Zusammenhang werfen die Autoren dem Strukturalismus vor, er suche die Botschaft des Mythos nicht im Inhalt der erzählten Geschichte[237], sondern über den Umweg eingeführter oppositioneller Begriffe. Darum vernachlässige er den Inhalt. Ihm gehe es nur um die Textbedeutung, nicht um die interne Bedeutung der konstitutiven Einheiten. Bei dem Gegensatz der Zeichen »Junge« und »Mädchen« etwa betrachte der Strukturalismus lediglich deren sprachliche Dimension, die interne Bedeutung werde außer acht gelassen. Das allerdings sind Unterstellungen, die es den Autoren zu beweisen schwer fallen dürfte. Was dagegen leicht bewiesen werden kann, ist, daß die Unterscheidung von sens textuel und sens intérieur eine ad hoc-Erfindung der beiden kritischen Autoren darstellt[238]. Wenn ein Mythos mit »Junge« einen Jungen meint, dann wäre es doch höchstens boshaft zu behaupten, ein Interpret, sei er Strukturalist oder nicht, denke nur an das linguistische Zeichen, wenn er im Mythos »Junge« hört.

Verbleibt die Kritik am Prinzip der Reziprozität. Dieses Prinzip geistere nach Ansicht der beiden Autoren mit phantomhafter Persistenz durchs Œuvre von Lévi-Strauss. Es zwinge ihn, es überall entdecken zu müssen. So auch im Gé-Mythos vom Ursprung des Küchenfeuers. Es trifft zu, daß Lévi-Strauss den Kontakt zwischen Mensch und Jaguar in M 7/12 unter dem Gesichtspunkt der Reziprozität sieht: Der Jaguar habe von den Menschen eine Frau empfangen – dafür gebe er ihnen Kulturgüter, darunter das Feuer. Diesen deal der Gegenseitigkeit ziehen die beiden Makarius mit mehreren Argumenten in Zweifel[239].

Zunächst sei der Jaguar ein Kulturheros. Und wie andere Kulturheroen auch bringe er den Menschen Erfindungen und Errungenschaften der Kultur, ohne selbst etwas dafür zu verlangen. Sein Geben sei nicht reziprok, sondern einseitig. Wenn weiter der Jaguar im Mythos den Menschen Kulturgüter abtritt, weil er von ihnen eine Frau bekommen hat, dann müsse ein solches Abkommen auch zwischen den beiden menschlichen Schwägern bestehen. Der Mythos äußere sich aber gegenteilig: Anstelle den Bruder seiner Gattin mit Gegengaben auszustatten, versuche der angeheiratete Mann des Mythos, jenen sogar loszuwerden. Wäre der Jaguar wirklich Frauenempfänger, dann würde er in Relation zu dem Menschen doch wohl eher als Schwager vorgestellt werden und nicht als dessen Adoptivvater. Und schließlich werde nur in einer der sechs Mythenvarianten die Frau des Jaguars als ehemalige Indianerin eingeführt. Die Beschreibungen ihrer physischen Erscheinung in allen übrigen Varianten enthüllten unverkennbar ihre Raubtierzüge. Bis auf das letzte sind alle diese Argumente schwach.

Die Geschichte vom uneigennützigen Kulturheros – und zwar in jedem Fall – muß erst noch geschrieben werden. Im Gé-Mythos sind strikt gesprochen zwei Kulturbringer anwesend: der Jaguar, der dem exilierten Menschen das Feuer gibt und der exilierte Mensch, der es später den übrigen Menschen weiterträgt. Wenn zweitens der Mythos nicht ausdrücklich erwähnt, daß zwischen den menschlichen Schwägern ein Austausch stattgefunden hat – Schwester gegen materielle Güter – dann impliziert das keineswegs, daß ein solcher in keinem Falle stattgefunden haben könne. Der Mythos interessiert sich für diese Phase der Beziehung zwischen den Schwägern einfach nicht. Außerdem weiß man nicht, ob es gerade der kleine Bruder ist, der stellvertretend für den Abtritt einer Frau (Schwester) entgolten wird. Das kann in jedem Fall nur die Ethnographie entscheiden. Wenn drittens die Beziehung zwischen Helden und Jaguar die von Adoptivsohn und Adoptivvater ist, dann schließt das in keiner Weise aus, daß das Tier unter den Menschen auch einen Schwager hat, unterhält doch jede Person in einer sozialen Gruppe zugleich mehrere Arten von Beziehungen. Einzig der letztgenannte Einwand hält einer genauen Prüfung stand. Die Frage, ob es sich bei der Jaguar-Gattin im Feuermythos der Gé um eine Indianerin oder um einen weiblichen Jaguar handelt, wurde definitiv erst von T. Turner beantwortet[240]. Er stellte sie nämlich direkt an seine Indianer-Informanten. Die Antwort war einhellig: Die Gattin des Jaguars ist selbst ein Jaguar. Nicht nur stimmen alle von Turner gesammelten Varianten in diesem Punkte überein, auch unter den sechs von Lévi-Strauss vorgestellten Fassungen ist bekanntlich nur eine, die von einer Indianerin spricht. Aber selbst in dieser einen Fassung ähneln die Tätigkeiten der ehemaligen Indianerin und das Vokabular, in dem sie wiedergegeben werden, mehr denen eines Raubtiers als denen eines Menschen. Und auch die Gesten der Mythenerzähler sind im Verlauf der Rezitation unmißverständlich. Turner berichtet, daß beim Vortrag das Fletschen der Zähne, das Knurren und Fauchen, das Ausstrecken der Tatzen, kurz alle Handlungen der Wildkatzen, die den Menschen Angst einflößen, sehr naturalistisch nachgespielt werden. Ist die Jaguargattin aber ein Tier, dann wird die Hypothese von Lévi-Strauss hinfällig, derzufolge die Menschen in den Besitz des Feuers gelangen, weil sie zuvor dem Geber des Feuers, dem Jaguar, selbst etwas gegeben haben: eine Frau.

## Die Rückkehr zum Einzelmythos: Turner

Die Arbeit von Turner verdient, wie bereits angekündigt, noch in anderer Hinsicht unsere Aufmerksamkeit. Es ist wahrscheinlich die bisher beste ethnographische und zugleich strukturale Analyse eines einzelnen Mythos. Ihr Sujet ist der Mythos vom Ursprung des Küchenfeuers, wie er bei den Kayapo, einer Gé-Gruppe, tradiert wird. Sowohl in der Interpretation wie in der Methodik verfeinert sie den strukturalen Ausgangspunkt von Lévi-Strauss. An manchen Stellen weicht sie von ihm programmatisch ab. Nach Turner sind Mythen als Ganzes gesehen gesellschaftliche Metaphern, die nicht nur statische, sondern auch generative Aspekte des sozialen, kulturellen und produktiven Lebens einer Gruppe symbolisch wiedergeben. Die Geschichte vom Ursprung des Feuers ist letzten Endes die symbolische Übertragung des Traumas der Sozialisation, das exemplarisch am kollektiven Subjekt des mythischen Helden, dem ausgesetzten Vorgelnestausheber, vorgeführt wird.

Wie der Titel seiner Arbeit bereits ankündigt – *Myth as Model* – versteht Turner den Mythos vom Ursprung des Feuers als ein gesellschaftliches Modell. Dieser Gedanke ist indes nicht neu. Er wurde bereits früher von Leach und Auger für jeweils andere Beispiele explizit ausgesprochen. In den Augen von Auger erfüllen die Mythen die gleiche Aufgabe wie die wissenschaftlichen Modelle: »Sind sie [die Mythen] nicht auch Modelle, dazu bestimmt, die großen Naturphänomene oder die biologischen und sozialen Tatsachen verstehbar zu machen?[241]« Die Mythen sind die Modelle der Eingeborenen.

Der Feuermythos der Gé-Gruppe Kayapo besteht in groben Zügen aus zwei eigenen, doch aufeinander bezogenen Geschichten, von denen die eine die Abenteuer eines in die außermenschliche Welt verschlagenen Jungen erzählt, die andere die Akquisition des Küchenfeuers. Die Parallelität der beiden Geschichten ergibt sich aus vergleichbaren Übergängen. In der einen tritt ein Junge heraus aus dem Naturzustand als Kind im Schoß der uxorilokalen Nuklearfamilie und erreicht nach einer Reihe von Erlebnissen den kulturellen Stand des Erwachsenen und vollgültigen Mitglieds der Gesellschaft. In der anderen macht die Gesellschaft selbst einen ähnlichen Prozeß durch: Im Naturzustand kennt sie das Küchenfeuer nicht; erst durch den Jungen als Mittler gelangt sie allmählich in den Besitz des Feuers, welches das Abkochen von Nahrungsmitteln ermöglicht, den kulturellen Akt par excellence. Mannbarwerdung eines Jungen und Mannbarwerdung der Gesellschaft durch die Eroberung des Küchenfeuers stehen folglich als korrespondierende Übergangsphasen im Mythos nebeneinander.

Dabei macht das Feuer selbst eine Reihe von Metamorphosen durch, die mit denen des jugendlichen Helden gleichlaufen. Anfangs befindet sich das Feuer (oben) im Himmel, unerreichbar für die Menschen, in Gestalt der Sonne. Es ist rund. Die Kraft der Sonne als Küchenfeuer reicht soeben, um rohes Fleisch zu erwärmen, zum Kochen selbst taugt es nicht. Diese Funktion kann erst das Jaguarfeuer übernehmen, das (unten) auf der Erde brennt, in Gestalt eines Holzklotzes vom jatoba-Baum (hymenea). Das Jaguarfeuer brennt folglich an einem Stück, das ebenfalls rund ist. Das jatoba-Holz wie sein Harz sind von dunkelroter Färbung, ein Indiz dafür, daß das Küchenfeuer des Jaguars, obwohl für den kulturellen Akt des Kochens geeignet, roh ist. Das im vollen Sinne kulturelle Feuer ist erst das beim Jaguar geraubte Feuer der Menschen, auf dessen Spur der Held die Indianer bringt. Es ist ein sozialisiertes Feuer: Nachdem die Menschen es von der Wohnstatt des Jaguars an der Peripherie der Welt zum zentralen Dorfplatz getragen haben, holen sich die Frauen davon für jeden einzelnen Haushalt einen eigenen Anteil. Zunächst zentralisiert, wird das Feuer in der Folge unter den Menschen distribuiert, es wird zum vergesellschafteten Objekt.

Dieser fortschreitende Prozeß in den Verwandlungen des Feuers vom Zustand der Natur in den der Kultur wird lanciert durch den parallelen Prozeß in der Entwicklung des mythischen Helden. Anfangs sitzt er auf einem Baum (oben); physisch wie sozial ist er unterentwickelt: er hungert und ist allein. Auf die Erde zurückgekehrt (unten), entwickelt er sich dank der Unterstützung seines Adoptivvaters Jaguar schrittweise zum Mann: zunächst physisch; durch gutes Essen, vor allem gegrilltes Fleisch, wird er groß und stark. Sodann erlernt er die prototypischen Tätigkeiten des erwachsenen Indianers: In Begleitung des Jaguars übt er sich in der Kunst der Jagd, bis dieser ihm schließlich die materiellen Insignien des Mannes überträgt, Pfeil und Bogen. Bei seiner Rückkehr ins Indianerdorf bringt er den Menschen das Küchenfeuer, das höchste Zeichen der Kultur. Damit aber erreicht er die Endstufe einer gesellschaftlichen Identität: Er wird ins Männerhaus aufgenommen.

Wie sehr der Mytheninterpretation eine genaue Kenntnis der Ethnographie förderlich ist, hatten wir bereits am Beispiel des Asdiwal-Mythos der kanadischen Tsimshian-Indianer feststellen können. Am Feuer-Mythos der Kayapo wird dies durch die Arbeit von Turner erneut in aller Deutlichkeit sichtbar: Ohne Ethnographie – keine Mytheninterpretation; je reicher das ethnographische Material – desto besser die Voraussetzungen für eine objektivierbare Deutung. Ich erwähne hier nur ein paar vorrangige Fälle, an denen die direkte Verschränkung von Mythologie und Ethnographie offenbar wird. Wie Turner zeigt, handelt der Mythos über den Ursprung des Küchenfeuers zugleich von dem vielleicht wichtigsten und traumatischsten Übertritt eines männlichen Kayapo-Indianers aus einer Lebensphase in die nächste, nämlich vom Übertritt aus der Phase der Kindheit in die des erwachsenen Mannes.

Die erste in sich abgeschlossene Episode des Mythos, die Arara-Episode, stellt in der symbolischen Sprache des Mythos die entscheidende Testfrage an den Jungen: ob er erwachsen werden möchte oder nicht. Da er im Auftrag seines großen Schwagers einen Baum erklettert hat und nun die dort in einem Nest befindlichen jungen Araras ausheben und herunterwerfen soll, hat er sich in das Dilemma der Entscheidung dieser Frage begeben. Er steht am Scheidewege. Würde er die Araras wie gewünscht seinem Schwager herunterwerfen, so bliebe alles beim alten: Der Schwager würde ihm die Leiter nicht umstoßen, er könnte unversehrt wieder vom Baume herabsteigen und nach Hause zurückkehren; nach Hause heißt: in den maternalen und sororalen Haushalt seiner Herkunft.

Bedingt durch die uxorilokale Marital-Residen verbringen die Kayapo die Phase der Kindheit in ebendieser Umgebung, bevor sie etwa im Alter von 8 Jahren temporär ins Männerhaus im Zentrum des Dorfes übersiedeln. Diese intermediäre Phase wird im Anschluß an die Heirat durch die definitive Übersiedlung in den Haushalt der Frau (uxorilokale Residenz) abgelöst. So kehren die Kayapo vom natalen Haushalt der Mutter an der Peripherie des Dorfes über den neutralen Ort des Männerhauses in der Mitte an die Peripherie zurück, diesmal in den affinen Haushalt der Gattin (s. umseitige Skizze). Zwischen dem Übertritt ins Männerhaus und der »Konsumption« der Heirat, also der Übersiedlung in den uxorilokalen Haushalt, liegt meist eine Spanne von ca. 10 Jahren, innerhalb derer auch die eigentliche Initiation stattfindet[242]. Die weiblichen Kayapo dagegen verbleiben stets in ihrem natalen Haushalt. Das bedeutet: Für einen Kayapo ist der maternale Wohnsitz zugleich der sororale. Wenn die Schwester eines noch im maternalen Haushalt wohnenden Indianerjungen heiratet, so lautet die Regel, daß er das Haus mit der Ankunft des Schwagers verläßt. In der Tat ist die Beziehung zwischen Schwägern von latenten Spannungen überschattet. Sie können indes durch den Übertritt des unverheirateten Bruders (der Gattin eines in den uxorilokalen Haushalt einziehenden Mannes) ins Männerhaus abgeschwächt werden. Schwäger gehen sich aus dem Wege. Ein Kayapo vermeidet es, das Haus seiner verheirateten Schwester überhaupt zu betreten, wenn ihr Gatte anwesend sein könnte. Ganz anders die Beziehungen zwischen Schwägerinnen. Sie ist durch betonte Freundschaftlichkeit gekennzeichnet. Besuche einer Frau bei ihrer Schwägerin (im uxorilokalen Haushalt ihres Bruders) sind sehr häufig.

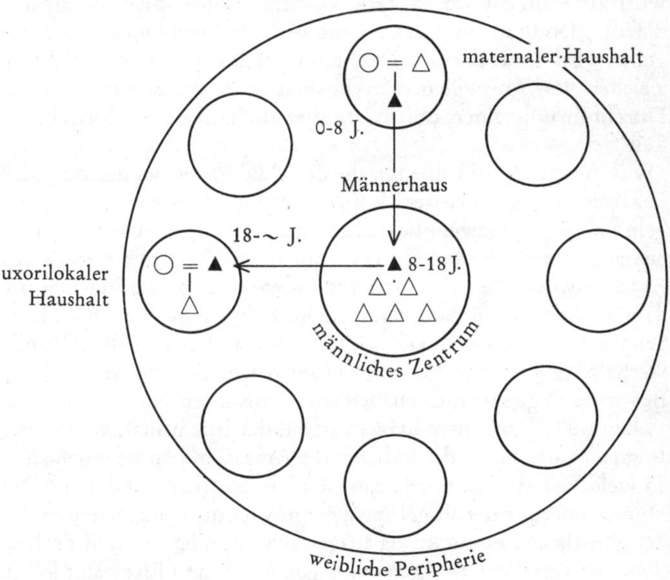


*Residenzen im Lebenszyklus eines männlichen Kayapo*

Der Held des Feuer-Mythos befindet sich in einer Situation, wo er der gesellschaftlichen Erwartung nach den Haushalt seiner

Schwester verlassen müßte. Denn sein Schwager lebt bereits bei ihr. Aus diesem Grund ist das Herabwerfen der jungen Araras für den Helden der Geschichte sozial gesehen unmöglich: Es käme der Erklärung gleich, sich zur ewigen Kindheit zu verdammen und präziser: die inzestuösen Implikationen heraufzubeschwören, die eine Rückkehr an den Herd der Schwester beinhaltete. Folgerichtig wirft er daher statt der gewünschten Vögel einen Stein vom Baum herab, der dem Schwager die Hand zerbricht. Voll Zorn stößt dieser die Leiter um und vereitelt so definitiv die Rückkehr des Jungen ins Haus der Schwester. Das Zerbrechen der Hand des Schwagers mittels des geworfenen Steins ist ein metonymischer Akt des Zerbrechens der Beziehungen zum Wohnsitz der Kindheit. Linguistisch wird diese Verknüpfung durch die Homophonie der beiden Wörter »Hand« (ikra) und »Mein Kind« (i-kra) in der Sprache der Kayapo sinnfällig[243]. Und was den Vortrag der Steinwurfszene angeht, so ist nach Turners Beobachtung auffallend, daß die Handlung des Jungen ohne affektive Beteiligung wiedergegeben wird. Das bedeutet: Der Steinwurf des Helden wird nicht als Zeichen von Mutwillen oder Bosheit gewertet, sondern als die Durchführung einer objektiven gesellschaftlichen Notwendigkeit[244].

Was nun die Araras anlangt, die der Held in der Baumkrone ausheben soll, so ist es wieder die Ethnographie, die zwischen den Vögeln und seinem augenblicklichen Zustand, den es für ihn zu verlassen gilt, eine direkte Korrespondenz eröffnet. Die Federn des Arara, insbesondere des roten (màn), werden von zahlreichen Indianerstämmen Südamerikas zur Herstellung zeremonialer Schmuckstücke besonders hoch geschätzt. Dies ist der Grund, weshalb die Indianer Araras gewissermaßen als Haustiere halten. Bevor sie flügge werden, heben sie sie aus ihren Nestern aus und ziehen sie auf. In einem Dauerzustand der Infantilität, wenn man so sagen darf, halten die Indianer die Araras, indem sie ihnen stets so viele Federn ausreißen, daß sie nicht fortfliegen können. Die Domestizierung der Vögel speziell im Alter des Flüggewerdens ist der günstigste Zeitpunkt, da ausgewachsene Vögel sich nur selten ohne schwere Verletzungen einfangen lassen und Eier nicht leicht durchzubringen sind. Das Alter der Araras zum Zeitpunkt ihrer Domestizierung wie auch der Zustand, in dem sie dann als Haustiere ständig gehalten werden, sind somit ein unmittelbarer Ausdruck der Phase, in der sich der Vogelnestausheber am Anfang der

Geschichte selbst befindet: Sie stehen an der Grenze von Kindheit zum Erwachsensein. Zugleich sind sie die Symbole des verhinderten Übergangs von der einen in die andere Altersphase[245].

Der zweite Hauptabschnitt des Mythos, die Jaguar-Episode, sowie die übrigen, die folgen, beschäftigen sich gemäß der Turnerschen Deutung vor allem mit der Durchführung dessen, wozu sich der Held in der ersten durch seine Weigerung, dem Schwager Araras vom Baume herabzuwerfen, entschieden hatte: ein Mann zu werden. Um voll verstanden zu werden, verlangt die Jaguarepisode wie alle anderen nach einer Anzahl ethnographischer Aufklärungen, etwa der: Wie sehen die Kayapo-Indianer den Jaguar? Nach den Informationen von Turner ist ihre Haltung zu diesem Raubtier ambivalent. Auf der einen Seite fürchten sie den Jaguar; er ist die größte Gefahr und Herausforderung des Menschen; er ist die anti-soziale Bestie schlechthin. Auf der anderen Seite bewundern sie ihn; der Jaguar verkörpert mit seinem Mut, seiner Stärke, seiner Verwegenheit und Aggressivität Eigenschaften, die unter den erwachsenen Männern zu den erstrebenswertesten zählen. Diese Eigenschaften sind es auch, weshalb bei den Kayapo männliche Jugendliche in dem Alter, da sie ins Männerhaus übersiedeln, bevorzugtermaßen das Fleisch von Jaguaren verzehren. Denn man glaubt an die Übertragung von Mut und Stärke durch diesen Akt der Inkorporation. Die Kayapo feiern ein eigens für diese Übertragung vorgesehenes, rituelles Fest, das Jaguarfest der Jungen. Höhepunkt ist das Verzehren eines erlegten und dann auf einem großen Feuer gerösteten Jaguars durch eine Jungengruppe im Initiationsalter. Am nächsten Morgen kehrt die Gruppe tanzend in das Dorf zurück. Der Tanz ist der gleiche, den heimkehrende Krieger aufführen, wenn sie einen menschlichen Feind getötet haben. Was für die bezeichnete Gruppe von Jugendlichen nützlich ist – der mythische Held wäre auch zu ihr zu rechnen –, ist für alle anderen Gruppen der Gesellschaft schädlich. Vor allem für Frauen und Kinder gilt das Verzehren von Raubtierfleisch als äußerst harmvoll. Es führt zu einem Rausch, aybanh, in dem der Mensch den Verstand verliert. Es schwindelt ihn, er taumelt, er verwechselt Dinge und trägt sie an den falschen Ort, er zeigt sich willenlos und ohne Gründe aggressiv. In ernsten Fällen führt der aybanh-Zustand in den Wahnsinn und manchmal in den Tod[246]. Einzig die im Initiationsalter befindlichen Jungen sind von dieser Gefährdung frei.

Die Ambivalenz, mit der die Kayapo-Indianer aus den Belegen der Ethnographie dem Jaguar begegnen, wirft ihre Schatten auch auf den Feuer-Mythos. Hier wird sie durch das gegenteilige Verhalten des männlichen und des weiblichen Jaguars zum Helden dokumentiert. Der männliche Jaguar erweist sich dem Helden gegenüber als freundlich, der weibliche als feindlich. Zur selben Zeit reflektiert das gegensätzliche Verhalten der tierischen Adoptiveltern des Jungen tatsächliche Standardbeziehungen unter Verwandten in der Gesellschaft der Kayapo. Die Vater/Sohn-Beziehung wird dort als sehr eng und herzlich beschrieben, deren emotionale Qualität die im Alter der Reife notwendige Trennung besonders erschwert. Diesen latenten Widerspruch zwischen aktueller Zuneigung und strukturmäßig unabwendbarer Separation von Vater und Sohn nennt Turner das uxorilokale Dilemma[247].

Um die Trennung zwischen beiden, das heißt den Austritt des Jungen aus dem elterlichen Haushalt zu erleichtern, haben die Kayapo eine geschickte Zwischenlösung erfunden: die Institution des Ersatzvaters. Dies ist eine Rolle, die ein nicht verwandter Mann dem Jungen gegenüber annimmt, wenn dieser ins Männerhaus übersiedelt. Der Ersatzvater erfüllt vor allem die Funktion des Mentors in rituellen Fragen. Seine emotionale Bindung an den Jungen ist im Vergleich zu der des Vaters erheblich lockerer. Der mythische Jaguar verkörpert in gewissem Grade beide dieser Rollen, die des zärtlichen Vaters und die des instruktiven Ersatzvaters (er macht den Helden mit dem Küchenfeuer vertraut, er lehrt ihn das Bogenschießen). Die reale Vater/Sohn-Beziehung unter den Kayapo trägt keine ödipalen Züge.

Der Agent der Ordnung und der Disziplin ist der Herr des Hauses: die Mutter. Die Haushalte im Kayapo-Dorf, die konzentrisch um das Männerhaus gruppiert sind, sind ausschließliche Domäne der Frauen. Domänen der Männer sind das Männerhaus und das freie Jagdgebiet außerhalb des Dorfes. Im uxorilokalen Haushalt beschränkt sich der Einfluß des Vaters auf schlichtende und zugunsten des Sohnes intervenierende Aufgaben, genau wie im Mythos. Und der Mythos ist es auch, der das Kayapo-Äquivalent zum mythischen Vatermord unserer Gesellschaften gibt: Der Held des Gé-Mythos tötet im Augenblick dramatischer Zuspitzung seiner Entwicklung zum Mann mit einem einzigen Pfeilschuß die Gattin des Jaguars, seine (Adoptiv-)Mutter. Diese Inversion des ödipalen Grundaktes basiert auf einer Umkehrung der Rollen, wenn man von den europäischen Gesellschaften zu den Kayapo übergeht. Der mythische Muttermord ist ein symbolischer Akt der Mannbarkeit des Helden: Indem er den stellvertretenden Hauptagenten seiner eigenen Vergangenheit im maternalen Haushalt beseitigt, die Ersatzmutter, schießt er sich buchstäblich den Weg endgültig frei für seine eigene Zukunft und Destination: für den Eintritt ins Männerhaus[248].

Wir sehen: Der Kayapo-Mythos vom Ursprung des Küchenfeuers ist eine dramatische, aber letztlich positive Sozialisationsanleitung. Sie führt vor, wie einer einmal ein Mann wurde; sie lehrt, daß man ein Mann werden muß; sie bestätigt die Gültigkeit des standardisierten Lebenszyklus. Nicht umsonst wird der Mythos vornehmlich als eine Art Erziehungslehrstück zur Bettzeit den Kindern erzählt[249].

Die mythologische Arbeit von Turner liefert nicht nur eine neue und tiefergreifende Interpretation des Kayapo-Mythos vom Ursprung des Küchenfeuers, sie enthält zugleich eine Reihe neuer methodischer Programmpunkte, die der Überlegung wert sind. Die Beschränkung der strukturalen Analyse auf einen einzelnen Mythos ist für diese methodischen Absichten nur das offenkundigste Manifest. In der Tat ist es Turner, der den Transformationsbegriff nach innen verlegt hat, auf den überschaubaren Raum des singulären Mythos. Er setzt, wenn man so sagen darf, dort ein, wo die Lévi-Strausssche Mythologie begonnen hatte, wobei er sich der Mittel bedient, die sie am Ende ihres Progresses für eine andere Materie entwickelt hatte. Denn wie erwähnt begann die strukturale Mythenanalyse ihren Gang mit der Untersuchung des einzelnen Mythos, auf der Suche nach formalen Eigenheiten, in welche die diversen Botschaften eingebettet sind. Sodann suchte sie nach Beziehungen, die der Mythos mit der sozialen, wirtschaftlichen und ökologischen Umgebung unterhält, aus der er stammt. Schließlich erweiterte sie das Feld mit der Einführung des Transformationsbegriffs: Die strukturale Mythenforschung wurde komparativ, ohne den Begriff des mythischen Systems aufgeben zu müssen. Am Ende dehnten sich die Vergleiche so sehr aus, daß selbst Mythen zweier Kontinente in einem gemeinsamen System Platz fanden.

Turner verbindet Ausgangspunkt und Endpunkt dieser Démarche. Er schraubt den Transformationsbegriff zurück und wendet ihn auf den Einzelmythos an. Aus Vorsicht, denn für ihn bedeutet die Verlegung des Vergleichs auf eine Mikro-Ebene der einzige Garant dafür, den Kontakt zur spezifischen kulturellen Bedeutung von Mythen nicht zu verlieren. Erst nachdem man eine Anzahl besonderer mythischer Strukturen auf dem umgrenzten Niveau der Einzelerzählung elaboriert habe, die dann als Modelle dienen könnten, sei es möglich, zur eigentlichen komparativen Mythologie überzugehen[250]. Der Strukturalismus habe sich bisher darauf beschränkt, nachzuweisen, daß man in Mythen Strukturen auffinden kann; worauf es aber ankomme, sei zu zeigen, wie die Strukturen in jedem der Fälle genau aussehen. Eine adäquate Bestimmung des Strukturbegriffs müsse im einzelnen Mythos ihren Ausgangspunkt nehmen. Es ist daher nur folgerichtig, wenn Turner Strukturen von Mythen nicht mit denen anderer vergleicht, sondern nach Strukturen innerhalb eines einzigen Mythos sucht und diese dann miteinander vergleicht. Unter Strukturen versteht er die formalen Aspekte sinnvoller Beziehungen unter den symbolischen Elementen des Mythos[251].

Die strukturtragenden Einheiten des Mythos nennt Turner elementare Bedeutungsbündel (elementary significant clusters). Sie sind nach seiner Aussage nicht scharf definierbar, aber in jedem Mythos vom Zuhörer deutlich auszumachen und abzugrenzen. Bei Turner fallen faktisch die elementaren Bedeutungsbündel mit abgeschlossenen Episoden oder Unterepisoden zusammen. Im Kayapo-Mythos vom Ursprung des Feuers etwa unterscheidet Turner folgende elementare Bedeutungsbündel: In der Arara-Episode die Untereinheiten: Antrag des Schwagers; Ereignisse der Arara-Episode; Lage des Helden im Arara-Nest; in der Jaguar-Episode, die Untereinheiten: Begegnung zwischen Helden und Jaguar; Leben im Hause des Jaguars; und die abschließenden Episoden: Rückkehr ins Dorf; Raub des Feuers. Als synoptische Bündel oder wie Turner sagt: Paradigmata, die die Ereignisse der einzelnen Episoden in sich aufnehmen, werden die Verwandlungen des Feuers und die Verwandlungen des Jungen aufgefaßt. Jedes der einzelnen Bündel besitzt eine eigene Struktur, deren Schema Turner in jedem einzelnen Falle nachzeichnete[252].

Die sensationelle Entdeckung, die er dabei machte, war die, daß sich die Strukturen aller Bündel untereinander als entweder vollkommen identisch erwiesen oder daß sie nur geringfügig voneinander abwichen. Alle elementaren Bedeutungsbündel des Feuer-Mythos haben die gleichen strukturalen Koordinaten. Sie alle sind Permutationen eines gemeinsamen *generischen Musters* (generic pattern). Diese »Struktur der Strukturen« ist als die hierarchisch gesehen oberste Stufe, als die Struktur des ganzen Mythos zu begreifen. Jede Episode oder Unterepisode des Mythos nimmt so den Charakter einer Transformation des gemeinsamen generischen Musters an. Bei Turner dient also der Transformationsbegriff dazu, die vollkommene oder relative Isomorphie der einzelnen elementaren Bedeutungsbündel untereinander und zum allgemeinen Muster im Rahmen eines einzigen Mythos zu kennzeichnen[253].

Ein anderer Typ von Isomorphie indessen, auf den Turner in seinen mythischen Studien stieß, ist uns bereits bekannt: der zwischen Mythos und ethnographischer Realität. Sein eigener längerer Aufenthalt bei den Kayapo ermöglichte es ihm, die Zahl der Entsprechungen zwischen den beiden Bereichen auf ein Maximum auszudehnen. Er konnte zeigen, daß zahlreiche Züge der gesellschaftlichen Organisation, wie etwa die Standard-Beziehungen zwischen Vater und Sohn, Ersatzvater und Sohn, Mutter und Sohn, Ersatzmutter und Sohn, Bruder und Schwester, zwischen Schwägern, zwischen Schwägerinnen und zwischen Mann und Frau ihr direktes Echo in den entsprechenden Personenbeziehungen des Mythos finden. Aber auch produktive und reproduktive Schlüsselprozesse der sozialen Struktur werden bisweilen direkt, bisweilen in symbolischer Verkleidung im Mythos gespiegelt, so z. B. die Passage des männlichen Kayapo vom Kindesalter in die Erwachsenenwelt, einem keineswegs problemlosen Prozeß, da er mit dem zweifachen Wechsel des Wohnsitzes und der Umorientierung in den Beziehungen zu Personen verknüpft ist.

Die im Mythos verwendeten Symbole, die zur Verdichtung und Verschlüsselung der Botschaften dienen, weisen zur ethnographischen Realität eine derartig enge Beziehung auf, daß Turner imstande war, eine regelrechte »Ethnographie von Symbolen« für den Kayapo-Mythos vom Ursprung des Küchenfeuers zu schreiben. Darin figurieren die Arara-Jungen, der Jaguar, der jatoba-Baum, der geworfene Stein, der Schatten des Helden, die Exkremente des Jungen, Pfeil und Bogen als die wichtigsten materiellen Objekte mit symbolischem Wert. Es zeigte sich dabei, daß ein- und dasselbe Symbol innerhalb eines einzigen Mythos unterschiedliche Bedeutungen annehmen kann. Die Arara z. B. bezeichnen in der Anfangsszene die eigene Situation des Helden; in der Szene, wo er seine Exkremente verspeist, bezeichnen sie dagegen die Identität seiner Vergangenheit[254]. Turner bestätigt mit dieser

Beobachtung nur eine der Grundeinsichten der neueren Mythenforschung: Symbole sind flexibel. Die ihnen zugeordnete Bedeutung ist weitgehend arbiträr und nur aus dem augenblicklichen Zusammenhang zu bestimmen. Es sind Zeichen, fast im klassischen Verständnis von de Saussure. Es läßt sich leicht nachweisen, daß das gleiche auch für die Symbolik der Träume gilt, den kodierten Mythen des Individuums.

Ein letzter Punkt, den man als eine Erweiterung der strukturalen Mythenforschung durch Turner hervorheben muß, ist die Hinwendung des Augenmerks auf die affektive Struktur eines Mythos[255]. Teil dieser Struktur sind einerseits die emotionalen Äußerungen während des mythischen Vortrags, sowohl die der Erzähler als die der Zuhörer. Dazu zählen Ton und Motorik der Sprache, körperliche Gesten, Exklamationen aller am mythischen Vortrag Beteiligten. Teil dieser Struktur sind aber auch die emotionalen Äußerungen der Charaktere im Mythos selbst. Zusammen bilden sie das Muster der affektiven Erwartungen, die der Mythos weckt.

Ich komme zum Abschluß. Die vorgebrachten Kritiken gegen die strukturale Mythenanalyse haben diese nicht erschüttern können. Entweder waren sie so allgemein gehalten, daß die Gegenstände, an denen sie sich zu stoßen glaubten, unter der Hand eben dieser Kritiken zu undeutlichen Schemen zerrannen, oder sie waren speziell: dann erwiesen sich die Vorwürfe als zutreffend eher auf die, die sie erhoben hatten, als auf die, gegen die sie gerichtet sind. Was bleibt, sind die internen Fragen der strukturalen Forschung; allen voran die bereits angedeutete: Wird es in der näheren Zukunft sinnvoller sein, den Wert des Strukturbegriffs und in seiner Folge den der Transformation am einzelnen Mythos zu testen oder an einem komplexen und weitverzweigten Material. Die erste der Alternativen erscheint in jedem Fall als die gangbarere. Sie bietet den Vorteil leichter Überschaubarkeit und kommt so näher heran an die Eigenschaften des Modells. Zudem ist es kaum denkbar, sich jemanden vorzustellen, der sich an ein ähnlich gigantisches Unternehmen heranwagte wie die *Mythologiques*, um letztlich nur herauszufinden, ob die Ergebnisse der einen auch auf andere Großräume übertragbar sind.

Indem nun mit Turner der Transformationsbegriff ins Innere des einzelnen Mythos gelangt ist, schafft er seine Existenz im Außen keineswegs ab. Die vielen von Lévi-Strauss vorgeführten Beispiele dürften für den Nachweis seiner Nützlichkeit als eines Mittels reichen, die Zusammengehörigkeit einer Pluralität von Mythen unterschiedlicher Herkunft herzustellen. Zugehörigkeit zu einem System wiederum muß letztlich geschichtliche Ursachen haben. Und hier entdecke ich eine weitere Funktion, die der Transformationsbegriff auszufüllen imstande ist: eine Verbindung von Struktur zur Geschichte, von synchronischer zu diachronischer Betrachtung zu eröffnen. Als einen Start in diese Richtung verstehe ich meine semiologische Analyse des Trivialmythos Shangri-La[256]. In der besagten Arbeit ging es mir darum, Transformationen nicht nur bezüglich des aktuellen Materials, also formal und inhaltlich, zu bestimmen, sondern ganz strikt auch darum zu belegen, *wann* ein Mythos sich *wie* umwandelt. Für den besonderen Fall des Shangri-La-Mythos konnte ich vorführen, daß aus einer ursprünglich asiatischen Paradiesesvorstellung sich zu einem ganz bestimmten Zeitpunkt eine westliche Romanmythe entwickelte, die sich dann etappenweise von der Ebene der Sprache auf eine visuelle Ebene als Film, Musical, Flipper, Ferienparadies, etc. verlagerte. Für jede der sukzessiven Umwandlungen konnte ich eine genaue Datierung angeben, sowie eine Aussage darüber machen, welche der Varianten welche tatsächlich beeinflußt oder sogar hervorgerufen hatten. Man könnte natürlich einwenden, daß ein genetischer Transformationsbegriff tautologisch sei, eben weil die Tatsache einer Transformation letztlich nur historisch erklärt werden kann. Gewiß. Aber wenn ich für ein konkretes set von Varianten zu den Verwandlungen der Gestalt eine genaue Chronologie ihrer Transformationen mitliefern kann, so enthebe ich mich ein für allemal den Vorwürfen, den Transformationsbegriff nur für die formalen Aspekte der Umwandlungen eines Materials zu reservieren.

Noch eine letzte Bemerkung. Es hatte bisher so den Anschein – und das vorliegende Buch bekräftigt dies – als sei die strukturale Forschung mehr oder minder die Arbeit eines einzigen Mannes. Dieser Eindruck trifft, wenn man sich auf die Anthropologie beschränkt, weitgehend zu. Nicht nur stammen die meisten Impulse und Anregungen der strukturalen Anthropologie direkt von Lévi-Strauss, auch die wichtigsten Arbeiten, die diese ausführen, kommen aus seiner Feder. Ein solcher Sachverhalt ließe sich leichtfertig zu der Behauptung ummünzen, die vermeintliche Wissenschaftlichkeit des Strukturalismus sei nichts weiter als die dahin hochgespielte, subjektive Betrachtungsweise von Lévi-Strauss. Derartiges

Gerede wird in dem Grade von selbst verebben, als neue und authentische Arbeiten mit strukturalem Blick von anderen Verfassern geschrieben werden. Die Effektivität der Methode und ihre Verfeinerung wird sich mit der Multiplikation ihrer Anwendung durchsetzen. Und der Aufwand an verschenkter Intelligenz wird sich umleiten in eine aktive Produktion, sobald das Wort Struktur seine positive oder negative Anziehung eines Zauberstabs verliert, mit dem man die Dinge nur zu berühren brauchte, um sie zu erhellen. Er dient, wozu er geeignet ist: als notwendiges Verbindungsstück zwischen Inhalt und Form. Denn weit davon entfernt, die lebendige Substanz des Mythos durch die Einführung von operativen Begriffen zu zersetzen, die sein Skelett beleuchten, erlaubt die strukturale Methode erstmals, den Inhalt ihres Gegenstandes voll zu erfassen, gerade indem sie zeigt, wie seine konstitutiven Einheiten als Form organisiert sind.

# VI
# Notwendige Beziehungen

> »Structure is simple because it can be thought out, figured out, measured. It is a discipline which, accepted, in return accepts whatever, even those rare moments of ecstasy, which, as sugar loaves train hoarses, trains us to make what we make.«
>
> John Cage, *Lecture on Nothing*

Mir scheint, jetzt, da das Ende der Arbeit erreicht ist, der geeignete Zeitpunkt gekommen, für einen Moment ganz an ihren Anfang zurückzukehren, ich meine zum Titel. Auf den ersten Blick mag dem Leser der Ausdruck *notwendige Beziehungen* vage, von dunkler Gewichtigkeit, abstrakt und mehrdeutig vorkommen: eine Hilfslösung oder ein verschlüsseltes Versprechen. Es ist keines von beiden. Der Titel gibt vielmehr genau die Intentionen wieder, die ich mit ihm verbinde, nämlich die kürzeste unverhüllte Formel zu liefern für das, was ihm folgt. In der Tat birgt er in seiner Schale das Programm der strukturalen Anthropologie, so, wie ich es verstanden habe.

An etlichen Stellen des Buches und in jedem einzelnen der Kapitel[1] hatte ich die Gelegenheit, Belege dafür zu erbringen, daß es zu den vorrangigen Absichten der strukturalen Anthropologie gehört, zwischen den Begriffen, welche die Phänomene der Gesellschaft beschreiben, Beziehungen zu entdecken, die nicht anekdotische Zufälle sind, die vielmehr eine Systematik aufweisen, hinter der sich eine einsichtige Kohärenz abzeichnet. Und eben das ist das Neue an dieser Art anthropologischer Forschung: den Phänomenen der verschiedenen Bereiche wie Ökologie, Ökonomie, Politik, Recht, Philosophie, Religion, Kunst, Küche, usw., die der fachlich beschränkte Partikularismus am liebsten wie solitäre Blöcke behandelt sähe, einen Zusammenhang und eine wechselseitige Interdependenz zuzutrauen, die sie zu dem funktionsfähigen Netz einer Gesellschaft flechten, das mit einer durchgängigen Logik geknüpft ist. Und wer »Logik sagt, sagt zugleich Herstellung notwendiger Beziehungen«, heißt es an einer Stelle der *Pensée sauvage*[2]. Die strukturale Anthropologie ist also eine Wissenschaft, die von der Hypothese eines logischen Arrangements der sozialen Phänomene ausgeht.

Im Anschluß an die radikale Neuorientierung der Phonologie durch die strukturale Linguistik unternahm es die Sozialanthropologie erstmals in den 40er Jahren, auch auf ihrem Terrain nach zwingenden und das bedeutet: vorhersagbaren Verhältnissen in den sozialen Tatbeständen zu forschen. Ihre ersten zusammenhängenden Entdeckungen machte sie in den Studienobjekten der Verwandtschaft und der Heiratsregeln. Sie fand heraus, daß an bestimmte Typen der Heirat *notwendigerweise* ebenso bestimmte Arten des Frauentauschs geknüpft sind, das aber heißt: prädizierbare Formen der gesellschaftlichen Kommunikation. Der bilaterale Typ der Kreuzkusinenheirat zieht unausweichlich das System des eingeschränkten Frauentauschs nach sich und der matrilaterale Typ das System des verallgemeinerten Tauschs, während die patrilaterale Kreuzkusinenheirat eine wirkungslose Mischform aus beiden ergibt. Die Form der gesellschaftlichen Kommunikation, die Verbindung sozialer Gruppen über den Weg des Austauschs von Frauen wurde so – zumindest auf der Ebene des Modells und gültig für die Grundformen der Verwandtenheirat – als eine strukturmäßige Folge begriffen einer im Heiratstyp selbst angelegten Determination.

Zugleich wurde deutlich, daß eine elementare Verwandtschaftsstruktur nicht aus der Blutsverwandtschaft allein zu definieren ist: zum Verwandtschaftsatom gehört eine Beziehung der Allianz unmittelbar hinzu. Die kleinstmögliche Struktur der Verwandtschaft setzt sich danach aus vier Personen zusammen: einem Mann, einer Frau, einem Kind und einem Vertreter der Gruppe, aus welcher der Mann seine Frau bezogen hat. Die Beziehungen, die sich innerhalb dieses Personenkreises etablieren, der im übrigen alle drei Grundforderungen der Konsanguinität, der Allianz und der Abstammung erfüllt, sind unabhängig von ihrem Typ, im Gleichgewicht: Bestimmte negative Haltungen werden durch andere Haltungen ausgeglichen, die *notwendigerweise* positiv sind. Darf man von den vier konstitutiven Beziehungen des Verwandtschaftsatoms, Gatte/Gattin, Vater/Sohn, Bruder/Schwester, Onkel/Neffe eine Haltung der gleichen und eine der alternierenden Generationsebenen als bekannt voraussetzen, so lassen sich die Qualitäten der anderen beiden vorhersagen.

Nach diesen ersten Erfolgen in den Kommunikationsmustern der Verwandtschaft dehnte die strukturale Anthropologie in den 50er und 60er Jahren das Feld ihrer Systemforschungen weiter aus: auf die Denkkategorien oder Klassifikationen und vor allem auf die Mythen. Und wieder, um nicht zu reden von den vielen faszinierenden Erhellungen und überraschenden Einsichten am Rande, wurden die Umrisse intelligibler Konstruktionen sichtbar, geistiger und materieller Produkte der Kultur, die als in sich geschlossene Systeme auf den Fundamenten der Logik erbaut und daher auch mit ihr erfaßbar sind. So wäre es, um die gewohnte Blickrichtung einmal umzukehren, einem Indianer vom Amazonas z. B. möglich, dem man die zueinander parallelen Prinzipien der englischen Sexualvorschriften und Speiseverbote erklärt hat, für jedes beliebige Tier, bzw. jede beliebige Person vorherzusagen, ob sie auf der fernen Insel im nördlichen Atlantik tabu sind oder nicht, entsprechend ihrem Standort in der kategorialen Zuweisung (s. S. 165/169). Aus den Mythen endlich erschloß Lévi-Strauss durch jahrelange detaillierte Untersuchungen Sätze – oder sagen wir ruhig Gesetze – der Isomorphie und der Transformation, die sowohl für den einzelnen Mythos wie für ganze mythische Systeme Aussagen erlauben über das, was sich innerhalb einer jeweils definierten Gesamtheit *erwartungsgemäß* abspielen wird. So wurden auch für den Bereich der Mythologie Vorhersagen möglich.

Vor der strukturalen Anthropologie waren es vielleicht nur die Arbeiten von Marx, der zwischen den materiellen Produktivkräften und den gesellschaftlichen Produktionsverhältnissen *notwendige Wechselwirkungen* entdeckt hatte[3], wo in einer Wissenschaft vom Menschen der Gedanke an eine Kohärenz der sozialen Tatbestände bis zum Beweis notwendiger Beziehungen reifte. »Der Strukturalismus schlägt den Humanwissenschaften ein epistemologisches Modell vor, von einer Kraft, die mit der Kraft derer nicht zu vergleichen ist, die sie bislang zur Verfügung hatten. Er entdeckt in der Tat hinter den Dingen eine Einheit und Kohärenz, die die einfache Beschreibung der Fakten nicht offenbaren konnte, ... Indem er das Niveau der Beobachtung wechselt und diesseits der empirischen Fakten die Beziehungen, die sie vereinen, betrachtet, stellt er fest und verifiziert, daß diese Beziehungen einfacher und besser verständlich sind als die Dinge, zwischen denen sie sich etablieren.[4]« Der Strukturalismus kennt nach dieser selbstbewußten Äußerung also nicht nur sein Objekt und seine Ziele, er kennt auch seinen Standort oder, um das Bild aus der Einleitung (S. 12 f.) wieder aufzugreifen: er sieht nicht nur die Landschaft, die sich vor ihm ausbreitet, sondern auch den Blickpunkt, von dem aus er sie betrachtet. Er ist wie selten eine wissenschaftliche Richtung zuvor um ein epistemologisches Selbstverständnis bemüht. Dabei behauptet er, daß seine Analysen letzten Endes gar nicht seine eigenen Erfindungen seien, höchstens seine Funde. Nach seiner Überzeugung ist die strukturale Arbeitsweise eine reflektorische Antwort auf genau die Objekte, denen er sich zuwendet. In gewissem Sinne bilden sich die Objekte in der Methode, sie zu erfassen, selber ab. »Die strukturale Analyse, die manche zu einem überflüssigen und dekadenten Spiel herabmindern, kann im Geiste nur auftauchen, weil ihr Modell bereits in seinem Körper ist.[5]« Wenn dies zutrifft, dann darf die strukturale Tätigkeit naturgemäß eine Objektivität beanspruchen, die etwas von der der Objekte selbst in sich trägt.

Unabhängig von dem erklärten Ziel, in den gesellschaftlichen Erscheinungen *notwendige Beziehungen* ans Licht zu bringen, vollzog die strukturale Anthropologie mit ihrer Entscheidung, das eigene Fach innerhalb der Wissenschaften selbst neu zu orten, einen folgenreichen Schritt. Die Sozialanthropologie wird, um es kurz zu sagen, seit 1960 vom Strukturalismus als eine Branche der Semiologie verstanden. Seit den ersten visionären Entwürfen von Saussure hat die Semiologie zum Gegenstand: das Leben der Zeichen im Rahmen des gesellschaftlichen Lebens. Und für die Anthropologie gilt, daß alles einen Zeichencharakter annehmen kann, was imstande ist, zwischen Menschen eine vermittelnde Funktion auszuüben. Das Ausmaß einer solchen, leicht überlesenen Feststellung verdeutlicht man sich am ehesten an einem Vergleich. Sie beinhaltet, daß sich das soziale Leben in einer Weise aus Zeichen zusammensetzt, wie der Film aus den 30 Bildern in der Sekunde. Der Vergleich läßt ermessen, welch eminenter Lieferant die Sozialanthropologie für die semiologische Wissenschaft sein wird.

Mit diesem Futurum sind wir fast unmerklich an dem Punkt angekommen, wo sich die Frage nach dem zukünftigen Programm der strukturalen Anthropologie stellen ließe. Ich muß sofort einschalten, daß ich mich außerstande sehe, sie auch nur halbwegs zufriedenstellend zu beantworten. Eine Ursache dafür mag in dem Widerwillen liegen, den ich bezüglich der Formulierung von Aufgaben verspüre, an denen ich mich selbst nicht beteiligen werde. Statt also ex cathedra eine lange Liste protziger Projekte zu entwerfen für ein Heer imaginierter Forscher, will ich mich darauf beschränken, einige Andeutungen zu machen über Vorstellungen, die mich im Verlauf meiner fünfjährigen Einstimmung in die strukturale

Sehweise immer wieder beschäftigt haben und die anzugehen ich für durchführbar halte. Ich kehre also auf die biographische Spur zurück, die ich zu Beginn des Buches verließ, nachdem von den persönlichen Motiven, die vorliegende Arbeit zu schreiben, die Rede war. Diese Rückkehr erfolgt jetzt nur auf einem etwas höheren Punkt der Windung.

Um der eingangs formulierten Forderung nach der Synthese aus theoretischer Fragestellung und konkreter ethnographischer Arbeit selbst Folge zu leisten, möchte ich nach einigen Jahren am Schreibtisch mich nun wieder der Ethnographie zuwenden. Das, was man früher die Monographie eines Dorfes oder einer Population nannte, wird gewiß weitgehend seine Züge wandeln, sobald man eine derartige Arbeit aus der Kenntnis der strukturalen Analyse und ihrer Fragen heraus in Angriff nimmt. Die monolithische Sparteneinteilung: natürliche Umgebung, wirtschaftliches, soziales, religiöses Leben der Gruppe X, wird aus dem Zentrum des Blickfelds verschwinden, wenn man diese Bereiche wie angedeutet als Felder des materiellen und symbolischen Ausdrucks begreift, die sich gegenseitig beeinflussen und bedingen, die homolog oder symmetrisch, wiederholend oder umkehrend zueinander in Verbindung stehen. Mit einem Wort: das sogenannte primäre Quellenmaterial wird sich auf eine andere als die bisherige Weise präsentieren.

In den Mittelpunkt meines eigenen ethnographischen Interesses möchte ich Fragen folgender Art stellen: Sind die Systeme der symbolischen Formen tatsächlich immer und notwendig Abbild der gesellschaftlichen Produktionsverhältnisse? Wenn ja, wie äußert sich dies am konkreten Fall und in allen Einzelheiten einer Eingeborenengesellschaft? Sind diese Einwirkungen wechselseitig: können die Phänomene des Überbaus nicht selbst generativ in die ökonomische Struktur eingreifen und dort Veränderungen hervorrufen? Inwieweit sind gewisse Praktiken des ökonomischen Austauschs selbst als symbolische Formen zu verstehen und wieso sind es andere nicht? Gibt es im Bereich der symbolischen Formen Freiräume, damit meine ich: Systeme oder Subsysteme, die von anderen des Ensembles nicht beeinflußt sind? Wie wirken sich schließlich die Muster der gesellschaftlichen Ideologie auf das Verhalten und die Phantasieproduktion der Individuen aus (ich denke u. a. an die Beziehungen zwischen Höflichkeitscode und persönlicher Macht im einen und an die Träume im anderen Fall)? Je näher eine wahrhaft »strukturale Ethnographie« an ihren Gegenstand heranrückt, desto exemplarischer wird dies für eine materialistische Theorie der Gesellschaften sein.

Als zweites beschäftigt mich der Gedanke an eine Semiologie visueller Produkte. Diese Produkte können sowohl in eingeborenen wie in industrialisierten Gesellschaften ihren Ursprung haben. Und sie können ebenso aus den Bereichen der Kunst stammen, wie aus solchen einer alltäglichen oder angewandten Mythologie (etwa der Werbung). Ausgehend von einzelnen Beispielen reizt mich die Frage, ob es möglich sei, eine für die diversen visuellen Ausdrucksformen gemeinsame Methode der Betrachtung zu entwickeln, die vielleicht derjenigen analog ist, wie sie für sprachliche, vor allem literarische Gebilde von der Linguistik (Jakobson) vorgeschlagen wurde: über die Form zum Inhalt und von beiden zur Struktur – und von dieser dann zum Sinn.

Unter ähnlichem Gesichtspunkt sehe ich den dritten Komplex, wo ich eine nutzbare Übertragung der strukturalen Analyse für möglich halte: die Traumdeutung. Die bisherige, mit der Psychoanalyse entstandene Traumdeutung ist stets so gehandhabt worden, als bestünden die Träume lediglich aus Inhalten, die mehr oder minder verschlüsselt, eine Botschaft mit sich führen. Doch hat jede Phantasieproduktion auch eine besondere Gestalt, eine Form, in die der Inhalt sich kleidet. Dies gilt in nicht minderem Maße auch für die Träume. Bezüglich der Mythen, die von allen Phantasieprodukten den Träumen vielleicht am nächsten kommen, hat sich nun herausgestellt, daß gerade der Blick auf das *Arrangement* des mythischen Stoffs einen wesentlichen Schritt zu ihrem besseren Verständnis hin erlaubt. Denn die Entdeckung der Struktur eines Mythos oder eines mythischen Systems dient, das sollte man nicht aus den Augen verlieren, letzten Endes nur der Lösung eines einzigen Rätsels: Was hat er oder es zu bedeuten? Also wiederum eine semiologische Frage.

Allgemein läßt sich feststellen: Die Mythen lösen auf symbolische Weise gesellschaftliche Probleme und Widersprüche, auf die die Realität aktuell keine Antwort weiß. Das gleiche darf man auch für die Träume annehmen, mit dem einzigen Unterschied, daß sie auf die Lösung individueller Probleme und Widersprüche zielen. Und von beiden kann man mit Sicherheit sagen, daß sie nicht wahllos einen beliebigen Stoff anhäufen. Denn ohne diese Annahme verspielte man das Anrecht auf die Suche nach Sinn. Gleich den Mythen, von denen wir gesehen haben, daß sie sich zur Verkleidung ihrer Botschaft in direkter oder verkehrter Weise eines Materials bedienen, das aus der ethnographischen Realität schöpft, sind auch die Träume keine isolierten Produkte einer beziehungslosen Phantasie. Was Freud, wohl ein wenig unterschätzend, den Tagesrest nannte, spielt für die Träume gewiß eine ähnliche Rolle, wie der ethnographische Kontext für die Mythen. Das individuelle Reservoir für die Traumproduktion ist zugleich persönlicher und gesellschaftlicher Natur, und es liegt nahe, zwischen individuellen und sozialen Determinanten erneut strukturmäßige Parallelen zu vermuten. Eine genaue Studie über die Einflüsse des Reservoirs auf das Produkt Traum und auf die Art, wie das Produkt komponiert ist, böte Aufschlüsse, die sozusagen von der Quelle kommen, Aufschlüsse nämlich über die Genese der Symbolbildung auf der elementarsten Stufe – eben der Stufe des Individuums. Und wie ein Echo dringt in dieses Konzept die alte Devise der Sozialanthropologie ein, wie Mauss sie einmal formulierte: Worauf es ankommt, ist der und der Melanesier von der und der Insel.

Die wissenschaftliche Anthropologie muß sich den Weg zu diesem Mann offenhalten. Denn ohne ihn gäbe es sie bald nicht mehr.

*Köln – Bryn Coch, Moutgomeryshire* 1968 – 1973

# Anmerkungen

## *II*
## *Der Strukturbegriff*
## *Streitpunkt der Theorienbildung*

1 So äußerte sich Lévi-Strauss auf einem Kolloquium über den Strukturbegriff, das 1959 bei der Unesco in Paris stattfand; s. 238, Bastide, App.
2 In den *Principles of Sociology*, I, 499 spricht Spencer auch von Sozialstruktur.
3 Man beachte bereits den Titel seines Klassikers in kinship studies: *Systems of Consanguinity and Affinity of the Human Family.*
4 zit. nach 275, Boudon, 14. Die Übersetzungen der fremdsprachigen Zitate stammen, wenn nicht anders vermerkt, von mir.
5 747, Sève, 65f.
6 500, Kröber, 1314f.
7 573, Marx, 497f.
8 In der *Pensée sauvage* ist ein ganzes Kapitel (111, 100-143) den Transformationssystemen gewidmet. Außerdem: 5 (258-63), 8-11, 65, 70, 82
9 663, Piaget, 121
10 663, Piaget, 6f.
11 368, Fagès, 11
12 Benveniste in 238, Bastide, 38f.
13 vor allem in seinem Aufsatz: L'analyse structurale en linguistique et en anthropologie, 30. Lévi-Strauss ist im übrigen seit seiner New Yorker Zeit (1941-48) mit Roman Jakobson befreundet. Ohne Zweifel stehen seine ersten strukturalen Studien, die Verwandtschaftssysteme betreffend, unter direktem Einfluß dieses Mannes. 1962 veröffentlichten die beiden eine gemeinsame Arbeit: 120.
14 74, Lévi-Strauss, 177
15 *Travaux de Cercle Linguistique de Prague*, I, Prag 1929, 10f.
16 *Acta Linguistica*, IV, Fasc. 3, V
17 5, Lévi-Strauss, 40f.
18 5, Lévi-Strauss, 78f.
19 776, Trubetzkoj (Troubetzkoy), 245f.
20 672, Pouillon, 712f.
21 A. M. Lalande: *Vocabulaire de la Philosophie*, Paris 1926, art.: structure
22 654, Parain-Vial, 134
23 663, Piaget, 7
24 219, Badiou, 44
25 501, Kroeber, 105
26 Belege in 449, Gurvitch, 217f.
27 Solche Variablen sind: die Abstammungsregel (patrilinear mit oder ohne exogame Abstammungsgruppe, matrilinear mit oder ohne exogame Abstammungsgruppe, bilateral); die Residenz (bilokal, neolokal, matrilo-

kal, matripatrilokal, patrilokal, avunculokal); die Clantypen (Matriclans, Patriclans, Avuncuclans); die endogamen Demen; die Exogamie und andere Erweiterungen des Inzesttabus (bilaterale Erweiterung, matrilineare Erweiterung, patrilineare Erweiterung, keine Erweiterung); die Eheform (Monogamie, erlaubte Polygynie, sororale Polygynie, allgemeine Polygynie, Polyandrie); die Familienform (unabhängig nuklear, unabhängig polygyn, unabhängig polyandrisch, bilokal erweitert, matrilokal erweitert, avunculokal erweitert, patrilokal erweitert); die Typen von Verwandtschaftsterminologie bei Kusinen, Tanten, Nichten (Eskimo-, Hawaii-, Irokesen-, Sudanesen-, Omaha- und Crow-Typ); 612, Murdock

28 449, Gurvitch, 43

29 276, Bourdieu, 42

30 373, Firth, 28

31 374, Firth, 59

32 374, Firth, 37

33 275, Boudon, 35f.

34 275, Boudon, 122f.

35 A = Axiomatik, Theorie, S. = System, Str (S) = strukturelle Beschreibung eines Systems, App (S) = offenkundige Eigenschaften des Systems, + = Ensemble, Kalkül = mechanische Operation, x → y = y ableitbar von x

36 275, Boudon, 215

37 787, Viet, 3

38 62, Lévi-Strauss, 525

39 5, Lévi-Strauss, 305

40 62, Lévi-Strauss, 525

41 Es wird sich den Vorstellungen Radcliffe-Browns als angemessen erweisen, den doppelten Aspekt des von ihm verwendeten Wortes ›actual‹ im Deutschen durch Verwendung zweier Adjektive zu erhalten.

42 On Social Structure, Presidential Adress to the Royal Anthropological Institute, *Journal of* . . ., Bd. LXX, 1940, hier zitiert nach: 680, 190

43 In der engl. Version: ». . . out of which the models making up the social structure are built;« in der französischen, späteren: ». . . pour la construction des modèles, qui rendent manifeste la structure sociale elle-même;« die französische Formulierung ist zugleich eleganter und doppeldeutiger.

44 Die französische Fassung: »Die Strukturforschungen können . . .«, 5, 306

45 »Sozialforschungen« . . . »unter den Fakten der Gesellschaft . . .«, 5, 306

46 Die französische Fassung: ». . . eine Methode, die man bei verschiedenen ethnologischen Problemen anwenden kann . . .;, 5, 306, also eingeschränkter.

47 62, Lévi-Strauss, 525

48 Radcliffe-Brown, in: 769, Tax (u. a.), 109

49 680, Radcliffe-Brown, 9f.
50 680, Radcliffe-Brown, 194
51 680, Radcliffe-Brown, 11
52 680, Radcliffe-Brown, 190 und 192
53 680, Radcliffe-Brown, 191
54 680, Radcliffe-Brown, 192
55 Russell, zitiert nach Nutini in 674, Pouillon (u. a.), 554
56 Nutini in 674, Pouillon (u. a.), 552
57 Nutini in 674, Pouillon (u. a.), 553f.
58 364, Evans-Pritchard, 262f.
59 Nadel in 769, Tax (u. a.), 113
60 383, Fortes, 56
61 383, Fortes, 56
62 383, Fortes, 56
63 77, Lévi-Strauss, 99-128 und 5, Kap. 8
64 Im Zusammenhang mit den Modelltypen komme ich auf sie zurück, s. S. 54 ff.
65 453, Hauck, 66
66 111, Lévi-Strauss, 45f.
67 111, Lévi-Strauss, 51
68 111, Lévi-Strauss, 51
69 111, Lévi-Strauss, 52
70 742, Sebag, 321, deutsche Fassung
71 Lévi-Strauss in 769, Tax (u. a.), 115
72 Lévi-Strauss in 769, Tax (u. a.), 116
73 Gegen die Bezeichnung Fiktion angesichts des Strukturbegriffs sprach sich Merleau-Ponty ebenso aus wie gegen die Bezeichnung Realität. Für ihn bedeutete Struktur einen Kern von Bedeutungen gewisser Ansammlungen von Fakten, anders gesagt: einen Begriff der Wirksamkeit; Struktur also nicht als Teil, sondern als Kraft des Objekts, in: 238, Bastide, 155
74 518, Leach, xiif.
75 518, Leach, xiii und xiv
76 518, Leach, 5 und 8
77 518, Leach, 284
78 276, Bourdieu, 163
79 287, Carnap, 11
80 287, Carnap, 13
81 287, Carnap, 13
82 287, Carnap, 16
83 Nur ein Beispiel: »Die strukturalen Forschungen böten kaum Interesse, wenn die Strukturen nicht in Modelle übersetzbar wären, deren formale Eigenschaften vergleichbar sind, unabhängig von den Elementen, die sie zusammensetzen.« 5, Lévi-Strauss, 311
84 717 Russell, 60

85 717 Russell, 61
86 210, Auger, 5
87 219, Badiou, 13
88 431, Granger,
90 5, Lévi-Strauss, 306
91 759, Sperber, 221
92 5, Lévi-Strauss, 308
93 J. L. Borges, *Sämtliche Erzählungen,* München 1970, 346, erzählt nach: Suarez Miranda, *Viajes de Varones Prudentes,* libro cuarto, XIV, Lérida 1658
94 »Solche Modelle [wie die Spiele] sind theoretische Konstrukte mit einer präzisen, erschöpfenden und nicht zu komplizierten Definition; sie müssen der Realität in jeder Hinsicht ähnlich sein . . . Um es im Detail zu wiederholen: Die Definition muß präzise und erschöpfend sein, um eine mathematische Behandlung zu ermöglichen. Das Konstrukt darf nicht unnötig kompliziert sein, damit die mathematische Behandlung über den reinen Formalismus hinausgehen kann zu dem Punkt, wo sie vollständige numerische Ergebnisse zeitigt. Ähnlichkeit zur Realität ist erforderlich, damit die Operation bezeichnend ist. Doch muß diese Ähnlichkeit gewöhnlich auf einige wenige Merkmale, die man im Augenblick für wesentlich hält, beschränkt werden, da anderenfalls die oben genannten Forderungen miteinander in Konflikt gerieten.« 630, Neumann + Morgenstern, 32
95 5, Lévi-Strauss, 366
96 7, Lévi-Strauss, 6
97 Lévi-Strauss, 528; ähnlich Sperber: 759, Sperber, 222
98 2, Lévi-Strauss und fast im gleichen Wortlaut in: 137, Lévi-Strauss, 17
99 2, Lévi-Strauss, XXIII
100 Mead in 769, Tax (u. a.), 111 f.
101 636, Nutini, 718
102 276, Bourdieu, 32
103 62, Lévi-Strauss, 538
104 62, Lévi-Strauss, 544
105 Neben den Schriften 8, 13, 24, 42, 56, 77, 88, 111, von Lévi-Strauss beschäftigt sich mein Aufsatz: 644 mit diesem Thema.
106 62, Lévi-Strauss, 527
10 62, Lévi-Strauss, 527
108 794, Ward
109 Ich verwende den Ausdruck dialektische Analyse in dem Sinne, wie Marx im Nachwort zur 2. Auflage des Kapitals die dialektische Methode sieht: als die Umkehrung von Hegel. »Bei mir ist umgekehrt das Ideelle nichts andres als das im Menschenkopf umgesetzte und übersetzte Materielle.« 574, Marx, 27
110 Zum Thema Strukturalismus und Geschichte siehe folgende Arbeiten: 3, 7 (Kap. VIII), 44, 113, 167 (II, III, IV), 352, 399, 403, 404, 425, 430, 433,

489, 534, 538, 539, 547e, 575, 665, 699, 725, 733, 734, 740 742, 752, 768, 772, 671, 604(Kap. VII), 516, 438, 476 (Kap. V), 790. Ich verzichte hier auf ein eigens diesem Thema gewidmetes Kapitel, um die bedenkliche Disproportion, durch welche die anstehende Strukturalismusdiskussion besonders in Deutschland verzerrt wurde, nicht noch weiterzutreiben.

111 Ein Beispiel: Wulf Hund

112 401, Gallas, X, XI, XXII, XXX

113 572, Marx, V. Sehr ähnliche Gedankengänge finden sich bereits in der *Deutschen Ideologie* von 1845/46 etwa: »Auch die Nebelbildungen im Gehirn der Menschen sind notwendige Supplemente ihres materiellen, empirisch konstatierbaren und an materielle Voraussetzungen geknüpften Lebensprozesses.« 573, Marx, 348f.

114 Ähnlich auch Godelier, 419 und 420

115 Goddard bringt mit wechselndem Geschick Marx, Lévi-Strauss und Durkheim zusammen. Bei letzterem sei es die Unterscheidung von sozialen Tatbeständen und Ideen, die die Marxsche Unterscheidung von Basis und Überbau reflektiere, in: 418

116 Infrastructure und superstructures sind die französischen Übersetzungen von Unterbau und Überbau. Ich finde es bezeichnend, daß in ihnen der Wortbestandteil -structure enthalten ist.

117 7, Lévi-Strauss, 155

118 7, Lévi-Strauss, 173

119 C. Meillassoux: *Anthropologie économique des Gouro de côte d' Ivoire*, Paris 1964. Auch die Arbeiten von Godelier gehen in diese Richtung, siehe: 422, Godelier, mit dem wesentlichen Unterschied allerdings, daß Godelier die Ökonomie nicht zur autonomen Instanz oder alleinigen Determinante der Überbauphänomene erklärt. Seine Position hat, glaube ich, eine größere Zukunft.

120 5, Lévi-Strauss, 98f.

121 »Die Ordnung der Ordnungen ist keine Rekapitulation der der Analyse unterworfenen Phänomene. Sie ist der abstrakteste Ausdruck für Beziehungen, die unter sich die Ebenen unterhalten, auf denen die strukturale Analyse durchgeführt werden kann . . . Sie können vollkommen im Widerspruch zueinander stehen – und tun es oft –, aber die Modalitäten, nach denen sie einander widersprechen, gehören alle zu einer einzigen Gruppe.« 5, Lévi-Strauss, 365

122 Ordnungstypen a, b, c, d, n sind: Verwandtschaft, Kunst, Küche, Recht, Ideologie der Politik, Religion, etc.

123 401, Gallas, XXXI

124 6, Lévi-Strauss

## *III*
## *Die elementaren Strukturen der Verwandtschaft*

1 D. A. F. de Sade: Les 120 journées de Sodome, Paris 1972, S. 25-27 (geschrieben: 1785)
2 2, Lévi-Strauss, Kap. XVII
3 2, Lévi-Strauss, 170
4 2, Lévi-Strauss, 205
5 2, Lévi-Strauss, 206
6 *Sociale Structuurtypen in de Groote Oost*
7 783, van Wouden, 7
8 423, Goldenweiser, 236
9 Zur Kritik an diesem Komplex s. 341, Dumont, 102ff.
10 2, Lévi-Strauss, 277
11 77 in 5, Lévi-Strauss, 167
12 5, Lévi-Strauss, 69
13 Der terminologischen Einfachheit wegen werde ich künftig meist von Kreuzkusinenheirat sprechen, da der eingebürgerte Ausdruck: Kreuzvetternbasenheirat allzusehr dem deutschen Bandwurm gleicht.
14 2, Lévi-Strauss, 151
15 2, Lévi-Strauss, 512
16 2, Lévi-Strauss,
17 735, Schmitz, 42. Der niederländische Einfluß auf Schmitzens Terminologie ist auffällig.
18 zit. nach 2, Lévi-Strauss, 398. Der Dorfname Chu Ch'en setzt sich zusammen aus den Namen der beiden in ihm wohnenden Clans.
19 2, Lévi-Strauss, 508
20 2, Lévi-Strauss, 519
21 783, van Wouden, 163
22 386, Fortune, 1-9
23 2, Lévi-Strauss, 516
24 2, Lévi-Strauss, 520
25 577, Mauss, III, 44f.
26 576, Mauss, 187f.
27 577, Mauss, 54
28 576, Mauss, 274 und 2, Lévi-Strauss, 61. R. König übersetzt in seiner Hommage an Mauss faits sociaux totaux mit: soziale Totalphänomene. 496, König, 648ff.
29 50 in 576, Mauss, XXXVII
30 So neben Lévi-Strauss besonders von Merleau-Ponty, Harris, Cazeneuve und König
31 2, Lévi-Strauss, 514f.
32 2, Lévi-Strauss, 35

33 2, Lévi-Strauss, 556
34 Ich entleihe, leicht abgewandelt, diese Ausdrücke der Lévi-Straussschen Terminologie, 127, Lévi-Strauss, 7ff.
35 641, Oppitz, 96
36 Den Vergleich von Sprache und Exogamie formulierte als erster W. I. Thomas in *Primitive Behaviour*, New York 1937, s. 2, Lévi-Strauss, 565
37 5, Lévi-Strauss, 45
38 Die entsprechenden Aufsätze sind: R. Lowie: The Matrilineal Complex und A. Radcliffe-Brown: Mother's Brother in South Africa
39 5, Lévi-Strauss, 82, außerdem: 5, 58
40 5, Lévi-Strauss, 56 und 83
41 5, Lévi-Strauss, 51ff.
42 377, Flament, 117ff. Ich kann hier nicht im einzelnen auf die mathematischen Darlegungen von Flament eingehen.
43 5, Lévi-Strauss, 83
44 5, Lévi-Strauss, 52
45 Vgl. oben S. 23
46 Die Bildunterlagen entstammen dem Buch 761 von N. Stahel, 28ff.
47 462, de Heusch, 212f., 234ff. und 467, de Heusch, 20
48 12, Lévi-Strauss, 105, 113, 116
49 584, Mead, 127
50 12, Lévi-Strauss, 124
51 12, Lévi-Strauss, 116
52 468, Homans + Schneider, 51
53 Die Schwäche ihres statistischen Beweises wiesen nach: 5, Lévi-Strauss, 344 und 626, Needham, 49
54 Leach: The Structural Implications of Matrilateral Cross-Cousin Marriage in 519
55 486, Josselin de Jong, 56
56 341, Dumont, 102 und 104
57 Leach in 519
58 s. o. S. 58
59 341, Dumont, 90
60 486, Josselin de Jong, 56
61 199, Adler + Cartry, 12
62 In der Neuauflage der *Structures* von 1967 räumte Lévi-Strauss seiner Verteidigung gegen die Angriffe von Leach den Raum von fast 10 Seiten ein (270-280), auffällig viel, wenn man bedenkt, wie kurz er sonst seine Kritiker hält, indem er sie oft mit einer winzigen Fußnote abfertigt.
63 518, Leach, 203f.
64 327, Deleuze + Guattari, 177f.

## *IV*
## *Systeme der Klassifikation*

1 345, Durkheim + Mauss, 8
2 6, Lévi-Strauss, 112
3 6, Lévi-Strauss, 26
4 6, Lévi-Strauss, 24
5 641, Oppitz, 32ff., 89
6 Vogt in 674, Pouillon+Maranda, 1155ff.
7 6, Lévi-Strauss, 24
8 372, Firth, 398
9 382, Fortes, 145
10 382, Fortes, 133
11 382, Fortes, 67f.
12 382, Fortes, 141
13 365, Evans-Pritchard, 77ff.
14 6, Lévi-Strauss, 78
15 6, Lévi-Strauss, 66
16 Worsley in 526, Leach, 144
17 Worsley in 526, Leach, 149
18 Worsley in 526, Leach, 151
19 681, Radcliffe-Brown, 116
20 6, Lévi-Strauss, 126ff.
21 802, Wygotski, 120, 123, 151
22 Worsley in 526, Leach, 153
23 7, Lévi-Strauss, 179
24 423, Goldenweiser, 183f.
25 423, Goldenweiser, 231f., 264f., 269
26 396, Freud, Bd. IX, 7, Fußn. 2
27 396, Freud, Bd. IX, 133
28 396, Freud, Bd. IX, 171f.
29 396, Freud, Bd. IX, 6
30 396, Freud, Bd. IX, 8
31 396, Freud, Bd. IX, 194
32 396, Freud, Bd. IX, 193
33 396, Freud, Bd. IX, 192
34 7, Lévi-Strauss, 220f.
35 345, Durkheim + Mauss, 82f.
36 345, Durkheim + Mauss, 84
37 Ich beschränke mich auf die Haupteinwände, wie sie am klarsten von Needham und Evans-Pritchard erhoben wurden.
38 Needham in 345, Durkheim + Mauss, XVI
39 576, Mauss, 309

40 Die Arbeit erschien zuerst in der *Revue Philosophique*, Bd. LXVIII, 1909, S. 553-580 unter dem Titel: La prééminence de la main droite: étude sur la polarité religieuse. Ich zitiere, in Ermangelung einer Originalkopie, hier nach der englischen Übersetzung von R. + C. Needham.
41 Ich verstehe übrigens Hertzens Schrift als einen konkreten Beitrag zur Emanzipation.
42 458, Hertz, 111
43 458, Hertz, 96
44 624, Needham, 20ff.
45 627, Needham, 425ff.
46 558, Makarius, 218
47 365, Evans-Pritchard, 233
48 365, Evans-Pritchard, 234
49 365, Evans-Pritchard, 235. Eine Bemerkung ähnlichen Typs enthält die Studie von Hertz. Danach beobachtete gegen Ende des vorigen Jahrhunderts ein Dr. Jacobs in Niederländisch Indien, daß viele Kinder ihren linken Arm vollkommen verbunden trugen: Sie sollten lernen, ihn nicht zu benutzen. 458, Hertz, 92
50 247, Beidelman, 253
51 247, Beidelman, 253f.
52 Ich bedauere, ein eminent wichtiges Buch, das die klassischen wie neuesten Untersuchungen zum klassifikatorischen Symbolismus von Links und Rechts versammelt, hier wegen Zeitmangels nicht behandeln zu können. Es ist der von R. Needham vorzüglich herausgegebene und dem Gedächtnis Robert Hertzens gewidmete Band: *Right and Left.* S. Bibliographie: 628. Das Buch setzt seinem Thema einen neuen Standard.
53 Die folgenden Ausführungen halten sich eng an 7, Lévi-Strauss, 270-277
54 521, Leach, 36, 39
55 Man lese in diesem Zusammenhang das Buch von Mary Douglas: *Purity and Danger. An analysis of concepts of pollution and taboo*, London 1966
56 521, Leach, 32
57 521, Leach, 31
58 521, Leach, 41
59 521, Leach, 42
60 521, Leach, 32
61 521, Leach, 50
62 nach 521, Leach, 45
63 755, Simpson, 5
64 135, Lévi-Strauss, 355f.
65 Friedberg in 674, Pouillon + Maranda, 1097 (La classification botanique bunaq)
66 Friedberg in 674, Pouillon + Maranda, 1097
67 Bulmer in 674, Pouillon + Maranda, 1074f. (Which came first, the chik-

ken or the egg-head?)
68 Etwa die Hälfte der 1:1-Entsprechungen bezog sich auf Pflanzen, die erst mit der spanischen Kolonialherrschaft bekannt wurden (z. B. Knoblauch, Feige, Menthol) und als Lehnwörter in die Eingeborenen-Sprache eingingen.
69 252, Berlin, Breedlove, Raven, 273
70 767, Sturtevant, 102
71 380, Forster, 20f. Bd. III

## *V*
## *Die Behandlung der Mythen*

1 So müßte auf jeden Fall die Archetypenlehre der allgemeinen Mythologie den Platz räumen, wenn es nicht sinnvoller gewesen wäre, erstere als einen Fortsatz der Psychoanalyse darzustellen.
2 251, Bérard, 44
3 198, Abraham, 69 und 685, Rank + Sachs, 33
4 12, Lévi-Strauss, 211ff.
5 11, Lévi-Strauss, 38
6 773, Thompson, Index
7 268, in 272, Boas, 404
8 272, Boas, 424
9 11, Lévi-Strauss, 32
10 »Damit aber berücksichtigt die historische Methode nur die Abwesenheit, Anwesenheit und geographische Verteilung von Elementen, die für sie jeden Sinns entkleidet bleiben.« 10, Lévi-Strauss, 186
11 10, Lévi-Strauss, 216
12 11, Lévi-Strauss, 33
13 676, Preuss, 7
14 560, Malinowski, 291
15 493, Kluckhohn, 78
16 560, Malinowski, 254
17 484, Jensen, nach 675. Preuss präsentierte nebenbei bemerkt seine Eingeborenenmythen auf vorbildliche Weise, und zwar in folgenden Etappen: 1. Transskription des Originals, 2. interlineare Übersetzung, 3. sinngemäße Übersetzung, 4. Nacherzählung, 5. Erläuterungen mit ethnographischen Unterlagen zu Religion, Philosophie und Soziologie, 6. Interpretation.
18 342, Fontenrose, 52
19 76 und 79, Lévi-Strauss
20 161, Lévi-Strauss

21 Die Lévi-Straussschen Studien über die Hidatsa und Mandan, die auch Teile von *L'Homme nu* beherrschen, verdanken viel den wertvollen ethnographischen Vorarbeiten von A. W. Bowers: *Mandan Social and Ceremonial Organisation,* Chicago 1950 sowie: *Hidatsa Social and Ceremonial Organisation,* Washington 1965, Bulletin of the Bureau of American Ethnology, 194
22 515, Langer
23 547b, Lévy-Bruhl, XI
24 7, Lévi-Strauss, 355
25 M. Müller: *Über die Philosophie der Mythologie,* Straßburg 1876, zit. nach: 294
26 294, Cassirer, 5, 68, 60
27 355, Ehrenreich, 24
28 354, Ehrenreich, 97
29 11, Lévi-Strauss, 319
30 354, Ehrenreich, 97 und 5, Lévi-Strauss, 240
31 355, Ehrenreich, 13
32 354, Ehrenreich, 2
33 354, Ehrenreich, 71
34 354, Ehrenreich, 15
35 9, Lévi-Strauss, 101f.
36 355, Ehrenreich, 52 und 5, Lévi-Strauss, Kap. XI
37 355, Ehrenreich, 169
38 Psychische Grundmotive sind z. B. das Inzest-, Vatermord- und Vaterrache-, Aussetzungs-, Rettungs-, Trennungs-, Zwillings-, Treue- und Kastrations-Motiv.
39 198, Abraham, 71
40 684, Rank, 4 – 685, Rank + Sachs, 24 – 198, Abraham, 36 – 396, Freud, Bd. VII, 222, Bd. VIII, 151-53, Bd. IX, 14
41 u. a. in Freuds *Totem und Tabu,* s. S. 49f. dieses Buches
42 vgl. 11, Lévi-Strauss, 560
43 547c, Lincoln, 87
44 353, Eggan, 446ff.
45 685, Rank + Sachs, 27
46 nach 704, Riklin
47 450, Hallowell, 454ff.
48 396, Freud, Bd. VIII, 100
49 396, Freud, Bd. VIII, 414, 416
50 396, Freud, Bd. VIII, 319
51 Die Arbeit von Lévi-Strauss, 42, als Kapitel X in 5, bezieht ihr Material aus einer Studie von N. M. Holmer und H. Wassen: *Mu-Igala or the Way of the Muu, a Medicine Song from the Cunas of Panama,* Göteborg 1947
52 488, Jung + Kerényi, 45
53 Das tibetanische Totenbuch, Hg. W. Y.

Evans-Wentz, Zürich 1953, LXV
54 488, Jung + Kerényi, 145
55 488, Jung + Kerényi, 109
56 124, Lévi-Strauss, 218
57 Von Mythologemen sprechen Jung, Kerényi und Mühlmann; Mythem ist eine Wortprägung von Lévi-Strauss, angelehnt an den Ausdruck Phonem, und Motifem sagt Dundes.
58 8, Lévi-Strauss, 64, 194
59 396, Freud, Bd. II, 356
60 396, Freud, Bd. VIII, 285
61 504, La Barre, 386
62 8, Lévi-Strauss, 194
63 8, Lévi-Strauss, 146ff. und 199ff.
64 Scott Littleton hat ihr eine umfangreiche Studie gewidmet, s. 739
65 756, Smith + Sperber, 585
66 5, Lévi-Strauss, 233
67 559, Malinowski, 101 und 144
68 Ein solcher Deuter war Géza Roheim. Siehe die Kritik an ihm in: 504, La Barre, 386
69 Bekannt sind mir zwei englische Fassungen (1958, 1968), eine italienische (1966), eine polnische (1968), eine französische (1970) und eine deutsche (1972) Version des Textes.
70 485, Jolles, 10 und 263
71 677, Propp, 28
72 677, Propp, 31
73 677, Propp, 29
74 677, Propp, 33
75 110, Lévi-Strauss, 132
76 Es ist dabei wenig von Belang, daß die Studien des einen den Märchen und die des anderen den Mythen zugewandt sind. Mythos und Märchen unterscheiden sich nur gradmäßig: Die Märchen sind auf schwächeren Oppositionen aufgebaut als die Mythen; ihre logische Kohärenz ist weniger strikt; sie sind Mythen en miniature. Die Frage, welcher Typ aus welchem hervorgegangen sein könnte, ist müßig, da doch beide gleichzeitig existieren. s. 110, Lévi-Strauss, 134f.
77 110, Lévi-Strauss, 137
78 110, Lévi-Strauss, 122
79 Neben den Büchern 8, 9, 10, 11, sind es die Arbeiten 65, 69, 73, 82, 104, 107, 110, 115, 119, 124, 126, 131, 136, 138, 143, 147, 148, 151, 156, 159, 160, 161, 163.
80 Siehe meine Behandlung eines visuellen Trivialmythos, 646, Oppitz.
81 5, Lévi-Strauss, 232 (Sprache = langage, – Übersetzungsanmerkung)
82 Es ist eine abgewandelte Form des von Lévi-Strauss verwendeten Schemas, s. 5, Lévi-Strauss, 236

83 in 745, Sebag
84 5, Lévi-Strauss, 234f.
85 11, Lévi-Strauss, 301
86 s. 5, Lévi-Strauss, 241 und 258 sowie 8, Lévi-Strauss, 346
87 8, Lévi-Strauss, 25
88 11, Lévi-Strauss, 578
89 11, Lévi-Strauss, 578; es ist bekannt, daß Lévi-Strauss als seinen direkten Vorgänger in der strukturalen Behandlung der Mythen Richard Wagner nennt. Eine Bestätigung dieser Behauptung erbrachte die Dissertation von L. Prox: *Strukturale Komposition und Strukturanalyse, ein Beitrag zur Wagner-Forschung.* 90 8, Lévi-Strauss, 12 und 9, Lévi-Strauss, 341, außerdem 10, Lévi-Strauss, 388
91 9, Lévi-Strauss, 301
92 »So ist dieses Buch über die Mythen auf seine Weise selbst ein Mythos.« 8, Lévi-Strauss, 14
93 356, Eisenstein, 39
94 8, Lévi-Strauss, 181
95 437, Greimas, 213
96 8, Lévi-Strauss, 205
97 8, Lévi-Strauss, 205 und 437, Greimas, 213
98 Hinweise bei Lévi-Strauss: 8, 205; 9, 106; 10, 41
99 11, Lévi-Strauss, 38
100 11, Lévi-Strauss, 576
101 11, Lévi-Strauss, 604, 605, 606, 618
102 Transformacii volkshebnykh skazok, – wie die Morphologie zuerst 1928 erschienen
103 678, Propp, 185-193
104 »Die Studie der vertikalen Rubriken enthüllt die Normen und Wege der Transformation.« 678, Propp, 175
105 Das Wortspiel läßt sich nur halbwegs ins Deutsche retten: sprechen – wieder sprechen – widersprechen. Bei Lévi-Strauss: 11, 184 und 576
106 Maybury-Lewis, in 565, Maranda, 293ff.
107 8, Lévi-Strauss, 9
108 8, Lévi-Strauss, 249
109 9, Lévi-Strauss, 326ff. die hier und im folgenden wiederkehrende Kennzeichnung der Mythen mit (M + Zahl) lehnt sich an diejenige der *Mythologiques* an.
110 8, Lévi-Strauss, 313
111 697, Richard, 124ff.
112 8, Lévi-Strauss, 136ff.
113 8, Lévi-Strauss, 21
114 nach 635, Nimuendaju + Lowie, 181f.
115 779, Turner, 18
116 nach 714, Roth, 202f. Bei Roth steht statt Jaguar durchgängig: Tiger.

117 Die sechs Ziffern beziehen sich auf eine Gliederung der beiden Mythen in Untereinheiten, die in der kritischen Behandlung des komparativen Schemas eine Rolle spielen, s. S. 301ff.
118 Die Transformationen innerhalb der Gé-Varianten behandelt Lévi-Strauss sehr eingehend, in 8, Lévi-Strauss, 81-86
119 Auf dieses mythische Megasystem komme ich auf Seite 260 zurück.
120 11, Lévi-Strauss, 321ff.
121 634, Nimuendaju, 97
122 10, Lévi-Strauss, 175
123 siehe Operationstafel in 8, Lévi-Strauss, 321
124 siehe Operationstafel in 10, Lévi-Strauss, 250f.
125 nach 10, Lévi-Strauss, 414
126 11, Lévi-Strauss, 157ff.
127 11, Lévi-Strauss, 232 und 562
128 8, Lévi-Strauss, 13
129 8, Lévi-Strauss, 126
130 8, Lévi-Strauss, 346
131 9, Lévi-Strauss, 212
132 5, Lévi-Strauss, 252f.
133 vgl. die Mythen: M 234, M 188, M 189 in 9, Lévi-Strauss, 131, 26, 27
134 vgl. M 235, M 237, in 9, Lévi-Strauss, 135, 140f.
135 9, Lévi-Strauss, 142
136 9, Lévi-Strauss, 135, M 235
137 9, Lévi-Strauss, 220. Das ganze Kapitel: le festin de la grenouille handelt ausschließlich von den transformatorischen Beziehungen der drei Tiere, 129-222.
138 9, Lévi-Strauss, 220f.
139 8, Lévi-Strauss, 205
140 8, Lévi-Strauss, 213. Im folgenden stehen Mx für M1, My für M 12 und Mz für M 124.
141 vgl. die Ausführungen auf S. 197 dieser Arbeit sowie 8, Lévi-Strauss, 200
142 9, Lévi-Strauss, 15ff.
143 8, Lévi-Strauss, 101ff., erweitert in: 9, Lévi-Strauss, 17ff.
144 8, Lévi-Strauss, 92 f. und 9, Lévi-Strauss, 23
145 8, Lévi-Strauss, 100f.
146 Entsprechende Mythen vom Ursprung des Tabaks finden sich im amerikanischen Nordwesten bei den Wasco (M 556a), den Thompson (M 556b), den Shuswap (M 556c), den Salish (M 556d) und den Chilcotin (M 556e)
147 9, Lévi-Strauss, 24
148 8, Lévi-Strauss, 108
149 Das Tabakfeuer tötet die bösen Schwäger nicht, es betäubt sie nur und verwandelt sie in potentielles Fleisch.

150 Ich habe z. B. die Mythen beider Amerikas schematisiert, statt nur die des südlichen. Außerdem habe ich die repräsentativen Mythen angeführt, die die einzelnen Untersysteme verkörpern. Die Schemata bei Lévi-Strauss, in: 9, 25 und 11, 87.

151 11, Lévi-Strauss, 125

152 11, Lévi-Strauss, 87

153 10, Lévi-Strauss, 164, 206, 250

154 Varianten des Mythos werden erzählt bei den Klamath (M 530, 531), den Yurok (M 557ab), den Wiyot (M 557d), den Nez Percé (M 602c-h), den Coeur d'Alêne (M 664ab), den Sanpoil (M 665ab), den Okanagon (M 666), den Thompson (M 667ad, 670ac), den Lilloet (M. 671), den Cowlitz (M 672), den Siciatl (M 676), den Snohomish (M 677), den Tillamook (M 678), den Shuswap (M 679ab), den Chilcotin (M 681), den Arapaho (M 759), den Blackfoot (M 764), den Omaha (M 771a), den Takelma (M 773), den Mono (M 774ab), den Paiute (M 775a), den Navaho (M 776a-g), den Coos (M 793a-c), den Alsea (M 796), vgl. Karte, S. 42/43

155 11, Lévi-Strauss, 31f.

156 11, Lévi-Strauss, 449. Man vergleiche hiermit eine Stelle in 10, Lévi-Strauss, 13: Mythen bringen ins Spiel »Beziehungen zwischen Beziehungen und nicht bloß Beziehungen zwischen Begriffen.«

157 269, Boas, 393

158 269, Boas, Kap.: Description of the Tsimshian, based on their mythology, 393-477

159 269, Boas, 880

160 11, Lévi-Strauss, 95

161 8, Lévi-Strauss, 59

162 678, Propp, 181

163 vgl. mit dieser Fassung die vier Versionen von Boas in: 263, Boas, 285/88, 265, Boas, 225/28; 266, Boas, 71/145; 269, Boas, 243/45, sowie die von Lévi-Strauss in 104 und in 526, Leach, 4/7

164 405, Garfield, 176

165 Das Schema reproduziert das Lévi-Strauss'sche aus 104 mit Ausnahme der letzten Reihe. Denn dem Mythos zufolge macht der Held nur teilweise auf halbem Weg zwischen Berg und Tal seine letzte Station: Während sein Körper tatsächlich an erhöhter Stelle auf der Erde versteinert, folgt sein Geist seinem Vater zu dessen Wohnstatt, also: in den atmosphärischen Himmel. Damit aber wird die Ausgangsposition vollkommen wiederhergestellt. Die Spanne zwischen Geburt und Tod des Helden nimmt eine zyklische Form an, die Bewegung durch den Kosmos vervollkommnet ihre geometrische Symmetrie.

166 vgl. die Broschüre: *British Columbia Heritage Series, Our Native Peoples,* Series 1, vol. 6

167 266, Boas, 73, 81, 109, 123

168 266, Boas, 100f. Möglicherweise ist die Szene eine Anspielung auf eine

Totenzeremonie.

169 269, Boas, 434f. Die umfangreichste Arbeit zur Sklavenhalterei bei den Indianern des Nordwestens ist die von U. G. Averkieva: *Slavery in the Tribes of the North West Coast of North America* (Russisch), *Publ. Accad. of Science*, UdSSR, Nr. 415, Moskau 1935

170 405, Garfield, 231

171 269, Boas, 411f.

172 104, Lévi-Strauss, 1100

173 405, Garfield, 232

174 104, Lévi-Strauss, 1104, Fußn. 31

175 269, Boas, 185ff.

176 269, Boas, 185

177 siehe die Ausführungen auf S. 86 dieses Buches

178 104, Lévi-Strauss, 1100

179 269, Boas, 425

180 269, Boas, 244

181 siehe S. 114 dieser Arbeit

182 405, Garfield, 233

183 Die Informationen von Boas aus dem Jahre 1894 bestätigen dies, s. 269, Boas, 532, sowie 355, 426, 529

184 107, Lévi-Strauss, 356

185 405, Garfield, 234

186 405, Garfield, 222 und 269, Boas, 511

187 269, Boas, 537

188 269, Boas, 415ff., 507, 511, 537ff.

189 526, Leach, 59

190 266, Boas, 95

191 269, Boas, 563f.

192 vgl. 744, Sebag, 1607f. und 745, Sebag, 471

193 226, Barthes, dt. 85-151

194 573, Marx, 346

195 465, de Heusch, 715

196 siehe das neue Vorwort zu den *Mythologies*, das Barthes nach dem Mai 1968 verfaßte. Außerdem meine Arbeiten 645 und 646.

197 11, Lévi-Strauss, 539

198 11, Lévi-Strauss, 605

199 11, Lévi-Strauss, 500

200 8, Lévi-Strauss, 232

201 8, Lévi-Strauss, 338

202 F. Rabelais: *Gargantua* I, Kap. X, deutsch nach der Übersetzung von Regis

203 Leach hat ihnen eine eigene strukturale Studie gewidmet, s. 528, Leach, 7-23. Man vergleiche hiermit die Arbeit 299, Chabrol + Marin

204 7, Lévi-Strauss, 26-33

205 9, Lévi-Strauss, 407
206 5, Lévi-Strauss, 255
207 11, Lévi-Strauss, 565-575
208 8, Lévi-Strauss, 39 und 11, Lévi-Strauss, 567
209 11, Lévi-Strauss, 566
210 11, Lévi-Strauss, 571
211 723, Salman, 246
212 in: *The Legitimacy of Solomon;* ähnlich die Konklusion von Makarius in 557, Makarius, 224, sowie die zahlreichen Angriffe gegen den »menschlichen Geist« in: 558, Makarius
213 492, Kirk, 29
214 524, Leach, 780
215 s. S. 224 dieser Arbeit; 557, Makarius, 217
216 10, Lévi-Strauss, 218
217 9, Lévi-Strauss, 216
218 9, Lévi-Strauss, 216 und 237 dieser Arbeit
219 Ebenfalls in den von Turner persönlich aufgenommenen Kayapo-Fassungen. Turner interpretiert diese Umwandlung der Menschen in Tiere als einen Akt der Konsistenz mit dem Naturzustand, in dem sie bisher als feuerlose Wesen gelebt haben. Nach dem Raub des Feuers ist die Situation umgekehrt: alle Tiere sind ohne Feuer und nur die Menschen besitzen es. 779, Turner, 106f.
220 592, Métraux, 10
221 557, Makarius, 218
222 557, Makarius, 233
223 557, Makarius, 217
224 557, Makarius, 217
225 557, Makarius, 220
226 557, Makarius, 216
227 557, Makarius, 232
228 Andere von Barthes hergerichtete Oppositionspaare in den *Mythologies* sind z. B. der Wein und die Milch, die Radfahrer Charly Gaul und Louison Bobet, die Küchenrezepte von Elle und die von L'Express.
229 557, Makarius, 230
230 557, Makarius, 223ff.
231 557, Makarius, 227
232 557, Makarius, 222
233 557, Makarius, 230
234 Als ob Lévi-Strauss nicht das gleiche sagte! s. 110, Lévi-Strauss, 35
235 5, Lévi-Strauss, 233
236 5, Lévi-Strauss, 232
237 557, Makarius, 231
238 557, Makarius, 232
239 557, Makarius, 218ff.

240 779, Turner, 20ff.
241 210, Auger, 14 und 518, Leach, 14, 286
242 779, Turner, 38ff.
243 779, Turner, 72f.
244 779, Turner, 88
245 779, Turner, 62f.
246 779, Turner, 66ff.
247 779, Turner, 44
248 779, Turner, 97ff.
249 779, Turner, 10
250 779, Turner, 6
251 779, Turner, 7
252 779, Turner, 79, 87, 89, 92, 96, 103, 105, 108, 113
253 779, Turner, 79f., 118ff.
254 779, Turner, 120
255 779, Turner, 115
256 646, Oppitz

## *VI*
## *Notwendige Beziehungen*

1 vgl. S. 7, 12f., 95, 116, 138, 193, 289 dieser Arbeit
2 7, Lévi-Strauss, 39
3 vgl. 422, Godelier, 63
4 11, Lévi-Strauss, 614
5 11, Lévi-Strauss, 619

# Bibliographie

Die nachstehende Bibliographie umfaßt alle im Rahmen dieser Arbeit gelesenen Schriften. Nicht alle von ihnen wurden im Text zitiert, entweder, weil sich ihr Gegenstand nach der Lektüre als außerhalb meines Blickfeldes liegend erwies, weil sie Dinge sagten, die in anderen Publikationen bereits besser formuliert worden waren, oder weil sie gar nichts sagten.

Ich habe die Bibliographie in zwei Hauptblöcke unterteilt: 1. in sämtliche Schriften von C. Lévi-Strauss (bis einschließlich 1973) und 2. in übrige Schriften. Diejenigen von Lévi-Strauss sind in drei Gruppen angeordnet: A. Bücher B. Aufsätze C. Gespräche, Interviews, Diskussionen. Die Gruppen in sich habe ich chronologisch arrangiert. Für die persönliche Vervollständigung seiner Bibliographie danke ich Herrn Lévi-Strauss an dieser Stelle. Die übrigen Arbeiten sind zunächst alphabetisch nach Autoren und dann chronologisch geordnet.

Jede Arbeit trägt eine fortlaufende Referenzziffer, die in den Fußnoten vor der Autorenangabe steht. Um die Orientierung zu erleichtern, habe ich in der Bibliographie jedem Text einen codierten Hinweis auf sein Hauptthema hinzugefügt; er folgt der Referenzziffer. Die Themen sind folgendermaßen aufgeschlüsselt:

*Struktur Theorie*
- T1 Strukturbegriff
- T2 Methodologie
- T3 Modellbildung
- T4 Geschichte und Struktur

*Struktur Forschung*

Ethnologie
- F1 Mythologie
- F2 Verwandtschaft und soziale Organisation
- F3 Klassifikationssysteme

andere Gebiete
- F4 Semiologie
- F5 Linguistik
- F6 Literatur
- F7 Kunst, Musik, Architektur
- F8 Psychologie

*Strukturalismus und Lévi-Strauss*
- S1 allgemeine Abhandlungen über Strukturalismus
- S2 Abhandlungen über Lévi-Strauss
- S3 Rezensionen Lévi-Strauss'scher Werke
- S4 Rezensionen, Vorworte von Lévi-Strauss

*sonstige Arbeiten*

nicht strukturale Anthropologie

A1 Geschichte der Anthropologie
A2 ethnologische und soziologische Theorie
A3 Ethnographie
A4 Mythologie
A5 Verwandtschaft und soziale Organisation

0 nicht klassifizierte Schriften

## *I. Sämtliche Schriften von Claude Lévi-Strauss (bis 1973 inkl.)*

### A. Bücher


1 A3: *La vie familiale et sociale des Indiens Nambikwara,* mit 22 Fotos und 19 Textillustr., *Société des Américanistes,* Paris 1948

2 F2: *Les structures élémentaires de la parenté,* mit 87 Textillustr., Paris 1949, 2° Den Haag 1967

3 T4: *Race et histoire,* Paris 1952, 2° 1961, 3° 1968; dt.: *Rasse und Geschichte,* Frankfurt 1972, mit Bibl. von 545

4 A3: *Tristes tropiques,* mit 63 Fotos vom Verfasser und 38 Textillustr., 1 Karte, Paris 1955, 2° neue und verbesserte Ausg. 1968; dt.: *Traurige Tropen,* Köln 1960, 2° 1970

5 TF: *Anthropologie structurale,* mit 16 Fotos und 23 Textillustr., Paris 1958, 2° 1969; dt.: *Strukturale Anthropologie,* Frankfurt 1967

6 F3: *Le totémisme aujourd'hui,* Paris 1962, dt.: *Das Ende des Totemismus,* 141 S., Frankfurt 1965

7 F3: *La pensée sauvage,* mit 24 Abb., 395 S., Paris 1962, dt.: Das wilde Denken, Frankfurt 1968

8 F1: *Mythologiques I: Le cru et le cuit,* mit 4 Fotos und 59 Textillustr., 402 S., Paris 1964, dt.: Mythologica I: Das Rohe und das Gekochte, Frankf. 1970

9 F1: *Mythologiques II: Du miel aux cendres,* mit 24 Textillustr., 452 S., Paris 1966, dt.: Mythologica II: Vom Honig zur Asche, Frankfurt 1972

10 F1: *Mythologiques III: L'origine des manières de table,* mit 43 Textillustr., 478 S., Paris 1968, dt.: Mythologica III: Der Ursprung der Tischsitten, Frankfurt 1973

11 F1: *Mythologiques IV: L'homme nu,* mit 4 Fotos und 39 Textillustr., 688 S., Paris 1971, dt.: Mythologica IV: Der nackte Mensch, Frankfurt 1974

12 TF: *Anthropologie structurale deux,* Paris 1973


### B. Aufsätze


13 A3: Contribution à l'étude de l'organisation sociale des Indiens Bororo, 1936 *Journal de la Société des Américanistes,* N. S. Bd. 28, fasc. 2, S. 269-304

14 A3: Os mais vastos horizontes do mundo, 1936, *Filosofia, Ciências e Letras,* Bd. I, São Paulo NoI, S. 66-69

15 A3: A civilisaçao chaco-santiaguena, 1937, *Revista do Arquivo Municipal,* Bd. IV, São Paulo

16 A2: La sociologie culturelle et son enseignement, 1937, *Filosofia, Ciências e Letras,* Bd. II, São Paulo

17 A3: Poupées Karaja, 1937, *Boletim de la Sociedade de Etnographia e de Folklore,* Bd. I, São Paulo

18 A3: Indiens du Mato-Grosso (Brésil), *catalogue d'exposition,* 1937 mission Claude et Dina Lévi-Strauss, Paris, Museum National d'Histoire Naturelle, S. 1-14

19 A3: Fards indiens (Indian Cosmetics), 1942, *VVV, poetry, plastic arts, anthropology, sociology, psychology,* Bd. 1, Nr. 1, New York, S. 33-35

20 A1: Souvenir of Malinowski, 1942, *VVV,* Bd. I, Nr. 1, S. 45

21 A3: Guerre et commerce chez les Indiens de l'Amérique du Sud, 1943, *Renaissance, revue trimestrielle publiée par l'Ecole libre des Hautes Etudes,* Bd. I, fasc. 1 + 2, New York, S. 122-39

22 F2: The Social Use of Kinship Terms Among Brazilian Indians, 1943, *American Anthropologist,* Bd. 45, Nr. 3, S. 398-409

23 F7: The Art of the Northwest Coast at the American Museum of Natural History, 1943, *Gazette des Beaux Arts,* New York, S. 175-182

24 F2: On Dual Organization in South America, 1944, *America Indigena,* IV, 1, Mexico, S. 37-47

25 A3: The Social and Psychological Aspects of Chieftainship in a Primitive Tribe: The Nambikwara of Northwestern Mato Grosso, 1944, *Transactions of the New York Academy of Sciences,* Series II, vol 7, Nr. 1, S. 16-32, Nachdruck in: 1 und 307, S. 45-62

26 F2: Reciprocity and Hierarchy, 1944, *American Anthropologist,* Bd. 46, Nr. 2, S. 266-68

27 S4: Rezension von Euclides da Cunha: Rebellion in the Backlands, 1944, *American Anthropologist,* Bd. 46, Nr. 2, S. 394

28 F7: Le dédoublement de la représentation dans les arts de l'Asie et de l'Amérique, 1944-45, *Renaissance,* Bd. II-III, New York, 168-186, 12pl., Nachdruck in: 5, Kap. 13

29 A1: L'oeuvre d'Eduard Westermarck, 1945, *Revue de l'Histoire des Religions,* CXXIX, Nr. 1-3, S. 84-100

30 T2: L'analyse structurale en linguistique et en anthropologie, 1945, *Word, Journal of the Linguistic Circle of New York,* Bd. I, 2, S. 1-12, Nachdruck in: 5, Kap. 2

31 A3: La technique du bonheur aux U.S.A., 1946, *Esprit,* Nr. 127, S. 643-652, Nachdruck in: L'Age d'or, Nr. I, 1947

32 A3: The Name of the Nambikwara, 1946, *American Anthropologist,* Bd. 48, Nr. 1, S. 139-140

33 A1: French Sociology, 1946, *Sociology in the Twentieth Cen-*

*tury*, Hg. G. Gurvitch, New York, S. 503-37, franz.: La sociologie française, 1947, S. 513-45
34 A3: La théorie du pouvoir dans une société primitive, 1947, *Les doctrines politiques modernes,* New York, S. 41-63
35 F5: Sur certaines similarités morphologiques entre les langues Chibcha et Nambikwara, 1947, *Actes du 28°* Congrès international des Américanistes, Paris, S. 185-92
36 F7: Le serpent au corps rempli de poissons, 1947, *Actes du 28°* congrès international des Américanistes, Société des Américanistes, Nachdruck in: 5, Kap. 14
37 A3: The Tupi-Cawahib, 1948, *Handbook of South American Indians,* hg. J. Steward, Bureau of American Ethnology, Smithsonian Institution, Washington, Bd. III, S. 299-305
38 A3: The Tribes of the Upper Xingu River, 1948, *Handbook* . . . 36, S. 321-348
39 A3: The Nambicuara, 1948, *Handbook* . . . 36, S. 361-369
40 A3: Tribes of the Right Bank of the Guaporé River, 1948, *Handbook* . . . 36, S. 371-379
41 F8: Le sorcier et sa magie, 1949, *Les Temps Modernes,* Nr. 41, S. 3-24, Nachdruck in: 5. Kap. 9
42 F8: L'efficacité symbolique, 1949, *Revue de l'Histoire des religions,* CXXXV, Nr. 1, S. 5-27, Nachdruck in: 5, Kap. 10
43 A3: La politique étrangère d'une société primitive, 1949, *Politique étrangère,* Nr. 2, Mai, S. 139-52
44 T4: Histoire et ethnologie, 1949, *Revue de Métaphysique et de Morale,* Nr. 54, 3-4, S. 363-391, Nachdruck in: 5, Kap. 1
45 A3: The Use of Wild Plants in Tropical South America, 1950, *Handbook* . . . 36, Bd. IV, S. 465-86
46 S4: Préface à K. Dunham: *Danses d'Haiti,* Paris 1950
47 S4: Préface à C. Berndt: Women's Changing Ceremonies in Northern Australia, 1950, *L'Homme,* Bd. I, Nr. 1, Paris, S. 3-8
48 F5: Documents rama-rama, 1950, *Journal de la Société des Américanistes,* Bd. XXXIX, S. 73-84
49 A3: Sur certains objets en poterie d'usage douteux provenant de la Syrie et de l'Inde, 1950, *Syria,* Bd. XXVII, fasc. 1, 2, S. 1-4
50 A2: Introduction à l'oeuvre de Marcel Mauss, 1950, s. 576, Mauss
51 F2: Language and the Analysis of Social Laws, 1951, *American Anthropologist,* Bd. 53, Nr. 2, S. 155-63, Nachdruck in: 5, Kap. 3
52 S4: Rezensionen von O. Klineberg: The Racial Question and Modern Science und M. Leiris: Race and Civilisation, *Bul-*

*letin International des Sciences Sociales,* III, 4, Paris, S. 743-45, 1951
53 S4: Avant-Propos, Les Sciences Sociales au Pakistan, 1951, *Bulletin International des Sciences Sociales,* III, 4, Paris, S. 825-29
54 A3: Miscellaneous Notes on the Kuki, 1951, *Man,* Bd. 51, Nr. 284, S. 167-69
55 F2: La notion d'archaisme en ethnologie, 1952, *Cahiers Internationaux de Sociologie,* XII, S. 3-25, Nachdruck in: 5, Kap. 6
56 F2: Les structures sociales dans le Brésil central et oriental, 1952, *Proceedings of the 29th Congress of Americanists,* Bd. III, S. 302-10, Nachdruck in: 5, Kap. 7
57 A3: Le Père Noel supplicié, 1952, *Les Temps Modernes,* Nr. 77, S. 1572-90, engl. (gekürzt): Where Does Father Christmas Come From? *New Society,* 19, 1963, 6-8
58 F2: Kinship Systems of Three Chittagong Hill Tribes, (Pakistan), 1952, *Southwestern Journal of Anthropology,* Bd. 8, Nr. 1, S. 40-41
59 A3: Le syncrétisme réligieux d'une village mogh du territoire de Chittagong, 1952, *Revue de l'Histoire des Religions,* CXLI, Nr. 2, S. 202-37
60 A3: La visite des âmes, 1952, *Annuaire de l'Ecole Pratique des Hautes Etudes,* (sciences religieuses) 1951-52, S. 20-23
61 A2: Toward a General Theory of Communication, paper, 1952, submitted to the International Conference of Linguists and Anthropologists, University of Indiana, Bloomington (Ms.)
62 T1: Social Structure, 1953, *Anthropology To-Day,* Hg. L. A. Kroeber, Chicago, S. 524-58, nach einem Vortrag bei der Wenner-Gren Foundation, International Symposion on Anthropology, New York 1952, Nachdruck in: 5, Kap. 15 (bearbeitet), franz.: Structure sociale, *Bulletin de Psychologie,* VI, 5, 1953, S. 358-90
63 A1: Panorama de l'ethnologie, (1950-52), 1953, *Diogène,* Nr. 2, S. 96-123
64 F2: Chapter One, Results of the Conference of Anthropologists and Linguists, 1953, *Supplement to International Journal of American Linguists,* Bd. 19, Nr. 2, April, S. 1-10, Nachdruck in: 5, Kap. 4 (erweiterter Text nach einer Tonbandaufnahme der Conference of Anthropologists and Linguists in Bloomington, Indiana, 1952), franz.: Linguistique et anthropologie
65 F1: Recherches de mythologie américaine I, 1953, *Annuaire de*

*l'Ecole Pratique des Hautes Etudes,* (sciences religieuses) 1952-53

66 T2: Place de l'anthropologie dans les sciences sociales et problèmes posés par son enseignement, 1954, *Les sciences sociales dans l'enseignement supérieur,* Paris, Unesco, 32 S., Nachdruck in: 5, Kap. 17

67 A2: Qu'est-ce qu'un primitif?, 1954, *Le Courrier,* Paris, Unesco, Nr. 8-9, S. 5-7

68 S4: L'art de déchiffrer les symboles, 1954, *Diogène,* Nr. 5, S. 128-35, Rezension der Bücher: G. Large: *Soogwilis, a Collection of Kwakiutl Indian Designs and Legends;* H. Baylay: *The Lost Language of Symbolism;* A. B. Rooth: *The Ciderella Cycle;* A. M. Hocart: *The Life-Giving Myth*

69 F1: Recherches de mythologie américaine II, 1954, *Annuaire de l'Ecole Pratique des Hautes Etudes,* (siences religieuses) 1953-54, S. 27-29

70 T4: Diogène couché, 1955, *Les Temps Modernes,* Nr. 110, S. 1187-1220

71 F2: Les structures élémentaires de la parenté, 1955, *La Progenèse, Centre international de l'Enfance (Travaux et Documents* VIII), Paris, S. 105-110

72 A3: Des Indiens et leur ethnographe, 1955, *Les Temps Modernes,* Nr. 116, Vorabdruck aus: 4

73 F1: The Structural Study of Myth, 1955, *Journal of American Folklore,* Bd. 68, Nr. 270, Nachdruck in: 5, Kap. 11 (erweitert)

74 T2: Les mathématiques de l'homme, 1955, *Bulletin International des Sciences Sociales,* VI, 4, S. 643-53, dt.: Die Mathematik vom Menschen, *Kursbuch* 8, Frankfurt 1967

75 A1: Maurice Leenhardt (1878-1954), 1955, *Annuaire de l'Ecole Pratique des Hautes Etudes,* (sciences religieuses) 1954-55, S. 21-22

76 F1: Rapports de la mythologie et le rituel, 1955, *Annuaire de l'Ecole Pratique des Hautes Etudes,* (sciences religieuses) 1954-55, S. 25-28

77 F2: Les organisations dualistes existent-elles?, 1956, *Bijdragen tot de taal-, land- en volkenkunde,* 112, 2. Aufl., S. 98-128, Nachdruck in: 5, Kap. 8

78 S4: Les cadres économiques et sociaux, 1956, *Revue française de Sciences politiques,* VI, 1, S. 177-79, Rezension von: G. Balandier: *Sociologie des Brazzavilles noires*

79 T1: Structure et dialectique, 1956, *For R. Jakobson, Essays on the occasion of his 60th birthday,* Den Haag, S. 278-94, Nachdruck in: 5, Kap. 12

80 A3: Jeux de société, 1956, *United States Lines,* Paris Review, (numéro spécial sur les jeux)

81 A3: La fin des voyages, 1956, *L'Actualité Littéraire,* Nr. 26, S. 29-32

82 F1: Sur les rapports entre la mythologie et le rituel, 1956, *Bulletin de la Société Française de Philosophie,* Sitzung vom 26. 5. 56, S. 99-125

83 A1: Les trois humanismes, 1956, *Demain,* Nr. 35, S. 16

84 F8: Sorciers et psychanalyse, 1956, *Le Courrier,* Paris, Unesco, juillet/août, S. 8-10

85 0: Le droit au voyage, 1956, *L'Express,* 21. 9.

86 F2: Les prohibitions du mariage, 1956, *Annuaire de l'Ecole Partique des Hautes Etudes,* (sciences religieuses) 1955-56, S. 39-40

87 F2: The Family, 1956, *Man, Culture and Society,* Oxford, H. L. Shapiro (Hg.), S. 261-85

88 F2: Le symbolisme cosmique dans la structure sociale et l'organisation cérémonielle des tribus américaines, 1957, *Le symbolisme cosmique des monuments religieux,* Serie Orientale Roma, Bd. 14

89 S4: Compte rendu, 1957, Rezension von: R. Briffaut – B. Malinowski: Marriage: Past and Present, *American Anthropologist,* Bd. 59, Nr. 5, S. 902-03

90 A3: Recherches récentes sur la notion d'âme, 1957, *Annuaire de l'Ecole Pratique des Hautes Etudes,* (sciences religieuses) 1956–57, S. 16-17

91 0: These Cooks Did not Spoil the Broth, 1957, *Courrier,* Paris, Unesco, Nr. 10, S. 12-13

92 A2: One World, Many Societies (Un monde, des sociétés), 1958, *Way Forum,* March

93 S4: Dis moi quels champignons, 1958, *L'Express,* 10.4., Rezension eines mykologischen Buches von H. Wassen

94 S4: Préface à M. Bouteiller: *Sorciers et jeteurs de sorts,* Paris, S. I-VI

95 S4: Compte rendu de R. Firth (Hg.): *Man and Culture, an Evaluation of the Work of B. Malinowski,* 1958, Africa

96 F5: Documents Tupi-Kawahib, 1958, Miscellanea Paul Rivet, Octogenario Dicata, Mexico

97 S4: Titres et Travaux – Projet d'enseignement, 1958, Centre de documentation universitaire

98 F2: Le Dualisme dans l'organisation sociale et les représentations religieuses, 1958, *Annuaire de l'Ecole Pratique des Hautes Etudes,* (sciences religieuses) 1957-58 und 1958-59

99 F7: Amérique du Nord et Amérique du Sud, 1959, *Le Masque,*

Musée Guimet, Paris
100 F7: Le Masque, 1959, *L'Express,* Nr. 443
101 A2: Passage Rites, 1959, *Encyclopedia Britannica,* Stichwort
102 A1: Marcel Mauss, 1959, *Encyclopedia Britannica,* Stichwort
103 S4: Préface à Talaysesva: *Soleil Hopi,* 1959, Paris
104 F1: La Geste d'Asdiwal, 1959, *Annuaire de l'Ecole Pratique des Hautes Etudes,* (sciences religieuses) 1958-59, Nachdruck in: *Les Temps Modernes,* Nr. 179, S. 1080-1123, 1961, dt.: in C. A. Schmitz: *Religionsethnologie,* Frankfurt 1964, S. 154-95, engl.: in E. R. Leach: *The Structural Study of Myth and Totemismus,* London 1967, S. 1-47, S. 526
105 A2: Leçon Inaugurale, faite le mardi 5 janvier 1960 au Collège de France, chaire d'Anthropologie Sociale, 1960, engl.: The Scope of Anthropology, 1966, *Current Anthropology,* VII, 2, S. 122-23, als Sonderschrift bei Cape, London, 1967
106 A2: Le problème de l'invariance en anthropologie, 1960, *Diogène,* 31, S. 23-33, Auszug aus Leçon Inaugurale
107 F1: Four Winnebago Myths. A Structural Sketch, 1960, *Culture in History,* S. Diamond (Hg.), New York, Festschrift für Paul Radins 75. Geburtstag
108 A2: Méthodes et conditions de la recherche ethnologique française en Asie, 1960, Colloque sur les recherches, Fondation Singer-Polignac, Paris
109 A2: Les trois sources de la réflexion ethnologique, 1960, *Revue de l'Enseignement supérieur,* Paris, S. 43-50
110 F1: La structure et la forme, réflexions sur un ouvrage de Vladimir Propp, 1960, *Cahiers de l'Institut de Science économique appliquée* (recherches et dialogues philosophiques et économiques, 7), Nr. 99, Nachdruck unter dem Titel: L'analyse morphologique des contes russes, 1960, *International Journal of Slavic Linguistics and Poetics,* 3, S. 122-49
111 T3: On Manipulated Sociological Models, 1960, *Bijdragen tot de taal-, land- en volkenkunde,* Bd. 116, Nr. 1, Den Haag, S. 45-54
112 A1: Ce que l'ethnologie doit à Durkheim, 1960, *Annales de l'Université de Paris,* XXX, 1, S. 47-52
113 T4: L'anthropologie sociale devant l'histoire, 1960, *Annales,* XV, 4, S. 635-37
114 F1: Compte rendu d'enseignement (1959-60), 1960, *Annuaire du Collège de France,* Paris
115 F1: La chasse rituelle aux aigles, 1961, *Annuaire de l'Ecole Pratique des Hautes Etudes* (Siences religieuses) 1959-60
116 A1: La crise moderne de l'anthropologie, 1961, *Le Courrier,* Paris, Unesco, S. 12-17

117 A2: Le métier d'ethnologue, 1961, *Les Annales,* juillet, nouv. série, Nr. 129, *Revue de l'Université de Paris*

118 S4: Comptes rendus divers, 1961, *L'Homme,* Bd. I, J. Berlo: Trance in Bali, S. 134; J. B. Casagrande: In the Company of Man, S. 142; E. Colson: Marriage and the Family among the Plateau Tonga of Northern Rhodesia und Kariba Studies – The Social Organisation of the Gwembe Tonga, 3, S. 112-14; M. + F. F. Herskovits: Dahomean Narrative: A Cross-Cultural Analysis, 1, S. 128; Umbangu: Art du Congo au Musée Royal de l'Afrique centrale, 1, S. 128; W. A. Ritchie + D. W. Dragoo: The Eastern Dispersal of Adena, 1, S. 132; C. E. Keeler: Secrets of Cuna Earthmother, 1, S. 133; A. B. Lord: The Singer of Tales, 1, S. 137; K. E. Larson: Fijian Studies, 1, S. 138; Anthropological Linguistics Bd. 2, Nr. 5, 2, S. 129; Revista de Anthropologia, 2, S. 129; I. G. Cunnison: The Luapula Peoples of Northern Rhodesia, 3, S. 111-12; C. E. Dibble + A. J. O. Anderson: Florentine Codex, Bd. 9, 3, 2. 127; C. H. Lange + H. Cochiti: A New Mexico Pueblo 3, 128; H. S. Colton: Hopi Kachina Dolls, 3, 129; E. C. Townsend: Birdstones of North American Indians, 3, 142f.; D. Gebhard: Prehistoric Paintings of the Diablo Region, 3, S. 143

119 F1: Compte rendu d'enseignement (1960-61), 1961, *Annuaire du Collège de France*

120 F6: Les chats de Charles Baudelaire, *L'Homme,* Bd. II, Nr. 1, zusammen mit R. Jakobson, dt.: Die Katzen von Charles Baudelaire, 968, *alternative* 62/63, S. 156-70, Nachdruck in: *Sprache im technischen Zeitalter,* 29, 1969, S. 1-19

121 A1: Jean-Jacques Rousseau, fondateur des sciences de l'homme, 1962, *Jean-Jacques Rousseau, La Baconniere,* Neufchâtel, S. 239-48, Nachdruck in: 204, S. 68-78, engl.: Rousseau, Father of Anthropology (summary of adress), *Courrier,* Paris, Unesco, Nr. 16, S. 10-15, Mars 1963

122 A1: Ethnologue avant l'heure, 1962, *Les Nouvelles Littéraires,* 29. 11. 62

123 T1: Les limites de la notion de structure en ethnologie, 1962, *Sens et usages du terme Structure,* R. Bastide (Hg.), S. 40-45, S. 224

124 F1: Sur le caractère distinctif des faits ethnologiques, 1962, *Revue des Travaux de l'Académie des Sciences morales et politiques,* 115° année, 4° série, Paris, S. 211-219

125 S4: Comptes rendus divers, 1962, *L'Homme,* Bd. II, A. Métraux: Les Incas, 2, S. 139f.; E. Wilson: Apologies to the Iroquois, 2, S. 140f.; F. M. Setzeler: Welcome Mound and

the Effigy Pipes of the Adena People, 3, S. 134; M. Barbeau: Huron Wyandot Traditional Narratives in Translation and Narrative Text, 3, S. 134; C. L. Smithson: The Havasupai Woman, 3, S. 134f.; P. Carrasco: Pagan Rituals and Beliefs among the Chantal Indians of Oaxaca, 3, S. 135f.; Abstracts of New World Archeology, 3, S. 136f.; R. S. Murphy: Head Hunter's Heritage, Social and Economic Change among the Mundurucu Indians, 3, S. 136; C. W. M. Hart + A. R. Pilling: The Tiwi of North Australia, 3, S. 141-43

126 F1: Compte rendu d'enseignement (1961-62), 1962, *Annuaire du Collège de France*

127 F3: The Bear and the Barber, 1963, *The Henry Myer Memorial Lecture* (1962). Reprinted from the *Journal of the Royal Anthropological Institute*, Bd. 93, I

128 A1: Les discontinuités culturelles et le développement économique et social, 1963, *Table Ronde sur les prémices sociales de l'industrialisation* (1961), Paris, Unesco, S. 7-15

129 A3: Marques de propriété dans deux tribus sud-américaines, 1963, *l'Homme*, Bd. III, Nr. 3, S. 102-08, zusammen mit: N. Belmont

130 S4: Comptes rendus divers, 1963, *L'Homme*, Bd. III, G. G. Simpson: Principles of Animal Taxonomy, 1, S. 140; G. J. Quimby: Indian Life in the Upper Great Lakes, 2, S. 136f.; L. S. Cressman: Cultural Sequences at the Dalles, Oregon, 2, S. 137f.; S. F. Starr: The Archeology of Hamilton County, Ohio, 2, 138; N. A. Harte: Preliminary Report on Petroglyphs of the Republic of Panama, 2, S. 138; J. M. Cruxent + I. Rouse: Archeologia chronologica de Venezuela, 3, S. 126f.; Mountain Wolf Woman: Sister of Crashing Thunder, the Autobiography of a Winnebago Indian, 3, S. 127; J. Falkenberg: Kin and Totem. Group Relations of Australian Aboriginals in the Port Kaets District, 3, S. 133f.

131 F1: Compte rendu d'enseignement (1962-63), 1963, *Annuaire du Collège de France*

132 T3: Critères scientifiques dans les disciplines sociales et humaines, 1964, *Revue internationale des sciences sociales,* Bd. XVI, Nr. 4, Paris, Unesco, S. 579-97, engl.: in der engl. Ausg. des gleichen Hefts

133 A1: Alfred Métraux, 1902-63, 1964, *Annales de l'Université de Paris,* Nr. 1

134 A1: Hommage à Alfred Métraux, 1964, *L'Homme*, Bd. IV, Nr. 2

135 F3: Sur quelques problèmes posés par l'étude des classifications

primitives, 1964, Mélanges Alexandre Koyré, S. 335-45, aus: 7, S. 79-89

136 F1: Compte rendu d'enseignement (1963-64), 1964, *Annuaire du Collège de France*

137 F3: The Future of Kinship Studies, 1965, *The Huxley Memorial Lecture, Proceedings of the Royal Anthropological Institute of Great Britain and Ireland,* S. 13-22

138 F1: Le triangle culinaire, 1965, *L'Arc,* Nr. 26, dt.: Das kulinarische Dreieck, *FAZ,* 26. 3. 66, engl.: Culinary Triangle, *Partisan Review,* Nr. 33, S. 586-95, 1966

139 F7: Les sources pollués de l'art, 1965, *Arts-Loisirs,* 7.-13. 4., S. 4

140 A1: Lucien Sebag, Nécrologie, 1965, *Journal de la Société des Américanistes,* S. 182-83

141 T2 Présentation d'un laboratoire d'anthropologie sociale, 1965, *Revue de l'enseignement supérieur,* 3, Paris, S. 87-92

142 S4: Compte rendu W. Deonna + M. Renard: Croyances et superstitions de table dans la Rome antique, 1965, *L'Homme,* Bd. V, 1, S. 147

143 F1: Compte rendu d'enseignement (1964-65), 1965, *Annuaire du Collège de France*

144 A2: Anthropology: its Achievement and Future, 1066, *Nature,* Bd. 209, January 1, Rede vom 17. 9. 65, Gehalten zu Ehren von James Smithson, Washington D. C., Nachdruck in: *Current Anthropology,* Bd. 7, Nr. 2, April '66 und *Knowledge among Men,* New York 1966

145 A2: The Scope of Anthropology, 1966, *Current Anthropology,* Bd. 7, Nr. 2, April, s. 104

146 S4: Picasso, 1966, *Arts* Nr. 60, 16. 11. 66

147 F1: Résumé des cours de 1965-66, 1966, *Annuaire du Collège de France*

148 F1: Le sexe des astres, 1967, *Mélanges offerts à Roman Jakobson pour sa 70° année,* Den Haag, S. 1167-70, engl.: The Sex of the Heavenly Bodies, 1970, in: 512, S. 330-39

149 F2: Vingt ans après, 1967, *Les Temps Modernes,* Nr. 256, S. 385-406

150 T2: The Particular Task of Anthropology, 1967, in 487, S. 308-312, aus: 5, S. 397-401

151 F1: Résumé des cours de 1966-67, 1967, *Annuaire du Collège de France*

152 F7: Voix off, 1968, *l'Archibras* 3, S. 27-31

153 T4: La grande aventure de l'ethnologie, 1968, *Le Nouvel Observateur,* Nr. 166

154 T4: Evénement et schéma, 1968, *L'Homme* VIII, 1, S. 80-87,

zusammen mit: J. Guiart

155 A2: Hommage aux Sciences de l'Homme, 1968, *Informations sur les Sciences Sociales,* VII, 2, S. 7-11

156 F1: Religions comparées des peuples sans écriture, 1968, *Problèmes et méthodes d'histoire des religions. Mélanges publiés par la section des sciences religieuses à l'occasion du centenaire de l'Ecole Pratique des Hautes Etudes,* Paris, S. 1-7

157 A3: Les champignons dans les cultures, 1970, *L'Homme* X, 1, S. 1-14

158 F2: Le systeme parental et matrimonial du Nord Ambrym, 1970, *Journal de la Société des Océanistes,* XXVI, 26, S. 4-33, zusammen mit: G. Giulbaud

159 F1: Le Temps du mythe, 1971, *Annales,* mai/août, numéro spécial: *Histoire et structure,* S. 533-40

160 F1: Comment meurent les mythes, 1971, *Science et conscience de la société, Mélanges en l'honneur de Raymond Aron,* Paris, 131-143

161 F1: Rapports de symétrie entre rites et mythes de peuples voisins, 1971, 161-178, in: 248

162 S4: Préface à L. Sebag: *L'Invention du monde,* Paris, S. I-III, 1971

163 F1: The Deduction of the Crane, *Structural Study of Oral Tradition,* P. + E. Maranda (Hg.) 1971, 3-21

164 F7: ›Boléro‹ de Maurice Ravel, 1971, *L'Homme,* XI, 2, 1971, 5-14

165 T4: Race et culture, 1971, *Revue internationale des sciences sociales,* 4, Paris, 647-666

166 S4: La mère des fougères, 1972, in: *Langues et techniques, nature et société. Mélanges offerts à André G. Haudricourt,* Paris, 367-69

167 S1: Structuralism and Ecology, 1972, *Barnard Alumnae,* Spring, 6-14, Nachdruck in: *Social Science Information,* 12, 1, Paris 1973, 7-23

168 S4: Marcel Detienne, *Les Jardins d'Adonis.* La mythologie des aromates en Grèce, 1972, *L'Homme* XII, 4, 97-102

169 F5: Religion, langue et histoire: à propos d'un texte inédite de Ferdinand de Saussure, 1973, *Mélanges en l'honneur de Fernand Braudel, Toulouse,* 325-333

170 F2: Réflexions sur l'atome de parenté, 1973, *L'Homme,* XIII, 3, Nachdruck in: 12, 103-135

171: Discussion of Inventory Papers at the International Symposion on Anthropology, 1953, S. 769, S. 31, 61f., 66, 108, 114-18

172: Claude Lévi-Strauss, 1956, *La Revue de Paris,* juin '56, S. 114-121 und avril '56, S. 108-149, mit B. Beck

173: Interview, 1960, *Le Figaro Littéraire,* 14. 5., mit J.-P. Weber

174: *Entretiens avec Claude Lévi-Strauss,* 1961 (Entretiens radiodiffusés en octobre, novembre et décembre 1959), par G. Charbonnier, 2°: Paris 1969, engl.: *Conversations with Lévi-Strauss,* London 1967, dt.: *»Primitive« und »Zivilisierte«,* Zürich 1972

175: La Anthropologia, Hoy: entrevista a Claude Lévi-Strauss, 1962, *Cuestiones de Filosofia,* I, Nr. 2-3, Buenos Aires mit E. Veron

176: Conversazione con Claude Lévi-Strauss, 1963, *Aut Aut,* Nr. 77, Milano, mit P. Caruso

177: Réponses à quelques questions, 1963, *Esprit,* Nov. '63, S. 628-53, engl.: s. 631, S. 57-74

178: Entretiens avec Claude Lévi-Strauss, 1964, *Les cahiers du cinéma,* XXVI, Nr. 156, S. 19-29, mit M. Delahaye + J. Rivette

179: Valons nous mieux que les sauvages?, 1965, *Réalités,* janvier, S. 50-53, mit T. de Quenetain

180: Réponse à un questionnaire sur la critique littéraire, 1965, *Paragone,* Nr. 182, nuova série, 2. 4. '65, Milano

181: L'umanità si avvicina a se stessa, 1965, *Rinascita, supplemento culturale* Nr. 5, 29. 5., Roma mit P. Caruso

182: Réponse à un questionnaire (sur 25 témoins de notre temps), 1965, *Le Figaro Littéraire,* Nr. 1023, 25. 11.

183: Philosophie et anthropologie, 1966, Interview accordé aux *Cahiers de Philosophie,* numéro spécial: *Anthropologie,* Nr. 1, Janvier

184: Exploring Lévi-Strauss, 1966, Interview, *Atlas,* II, April '66, S. 245-46, mit P. Caruso

185: A Conversation with Claude Lévi-Strauss, 1966, *Encounter,* April '66, Nr. 26, S. 32-38, mit G. Steiner

186: Humanity, what is it?, 1966, An Interview with Lévi-Strauss, *The Kroeber Anthropological Papers,* fall '66, S. 41-53, erstmals in: *L'Express* 20. 10. 60

187: Entretiens avec Claude Lévi-Strauss, 1967, Les Lettres Françaises, Nr. 1165, 12. 1. 67, dt.: Wie funktioniert der

menschliche Geist? *alternative,* Juni '67, (Auszug)
188: A contre-courant, Interview, 1967, *Nouvel Observateur,* 25. 1. 67, mit G. Dumur
189: Claude Lévi-Strauss collectionne infatigablement les mythes, Entretiens, 1967, *Le Figaro Littéraire,* 2. 2. 67, mit G. Lapouge
190: Le structuralisme sainement pratiqué ne prétend pas formuler une nouvelle conception du monde ou même de l'homme, 1968, *Le Monde,* 12. 1. 68
191: Interview, 1968, *Témoignage Chrétien,* 1968, 8. 4.
192: The Anatomy of a Society, 1970, *International Herald Tribune,* 1. 1. 70, mit J.-L. Hess
193: La Theorie, 1970, *VH 101,* Nr. 2, été 1970, S. 46-53
194: L'Express va plus loin avec Claude Lévi-Strauss, 1971, Interview, *L'Express,* 15.-21. 3. 71
195: Reconcilier le sensible et l'intelligible, 1971, *Le Monde,* 5. 11. 71, Entretiens avec R. Bellour
196: Der Humanismus bedroht den Menschen, 1972, Interview, *Der Spiegel,* 27. 2. 72, S. 92-97

*II. Übrige Schriften*

Abel, L.
197 S2: Sartre vs. Lévi-Strauss, who are the radicals today? *Commonwealth,* 17. 6. 66, Nr. 84, S. 364-68, Nachdruck in: 455, S. 235-46

Abraham, K.
198 A4: *Traum und Mythos,* Wien/Leipzig, 1909

Adler, A. + Cartry, M.
199 F2: La Transgression et sa dérision, *L'Homme,* XI, juillet (3), 1971, 5-63

*Aletheia*
200 S1: Le structuralisme (numéro spécial), Paris, Mai 1966

*alternative*
201 S1: Strukturalismus Diskussion, Nr. 54, Juni 1967, Berlin

*alternative*
202 F6: Strukturalismus und Literaturwissenschaft, Nr. 62-63, Berlin, Dez. 1968

Améry, J.
203 S1: Französische Sozialphilosophie im Zeichen der »linken Frustration«, *Merkur,* Nr. 215, XX. Jahrg., 1966

Amodio, L.
204 S1: Nota su un dibattio in »Annales«, *Il Corpo,* Nr. 1, Milano 1965

*L'Arc*
205 S2: Lévi-Strauss (numéro spécial), Nr. 26, Aix 1965
*L'Arc*
206 S2: Marcel Mauss (numéro spécial), Nr. 48, Aix 1972
*Archives Européennes de Sociologie*
207 S1: Aliénation et structure or conscience and consciousness, Nr. 1, 1966
Aron, R.
208 S3: L'ethnologue entre les primitifs et la civilisation, *Le Figaro Littéraire,* 24. 12. 55
Aschmann, H.
209 F3: Totonac Categories of Smell, *Tlalocan* 2 (2), Mexico, 1946, 187-89
Auger, P.
210 T3: Les modèles dans les sciences, *Diogène,* Nr. 52, S. 4-15, 1965
*Aut Aut, rivista di filosofia e di cultura*
211 S2: Claude Lévi-Strauss, Nr. 88, Milano, Luglio 1965
Auzias J.-M.
212 S1: *Clefs pour le structuralisme,* Paris 1967
Backès, C.
213 S2: Du miel aux cendres in 205, S. 30-36
214 S3: Un visionnaire (Rezension von 754), *La Quinzaine Littéraire,* Nr. 55, Août 1968, S. 20
215 S2: Réflexions sur Lévi-Strauss, *La Nouvelle Critique,* Nr. 24, Mai 1969
216 S2: Lévi-Strauss ou la philosophie du non-savoir, *La Quinzaine Littéraire,* 16. 5. 70
217 S2: *Lévi-Strauss ou la structure et le malheur,* Paris 1970
218 S3: Le cru et le nu (Rezension von 11), *Le Monde,* 5. 11. 71
Badiou, A.
219 T3: *Le concept de modèle,* Paris 1969
Balandier, G.
220 S3: Le hasard et les civilisations, *Cahiers du Sud,* Nr. 319, 1953, S. 501-06
221 S3: Grandeur et servitudes de l'ethnologue, *Cahiers du Sud,* Nr. 337, 1956, S. 450-56
222 S1: Structures sociales traditionelles et changements économiques, *republications paulet,* Mai 1968
Banton, M. (Hg.)
223 T3: *The Relevance of Models for Social Anthropology,* London 1965
Barnes, J. A.
224 A2: *Three Styles in the Study of Kinship,* London 1971

Barthes, R.
225 F6: *Le degré zéro de l'écriture,* Paris 1953, dt.: Am Nullpunkt der Literatur, Hamburg 1959
226 F4: *Mythologies,* Paris 1957, 1970, dt.: Mythen des Alltags, Frankfurt 1964, engl.: Mythologies, London 1972
227 S3: Sociologie et Socio-Logique, *Informations sur les sciences sociales,* Bd. I, Nr. 4, 1962, S. 114-22
228 T2: L'activité strucutraliste, Les Lettres Nouvelles, février 1963, Nachdruck in: *Essays critiques,* Paris 1964, dt.: Die strukturalistische Tätigkeit, *Kursbuch* 5, 1966, S. 190-96
229 F4: *Eléments de sémiologie,* Paris 1964, engl.: Elements of Semiology, London 1967
230 S3: Les sciences humaines et l'oeuvre de Lévi-Strauss, *Annales,* nov./déc. 1964, S. 1085-86
231 F4: *Système de la mode,* Paris 1967
232 F6: *Literatur oder Geschichte,* Frankfurt 1969, aus: *Sur Racine,* Paris 1963, bzw. *Essays critiques,* Paris 1964
233 F4: Interview, *L'Express,* Nr. 985, 25. 5. 70
Bartlett, F. C.
234 A4: Psychology in relation to the popular story, *Folklore,* 1920, S. 264-93
Bastide, R.
235 S3: Les aventures d'un nouveau Chateaubriand, *Demain,* 29. 12. 55
236 S3: Lévi-Strauss ou l'ethnographe à la recherche du temps perdu, *Présance Africaine,* avril/mai 1956, S. 150-55
237 A2: La nature humaine: le point de vue du sociologue et de l'ethnologue, *La Nature humaine,* actes du XI° Congrès des sociétés de philosophie de langue française, Paris 1961
238 T1: *Sens et usages du terme structure dans les sciences humaines et sociales,* Den Haag, 1962 (Hg.)
239 T1: Introduction à l'étude du mot structure, in: 238, S. 9-19
240 A2: L'ethnologie et le nouvel humanisme, *Revue philosophique de la France et de l'Etranger,* 154, 1964
241 A2: La pensée obscure et confuse, *Le Monde non chrétien,* Nr. 75-76, 1965, S. 137-56
242 A1: La Mythologie, *Ethnologie générale,* J. Poirier (Hg.), Paris 1968, S. 1037-1090
Bataille G.
243 S3: Un livre humain, un grand livre, *Critique,* février 1956, S. 99-112
244 F2: L'énigme de l'inceste, *L'érotisme,* Paris 1965, dt.: *Der heilige Eros,* Neuwied 1969

Bateson, G.
245 A3: The Value System of a Steady State, in: 381, S. 35-53
Beauvoir, S. de
246 S3: Les structures élémentaires de la parenté, *Les Temps Modernes,* Nr. 49, nov. 1949
Beck, B. s. 172
Beidelman, T. O.
247 F3: Right and Left Hand Among the Kaguru: A note on Symbolic Classification, *Africa,* vol. 31, 1961, S. 250-257
Beidelman, T. O. (Hg.)
248 A2: *The Translation of Culture,* Festschrift for E. E. Evans-Pritchard, Oxford 1971
Bellour, R.
249 S3: Mythologiques III, Rezension, *Les Lettres françaises,* Nr. 1252, 9. 10. 68
s. 187
s. 195
Benveniste, E.
250 F5: »Structure« en linguistique, in: 238, S. 31-39
Bérard, V.
251 A4: *L'origine des cultes arcadiens,* Paris 1894
Berlin, B. + Breedlove, D. E. + Raven, P. H.
252 F3: Folk taxonomies and biological classification, *Science,* 154, 1966, S. 273-75
Bidney, D.
253 A2: *Theoretical Anthropology,* New York 1953
254 S3: La Pensée sauvage, Review, *Journal of American Folklore,* Nr. 77, April '64, S. 182-83
255 S3: Le totémisme aujourd'hui, Review, *Journal of American Folklore,* Nr. 77, April '64, S. 184-85
256 S3: Le cru et le cuit, Review, *Journal of American Folklore,* Nr. 79, Oct. '66, S. 612-13
Bierwisch, M.
257 F5: Strukturalismus. Geschichte, Probleme und Methoden, *Kursbuch* 5, 1966, S. 77-152
Bizet, J. A.
258 F7: Les structuralistes, la notion de structure et l'estétique du film, *La Pensée,* février 1968, S. 24-26
Blanchot, M.
259 S3: L'homme au point zéro, *La Nouvelle Revue française,* avril 1956, S. 683-94
Blanquart, P.
260 S1: Le structuralisme, de la terreur au dialogue, *Signes du temps,* février 1967, S. 24-26

261 S1: Der Strukturalismus, *Dokumente,* Okt. 1967, S. 353-64

Boas, F.

262 A4: Dissemination of Tales among the Natives of North America, *Journal of American Folklore,* 1891, Nachdruck in 272, S. 437-45

263 A4: *Indianische Sagen von der nordpazifischen Küste,* Berlin 1895

264 A4: The Growth of Indian Mythologies, 1895, Nachdruck in: 272, S. 423-36

265 A4: Tsimshian Texts, *Bulletin of the Smithsonian Institution,* No. 27, Bureau of American Ethnology, 1902, S. 225-28

266 A4: Tsimshian Texts (New Series), *Publications of the American Ethnological Society,* vol. III, Leyden 1912, S. 71-145

267 A4: Mythology and Folktales of North American Indians, *Journal of American Folklore,* Bd. 27, 1914, Nachdruck in: 272

268 A4: The Development of Folk-Tales and Myths, *The Scientific Monthly* 60/3, 1916, Nachdruck in: 272

269 A4: *Tsimshian Mythology,* Washington 1916

270 A2: The Methods of Ethnology, *American Anthropologist,* Bd. 22, 1920

271 A2: History and Science in Anthropology, a Reply, *American Anthroplogist,* Bd. 38, 1936

272 A2: *Race, Language and Culture,* New York 1940

Bogatjerew, P. + Jakobson, R.

273 F1: Die Folklore als besondere Form des Schaffens, *Verzameling van opstellen door ond leerlingen,* Nijmegen 1929, S. 900-913 franz. Nachdruck in: R. Jakobson: *Questions de poétique,* Paris 1973, S. 59-72

Boon, J. A.

274 F6: *From Symbolism to Structuralism,* Lévi-Strauss in a Literary Tradition. (Explorations in Interpretative Sociology), Oxford 1972

Boudon, R.

275 T1: *A quoi sert la notion de structure?* Essai sur la signification de la notion de structure dans les sciences humaines, Paris 1968, dt.: Strukturalismus – Methode und Kritik. Zur Theorie und Semantik eines aktuellen Themas, Düsseldorf 1973

Bourdieu, P.

276 F4: *Zur Soziologie der symbolischen Formen,* Frankf. 1970

Bouteiller, M.

277 S3: »Anthropologie structurale«, *l'Anthropologie,* Nr. 3-4, 1958, S. 338-41

Broekman, J. M.
278 S1: *Strukturalismus.* Moskau-Prag-Paris, München 1971
Brosse, J.
279 S2: Comment lire Lévi-Strauss, *Arts-Lettres-Spectacles,* Nr. 977, oct. 1964
Bruner, J. S.
280 A4: Myth and Identity, *Daedalus,* 88, 1959, S. 349-58
Buchler, J. R. + Selby, H. A.
281 F2: *Kinship and Social Organization,* New York 1968
Burnham, J.
282 F7: *Structure of Art,* New York 1971, dt.: Kunst und Strukturalismus, Köln 1973
Burridge, K. L. O.
283 S2: Lévi-Strauss and Myth, in: 526, S. 91-118
*Cahiers de Philosophie*
284 S1: Anthropologie (numéro spécial), Nr. 1, Paris, janvier 1966
Caillois, R.
285 S2: Illusions à rebours, *La Nouvelle Revue Française,* Nr. 24, 1954, Nr. 25, 1955
286 A4: *Le Mythe et l'homme,* Paris 1960
s. 443
Carnap, R.
287 T1: *Der logische Aufbau der Welt* – Scheinprobleme in der Philosophie, 1928, 2° Hamburg 1961
Caruso, P.
288 F4: Il senso delle parole, *Aut Aut,* luglio 1965, S. 70-75
s. 176
289 S2: Ragione analitica e ragione dialettica nella nuova antropologia, *Aut Aut,* Nr. 82 und 84, 1964
290 S2: Il caso Lévi-Strauss, *Panorama,* luglio 1965
291 S3: Il crudo e il cotto, *Aut Aut,* luglio 1965, S. 62-69
s. 184
Cassirer, E.
292 A4: *Die Begriffsformen im mythischen Denken,* Leipzig 1922
293 A4: *Philosophie der symbolischen Formen, II: Das mythische Denken,* Berlin 1925
294 A4: Sprache und Mythos, engl.: *Language and Myth,* London 1946, 2° 1953
Castel, R.
295 T2: Méthode structurale et idéologie structuraliste, *Critique,* Nr. 210, nov. 1964, S. 963-78
Caws, P.
296 S1: What is structuralism?, *Partisan Review,* Nr. 35, Winter 1968, S. 75-91, Nachdruck in: 455, S. 197-215

Cazeneuve, J.
297 A1: *Sociologie de Marcel Mauss,* Paris 1968
298 A1: *Mauss,* Paris 1968
Chabrol, C. + Marin, L.
299 F1: *Erzählende Semiotik nach Berichten der Bibel,* München 1973
Charbonnier, G.
s. 174
Châtelet, F.
300 S3: Le miel et le tabac, *La Quinzaine Littéraire,* 1.-15. 2. 67
Chopra, S.
301 F1: 5 Tallensi-Mythen. Eine formale Analyse, *alternative,* Juni 1967
Christiansen, P. T.
302 A4: Myth, Metaphor and Simile, in: 746, S. 39-49
Cixous, H.
303 S3: Une lecture imprudente (Rezension von 11), *Le Monde* 5. 11. 71
Clastres, P.
304 S2: Entre silence et dialogue, in: 205, S. 75-77
Closs, A.
305 S3: Die »Unwirklichkeit« des Totemismus, *Anthropos,* 60, 1965, S. 816-822
Cohen, P. S.
306 A4: Theories of Myth, *Man,* N. S. IV, Sept. 1969, S. 337-53
Cohen R. + Middleton, J. (Hg.)
307 A2: *Comparative Political Systems,* New York 1967
Conklin, H. C.
308 F3: *The Relation of the Hanunóo Culture to the Plant World,* Unpublished Ph. D. Diss. in anthropology, Yale 1954
309 F3: Lexicographical treatment of folk taxonomies, *International Journal of American Linguistics,* 28. 2., Bloomington, 1962, part IV, S. 119-141
Corvez, M.
310 S1: *Les structuralistes,* Paris 1969
Coult, A. D.
311 T2: The Structuring of Structure, *American Anthropologist,* Bd. 68, 1966, S. 438-43
Courrège, P.
312 T3: Un modèle mathématique des Structures élémentaires de la parenté, *L'Homme,* V, 3-4, 1965, S. 250-90
Courtès, J.
313 S2: *Lévi-Strauss et les contraintes de la pensée mythique,* Paris 1973

Cousteix, P.
314 S3: Lévi-Strauss: Mythologiques, *L'Ecole libératrice,* Nr. 25, 12. 3. 65
Cressant, P.
315 S2: *Lévi-Strauss,* Paris 1970
Creuzer, F.
316 A4: *Symbolik und Mythologie der alten Völker,* 1812
Crozier, M.
317 S1: Notes on the Changes in the Intellectual Climate in France, *Daedalus,* 1964
Cuisenier, J.
318 F2: Formes de la parenté et formes de la pensée, *Esprit,* nov. 1963, S. 547-63
Cushing, F. H.
319 A4: Outlines of Zuñi Creation Myths, Bureau of American Ethnology, 13th annual report, Washington 1896
Daix, P.
320 S1: Sartre est-il dépassé? *Les Lettres françaises,* Nr. 1168+1169, février 1967
321 S1: Du structuralisme, *Les Lettres françaises,* Nr. 1226, mars 1968
322 S1: Structure du structuralisme, *Les Lettres françaises,* 26. 6. 1968 + 3. 7. 68
323 S1: Structuralisme et linguistique. Un entretien de Pierre Daix avec Emile Benveniste, *La Quinzaine littéraire,* 24. 7. 1968
Damisch, H.
324 A2: L'horizon ethnologique, *Les Lettres Nouvelles,* Nr. 32, février 1963
Davis, K. + Warner, W. L.
325 F2: Structural Analysis of Kinship, *American Anthropologist,* Bd. 39, 1937, S. 291-313
Davy, G. + Lehee, C. + Rodinson, M.
326 S3: Les structures élémentaires de la parenté, *Année Sociologique,* 3° série, 1948-49, S. 350-58
Delahaye, M.
s. 178
Deleuze, G. + Guattari, F.
327 F8: *L'anti-oedipe.* Capitalisme et schizophrénie, Paris 1972
Deliège, C.
328 F7: La musicologie devant le structuralisme, *L'Arc,* s. 205, S. 50-59
Derrida, J.
329 S2: Nature, Culture, Ecriture. La violence de la lettre de Lévi-Strauss à Rousseau, *Cahiers pour l'Analyse,* Nr. 4

330 F4: Die Struktur, das Zeichen und das Spiel im Diskurs der Wissenschaften vom Menschen, in: 545, S. 387-412, Vortrag, gehalten am 21. 10. 66 in Baltimore

Derrida, J. + Mosconi, J.

331 S2: Lévi-Strauss dans le XVIII° siècle, *Cahiers pour l'Analyse*, publié par le Cercle d'Epistémologie de l'Ecole Normale Supérieure, Nr. 4, sept./oct. 1966

Detienne, M. + Vernant, J.-P.

332 S3: Eurydice, la femme-abeille (Rezension von 11), *Le Monde*, 5. 11. 71

Donato, E.

333 S3: Tristes tropiques: The Endless Journey, *Modern Language Notes*, Nr. 81, may 1966, S. 270-87

s. 551

Douglas, M.

334 S2: The Meaning of Myth, with Special Reference to ›La Geste d'Asdiwal‹, in: 526, S. 49-70

Dournes, J.

335 T3: Modèle structural et réalité ethnographique (A propos du Triangle culinaire), *L'Homme*, IX, 1, janvier/mars 1969, S. 42-48

Ducrot, O.

336 F5: Le structuralisme en linguistique, in: *Qu'est-ce que le structuralisme*, Paris 1968, S. 15-96, dt.: *Einführung in den Strukturalismus*, F. Wahl (Hg.), Frankfurt 1973

Dumasy, A.

337 S2: *Restloses Erkennen*. Die Diskussionen über den Strukturalismus des Claude Lévi-Strauss in Frankreich, Berlin 1972

Dumézil, G.

338 F1: Temps et Mythes, *Recherches philosophiques*, V, 1935-36

339 F1: *Mythe et épopée*, Paris 1968

Dumont, L.

340 F2: *Une sous-caste de l'Inde du Sud*, Paris 1957

341 F2: *Introduction à deux théories d'anthropologie sociale*, Paris 1971

Dumur, G. s. 188

Dundes, A.

342 F1: From Etic to Emic Units in the Structural Study of Folktales, *Journal of American Folklore*, Bd. 75, 1962, S. 95-105

Durand, G.

343 S1: *Les structures anthropologiques de l'imaginaire*, 2°, Paris 1963

Durkheim, E.

344 A2: *Les formes élémentaires de la vie religieuse*, Paris 1912

Durkheim, E. + Mauss, M.
345 F3: De quelques formes primitives de classification: contribution à l'étude des représentations collectives, Année sociologique, Bd. IV, Paris 1903, S. 1-72, engl.: *Primitive Classification,* R. Needham (Hg.), London 1969
Duvignaud, J.
346 S2: Le vicaire des tropiques, *Les Lettres Nouvelles,* juillet/ août 1958
Eberhard, W.
347 A4: *Typen chinesischer Volksmärchen,* Helsinki 1937
Ebneter, T.
348 T1: *Strukturalismus und Transformationalismus,* München 1973
Eco, U.
349 S1: Die Analyse der Strukturen, *Kritiker unserer Zeit,* H. Mayer (Hg.), Pfullingen 1967
350 F4: *Einführung in die Semiotik,* München 1972
351 F7: *Das offene Kunstwerk,* Frankfurt 1973
Edmond, M.-P.
352 T4: L'anthropologie structuraliste et l'histoire, *La Pensée,* Nr. 123, oct. 1965
Eggan, D.
353 A4: The Personal Use of Myth in Dreams, *Journal of American Folklore,* Bd. 68, 1955, S. 445-53
Ehrenreich, P.
354 A4: Die Mythen und Legenden der südamerikanischen Urvölker und ihre Beziehungen zu denen Nordamerikas und der alten Welt, *Zeitschrift für Ethnologie,* Suppl. 1905
355 A4: *Die allgemeine Mythologie und ihre ethnologischen Grundlagen,* Berlin 1910
Eiseley, L. C.
s. 424
Eisenstein, S.
356 F7: Structure, montage, passage, *Change* 1, 11. 1968, geschrieben: 1938
Eliade, M.
357 A4: *Der Mythos der ewigen Wiederkehr,* Düsseldorf 1953
358 A4: *Structure et fonction du mythe cosmogonique dans la naissance du monde,* Paris 1959
Enderwitz, U.
s. 599
Esbroeck, M. van
359 T2: *Hermeneutik, Strukturalismus und Exegese,* München 1972

*Esprit*
360 S1: La pensée sauvage et le structuralisme, numéro spécial, nov. 1963
*Esprit*
*361 S1:* Le structuralisme et les sciences sociales, numéro spécial, mai 1967
Étiemble
362 S3: Des Tarahumaras aux Nambikwaras, ou du peyotl à la tendresse humaine, *Evidences,* mars/avril 1956
Etienne, P.
363 F2: Essai de représentation graphique de l'alliance matrimoniale, *L'Homme,* X, 4, S. 35-51
Evans-Pritchard, E. E.
364 A3: *The Nuer,* Oxford 1940
365 A3: *Nuer Religion,* Oxford 1956
366 A2: *Theorien über primitive Religionen,* Frankfurt 1968
Fagès, J. B.
367 S1: *Comprendre le structuralisme,* Toulouse 1967
368 S1: *Le structuralisme en procès,* Toulouse 1968
Fessard, G.
369 T2: Le fondement de l'hermeneutique, *Archivio di Filosofia,* Nr. 1-2, Roma 1963
370 S1: Politique et structuralisme, *Recherches et Débats,* Paris 1966
Finley, M. I.
371 T4: Myth, Memory and History, *History and Theory,* IV, 1965, S. 281-302
Firth, R.
372 A3: Totemism in Polynesia, *Oceania,* vol. I, Nos 3/4, 1930/31
373 T1: *Elements of Social Organisation,* London 1951, 52
374 T1: *Essays on Social Organisation and Values,* London 1964
Fischer, J. L.
375 F1: The sociopsychological Analysis of Folktales, *Current Anthropology,* Bd. 4, 1963, S. 235-95
376 F1: Sequence and Structure in Folktales, 5th International Congress of Anthropological and Ethnological Sciences, *Selected Papers,* S. 442-46
Flament, C.
377 T3: *Théorie des graphes et structure sociale,* Paris 1965
Fleischmann, E.
378 S2: L'esprit humain selon Claude Lévi-Strauss, *Archives européennes de Sociologie,* Bd. VII, Nr. 1, 1966, dt.: Claude Lévi-Strauss über den menschlichen Geist, in: 545, S. 77-109

Fontenrose, J.
379 A4: *The Ritual Theory of Myth,* Berkeley 1966
Forster, G.
380 0: *Werke* in vier Bänden, Frankfurt 1967ff.
Fortes, M. (Hg.)
381 T1: *Social Structure.* Studies presented to A. R. Radcliffe-Brown, Oxford 1949, 2° 1963
Fortes, M.
382 A3: *The Dynamics of Clanship among the Tallensi,* Oxford 1945
383 T4: Time and Social Structure: An Ashanti Case Study, in: 381, S. 54-84
384 F2: The Structure of Unilineal Descent Groups, *American Anthropologist,* Bd. 55, 1953, S. 17-41
385 F1: *Oedipus and Job in West African Religion,* Cambridge '59, dt.: Ödipus und Hiob, Frankfurt 1968
Fortune, R. F.
386 F2: A Note on Some Forms of Kinship Studies, *Oceania,* Bd. IV, Nr. 1, sept. 1933
Foucault, M.
387 F4: *Les mots et les choses. Une archéologie des sciences humaines,* Paris 1966
388 F7: Ceci n'est pas une pipe, *Les cahiers du chemin,* Jan. 1968, S. 79-105, dt.: *Dies ist keine Pfeife.* München 1974
Fouchet, M.-P.
389 S3: L'expérience du regret, *Preuves,* oct. 1956
Fox, R.
390 A2: Totem and Taboo Reconsidered, in: 526, S. 161-179
391 F2: *Kinship and Marriage,* London 1967
Frank, N.
392 S3: Il buon Selvaggio, *Il Mondo,* luglio 1959
Frazer, J.
393 A4: *The Golden Bough,* London 1890
Freedman, M.
394 S3: Entretiens avec Claude Lévi-Strauss, Review, *American Anthropologist,* Bd. 64, febr. 1962, S. 208-09
Frenzel, I.
395 S1: Vernunft und Wahnsinn, Leitbilder des französischen Strukturalismus, *Süddeutsche Zeitung,* Nr. 123, 23. 5. 70
Freud, S.
396 0: *Gesammelte Werke,* London 1942, Fotorepr.: Frankfurt 1961
Freud, S. + Oppenheim, D. E.
397 A4: *Dreams in Folklore,* New York 1958

Furet, F.
398 S1: Les Français et le structuralisme, *Preuves,* Nr. 1992, février 1967

Gaboriau, M.
399 T4: Anthropologie structurale et histoire, *Esprit,* nov. 1963, S. 579-95

Galimberti, A.
400 T2: Méthode, langage et société, *Revue de Metaphysique et de Morale,* mars/juin 1960

Gallas, H. (Hg.)
401 F6: *Strukturalismus als interpretatives Verfahren,* mit Beiträgen von: H. Gallas, C. Lévi-Strauss, R. Barthes, R. Jakobson, T. Todorov, L. Goldmann, A. J. Greimas, J. Kristeva, J. Lacan, Neuwied 1972

Gandillac, M. de + Goldmann, L. + Piaget, J.
402 T1: *Entretiens sur les notions de génèse et de structure,* Den Haag 1965

Garaudy, R.
403 T4: Strukturalismus und der »Tod des Menschen«, Marxismus in unserer Zeit, Frankfurt 1968, *Marxistische Blätter,* Sonderheft, zuerst in: *La Pensée,* oct. 1967, Structuralisme et la mort de l'homme

Gardin, J. C.
404 T4: Analyse documentaire et analyse structurale en archéologie, in: 205, S. 69-75

Garfield, V. E.
405 A3: Tsimshian Clan and Society, *University of Washington Publications in Anthropology,* vol. 7, Nr. 3

Gasché, R.
406 F4: Das wilde Denken und die Ökonomie der Repräsentation, Zum Verhältnis von F. de Saussure und Claude Lévi-Strauss, in: 545, S. 306-84

407 T1: *Die hybride Wissenschaft,* Zur Mutation des Wissenschaftsbegriffs bei Emile Durkheim und im Strukturalismus von Claude Lévi-Strauss, Stuttgart 1973

Gaudemar, P. de
408 T4: Evénement, structure, histoire. Limites du rôle de la pensée formelle dans les sciences de l'homme, *Cahiers de l'Institut de Science économique appliquée* 96, série M, Nr. 6, dec. 1959, S. 187-207

Geertz, C.
409 S3: Cerebral Savage, *Encounter,* 28, April 1967, S. 25-32

Gellner, E.
410 T1: Concepts and Society, *Transactions of the 5th World Con-*

gress of Sociology, Washington 1962, Bd. I, S. 253-83

Genette, G.

411 F6: Structuralisme et critique littéraire, in: 205, S. 37-49

Geyrhofer, F.

412 S1: Der metaphysische Charakter des Strukturalismus, *Neues Forum*, Nr. 171-72, März/April 1968, S. 215-17

413 S3: Das wilde Denken, Rezension, Neues Forum, 182/1, Februar 1969, S. 92-94

Girard, R.

414 F6: Des formes aux structures, en littérature et ailleurs, *Modern Language Notes*, 78, 1963, S. 504-19

Giulbaud, G.

s. 158

Glucksmann, A.

415 S2: La déduction de la cuisine et les cuisines de la déduction, *Informations sur les sciences sociales*, Bd. IV, Nr. 2, juin 1965, S. 200-215

416 S2: Le structuralisme ventriloque, *Les Temps Modernes*, mars 1967, S. 1557-98

Glucksmann, M.

417 S2: *Structuralist Analysis in Contemporary Social Thought*. A comparison of the theories of Claude Lévi-Strauss and Louis Althusser, London 1974

Goddard, D.

418 T1: Conceptions of Structure in Lévi-Strauss and in British Anthropology, *Social Research*, Bd. 32, Winter 1965, S. 408-27

Godelier, M.

419 T1: Remarques sur les concepts de structure et de contradiction, *Aletheia*, Nr. 4, mai 1966

420 T1: Système, structure et contradiction dans le Capital, *Les Temps Modernes*, nov. 1966

421 F1: Mythe et histoire, réflexions sur les fondements de la pensée sauvage, *Annales*, mai/août 1971, S. 541-58

422 T4: *Ökonomische Anthropologie*. Untersuchungen zum Begriff der sozialen Struktur primitiver Gesellschaften, Reinbek 1973 (darin 420, 421)

Goldenweiser, A. A.

423 A2: Totemism, an Analytical Study, *Journal of American Folklore*, vol. XXIII, 1910

Goldman, M.

424 T4: Le concept de structure significative en histoire de la culture, in: 238, S. 124-35

Goldmann, L.
425 T4: Structuralisme, marxisme, existentialisme, *L'Homme et la Société,* Nr. 2, 1966, S. 105-24
426 F6: Der genetische Strukturalismus in der Literatursoziologie, *alternative,* Nr. 71, April 1970
s. 402
Gombrowicz, W.
427 S1: J'étais structuraliste avant tout le monde, *La Quinzaine Littéraire,* 27. 5. 67
Gramont, S. de
428 S1: There Are No Superior Societies, in: 455, S. 3-21, zuerst in: *The New York Times Magazine,* 28. 1. 1968
Granai, G.
s. 454
Granet, M.
429 F2: *Catégories matrimoniales et relations de proximité dans la Chine ancienne,* Paris 1939
Granger, G.
430 T4: Evénement et structure dans les sciences de l'homme, *Cahiers de l'Institut de Science économique appliquée,* série M, Nr. 1, 1957, Nachdruck in: *Récherches et Dialogues philosophiques et économiques,* 6, 1959
431 T3: *Modèles abstraits et science appliquée,* Paris 1960
432 T3: *Pensée formelle et sciences de l'homme,* Paris 1961
Green, A.
433 T4: Le psychanalyse devant l'opposition de l'histoire et de structure, *Critique,* Nr. 194, juillet 1963
Greenway, J.
s. 475
Greimas, A. J.
434 F4: L'actualité du saussurisme, *La Français Moderne,* juillet 1956
435 F1: La déscription de la signification et la mythologie comparée, *L'Homme,* III, 3, 1963, S. 51-66
436 T1: La structure élémentaire de la signification en linguistique, *L'Homme,* IV, 3. 1964, S. 5-17
437 F1: Eléments pour une théorie de l'interprétation du récit mythique, *Communications* 1966, dt.: Zur Interpretationstheorie der mythischen Erzählung, *alternative* 62/63, Dez. 1968
438 T4: Structure et histoire, *Les Temps Modernes,* nov. 1966, S. 815-27
439 F4: *Sémantique structurale, recherche de méthode,* Paris 1966
440 F4: *Du Sens,* Paris 1970

Grimm, J. + W.
441 A4: *Kinder- und Hausmärchen,* Darmstadt 1971
Gritti, J. + Toinet, P.
442 S1: Verse et controverse, Le structuralisme, *dialogue,* Paris 1968
Grunebaum, G. E. von + Caillois, R. (Hg.)
443 A2: *The Dream and Human Societies,* Berkeley 1966, franz.: *Le rêve et les sociétes humaines,* Paris 1967
Guattari, F.
s. 327
Günther, H.
444 F5: *Struktur als Prozeß.* Zur Literaturtheorie und Ästhetik des tschechischen Strukturalismus, München 1972
445 F5: *Marxismus und Formalismus.* München 1973
Gugler, J.
446 S3: Rezension von Le totémisme aujourd'hui und La pensée sauvage, *Kölner Zeitschrift für Soziologie und Sozialpsychologie,* XVI, 1, 1964, S. 141-47
Guiart, J.
447 S2: Survivre à Lévi-Strauss, in: 205, S. 66-69
448 T1: La chefferie: structures et modèles, *L'Homme,* VI, 1, janvier/mars 1966, S. 106-17
s. 154
Gurvitch, G.
449 T1: Le concept de structure sociale, *Cahiers Internationaux de Sociologie,* Bd. 19, 1955, S. 3-44
Halle, M. s. 480
Hallowell, A. I.
450 A4: Myth, Culture and Personality, *American Anthropologist,* Bd. 49, 1947, S. 544-56
Harris, M.
451 A1: *The Rise of Anthropological Theory,* New York 1968
Hartmann, G.
452 S1: Structuralism: the Anglo-American Adventure, in: 803, S. 148-68
Hauck, G.
453 S2: Die strukturale Anthropologie des Lévi-Strauss, *Sociologus* 1, 1968, S. 63-74
Haudricourt, A. + Granai, G.
454 F5: Linguistique et sociologie, *Cahiers Internationaux de Sociologie,* Bd. 19, 1955
Hayes, E. N. + T. (Hg.)
455 S2: *Claude Lévi-Strauss – The Anthropologist as Hero,* Cambridge Mass. 1970

Held, G. J.
456 F2: *The Mah*ābhārata: An Ethnological Study, Amsterdam 1935
Henschen, H.-H.
457 S3: Traurige Tropen, Rezension, *Süddeutsche Zeitung*, 12.9.70
Hertz, R.
458 F3: *Death and the Right Hand*, London 1960, übers.: R. + C. Needham
Hess J.-L.
s. 192
Heusch, Luc de
459 S2: A propos d'une mise en question par le R. P. de Sousberghe des thèses sociologiques de M. Lévi-Strauss, *Zaire*, Nr. 8, oct. 1955
460 S3: Les vacances de la science? *Zaire*, Nr. 7, juillet 1956
461 S2: Les voies de l'anthropologie structurale. L'oeuvre de M. Lévi-Strauss et l'évolution de l'ethnologie française, *Zaire*, Nr. 8, 1958, S. 787-818
462 F7: *Essai sur le symbolisme de l'inceste royal en Afrique*, Bruxelles 1958
463 A2: Réflexions ethnologiques sur la technique, *Les Temps Modernes*, Nr. 211, déc. 1963
464 F4: Anthropologie structurale et symbolisme, *Cahiers Internationaux du Symbolisme*, Bd. 2, 1963
465 S2: Vers une mytho-logique, *Critique*, Nr. 219/220, 1965, S. 687-717
466 S2: Situations et positions, in: 205, S. 6-18
467 F2: *Pourquoi épouser et autres essais*, Paris 1971
Homans, G. C. + Schneider, D. M.
468 A5: *Marriage, Authority and Final Causes*, Chicago 1955
Hughes, H. S.
469 S1: Structure and Society, in: 455, S. 264-90
Hund, W. D.
470 S1: *Strukturalismus. Ideologie und Dogmengeschichte*, Neuwied 1973
Huxley, F.
471 A2: Which may Never Have Existed, *The Kenyon Review* XXIV, Nr. 1, 1962, S. 150-56, Nachdruck in: 455, S. 61-69
Hyman, S. E.
472 A4: The Ritual View of Myth and the Mythic, in: 746
Jacobs, M.
473 A4: Psychological Inferences from a Chinook Myth, *Journal of American Folklore*, Bd. 65, 1952, S. 121-37
474 A4: The Content and Style of an Oral Literature, *Viking Fund*

*Publications in Anthropology*, 26, 1959

Jacobs, M. + Greenway, J. (Hg.)

475 A4: *The Anthropologist Looks at Myth*, Austin 1966, Beiträge von: W. La Barre, R. Berndt, C. H. Berndt, J. L. Fischer, D. V. + H. Hart, G. R. Horner, W. Lessa, K. Luomala, D. Skeels, R. F. Spencer

Jaeggi, U.

476 S1: *Ordnung und Chaos – Strukturalismus als Methode und Mode*, Frankfurt 1968

Jakobson, R.

477 F5: *Prinzipien der historischen Phonologie*, Travaux du Cercle linguistique du Prague, 1931

478 F5: *Kindersprache, Aphasie und Allgemeine Lautgesetze*, Uppsala 1941, Frankfurt 1969

479 F5: Chapter Two, in Results of the Conference of Anthropologists and Linguists, Baltimore 1953, Memoir 8
s. 273

Jakobson, R. + Halle, M.

480 F5: *Fundamentals of Language*, Den Haag 1956, dt.: Grundlagen der Sprache, Berlin 1960

Jakobson, R. + Lévi-Strauss, C.
s. 120

Jalley-Crampe, M.

481 S2: La notion de structure mentale dans les travaux de Claude Lévi-Strauss, *La Pensée*, Nr. 135, oct. 1967

James, E. O.

482 A4: The Nature and Function of Myth, *Folklore*, Bd. 48, 1957, S. 474-82

Jarvie, L. G.

483 A2: *The Revolution in Anthropology*, London 1964

Jensen, A. E.

484 A4: *Mythos und Kult bei Naturvölkern*, Wiesbaden 1951

Jolles, A.

485 0: *Einfache Formen*, Halle 1929

Josselin de Jong, J. P. B.

486 F2: Lévi-Strauss's Theory on Kinship and Marriage, *Mededelingen van het Rijksmuseum voor Volkenkunde*, Leiden 1952

Josselin de Jong, P. E.

487 F2: *Minangkabau and Negri Sembilan.* Sociopolitical Structure in Indonesia, Leiden 1951

Jung, C. G. + Kerényi, K.

488 A4: *Einführung in das Wesen der Mythologie*, Amsterdam/Leipzig 1941

Jung, C. G. et al.
s. 682
Kallweit, H. + Lepenies, W.
489 T4: Genetischer Strukturalismus als Interpretationskonzept, *alternative,* Nr. 71, April 1970, S. 88-92
Kaplan, D.
s. 561
Karbusicky, V.
490 F7: *Widerspiegelungstheorie und Strukturalismus,* Zur Entstehungsgeschichte und Kritik der marxistisch-leninistischen Ästhetik, München 1973
Kerényi, K.
s. 488
s. 682
Kirchhoff, P.
491 A3: The Warrau, *Handbook of South American Indians,* J. H. Steward (Hg.), vol. III, 869-881
Kirk, G. S.
492 F1: *Myth, Its Meaning and Function in Ancient and Other Cultures,* Berkeley 1970
Kluckhohn, C.
493 A4: Myths and Rituals, General Theory, *Harvard Theological Review,* Bd. 35, 1942, S. 45-79
Koch-Grünberg, T.
494 A3: *Vom Roroima zum Orinoco,* Berlin 1916 (1924)
Köngäs, E. K. + Maranda, P.
495 F1: Structural Models in Folklore, *Midwest Folklore,* Bd. XII, 1962, 133-92
König, R.
496 A1: Marcel Mauss (1872-1972), *Kölner Zeitschrift für Soziologie und Sozialpsychologie,* 24. Jahrg., Heft 4, 1972, S. 633-657
König, R. + Schmalfuss, A. (Hg.)
497 A2: *Kulturanthropologie,* Düsseldorf 1972
Korn, F.
498 S2: *Elementary Structures Reconsidered.* Lévi-Strauss on Kinship, London 1973
Krenn, R.
499 S1: Was heißt Strukturalismus, *Frankfurter Allgemeine Zeitung,* 29. 7. 67
Kröber, G.
500 T1: Die Kategorie »Struktur« und der kategorische Strukturalismus, *Deutsche Zeitschrift für Philosophie,* Heft 11, 16. Jahrg. 1968, S. 1310-24

Kroeber, L. A.
501 T1: Structure, Function and Pattern in Biology and Anthropology, *The Scientific Monthly,* 1943, S. 105
Kuhn, A.
502 A4: *Über die Herabkunft des Feuers und des Göttertranks,* 1859
*Kursbuch*
503 S1: Strukturalismus, Nr. 5, Frankfurt 1966
La Barre, W.
504 A4: Folklore and Psychology, *Journal of American Folklore,* Bd. 61, 1948, S. 382-90
Lacan, J.
505 F8: *Ecrits,* Paris 1966
Lacroix, J.
506 S3: Tristes tropiques, *Le Monde,* 13.-14. 10. 57
507 S3: La Pensée sauvage, *Le Monde,* 27. 11. 62
508 S3: Le Cru et le cuit, *Le Monde,* 2. 1. 65
509 S3: Mythologiques III, *Le Monde,* 25. 7. 68
510 S2: *Panorama de la philosophie française contemporaine,* Paris 1966, 2° 1968, Kap.: Le structuralisme de Cl. Lévi-Strauss, S. 230-40
Lane, B. S.
511 F2: Structural Contrasts between Symmetric and Asymmetric Marriage Systems: a Fallacy, *Southwestern Journal of Anthropology,* 1, 1961
Lane, M. (Hg.)
512 S1: *Structuralism: A Reader,* London 1970
Lang, A.
513 A4: *Custom and Myth,* 1884, 2° New York 1904
514 A4: *Myth, Ritual and Religion,* London 1887, New York 1901
Langer, F.
515 A4: *Intellektualmythologie,* Berlin 1916
Lantéri-Laura, G.
516 S2: Zwischen Sartre und Lévi-Strauss, *Neues Forum,* März/April 1968, Nr. 171-172, S. 205-10
Lapouge, G.
s. 189
Lavers, A.
517 S3: No small talk (Rezension von Conversations with C. Lévi-Strauss), *The Spectator*
Leach, E. R.
518 A3: *Political Systems of Highland Burma. A Study of Kachin Social Structure,* London 1954, Boston 1965
519 F2: *Rethinking Anthropology,* London 1961
520 S2: Lévi-Strauss in the Garden of Eden, *Transactions of the*

*New York Academy of Sciences* 23. 4. 1961, revidierte Version in: 528

521 F3: Anthropological Aspects of Language: Animal Categories and Verbal Abuse, in: E. H. Lenneberg (Hg.): *New Directions in the Study of Language*, Cambridge Mass., 1964

522 S2: Telstar et les aborigènes de la Pensée sauvage de Claude Lévi-Strauss, *Annales*, nov/déc. 1964, S. 1100-16

523 S2: Claude Lévi-Strauss – Anthropologist and Philosopher, *New Left Review*, Nr. 34, 1965, S. 12-27, dt. in: 545, S. 49-76

524 S3: Mythologiques: Le cru et le cuit, *American Anthropologist*, Bd. 67, Dec. 1965, S. 1562-63

525 F1: The Legitimacy of Solomon, Some Structural Aspects of Old Testament History, *Archives Européennes de Sociologie*, 1, 1966, S. 58-101

526 F1: *The Structural Study of Myth and Totemism*, Edinburgh 1967, Leach (Hg.), dt.: *Mythos und Totemismus.* Beiträge zur Kritik der strukturalen Analyse, Frankfurt 1973

527 S2: Brain-twister, *The New York Review of Books*, Bd. IX, Nr. 6, 12. 10. 67, Nachdruck in: 455, S. 123-32

528 F1: *Genesis as Myth.* And Other Essays, London 1969

529 F2: Kachin and »Haka Chin«. A Rejoinder to Lévi-Strauss, *Man*, New Series 4, 1969, S. 277-85

530 S2: *Lévi-Strauss*, London 1970

Leacock, S.

531 A1: The Ethnological Theory of Marcel Mauss, *American Anthropologist*, Bd. 56, 1954, S. 58-73

Le Blond, J. M.

532 T4: Structuralisme et sciences humaines, *Etudes*, Sept. 1967, S. 147-62

Leenhardt, M.

533 A4: *Do Kamo.* La Personne et le Mythe dans le monde Mélanésien, Paris 1947, 2° 1971

Lefèbvre, H.

534 T4: Réflexions sur le structuralisme et l'histoire, *Cahiers Internationaux de Sociologie*, Bd. XXXV, juillet/déc. 1963

535 S2: Claude Lévi-Strauss et le nouvel éléatisme, L'Homme et la Société, *Revue internationale de Recherches et de Synthèses sociologiques*, Nr. 1-2, 1966

536 S1: Le concept de structure chez Marx, in: 238, S. 100-106

537 A2: *Au-dela du structuralisme*, Paris 1973

Lefort, C.

538 T4: L'échange et la lutte des hommes, *Les Temps Modernes*, février 1951

539 T4: Sociétés sans histoire et historicité, *Cahiers Internationaux de Sociologie,* Bd. 12, 1952

Le Goff, J. + Le Roy Ladurie, E.

540 F1: Mélusine maternelle et défricheuse, *Annales,* mai/août 1971, S. 587-622

Lehee, C.

s. 326

Leiris, M.

541 S3: A travers Tristes tropiques, *Les Cahiers de la République,* Nr. 2, Juillet 1956, Nachdruck in: *Cinq études d'ethnologie,* Paris 1969, S. 113-127

Lepenies, W.

542 S1: Der französische Strukturalismus – Methode und Ideologie, *Soziale Welt, Zeitschrift für sozialwissenschaftliche Forschung und Praxis,* Jahrg. 19, Heft 3/4, Göttingen 1968, S. 301-27

543 S2: Lévi-Strauss und die strukturalistische Marxlektüre, in: 545, S. 160-224

544 A2: *Soziologische Anthropologie.* Materialien, München 1971

Lepenies, W. + Kallweit, W.

s. 438

Lepenies, W. + Ritter, H. H. (Hg.)

545 S2: *Orte des wilden Denkens.* Materialien zu Claude Lévi-Strauss, Frankfurt 1970

Lepenies, W. + Nolte, H.

546 A2: *Kritik der Anthropologie.* München 1971

Le Roy Ladurie, E.

s. 540

Levitas, G. B. (Hg.)

547 A2: *Culture and Consciousness,* New York 1967

Levitt, P. M.

547a F6: *A Structural Approach to the Analysis of Drama,* Den Haag 1971

Lévi-Bruhl, L.

547b A4: *La mythologie primitive,* Paris 1935, 2° 1963

Lincoln, J. S.

547c A4: *The Dream in Primitive Cultures,* London 1935

Littlejohn, J.

547d S1: The Rules of the Game, *New Statesman,* 28. 3. 69

Locher, G. W.

547e T4: De Antropoloog Lévi-Strauss en het problem van de Geschiedenis, *Forum der Letteren,* novembre 1961

Lotman, J. M.

547f F6: *Vorlesungen zur strukturalen Poetik,* München 1971

Lounsbury, F. G.
547g F2: The Structural Analysis of Kinship Semantics, *Proceedings of the Ninth International Congress of Linguistics,* H. G. Lunt (Hg.), Den Haag 1964, S. 1073-93
547h F2: Structure and Sentiment, Rezension, *American Anthropologist,* Bd. 64, 2, S. 1308
Lowie, R.
547i A3: The Northwestern and Central Gé, *Handbook of South American Indians,* J. H. Steward (Hg.), vol. I, S. 477-517
Lowie, R. + Nimuendaju, K.
s. 635
Ludz, P. C.
547j A3: Der Strukturbegriff in der marxistischen Gesellschaftslehre, *Kölner Zeitschrift für Soziologie und Sozialpsychologie,* Sonderheft 16, 1972, S. 419-447
Lukaćs, G.
548 0: *Geschichte und Klassenbewußtsein,* Berlin 1923
Lupasco, S.
549 T1: Qu'est-ce qu'une structure? Paris 1967
Lyotard, J. F.
550 S3: Les Indiens ne cueillent pas les fleurs (à propos de Claude Lévi-Strauss), *Annales,* Nr. 1, janvier/février 1965, S. 62-83
Macksey, R. + Donato, E. (Hg.)
551 T1: *The Languages of Criticism and the Sciences of Man.* The Structuralist Controversy, Baltimore 1970
Magritte, R.
552 F4: Les mots et les images, *La Révolution surréaliste,* Bd. 5, Nr. 12, 15. 12. 1929
Mainberger, G.
553 S3: Logik des mythischen Denkens. Zur Mythologica I von Lévi-Strauss, *Neue Zürcher Zeitung,* Nr. 121, Fernausgabe 71, 1972
Makarius, R. + L.
554 A2: *L'Origine de l'exogamie et du totémisme,* Paris 1961
555 S2: Ethnologie et strucutralisme, *L'Homme et la Société,* janvier/mars 1967
556 F3: On Soviet Views of Totemism, *Current Anthropology,* vol. 8, No. 3, 1967
557 S2: Des Jaguars et des Hommes, *L'Homme et la Société,* janvier/mars 1968, S. 215-35
558 S1: *Structuralisme ou ethnologie,* Paris 1973
Malinowski, B.
559 A4: *Myth in Primitive Psychology,* London 1926, Nachdruck

in: *Magic, Science and Religion and Other Essays,* Garden City 1954, S. 93-143
560 A4: *Sex, Culture and Myth,* London 1963
Manners, R. + Kaplan, D. (Hg.)
561 A2: *Theory in Anthropology: A Source Book,* London 1968
Mao Tse-tung
562 0: *Ausgewählte Werke I,* Peking 1968
Maranda, E.
563 F1: What does myth tell about society, *Radcliffe Institute Seminars,* Cambridge 1966
Maranda, E. K. + P.
564 F1: *Structural Models in Folklore and Transformational Essays,* Den Haag 1971
565 F1: *Structural Analysis of Oral Tradition,* University of Pennsylvania Press 1971 (Hg.) mit Beiträgen von: R. Da Matta, A. Dundes, A. J. Greimas, J. Halifax, D. Hymes, E. R. Leach, C. Lévi-Strauss, A. Lomax, P. + E. Maranda, D. Maybury-Lewis, J. L. Peacock, V. Turner
Maranda, P.
s. 495
566 F1: Computers in the Bush: Tools for the Automatic Analysis of Myth, *Proceedings of the Annual Meetings of the American Ethnological Society,* Philadelphia 1966
s. 674
567 F1: *Mythology,* London 1972, mit Beiträgen von: P. B. Armstrong, K. Burridge, E. Cassirer, A. J. Greimas, J. Guiart, A. Kendon, E. R. Leach, W. A. Lessa, C. Lévi-Strauss, R. H. Lowie, P. Maranda, V. Propp, J. M. Roberts, B. Sutton-Smith, D. M. Segal
Marc-Lipiansky, M.
568 S2: *Le structuralisme de Lévi-Strauss,* Paris 1973
Martinet, A.
569 F5: *Grundzüge der allgemeinen Sprachwissenschaft,* Stuttgart 1962
570 F5: Structure and Language, in: 803, S. 10-18
Martinoir, B. de
571 S3: A propos de ›Le cru et le cuit‹, *Combat,* 18. 11. 1964
Marx, K.
572 T1: *Zur Kritik der politischen Ökonomie,* Berlin 1859
573 T1: *Die Frühschriften,* Stuttgart 1953
574 T1: *Das Kapital,* Frankfurt 1967
Matarasso, M.
575 S2: Lecture de Lévi-Strauss, *Revue française de sociologie,* III, 2, 1962

Mauss, M.
576 A2: *Sociologie et anthropologie*, Paris 1950, 4° 1968, dt.: *Soziologie und Anthropologie*, München 1974
577 A2: *Oeuvres*, 3 Bde., Paris 1970f.
s. 345
Maybury- Lewis, D.
578 T2: The analysis of dual organisation: a methodological critique, *Bijdragen tot de taal- land- en volkenkunde*, 116. 1, 1960, S. 17-44
579 F2: Parallel Descent and the Apinayé Anomaly, *Southwestern Journal of Anthropology*, Bd. 16, Nr. 2, 1960, S. 191-216
580 F2: Prescriptive Marriage Systems, *Southwestern Journal of Anthropology*, 21, 3, 1965, S. 207-30
581 S2: Science by Association, *The Hudson Review* Bd. XX, Nr. 4, Winter 67/68, S. 707-11, Nachdruck in: 455, S. 133-39
582 S2: Science or Bricolage? *American Anthropologist*, Bd. 71, 1, 1969, Nachdruck in: 455, S. 150-63
583 S3: Mythologiques: Du Miel aux cendres (Rez.), *American Anthropologist*, vol. 71, 1969, S. 114-121
Mead, M.
584 A2: *Sex and Temperament in Three Primitive Societies*, New York 1935, 1950
Meillassoux, C.
584a TF: *Anthropologie économique des Gouro de côte d'Ivoire*, Paris 1964
Meletinski, E.
585 F1: L'étude structurale et typologique du conte, in: 677, 201-54
Mendelson, M.
586 S2: The ›Uninvited Guest‹: Ancilla to Lévi-Strauss on Totemism and Primitive Thought, in: 526, S. 119-40
Merleau-Ponty, M.
587 S2: *Signes*, Paris 1960, Kap.: De Mauss à Claude Lévi-Strauss, S. 143-158
588 S2: L'oeil et l'esprit, *Les Temps Modernes*, Nr. 184/185, 1961
Merquior, J.
589 S2: Vico et Lévi-Strauss, *L'Homme* X, 2, 1970, S. 81-93
Merton, R. K.
590 T1: *Social Theory and Social Structure*, Glencoe 1957
Métraux, A.
591 A4: Myths and Tales of the Matako Indians, *Ethnological Studies*, 9, Göteborg 1939, 1-127
592 A4: Mythes et contes des Indiens Cayapo (groupe Kuben-Kran-Kegn), *Revista do Museu Paulista*, n. s. vol. XII, São Paulo, 1960, 7-36

Meyriat, J.
593 S3: Tristes tropiques (Rezension), *Revue française de Sciences Politiques,* 1965, II, S. 434-37
Middleton, J.
s. 307
Millet, L. + Varain d'Ainvelle, M.
594 S1: *Le structuralisme,* Paris 1970
Millot, J.
595 S3: Compte rendu: Le totémisme aujourd'hui, *Objets et mondes,* II, fasc. 2, S. 131, 1962
596 S3: Compte rendu: Mythologiques I, *Objets et mondes* IV, fasc. 1, S. 307, 1964
Milner, G. B.
597 F3: Siamese Twins, Birds and the Double Hélix, *Man,* n. s. 4, 1, 1969, 5-23
Miotto, A.
598 S2: Anthropologia strutturale e antropologia culturale, *Rivista Internationale di Scienze sociale,* XXIX, fasc. VI, 1958, S. 526-28
Moebus, J. + Enderwitz, U.
599 S2: Zum Strukturalismus von Meyer Fortes und Lévi-Strauss, *Das Argument,* X, Heft 1/2, Nr. 46, 1968, S. 94ff.
Moore, T.
600 S2: *Claude Lévi-Strauss and the Cultural Sciences,* Center for Contemporary Cultural Studies, Birmingham University, 1969
Morazé, M. C.
601 T4: Structures temporelles, in: 238, S. 120-23
Morgan, L.
602 F2: *Systems of Consanguinity and Affinity of the Human Family,* Washington 1870
Morgenstern, O.
s. 630
Morelle, P.
603 S2: Nous sommes tous des bricoleurs, *Démocratie Nouvelle,* Nr. 7/8, 1965
Mosconi, J.
s. 331
Mouloud, N.
604 T2: *Les structures, la recherche et le savoir,* Paris 1968
605 F4: *Langage et structures.* Essais de logiques et de sémiologie, Paris 1969
Mounin, G.
606 F4: *Saussure ou le structuralisme sans le savoir,* Paris '68

607 F4: *Introduction à la sémiologie*, Paris 1970
Müller, M.
608 A4: *Beiträge zu einer wissenschaftlichen Mythologie*, Leipzig 1896
Müller, O.
609 A4: *Prolegomena zu einer wissenschaftlichen Mythologie*, Göttingen 1825
Mukařovský, J.
610 F6: Der Strukturalismus in der Ästhetik und in der Literaturwissenschaft (1940), *Kapitel aus der Poetik*, Frankfurt 1967, S. 7–32
611 F7: Kunst als semiotisches Faktum, *Neues Forum*, 171/172, März/April 1968, S. 211-13
Murdock, G. P.
612 A2: *Social Structure*, Toronto/London 1949, New York 1966
613 T1: Changing Emphasis in Social Structure, *Southwestern Journal of Anthropology*, Bd. II, Nr. 4, 1955, S. 361-370
Murphy, R. F.
614 S2: On Zen Marxism: Filiation and Alliance, *Man*, Bd. LXIII, Nr. 21, Febr. 1963
615 S2: Connaissez-vous Lévi-Strauss? *Saturday Review*, 17. 5. 1969, S. 52-53, Nachdruck in: 455, S. 164-9
*Musique en jeu*
616 S2: Autour de Lévi-Strauss, No. 12, Paris 1973
Nadel, S. F.
617 T1: *The Theory of Social Structure*, London 1957
Nagel, H.
618 S2: Claude Lévi-Strauss als Leser Freuds, in: 545, S. 225-305
Nathorst, B.
619 F1: *Formal or Structural Studies of Traditional Tales*, Stockholm 1970
Naumann, H. (Hg.)
620 T1: *Der moderne Strukturbegriff*, mit Beiträgen von: H. Naumann, J. Vendryes, W. Doroszewski, N. Trubetzkoy, E. Benveniste, G. Dumézil, C. Lévi-Strauss, A. Martinet, G. Granger, L Hjelmslev, F. Perroux, J. Piaget, E. Buyssens, J. v. Kempski, G. Genette, M. Godelier, A. J. Greimas
Needham, R.
621 F2: A Formal Analysis of Presciptive Patrilateral Cross-Cousin Marriage, *Southwestern Journal of Anthropology*, Bd. 14, 2, 1958
622 F2: Structure and Change in Asymetric Alliance, *American Anthropologist*, Bd. 62, 1960
623 F2: A Structural Analysis of Aimol Society, *Bijdragen tot de*

*taal- land- en volkenkunde,* Bd. 116, 1, 1960
624 F3: The Left Hand of the Mugwe: An Analytical Note on the Structure of Meru Symbolism, *Africa* vol. 30, 1960, S. 20-33
625 F2: Notes on the Analysis of Asymetric Alliance, *Bijdragen tot de taal- land- en volkenkunde,* Bd. 117, 1, 1961
626 F2: *Structure and Sentiment.* A Test Case in Social Anthropology, Chicago 1962
627 F3: Right and Left in Nyoro Symbolic Classification, *Africa,* vol. 37, 1967, S. 425-452
Needham, R. (Hg.)
628 F3: *Right and Left.* Essays on Dual Symbolic Classification, Chicago 1973
Nettl, P.
629 S3: Lévi-Strauss, *New Statesman,* 72, 1966, S. 880-81
Neumann, J. von + Morgenstern, O.
630 0: *Theory of Games and Economical Behavior,* Princeton 1944
*New Left Review*
631 A4: Confrontation over Myths, 62, July/August 1970
*Newsweek*
632 S3: Lévi-Strauss' Mind, 23. 1. 1967
Nimuendaju, K.
633 A3: The Apinayé, *The Catholic University of America, Anthropological Series 8,* Washington 1939
634 A3: The Serente, *Publications of the Frederick Webb Hodge Anniversary Publication Fund,* vol. 4, Los Angeles 1942
Nimuendaju, K. + Lowie, R.
635 A4: Šerente Tales, *Journal of American Folklore,* vol. 57, 1942, S. 181-87
Nolte, H.
s. 546
Nutini, H. G.
636 T3: Some Considerations on the Nature of Social Structure and Model Building: A Critique of Lévi-Strauss and E. Leach, *American Anthropologist,* Bd. 67, June 1965, S. 707-731, Nachdruck in: 455, S. 70-107
637 T3: On the Concepts of Epistemological Order and Coordinative Definitions, *Bijdragen tot de taal- land- en volkenkunde,* 124, 1, 1968, S. 1-21
638 T2: Lévi-Strauss' conception of Science, in: 674, S. 543-70
639 S2: The Ideological Bases of Lévi-Strauss's Structuralism, *American Anthropologist,* Bd. 73, Nr. 3, S. 537-44

Nutini, H. + Buchler, I. R. (Hg.)
640 S2: *The Anthropology of Claude Lévi-Strauss,* Appleton 1972

Oppenheim, D. E.
s. 397

Oppitz, M.
641 A3: *Geschichte und Sozialordnung der Sherpa,* München/Innsbruck 1968
642 S2: Lévi-Strauss und die Religionsethnologie, Ms. 1969
643 S3: Wissenschaftliche Phantasie (Rezension von dt. 4), Die Zeit, 19. 6. 70
644 F7: Architektur als doppelndes Lottchen, *Interfunktionen* 5, 1970, S. 44-54
645 F7: Adler Pfeife Urinoir, *Interfunktionen* 9, 1972, S. 177-80, gekürzt in: M. Broodthaers: *Der Adler vom Oligozän bis heute,* Katalog II, Düsseldorf 1972, S. 20-21
646 F1: Der Flipper Shangri-La. Semiologische Analyse eines Bildmythos, in: B. H. D. Buchloh (Hg.): *Der Flipperautomat,* Köln 1974, franz. Übers. erscheint in *L'Homme,* XIV, 3, 1974

Ortigues, E.
647 S2: Nature and Culture dans l'oeuvre de Lévi-Strauss, *Critique,* Nr. 189, Février 1963

Paci, E.
648 T1: Fenomenologia e antropologia, corso di filosofia teoretica, 1961-62, *La Goliardica,* Milano 1962, S. 159-90
649 T1: Il senso delle parole: struttura, *Aut Aut,* Nr. 73, 1963
650 S1: Strutturalismo, fonologia e antropologia, *Aut Aut* Nr. 77, 1963
651 T4: La filosofia di Whitehead e i problemi del tempo e della struttura, corso 1964-65, *La Goliardica,* Milano 1965, S. 150-200
652 T1: Antropologia strutturale e fenomenologia, *Aut Aut,* 1965, luglio, S. 42-54

Parain, C.
653 T4: Structuralisme et histoire, *La Pensée,* Nr. 135, oct. 1967

Parain-Vial, J.
654 S1: *Analyses structurales et idéologies structuralistes,* Toulouse 1969

Parsons, T.
655 A2: *The Social System,* New York 1951

Pasolini, P. P.
656 F7: Le scénario comme structure tendant vers une autre structure, *Cahiers du Cinéma,* déc. 1966, Film 2/1966

Paulding, G.
657 S3: Noble Savage, *Reporter*, 6. 7. 1961, S. 50f.
Paz, O.
658 S2: *Deux Transparents*. Marcel Duchamp et Lévi-Strauss, Paris 1971
Peck, W. J.
659 T4: Structure and History in Myth Interpretation, *Paideuma*, Bd. XIV, Wiesbaden 1968, S. 148-54
*La Pensée*
660 S1: Structuralisme et marxisme (numéro spécial) Nr. 135, oct. 1967
Perger, A.
661 S1: *Menschen und Strukturen*. Die formale Grundlage der Gesellschaft, Meisenheim 1972
Peristiany, J.
662 S3: Social Anatomy, *Times Litterary Supplement*, 22. 2. 1957
Piaget, J.
663 S1: *Le structuralisme*, Paris 1968
dt.: *Der Strukturalismus*, Olten u. Freiburg 1973
s. 402
Picon, G.
664 S2: Tristes tropiques ou la conscience malheureuse, *L'usage de la lecture*, Bd. II, Paris 1961
Piguet, J.-C.
665 T4: Les conflits de l'analyse et de la dialectique, *Annales* Nr. 3, 1965
Pingaud, B.
666 S1: Comment on devient structuraliste, in: 205, S. 1-5
Pividal, R.
667 S2: Signification et position de l'oeuvre de Lévi-Strauss, *Annales*, nov/déc. 1964, S. 1087-99
668 S2: Peut-on acclimater la Pensée sauvage, *Annales*, Nr. 3, 1965
Pop, M.
669 F1: Aspects actuels des recherches sur la structure des contes, *Fabula*, Bd. 9, Heft 1/3, Berlin 1967, S. 70-77
Pouillon, J.
670 S2: L'oeuvre de Claude Lévi-Strauss, *Les Temps Modernes*, juillet 1956
671 S2: Sartre et Lévi-Strauss, in: 205, S. 60-65
672 S2: Présentation du structuralisme: un essai de définition, *Les Temps Modernes*, nov. 1966, S. 769-90
673 S3: Une leçon de maintiens (Rezension von 10), *La Quinzaine littéraire*, Nr. 55, Août 1968

Pouillon, J. + Maranda, P.
674 TSF: *Echanges et communications,* 2 Bde., Den Haag 1970, Festschrift für Lévi-Strauss zu dessen 60. Geburtstag mit Beiträgen von: R. Aron, R. Barthes, R. Bastide, N. Belmont, E. Benveniste, C. H. Berndt, R. M. Berndt, L. Bernot, J. Berque, L. Berthe, J. Bolens, P. Bourdieu, M. Bouteiller, I. R. Buchler, R. Bulmer, G. Calame-Griaule, J. Cazeneuve, A. Chapman, I. Chiva, P. Clastres, G. Condominas, D. de Coppet, J. Cuisinier, A. Deluz, G. Devereux, G. Dieterlen, S. Dreyfus, G. Dumézil, L. Dumont, F. Engel, M. Ernst, E. E. Evans-Pritchard, R. Firth, C. Friedberg, A. Frigout, J.-C. Gardin, J. Goody, P. Gourou, A. J. Greimas, J. Guiart, A. G. Haudricourt, L. de Heusch, A. Hooper, V. Ivanov, K. G. Izikowitz, R. Jakobson, T. Jolas, P.-F. Lacroix, A. Laing-Emperaire, E. Leach, M. Leiris, A. Leroi-Gourhan, P. Levy, E. Lot-Falck, T. Mabuchi, A. MacDonald, P. + E. K. Maranda, R. Da Matta, C. Morazé, H. Nutini, C. Pairault, D. Paulme, J. Peacock, G. Picon, J. Pitt-Rivers, J. Pouillon, B. Prato, B. Pottier, G. H. Rivière, G. Rouget, I. Sachs, M. Sahlins, B. Saladin d'Anglure, R. Savard, A. Schaeffer, D. M. Schneider, T. A. Sebeok, H. A. Selby, P. Smith, R. A. Stein, C. Tardits, T. Todorov, V. Toporov, H. v. Vallois, J. P. Vernant, C. F. + F. M. Voegelin, E. Z. Vogt, J. Vuillemin, P. Waldberg, F. Zonabend

Preuss, K. T.
675 A3: *Religion und Mythologie der Uitoto,* Bd. I/II, Göttingen 1921/22
676 A4: *Der religiöse Gehalt der Mythen,* Tübingen 1933

Propp, V.
677 F1: *Morphologie du conte,* Paris 1970
678 F1: Les transformations du conte merveilleux, in: 677, S. 171-200

Prox, L.
679 F7: Strukturalismus und Musik, Rundfunkmanuskript, 1970, Sendung: 21. 3. 70

Quenetain, J. de
s. 179

Radcliffe-Brown, A. R.
680 T1: *Structure and Function in Primitive Society,* London 1952
681 A2: *Method in Social Anthropology,* Chicago 1958

Radin, P. + Kerényi, K. + Jung, C. G. (Hg.)
682 A4: *Der göttliche Schelm. Ein indianischer Mythenzyklus,* Zürich 1954

Rank, O.
683 A4: *Der Mythos von der Geburt des Helden,* 1909
684 A4: *Psychoanalytische Beiträge zur Mythenforschung,* Leipzig 1922
Rank, O. + Sachs, H.
685 A4: *Die Bedeutung der Psychoanalyse für die Geisteswissenschaften,* Leipzig 1913
Raphael, F.
686 A2: Marcel Mauss; précurseur de l'anthropologie structurale, *Cahiers Internationaux de Sociologie,* Bd. XLVI, 1969, S. 125-131
Rassers, W. H.
687 F1: *Pañji, the Culture Hero.* A Structural Study of Religion in Java, Den Haag 1959
Regnier, A.
688 S2: De la théorie des groupes à »La pensée sauvage«, *L'Homme et la Société,* Nr. 7, 1968
Reif, A.
689 S1: *Antworten der Strukturalisten,* Hamburg 1973
Renaud-Vernet, O.
690 S3: Lévi-Strauss et la pensée mythique, *La Gazette de Lausanne,* juin 1965
Renzi, E.
691 S2: Sulla nozione di inconscio in Lévi-Strauss, *Aut Aut,* luglio 1965, S. 55-61
Revel, J.-F.
692 0: *Pourquoi des philosophes?,* Paris 1957
693 S3: La pensée sauvage, *France Observateur,* 27. 11. 62
694 S3: Lévi-Strauss chez les Bororo, *Figaro Littéraire,* 8. 10. 64
*Revue de l'enseignement supérieur*
695 A2: *Les sciences ethnologiques,* III, 1965
*Revue internationale de Philosophie*
696 T1: La notion de structure, numéro spécial, Nr. 73/74, Bruxelles 1965, Beiträge von: G. Brelet, A. Dalq, G. Dorfles, P. Francastel, G. Granger, A. Guaraldi, A. Martinet, N. Mouloud, E. Paci, I. Prigogine
Richard, P.
697 S2: Analyse des Mythologiques de Claude Lévi-Strauss, *L'Homme et la Société,* Nr. 4, avril/juin 1967, S. 109-33
698 S3: A propos de l'origine des manières de table, *L'Homme et la Société*
Ricoeur, P.
699 T4: Symbolique et temporalité, *Archivio di Filosofia,* Nr. 1/2, Roma 1963

700 T2: Structure et hermeneutique, in: 360, S. 596-627
701 T2: Le symbolisme et l'explication structurale, *Cahiers Internationaux du Symbolisme,* Nr. 4, 1964
702 T2: *Hermeneutik und Strukturalismus,* München 1973
Riffaterre, M.
703 F6: Describing Poetic Structures: Two approaches to Baudelaire's Chats, in: 803, S. 200-242
Riklin, F.
704 A4: *Wunscherfüllung und Symbolik im Märchen,* Leipzig 1908
Ritter, H. H.
705 S2: Claude Lévi-Strauss als Leser Rousseaus. Exkurse zu einer Quelle ethnologischer Reflexion, in: 545, S. 113-59
s. 545
Rivette, J.
s. 178
Robey, D. (Hg.)
706 S1: *Structuralism. An Introduction,* Oxford 1973, mit Beiträgen von: J. Culler, U. Eco, R. Gandy, E. Leach, J. Lyons, J. Mepham, T. Todorov
Rodinson, M.
707 S3: Racisme et civilisation, *La Nouvelle Critique,* Nr. 66, 1955
708 S3: Ethnographie et relativisme, *La Nouvelle Critique,* Nr. 69, 1955
s. 326
Rötzer, H. G.
709 S1: Die Lehre vom Menschen – ohne den Menschen, *Rheinischer Merkur,* Nr. 46, 1968, S. 17
Rohan-Csermak, G. de
710 F1: Structuralisme et folklore, *IVth International Congress for Folk-Narrative Research,* Athen 1965, S. 399-407
Róheim, G.
711 A4: Psycho-analysis and the Folk-Tale, *International Journal of Psychoanalysis,* 3, 1922, S. 180-86
712 A4: *The Gates of the Dream,* New York 1952
Romney, A. M.
713 F2: *A Structural Analysis of Preferential Cross Cousin Marriage,* Harvard 1956
Roth, W. E.
714 A4:
An Inquiry into the Animism and Folklore of the Guiana Indians, Bureau of American Ethnology (1908/09), Washington 1915, S. 104-85
Rouse, I.
s. 769

Roy, C.
715 S2: Claude Lévi-Strauss ou l'homme en question, *La Nef* Nr. 28, 1959, S. 67-72
Runciman, W. G.
716 S1: What is Structuralism? *The British Journal of Sociology*, 20, 1969, S. 253-65
Russell, B.
717 0: *Intruduction to Mathematical Philosophy*, London 1919, 2° 1924
Ruwet, N.
718 F5: Linguistique et sciences de l'homme, in: 360, S. 564-78
719 S3: Qui a hérité? (Rezension von 11), *Le Monde*, 55. 11. 71
Ruyer, R.
720 S1: Le mythe de la raison dialectique, *Revue de Métaphysique et de Morale*, Nr. 1/2, 1961
Sachs, H.
s. 685
Safouan, M.
721 F8: De la structure en psychanalyse, Contribution à une théorie du manque, in: *Qu'est-ce que le structuralisme?*, S. 240-98
Sahlins, M. D.
722 S2: On the Delphic Writings of Claude Lévi-Strauss, *Scientific American* 214, june 1966, S. 131-36
Salman, D. H.
723 S3: Pensée mythique, *Revue des Sciences philosophiques et théologiques* XLIX, 4, 1965, S. 695-98
Sartre, J.-P.
724 0: *Critique de la raison dialectique*, Paris 1960
725 T4: Sartre répond, *L'Arc* 30
Saussure, F. de
726 F4: *Cours linguistique générale*, Paris 1915, 1965
Scheffler, H. W.
727 S1: Structuralism in Anthropology, in: 803, S. 66-88
728 S3: The Elementary Structures of Kinship, Review, *American Anthropologist*, Bd. 72, 2, April 1970, S. 251-67
Schiwy, G.
729 S1: *Der französische Strukturalismus. Mode, Methode, Ideologie*, Reinbek, 1969
730 S1: *Wege des Strukturalismus*, München 1971
731 S1: *Strukturalismus und Zeichensystem*, München 1973
Schmied-Kowarzig, W.
732 S2: Die Grundprobleme der strukturalen Ethnologie (Kritisches zu Lévi-Strauss's Strukturalismus), *Paideuma*, XIV, 1968, S. 155-69

Schmidt, A.
733 T4: Der strukturalistische Angriff auf die Geschichte, *Beiträge zur marxistischen Erkenntnistheorie,* Frankfurt 1969
734 T4: Strukturalismus und Geschichte, Rundfunkmanuskript, Sendung: 14. 7. 70
Schmitz, C. A.
735 A5: *Grundformen der Verwandtschaft,* Basel 1964
Schneider, D. M.
736 T3: Some Muddels in the Models: or, How the System Really Works, *The Relevance of Models for Social Anthropology,* M. Banton (Hg.), S. 25-86. S. 468
Scholte, B.
737 T2: Epistemic Paradigms: Some Problems in Cross-Cultural Research on Social Anthropological History and Theory, *American Anthropologist,* Bd. 68, Oct 1966, S. 1192–1201, Nachdruck in: 455, S. 108-22
738 S3: Lévi-Strauss's Unfinished Symphony: The Analysis of Myth, *Natural History,* Bd. LXXVIII, Nr. 2, febr. 1969, S. 24-26 + 100-01, Nachdruck in: 455, S. 145-49
Scott Littleton, C.
739 A4: *The New Comparative Mythology,* Berkeley 1966
Sebag, L.
740 T4: Histoire et structure, *Les Temps Modernes,* août 1962, S. 281-306
741 F1: La geste de Kasewat, *L'Homme,* III, 2, 1963, S. 22-76
742 S1: *Marxisme et structuralisme,* Paris 1964, dt.: Marxismus und Strukturalismus, Frankfurt 1967
743 S3: Symphonie en trois mouvements, *L'Express,* 21. 12. 64
744 F1: Le mythe: code et message, *Les Temps Modernes,* Nr. 226, 1965
745 F1: *L'invention du monde chez les indiens pueblo,* Paris 1971
Sebeok, T. A. (Hg.)
746 A4: *Myth: A Symposium,* 1955, mit Beiträgen von: D. Bidney, P. T. Christiansen, R. M. Dorson, C. Lévi-Strauss, D. Eggan, S. E. Hyman, L. Raglan, S. Thompson, P. Wheelright s. 789
Selby, H. A.
s. 281
Sève, L.
747 T2: Méthode structurale et méthode dialectique, *La Pensée,* Nr. 135, oct. 1967, S. 63-93
Shankman, R.
748 S2: Le Rôti et le Bouilli: Lévi-Strauss' Theory of Cannibalism, *American Anthropologist,* Bd. 71, febr. 1969, S. 54-69

Shannon, C. + Weaver, W.
749 0: *The Mathematical Theory of Communication,* Urbane 1950
Shapiro, H. L. (Hg.)
750 A2: *Man, Culture and Society,* Oxford 1956
Simonis, Y.
751 S2: Silence du structuralisme, silence de la religion, *Projet,* nov. 1967, S. 1117-26
752 T4: Marxisme et structuralisme, *Frères du Monde,* Nr. 45, 1967
753 T4: Echange, »Praxis«, Code et Temps, *Cahiers Internationaux de Sociologie,* Bd. XLV, 1968, S. 117-29
754 S2: *Claude Lévi-Strauss ou la passion de l'inceste,* Paris 1968
Simpson, G. G.
755 F3: *The Principles of Animal Taxonomy,* New York 1961
Smith, P. + Sperber, D.
756 F1: Mythologiques de G. Dumézil, *Annales,* mai/août 1971, S. 559-86
Sontag, S.
757 S2: The Anthropologist as Hero, in: *Against Interpretation, Essays,* Dell 1967, zuerst in: The New York Review of Books, Bd. 1, Nr. 7, 1963, Titel: A Hero of Our Time, Nachdruck in: 455, S. 184-96
Spencer, H.
758 0: *Principles of Sociology,* Bd. I, 1876
Sperber, D.
759 S1: Le structuralisme en anthropologie, in: *Qu'est-ce que le structuralisme,* S. 169-238
s. 756
*Der Spiegel*
760 S3: Vom Honig zur Asche, Rezension von 11 und Interview, s. 186
Stahel, N.
761 0: *Das Erkennen seelischer Störungen aus der Zeichnung,* Zürich 1969
Steiner, G.
762 S2: Orpheus With His Myth, *Times Litterary Supplement,* LXIV, Nr. 3, 296, 29. 4. 65, Nachdrucke in: *Language and Silence,* G. Steiner, New York 1965 und 455, S. 170-83
s. 185
Steinwachs, G.
763 F6: *Mythologie des Surrealismus.* Oder die Rückverwandlung von Kultur in Natur, Neuwied 1971
Structuralisme et Marxisme
764 S1: Diskussion, Febr. 1968, Paris 1970, mit Beiträgen von: J.

M. Auzias, E. Bottigelli, F. Bresson, G. Canguilhem, F. Chatelet, A. Culioti, J. Deprun, M. Dufrenne, Y. Galifret, L. Goldmann, E. Kahane, E. Labrousse, V. Leduc, H. Lefèbvre, A. Martinet, N. Mouloud, M. Reberioux, O. Revault D'Allonnes, J. Roger, E. Schatzman, A. Soboul, J. P. Vernant, P. Vidal-Naquet, J. P. Vigier, R. Zazzo

Stucken, E.

765 A4: *Astralmythen*, Leipzig 1901-07

Stuck, H.

766 S3: Claude Lévi-Strauss, Das Ende des Totemismus (Rezension), *Das Heft*, Nr. 8/9, 1967, S. 83ff.

Sturtevant, W. C.

767 F3: Studies in ethnoscience, *American Anthropologist*, Bd. 66, 1964, Nachdruck in: Transcultural Studies in Cognition, Romney + D'Andrade (Hg.)

Suret-Canale, J.

768 T4: Marxisme et structuralisme, *Clarté*, Nr. 10, 1967

Tax, S. + Eiseley, L. C. + Rouse, I. + Voegelin, C. F. (Hg.)

769 A2: *An Appraisal of Anthropology Today*, Chicago 1953

*Les Temps Modernes*

770 S1: Problèmes du structuralisme, numèro spécial, Nr. 246, nov. 1966

Ten Raa, E.

771 F1: The Nature of Genesis as a Social Myth, *Paideuma*, XVII, 1971, S. 137-44

Terray, E.

772 T4: *Le Marxisme devant les sociétés »primitives«*, deux études, Paris 1969

Thompson, S.

773 A4: *Motif-Index of Folk-Literature*, Bloomington 1955-58

774 A4: The Types of the Folktale, *FF Comunications*, Nr. 184, Helsinki 1961

Todorov, T.

775 F6: Poetique, in: *Qu'est-ce que le structuralisme*, S. 99-166

Toinet, P.

s. 442

Trubetzkoy, N.

776 T2: La phonologie actuelle, *Psychologie du langage*, Paris 1933, S. 227-46

777 F5: *Grundzüge der Phonologie*, Göttingen 1958

Turnbull, C. M.

778 T3: The Nature of Reality, *Natural History*, LXXVI, Nr. 5, 1967, S. 58-63, Nachdruck in: 455, S. 140-44

Turner, T.
779 F1: *Myth as Model: The Kayapo Myth of the Origin of Cooking Fire,* Manuscript of the ASA-Conference, Oxford 1973
Valabrega, J. P.
780 F8: L'anthropologie psychoanalytique, *La Psychanalyse,* Nr. 3, S. 238ff.
Van der Leeuw, G.
781 A2: *Phänomenologie der Religion,* Tübingen 1933
Van Ossenbruggen, F. D. E.
782 A5: De Oorsrong van het Javaansche Begrip Montja-Pat, Verslagen en Mededeelingen der Koninklijke Akademie van Wetenschappen, *Afdeeling Letterkunde,* 5° reeks, 3° deel, 1918, S. 6-45
Van Wouden, F. A. E.
783 F1: *Sociale Structuurtypen in de Groote Oost,* Leiden 1935, engl.: Types of Social Structure in Eastern Indonesia, Den Haag, 1968 (Hg. + Übers. R. Needham)
Varain d'Ainvelle, M.
s. 594
Vernant, J.-P.
784 F1: *Mythe et pensée chez les Grecs,* 2 Bde., Paris 1971
s. 332
Veron, E.
s. 175
Verstraeten, P.
785 S2: Lévi-Strauss ou la tentation du néant, Les Temps Modernes, Nr. 206, 207, 208, 1963, S. 66-109, 507-52
786 S1: *Esquisse pour une critique de la raison structuraliste,* Thèse de Doctorat, Université de Bruxelles, 1964
Viet, J.
787 T2: *Les méthodes structurales dans les sciences sociales,* Paris/Den Haag 1965
Vilar, P.
788 T4: La notion de structure en histoire, in: 238, S. 117-119
Voegelin, C. F. + Sebeok, A.
789 A2: Chapter Three, in *Results of the Conference of Anthropologists and Linguists,* Baltimore 1953, Memoir 3
s. 769
Vogt, M. E. Z.
790 T1: On the Concept of Structure and Process in Cultural Anthropology, *American Anthropologist,* Bd. 62, Nr. 1, 1960, S. 18-33
Wahl, F. (Hg.)
791 S1: *Qu'est-ce que le structuralisme,* Paris 1968, mit Beiträgen

von: O. Ducrot, M. Safouan, D. Sperber, T. Todorov, F. Wahl, darin: La philosophie entre l'avant et l'après du structuralisme, S. 301-442, dt.: *Einführung in den Strukturalismus*, Frankfurt
Wahl, F.
792 S3: Le cru et le cuit, *France Observateur*, Nr. 758, nov. 1964
Wallace, A. F. C.
793 A4: Dreams and the Wishes of the Soul, *American Anthropologist*, Nr. 60, 1958, S. 234-48
Ward, B. E.
794 T3: Varieties of the Conscious Model: The Fishermen of South China, in: 223, S. 113-38
Warner, W. L.
s. 325
Weaver, S.
s. 749
Weber, J. P.
s. 173
Weightman, J.
795 S2: A Visit to Lévi-Strauss, *Encounter*, febr. 1971, S. 38-42
Weinrich, H.
796 S1: Strukturalismus. Marginalien, *Merkur*, 254, Juni 1969, S. 593-95
Wheelwright, P.
797 A4: The Semantic Approach to Myth, in: 746
Whorf, B. L.
798 F5: *Language, Thought and Reality*, J. B. Carroll (Hg.), New York 1956, dt.: *Sprache, Denken, Wirklichkeit*, Reinbek 1963
Wiener, N.
799 0: *Cybernetics, or Control and Communication in the Animal and the Machine*, New York 1946
Worsley, P.
800 F3: Groote Eylandt Totemism and Le Totémisme aujourd'hui, in: 526, S. 141-160
Wundt, W.
801 A4: *Völkerpsychologie: Mythos und Religion*, Leipzig 1905-09
Wygotski, L. S.
802 0: *Denken und Sprechen*, Frankfurt 1969
*Yale French Studies*
803 S1: Structuralism, Nr. 36-37, New Haven 1966
Yalman, N.
804 S3: La Pensée sauvage, Review, *American Anthropologist*, oct. 1964, S. 1179-82

805 S3: ›The Raw: the Cooked:: Nature: Culture‹, Observations on le cru et le cuit, in: 526, S. 71-90

Ziegler, J.

806 S2: Sartre et Lévi-Strauss, *Nouvel Observateur*, Nr. 25, 6. 5. 1965

Zimmermann, R. L.

807 S2: Lévi-Strauss and the Primitive, *Commentary*, Bd. XLVI, Nr. 5, May 1968, S. 54-61, Nachdruck in: 455, S. 216-34

## Vervollständigung der Bibliographie Lévi-Strauss

A. Bücher

TF: *Anthropologie structurale deux*, Paris 1973, dt.: *Strukturale Anthropologie II*, Frankfurt 1975

F1, F7: *La voie des masques*, 2 vol., Genève 1975, édition revue, augmentée et rallongé de Trois excursions, Paris 1978, dt.: *Der Weg der Masken*, Frankfurt 1977

TF: *Le regard éloigné*, Paris 1983, dt.: *Der Blick aus der Ferne*, München 1985

TF: *Paroles données, Paris 1984, dt.: Eingelöste Versprechen*, München 1985, engl.: *Anthropology and Myth: Lectures 1951-1982*, Oxford 1987

F1: *La potière jalouse*, Paris 1985, dt.: *Die eifersüchtige Töpferin*, Nördlingen 1987

F1, F7: *Des symboles et leurs doubles*, Paris 1989

F1: *Histoire de lynx*, Paris 1991

B. Aufsätze (Auslassungen vor 1973, einzufügen)

F2: The Principle of Reciprocity. The Essence of Life, 1957, *Sociological Theory. A Book of Readings*, L. Coser und B. Rosenberg (Hg.), New York 1957, S. 74-84

F2: La famille, 1972, *Annales de l'Université d'Abidjan. Ethnosociologie*, Série F 3(3), S. 5-29

[B. Aufsätze (nach 1973)]

A1: Eveline Lot-Falck (1918-1974), 1974, *Annuaire de l'Ecole Pratique des Hautes Etudes*, tome 82, S. 39-44

O: Discours de réception à l'Académie française, prononcé le 24 juin 1974, *Institut de France*, 38 S.

F1: Mythe et oubli, 1975, *Langue, discours, société. Pour Emile Benveniste*, J. Kristeva (Hg.), Paris 1975, S. 294-300, Nachdruck in: *Der Blick aus der Ferne*, München 1985, Kap. XIII

F7: De Chrétien de Troyes à Richard Wagner, »Parsifal«, 1975, *Programmhefte der Bayreuther Festspiele*, S. 1-9, S. 60-67, Nachdruck in: *Der Blick aus der Ferne*, München 1985, Kap. XVII

O: Propos retardataires sur l'enfant créateur, 1975, *La Nouvelle Revue des deux mondes*, janvier, S. 10-19, Nachdruck in: *Der Blick aus der Ferne*, München 1985, Kap. XXI

T4: Anthropologie, histoire, idéologie, 1975, *L'Homme*, 3/4, S. 177-189

T4: Histoire d'une structure, 1975, *Explorations in the Anthropology of Religion. Essays in Honour of Jan van Baal.* Herausgegeben von W. E. A. van Beek und J. H. Scherer, Verhandelingen van hen Koninklikk Institut voor Taal-, Land, en Volkenkunde, 74, Den Haag 1975, S. 71-78

A1: Anthropologie, 1975, *Diogène*, Nr. 90, avril/juin, 30 S.

A1: Antropologia, 1976, *Enciclopedia del novecento*, S. 202-214

F1: Cosmopolitisme et schizophrénie, 1976, *L'Autre et l'Ailleurs. Hommage à Roger Bastide*, présenté par J. Poirier et F. Raveau, Paris, S. 469-474, Nachdruck in: *Der Blick aus der Ferne*, München 1985, Kap. XII

F4: Une préfiguration anatomique de la gémellité, 1976, *Systèmes de signes. Textes réunis en hommage à Germaine Dieterlen*, Paris, S. 369-376, Nachdruck in: *Der Blick aus der Ferne*, München 1985, Kap. IX

F5: Les leçons de la linguistique, préface à Roman Jakobson, 1976, *Six Leçons sur le son et le sens*, Paris 1976, S. 7-18, Nachdruck in: *Der Blick aus der Ferne*, München 1985, Kap. IX

F7: The Waste Land and the Hot House, 1976, *RAI News*, Jan./Feb., S. 1-2

O: Réflexions sur la liberté, 1976, *La Nouvelle Revue des deux mondes*, janvier, S. 332-339, Nachdruck in: *Der Blick aus der Ferne*, München 1985, Kap. XXII und in: Reflexions on Liberty, 1977, *New Society*, vol. 40, Nr. 764, S. 385-388

S1: Structuralisme et empirisme, 1976, *L'Homme*, XVI, 2-3, S. 23-38, Nachdruck in: *Der Blick aus der Ferne*, München 1985, Kap. VIII

F1, F7: Le dessous d'un masque, 1977, *L'Homme*, XVII, 1, S. 5-27, Nachdruck in: *La voie des masques*, Paris 1978, S. 193-227

F7: New York post- et préfiguratif, 1977, *Paris – New York*, Centre National d'Art et de Culture Georges-Pompidou, Musée National d'Art Moderne, S. 79-83, Nachdruck in: *Der Blick aus der Ferne*, München 1985, Kap. XX

F8: Avant-propos, 1977, *L'Identité en anthropologie*, séminaire dirigé par Claude Lévi-Strauss, Paris

S4: Réponse à Edmund Leach, 1977, *L'Homme*, XVII, 2/3, S. 131-133

A1: Science: forever incomplete, 1978, *New Quest*, Nov./Dec., Nr. 12, S. 405-408, und 1978, *John Hopkins Magazine*, vol. 29, Nr. 4, S. 30-31

A1: Pythagoras in America, 1979, *Fantasy and Symbol in Anthropological Interpretation* (*Essays in Honour of George Devereux*), R. H. Hook (Hg.), London – New York – San Francisco, S. 33-41, bearbeiteter Nachdruck in: *Der Blick aus der Ferne*, München 1985, Kap. XIV

A1: Margaret Mead, 1979, *Maison des sciences de l'homme*, 28, Paris, S. 3-7

A1: Nobles sauvages, 1979, *Culture, science and development. Mélanges en l'honneur de Charles Morazé*, Toulouse, S. 41-55

A2: L'ethnologue devant la condition humaine, 1979, *Revue des travaux de l'Académie des sciences morales et politiques*, $132^{e}$ année, $4^{e}$ série, S. 595-614, bearbeiteter Nachdruck in: *Der Blick aus der Ferne*, München 1985, Kap. II und in: *Culture et Communication*, 1980, Nr. 24, S. 28-37

F2: Exposé de C. Lévi-Strauss à la séance de clôture du colloque *Les études japonaise en France*, 1979, S. 255-263

F1: Une petite énigme mythico-littéraire, 1980, *Le Temps de la réflexion*, I, S. 133-141, Nachdruck in: *Der Blick aus der Ferne*, München 1985, Kap. XVI

F7: A un jeune peintre, 1980, Préface à *Anita Albus. Aquarelle 1970 bis 1980. Katalog zur Ausstellung in der Stuck-Villa München*, Frankfurt, S. 6-28, Nachdruck in: *Der Blick aus der Ferne*, München 1985, Kap. XIX

A1: Trois souvenirs de Wilson Duff, 1981, *The World is as Sharp as a Knife*, S. 257-258

A2: Culture et nature. La condition humaine à la lumière de l'anthropologie, 1981, *Commentaire*, Nr. 15, S. 365-372

F1: De la possibilité mythique à l'existence sociale, 1982, *Le Débat*, Nr. 19, février, S. 96-120, Nachdruck in: *Der Blick aus der Ferne*, München 1985, Kap. XI

F2: Chanson madécasse, 1982, *Orients. Pour Georges Condominas*, Paris-Toulouse, S. 195-203, zusammen mit L'adieu à la cousine croisée, 1982, bearbeiteter Nachdruck in: *Der Blick aus der Ferne*, München 1985, Kap. V

F2: L'adieu à la cousine croisée, 1982, *Les Fantaisies du voyageur XXXIII variations Schaeffer*, Paris, S. 36-41, zusammen mit Chansons madécasse, 1982, bearbeiteter Nachdruck in: *Der Blick aus der Ferne*, München 1985, Kap. V

T4: Histoire et ethnologie, 1983, *Annales, ESC XXXVIII, 6, novembre-décembre, S. 1217-1231, dt.: Stillstand und Geschichte. Plädoyer für eine Ethnologie der Turbulenzen, Vom Umschreiben der Geschichte*, U. Raulff (Hg.), Berlin 1986, S. 68-87

A1: Nécrologie de Raymond Aron (14 mars 1905-17 octobre 1983), 1984, *Annuaire du Collège de France*, Paris, S. 13-14

A1: Un témoinage de Claude Lévi-Strauss sur Franz Boas, 1984, *Etudes Inuit Studies*, 8:1, S. 3-9

F2: Du mariage dans un degré rapproché, 1984, *Différences, valeurs, hiérarchies. Textes offerts à Louis Dumont*, Paris, S. 79-89, Nachdruck in: *Der Blick aus der Ferne*, München 1985, Kap. VI

F1: D'un oiseau à l'autre: un exemple de transformation mythique, 1985, *L'Homme* XXV, 1, S. 5-12

T4: Quand le mythe devient l'histoire, 1985, *Magazine Littéraire*, Nr. 223, oct., S. 42-44

S1: Claude Lévi-Strauss à l'Université de Laval, Quebec, prépare par Y. Simonis, 1985, *Documents de recherche*, 4, 131 S.

A1: »Allocations de Claude Lévi-Strauss« prononcée lors de la cérémonie en hommage de Georges Henri Rivière le 26 novembre 1985, 1986, *Ethnologie française*, vol. 16, Nr. 2, S. 127-130

T4: Fernand Braudel, 1986, *Esprit*, Nr. 111, fév., S. 1-5

F1: Trois images du folklore japonais (en collaboration avec M. Coyaud), 1987, *De la voûte céleste au terroir, du jardin au foyer*, Paris, S. 751-762

F1: Hérodote en mer de Chine, 1987, *Poikilia. Etudes offertes à Jean-Pierre Vernant*, Paris, S. 25-32

F1: De la fidélité au texte, 1987, *L'Homme*, XXVII, 1, S. 117-140

O: Le cadre et les œuvres, 1987, *Le Débat*, mars-avril 1987, Nr. 44, S. 180-183

A1: ... nous avons lui et moi essayé de faire à peu près la même chose, André Leroi-Gourhan ou les vies de l'homme, 1988, *Actes du colloques du CNRS*, Paris, S. 201-206

F4: Avant-propos, 1988, *Iconicity*. Essays on the Nature of

Culture. Herausgegeben von P. Bonissac, M. Herzfeld, R. Posner, Festschrift for Thomas A. Sebeok on his 65th Birthday, Stauffenberg 1988

F7: Exode sur »Exode«, 1988, *L'Homme*, Nr. 106-107, avril-sept.

F2: Il segreto delle donne, 1989, *La Reppublica*, Nr. 267, 14. 11. 1989, S. 2

F7: Place de la culture japonaise dans le monde, 1990, *Revue d'esthétique*, Nr. 18

C. Gespräche, Interviews, Diskussionen

Entretiens avec Jean Pouillon, 1971, *Les Nouvelles Littéraires*, Nr. 2297, 1. 10. 1971

Entretiens avec Pierre Daix, 1971, *Les Lettres françaises*, Nr. 1405 und 1406, 13. 10. 1971 und 20. 10. 1971

Discours de réception d'Alain Peyrefitte à l'Académie française et réponse de Claude Lévi-Strauss, 1977

Discours de réception de Georges Dumézil à l'Académie française et réponse de Claude Lévi-Strauss, 1979

*Myth and Meaning*, New York 1979, dt.: *Mythos und Bedeutung*. Fünf Radiovorträge. Gespräche mit Claude Lévi-Strauss, A. Reif (Hg.), Frankfurt 1980

Ce que je suis, Propos receuillis par Jean-Paul Enthoven et André Burguière, 1980, *Le Nouvel Observateur*, 28. 6. und 5. 7. 1980, 9 S.

Spécial Apostrophes. Entretiens avec Bernard Pivot, 1984, *sur Antenne 2*, als Video: Institut National de l'Audiovisuel

Claude Lévi-Strauss: un dossier, un entretien, un inédit, 1985, *Magazine Littéraire*, Nr. 223, oct. 1985, S. 16-64

*De près et de loin*. Avec Didier Eribon, Paris 1988, dt.: *Das Nahe und das Ferne*. Eine Autobiographie in Gesprächen, Frankfurt 1989

Ten Questions Put to Claude Lévi-Strauss by Marc Augé, 1990, *Current Anthropology*, vol. 31, Nr. 1, S. 85-90

# Index

## *Personen-, Sach- und Stichwortverzeichnis*

211/1/8.92

## suhrkamp taschenbücher wissenschaft
## Evolutionstheorie, Ethnologie, Kulturgeschichte, Religionswissenschaft

Granet: Das chinesische Denken. stw 519
– Die chinesische Zivilisation. stw 518
Groh, D.: Anthropologische Dimensionen der Geschichte. stw 992
Groh, R./Groh, D.: Weltbild und Naturaneignung. stw 939
Kippenberg: Die vorderasiatischen Erlösungsreligionen. stw 917
Kippenberg/Luchesi (Hg.): Magie. Die sozialwissenschaftliche Kontroverse über das Verstehen fremden Denkens. stw 674
Klibansky/Panofsky/Saxl: Saturn und Melancholie. stw 1010
Leiris: Ethnologische Schriften. 4 Bde. stw 574-577
– Bd. 1: Die eigene und die fremde Kultur. stw 574
– Bd. 2: Das Auge des Ethnographen. stw 575
– Bd. 3: Phantom Afrika 1. stw 576
– Bd. 4: Phantom Afrika 2. stw 577
Leroi-Gourhan: Hand und Wort. stw 700
Lévi-Strauss: Die elementaren Strukturen der Verwandschaft. stw 1044
– Mythologica I. Das Rohe und das Gekochte. stw 167
– Mythologica II. Vom Honig zur Asche. stw 168
– Mythologica III. Der Ursprung der Tischsitten. stw 169
– Mythologica IV. Der nackte Mensch. 2 Bde. stw 770
– Strukturale Anthropologie I. stw 226
– Strukturale Anthropologie II. stw 1006
– Traurige Tropen. stw 240
– Das wilde Denken. stw 14
Luckmann: Die unsichtbare Religion. stw 947
Luhmann: Funktion der Religion. stw 407
– *siehe auch Welker*
Malinowski: Eine wissenschaftliche Theorie der Kultur. stw 104
Mauss: Die Gabe. stw 743
Meillassoux: »Die wilden Früchte der Frau«. stw 447
Niemitz (Hg.): Erbe und Umwelt. stw 646
Oppitz: Frau für Fron. stw 731
– Notwendige Beziehungen. stw 101
Pannenberg: Wissenschaftstheorie und Theologie. stw 676
Parin/Morgenthaler/Parin-Matthèy: Fürchte deinen Nächsten wie dich selbst. stw 235
Peukert: Wissenschaftstheorie – Handlungstheorie – Fundamentale Theologie. stw 231
Rodinson: Islam und Kapitalismus. stw 584

211/2/8.92

211/3/8.92

202/1/8.92

202/2/8.92

## suhrkamp taschenbücher wissenschaft
## Ästhetik, theoretische Texte zur Literatur, zur Kunst, zum Film und zum Theater

Adorno: Ästhetische Theorie. stw 2
– Einleitung in die Musiksoziologie. stw 142
– Die musikalischen Monographien. stw 640
– Noten zur Literatur. stw 355
– Philosophie der neuen Musik. stw 239
– Prismen. stw 178
Becher/Rüsen (Hg.): Weiblichkeit in geschichtlicher Perspektive. stw 725
Benjamin: Der Begriff der Kunstkritik in der deutschen Romantik. stw 4
– Benjamin über Kafka. stw 341
– Charles Baudelaire. stw 47
– Ursprung des deutschen Trauerspiels. stw 225
– Gesammelte Schriften Bd. I–VII. stw 931-937
Bloch: Literarische Aufsätze. stw 558
Bohrer: Das absolute Präsens. stw 1055
Bourdieu u. a.: Eine illegitime Kunst. stw 441
Briegleb: Opfer Heine? stw 497
– ... unmittelbar zur Epoche des NS-Faschismus. stw 728
Bürger, Chr.: Tradition und Subjektivität. stw 326
Bürger, Chr./Bürger, P. (Hg.): Postmoderne: Alltag, Allegorie und Avantgarde. stw 648
Bürger, P.: Prosa der Moderne. stw 1013
– Vermittlung – Rezeption – Funktion. stw 288
– Zur Kritik der idealistischen Ästhetik. stw 419
Bürger, P. (Hg.): Seminar: Literatur- und Kunstsoziologie. stw 245
Cerquiglini/Gumbrecht (Hg.): Der Diskurs der Literatur- und Sprachhistorie. stw 411
Chvatík: Mensch und Struktur. stw 681
Danto: Die Verklärung des Gewöhnlichen. stw 957
Dewey: Kunst als Erfahrung. stw 703
Duby: Die Zeit der Kathedralen. stw 1011
Eco: Das offene Kunstwerk. stw 222
Enzensberger, Chr.: Literatur und Interesse. stw 302
Erlich: Russischer Formalismus. stw 21
Frank, M.: Das individuelle Allgemeine. stw 544
– Das Sagbare und das Unsagbare. stw 317
Giesecke: Sinnenwandel, Sprachwandel, Kulturwandel. stw 997
Goldmann: Soziologie des Romans. stw 470
– Der verborgene Gott. stw 491
Gombrich: Meditationen über ein Steckenpferd. stw 237
Goodman: Tatsache, Fiktion, Voraussage. stw 732
Goodman/Elgin: Revisionen. stw 1050

204/1/8.92

204/2/8.92

204/3/8.92